L'emploi et le management des compétences au cœur de la stratégie du secteur hôtelier au Maroc

Histoire et Perspectives méditerranéennes
Collection dirigée par Jean-Paul Chagnollaud

Dans le cadre de cette collection, créée en 1985, les Éditions L'Harmattan se proposent de publier un ensemble de travaux concernant le monde méditerranéen des origines à nos jours.

Dernières parutions

Sofia Tabari, *L'histoire du jardin et du paysage, Entre fantasmes et sciences dans la pensée islamique, Alger au fil du temps*, 2024.
Zoulal MANSOURI & Nabila BENNAGHMOUCH, *Les défis de la déperdition étudiante dans les universités marocaines,* 2024.
Ghazi BEN AHMED, *Échos de Tunisie : populisme, transition et espoirs de démocratie*, 2024.
Nafie ABDERRAHIM, *Le patrimoine communal et le développement économique et social au Maroc*, 2024.
Sultan CETINKAYA TAHTACI, *Les récits des ghaza chez les Ottomans du XVe siècle*, 2024.
Frédéric MEDARD, *Fabriquer du consentement en guerre d'Algérie La politique sociale en faveur du contingent, 1954-1962, Tome 1, Assurances sociales, emplois, soldes et permissions*, 2024.
Frédéric MEDARD, *Fabriquer du consentement en guerre d'Algérie La politique sociale en faveur du contingent, 1954-1962, Tome 2, Exemptions, sursis, réformes et mesures diverses*, 2024.
Nacer KHELOUZ, *L'Algérie et la France ou la fracture identitaire, Du drame colonial à la « reconquête » territoriale*, 2024.
Salim CHENA, Abdennour BENANTAR et Louisa DRIS-AÏT HAMADOUCHE (dir.), *Le hirak algérien. Retour sur un mouvement contestataire inédit*, 2024.
Mohamed BENZEMRANE, *L'Islam des troubadours. Les origines arabo-musulmanes de l'amour courtois, XIe-XIIe siècles,* 2023.
Sofiane BOUHDIBA, *Le sida en Tunisie. Un mal méconnu*, 2023.
Rachid ALILLOUCH, *Les projets urbains au Maroc, Entre injonctions à la durabilité, circulation de modèles et greenwashing, Projets d'aménagement de la Vallée du Bouregreg*

Bouchaib Abdallaoui

L'emploi et le management des compétences au cœur de la stratégie du secteur hôtelier au Maroc

Préface de Mustapha Bennouna

L'Harmattan

5-7, rue de l'École-Polytechnique ; 75005 Paris

http://www.editions-harmattan.fr/

ISBN : 978-2-336-47850-0
EAN : 9782336478500

À

Mes parents, ma sœur et mon frère, tous décédés avant l'aboutissement de ce travail

À

Ma femme, à mes enfants Leila, Maroane et son épouse, pour leur amour inconditionnel

À

Mes amis de Tanger, de Paris et de Bruxelles pour leur fraternité

À

Mes amis N. Cherkaoui et J. Tebbaa pour leur complicité intellectuelle et professionnelle

« Partout où l’homme apporte son travail,
il laisse aussi quelque chose de son cœur. »
Henryk Sienkiewicz

Préface

Le livre présenté par le Professeur Bouchaib Abdallaoui est la suite logique de son travail de thèse de doctorat, et de ses diverses conférences et publications aux niveaux national et international sur le thème très important concernant l'emploi et le management des compétences dans le secteur touristique au Maroc.

M. Abdallaoui, professeur reconnu, a eu une riche carrière universitaire en tant qu'enseignant chercheur à l'ISIT (Institut Supérieur International de Tanger) et en tant qu'expert et consultant en ressources humaines. Il a contribué largement à la formation de cadres marocains et africains dans les métiers du tourisme. Les lauréats de l'ISIT disposent de postes de responsabilité au Maroc et à l'étranger.

J'ai eu le grand plaisir de connaître le Pr Abdallaoui de près lors de mon séjour à Tanger et Tétouan (1995-2012) en tant que responsable universitaire.

L'ouvrage du Pr Abdallaoui est rédigé avec pédagogie et clarté, s'adresse aux étudiants, aux chercheurs et aux professionnels du tourisme, ainsi qu'à toute personne souhaitant élargir ses connaissances dans ce domaine.

L'auteur nous livre en introduction le potentiel touristique du Maroc et sa grande capacité en tant que créateur de milliers d'emplois pour les jeunes, raison fondamentale qui a poussé les divers gouvernements à faire du tourisme un choix politique de développement socio-économique. Les organismes internationaux ont appuyé cette décision et ont contribué au renforcement de l'industrie hôtelière et à la mise en place d'un système de formation touristique et hôtelière pour accompagner les besoins du secteur en main-d'œuvre qualifiée.

La problématique de l'emploi et des besoins en compétences dans le secteur mentionné demeure d'actualité, mais s'avère dans le cas du Maroc délicate. C'est justement cette complexité qui constitue la raison d'être de la recherche entamée par le Pr Abdallaoui. En effet, la bibliographie et les travaux d'investigation et de recherche sur le tourisme en général, et l'hôtellerie en particulier, demeurent insuffisants en quantité et qualité.

Le Pr Abdallaoui signale que les réflexions sur ce secteur émanent surtout des géographes, aménagistes et urbanistes. Rares sont les autres spécialistes, notamment les économistes et encore moins les sociologues, qui ont fait du tourisme leur domaine d'investigation et de recherche. La question qui se pose alors concerne « l'apport réel du tourisme et de l'hôtellerie en matière d'emploi, sachant bien que ce secteur pourrait être un réservoir d'emplois permettant d'atténuer la pesanteur du chômage ».

L'objectif que se fixe l'auteur est « d'étudier le tourisme et l'hôtellerie en termes de probabilités d'emplois, de formation, de qualifications et de compétences d'avant la période pré-COVID ».

Dans cette optique, divers aspects sont analysés :

– Le tourisme en tant que potentiel de création d'emplois difficilement mesurables, et dont les conditions de travail constituent un obstacle de fidélisation de la main d'œuvre qualifiée ;

– Les profondes mutations du secteur (clients, environnement international, compétition,...) qui modifient le profil de l'emploi et des compétences et l'importance des soft skills (savoirs comportementaux) à côté des hard skills (savoirs techniques) ;

– Les avantages d'une bonne gouvernance des entreprises touristiques et d'une bonne gestion des compétences afin de viser la performance et le professionnalisme ;

– La prospective du marché du travail et les enjeux du développement des compétences ;

Le lecteur trouvera à l'appui de cette analyse des chiffres, tableaux, études de cas, benchmarking international, ainsi qu'une riche bibliographie.

Le Maroc offre un fort potentiel pour le secteur du tourisme national et international, qui contribue de manière importante à son PIB et à son développement socio-économique.

Le capital naturel diversifié du Royaume, son patrimoine historique et culturel, l'hospitalité de sa population, son savoir-faire culinaire, et son climat de sécurité sont autant d'atouts qui en font une destination touristique appréciée. (Extraits du Rapport Général du Nouveau Modèle de Développement Marocain (NMD 2021)).

L'engagement du Maroc dans les objectifs de développement durable et la lutte contre les effets de changement climatique, la limitation de l'empreinte carbone, sont des atouts pour le renforcement du potentiel Maroc.

Pour cela, et au regard des défis importants lancés par le royaume pour 2030 (co-organisation de la coupe du monde de football), il est urgent de préparer pour le secteur touristique un capital humain de qualité selon les standards internationaux.

Le capital humain est le moteur de la dynamique de développement, d'inclusion et de réactivation de l'ascenseur social. Il est également le principal déterminant de la capacité du pays à créer des richesses et à accélérer sa convergence vers les standards des nations avancées. (NMD 2021)

L'ambition marocaine d'être un hub mondial touristique ne peut être portée que par un capital humain aux capacités et aux compétences renforcées. Ces compétences doivent englober la maîtrise des divers métiers du tourisme et de l'hôtellerie avec une grande ouverture sur d'autres domaines :

– l'agriculture (pour l'éco-tourisme, gîtes, parcs naturels) ;
– la culture (pour la valorisation du patrimoine matériel et immatériel) ;
– la santé (pour le tourisme de bien-être) ;
– le sport (autour d'activités à fort potentiel de rayonnement, comme le surf, l'alpinisme) ;
– les nouvelles technologies : le numérique, l'Intelligence artificielle,
– les soft skills ;
– le management ;
– Le leadership ;

Les instituts supérieurs de formation concernés doivent ainsi contribuer pour relever les défis de l'enseignement supérieur et de la recherche en tourisme et hôtellerie et mettre en œuvre le NMD.

Le Ministère de l'Enseignement Supérieur, de la Recherche Scientifique et de l'Innovation (MESRSI) a lancé un plan sectoriel transformateur et ambitieux en 2023, le Plan National d'Accélération de la Transformation de l'Écosystème de l'Enseignement Supérieur, de la Recherche Scientifique et de l'Innovation (PACTE-ESRI). Ce dernier a été approuvé par le gouvernement marocain et s'étalera de 2023 à 2030. Il consiste en un ensemble complet de réformes stratégiques qui ont le potentiel de transformer l'écosystème de l'enseignement supérieur et de la recherche scientifique qui se concentre sur quatre orientations stratégiques (OS) :

– l'excellence académique (qualité et pertinence) ;
– l'excellence scientifique ;
– la gouvernance et l'excellence opérationnelle (pilier transversal) ;
– les territoires d'innovation.

La PACTE-ESRI est appuyé par la Banque Mondiale (300 Millions de dollars US), par l'Union Européenne et la Banque Africaine de Développement. L'accent est mis sur la réhabilitation des établissements publics d'enseignement supérieurs, en améliorant substantiellement la qualité des apprentissages et leur adaptation aux besoins du marché du travail, en rehaussant les compétences pédagogiques des enseignants, en encourageant l'ouverture sur les langues étrangères et les nouvelles technologies, et en mettant en place un système d'orientation efficient pour maximiser les chances de réussite scolaire, ainsi qu'une recherche efficiente adaptée au contexte local et national.

C'est pour cela, qu'il me semble important pour les établissements de formation en tourisme et hôtellerie de :

– rejoindre de PACTE ESRI ;
– assurer des liens étroits avec l'université ;
– développer de passerelles au profit des étudiants ;
– co-construire des filières universitaires dans les métiers du tourisme ;
– enrichir la formation continue ;
– lancer des travaux de recherche
– former une nouvelle génération de doctorants dans ce domaine ;

– investir prioritairement dans le recrutement et la formation des formateurs et dans l'ingénierie de formation et notamment pour les soft skills.

Le développement du Maroc en tourisme ne pourra être significatif que s'il est porté par une recherche d'excellence au sein des universités et des établissements de formation professionnelle

Pr Mustapha Bennouna
Président de l'Université Abdelmalek Essaâdi (2002-2010)
-Tanger-Tétouan

Introduction générale

Depuis les années soixante, sous l'impulsion et avec l'appui d'organismes internationaux, le Maroc a fait du tourisme international l'un des secteurs prioritaires de sa politique de développement. Cet intérêt découle de l'impact potentiel de cette activité sur d'autres secteurs économiques, sur l'équilibre de la balance des paiements et sur l'emploi.

Ce choix stratégique a conduit les pouvoirs publics :

– Développer d'une industrie touristique et hôtelière dynamique, capable de contribuer à la croissance économique du pays, à la création d'emplois et à la réduction de la sous-utilisation d'une main-d'œuvre non qualifiée et abondante ;

– Instaurer un système de formation touristique et hôtelière pour répondre aux besoins du secteur en main-d'œuvre qualifiée.

De par, d'un côté l'importance du soutien apporté par l'État à ce secteur, de l'autre, l'évolution rapide des besoins et motivations de la clientèle touristique caractérisée par l'émergence de nouveaux comportements et attitudes face aux produits et à la qualité du service offerts sur le marché, du fait de la concurrence acharnée et des changements tant structurels que technologiques, la problématique de l'emploi et des besoins en compétences dans le secteur mérite d'être étudiée.

En effet, l'étude de cette problématique est très actuelle, mais elle s'avère délicate dans le cas du Maroc. C'est précisément cette complexité qui justifie l'objet de cet ouvrage. Bien que celle-ci semble pertinente pour un secteur encore peu exploré, elle ne prétend pas être exhaustive. Elle vise néanmoins à proposer une réflexion approfondie sur des thèmes contemporains liés à la gestion de l'emploi et des compétences, qui représentent aujourd'hui une préoccupation majeure pour les pouvoirs publics chargés du tourisme et de la formation, ainsi que pour le management des entreprises touristiques et hôtelières.

Au Maroc, la recherche scientifique sur le tourisme en général, et sur l'hôtellerie en particulier, reste limitée, voire inexistante dans le domaine spécifique de l'hôtellerie. La plupart des études et réflexions sur ce secteur proviennent de géographes, d'aménagistes et d'urbanistes. Rares sont les chercheurs d'autres disciplines, notamment les économistes, et encore moins les sociologues, qui ont fait du tourisme un objet d'investigation et de recherche.

Quant aux études institutionnelles, elles se sont intéressées à l'activité touristique et hôtelière uniquement dans ses incidences sur l'économie nationale (flux financiers, équilibre de la balance des paiements, emploi...).

Par conséquent, on trouve très peu de recherches sur l'apport réel du tourisme et de l'hôtellerie en matière d'emploi, sachant bien que ce secteur pourrait être un réservoir d'emplois permettant d'atténuer la pesanteur du chômage, un domaine de valorisation des ressources humaines et un moyen offrant une réelle possibilité pour la main-d'œuvre d'accroître son revenu et son niveau de vie.

La rareté des études sur des sujets aussi cruciaux pour le développement de la productivité du secteur, telle que la formation et la qualification, est frappante. Pourtant, la formation est l'un des leviers privilégiés pour :

– promouvoir la montée en compétences du secteur, particulièrement pour améliorer l'employabilité surtout des jeunes diplômés.

– faciliter son adaptation aux mutations technologiques ;

– accompagner les changements organisationnels qui risque de toucher de plein fouet le système productif du secteur ;

– améliorer sa compétitivité face à la férocité de la concurrence internationale.

Enfin, la gestion des ressources humaines et des compétences reste pourtant le parent pauvre tant en matière de recherche scientifique que d'études institutionnelles. Or, le facteur humain joue un rôle central dans le processus d'amélioration de la compétitivité, de la performance globale des entreprises du secteur, ainsi que dans leur capacité adaptation aux mutations technologiques qui caractérisent l'industrie touristique et hôtelière. Également, la réactivité de ces organisations, à l'égard des turbulences de l'environnement économique et technologique, est intimement conditionnée par l'intégration de l'emploi et des ressources humaines dans leurs stratégies globales.

Désintérêt des chercheurs, négligence des entreprises touristiques et hôtelières, manque de stratégie et de visibilité au niveau des pouvoirs publics vis-à-vis de la gestion de l'emploi et des compétences dans l'un des secteurs les plus dynamiques de l'économie marocaine sont donc la raison être de notre modeste contribution à la connaissance d'un domaine jusqu'alors méconnu.

L'objectif de notre ouvrage est d'étudier le tourisme et l'hôtellerie en termes de probabilités d'emplois, de formation, de qualifications et de compétences d'avant la période COVID 19. Ces dernières constituent des enjeux importants, tant pour l'économie nationale que pour l'industrialisation du système productif du secteur, la professionnalisation de la main-d'œuvre et l'amélioration de la compétitivité des entreprises touristiques. Ces enjeux résident dans le rôle que peut jouer le tourisme en tant que :

– support, voire moyen important pour le développement d'un pays comme le nôtre. Cette opportunité d'amorcer le développement économique est due à l'effet multiplicateur généré par l'activité touristique et hôtelière sur les activités économiques périphériques, et son effet bénéfique sur la balance des paiements et sur l'emploi ;

– activité à forte création d'emplois pouvant participer à résorber une partie non négligeable de chômeurs, de plus en plus nombreux, surtout parmi les jeunes diplômés, et atténuer les inégalités sociales ;

– instrument au service de l'amélioration du développement humain par le biais du niveau de qualification qu'elle exige et l'accroissement des revenus que déclenchent les besoins d'embauche des entreprises du secteur.

En effet, un contexte de restructuration économique et sociale caractérisée au Maroc pays par une volonté affichée de rétablir la compétitivité de la destination Maroc et par la mise en œuvre d'une stratégie de développement touristique ayant visée d'atteindre l'accueil de 10 millions de touristes en 2010 pour atteindre 20 millions en 2020, la gestion de l'emploi et des compétences mérite une attention particulière, d'autant plus que les mutations observées, dans le domaine du tourisme et de l'hôtellerie (accélération du progrès technique, évolutions rapides de marchés...), exigent désormais de repenser les méthodes de management des ressources humaines.

Compte tenu aujourd'hui de l'internationalisation de l'activité touristique et hôtelière, de l'utilisation de méthodes et de techniques très avancées en matière de management dans ce domaine, les entreprises hôtelières marocaines se doivent, elles aussi, de tenir compte de ces mutations, de faire preuve d'imagination et d'innovation pour faire face à la pression externe (concurrence) et d'innovation pour répondre aux besoins des forces qui les animent, à savoir leurs ressources humaines.

À ce titre, l'activité touristique et hôtelière est une industrie de services où les ressources humaines, en tant qu'acteur stratégique, occupent une place prépondérante. En effet, les métiers du tourisme et de l'hôtellerie sont des activités de services où les relations sociales et les qualités humaines sont primordiales. La qualité du service passe d'abord par la qualité des rapports humains. Ainsi, cette nature spécifique à cette activité économique fait que les hommes jouent un rôle d'extrême importance en matière de performance des entreprises de ce secteur.

D'ailleurs, dans le contexte de la mondialisation, les entreprises gagnantes doivent leur compétitivité non seulement à leur aptitude à fournir des prestations de service de qualité, de leurs choix stratégiques (innovation, anticipation, réactivité), mais aussi à la qualité de leurs ressources humaines. Elles doivent leur pérennité à la mise en place d'un management sophistiqué fondé, entre autres, sur l'intégration de la variable emploi/ressources humaines dans leur stratégie globale. Leurs attentes au niveau managérial dépassent aujourd'hui la logique du savoir « mettre la main à la pâte » pour donner lieu à des exigences plus pertinentes tant au niveau du savoir-faire et du savoir-être (comportements et valeurs) que du savoir-penser (vision à long terme). Ces exigences sont devenues aujourd'hui un passage obligé pour le développement d'une entreprise hôtelière performante capable de mobiliser ses ressources humaines et leurs compétences autour de projets gagnants.

La plupart des débats sur le secteur touristique et hôtelier au Maroc se focalisent de plus en plus sur l'épineux problème de la relance de cette activité essentielle pour l'économie nationale. Ce souci est justifié dans la mesure où le manque à gagner dans cette activité peut se répercuter non pas uniquement sur la seule rentabilité des entreprises touristiques et hôtelières, mais aussi sur l'économie nationale : baisse de devises nécessaires pour l'ajustement de la balance des paiements, diminution au niveau de la création d'emplois.

Dans ce contexte, les entreprises du secteur sont devenues un lieu de remise en question. Les diverses pressions qu'elles subissent, les transformations économiques et technologiques, la relance qui tarde à venir, ont mis en exergue les limites de ce secteur pour faire face aux turbulences de son environnement, faute d'un management à la hauteur des défis à relever, et d'une incapacité à capitaliser les compétences. En cela, ces entreprises devraient chercher l'adaptabilité, l'efficacité et la performance en centrant leurs investissements sur la gestion de l'emploi et des compétences pour mettre les ressources humaines à contribution dans les objectifs tant opérationnels que stratégiques.

Si la recherche de la rentabilité et de la productivité par le biais de l'assainissement a retenu l'attention des différents partenaires économiques concernés, le développement du facteur humain et l'ouverture des méthodes de management sur la gestion de l'emploi et des compétences demeurent jusqu'ici négligés, voire absents.

Confrontée à une pénurie de main-d'œuvre qualifiée, l'activité touristique et hôtelière n'est-elle pas obligée d'innover dans le domaine du management des ressources humaines pour rendre plus attractifs les métiers de ce secteur, professionnaliser ceux qui s'y emploient et par ricochet assurer sa survie face à une concurrence mondialisée ?

De même, pour développer une veille sur les mutations touchant de plein fouet le tourisme et l'hôtellerie dans leur structure, leur organisation et leur technicité, le secteur ne devrait-il pas faire de l'amélioration des compétences de ses salariés un impératif fondamental pour rehausser sa compétitivité et garder sa faculté à créer des emplois ? Cette veille nécessite certes des mesures d'ordre économique, technologique et financier. Mais cette veille n'exige-t-elle pas aussi un investissement en amont et en aval dans les ressources humaines ?

En fait, la problématique que sous-entendent ces questionnements revêt une grande importance pour le redécollage du secteur et pour l'amélioration des performances globales des entreprises touristiques et hôtelières. La recherche de la performance, passage obligé pour l'amélioration de la compétitivité de ces organisations, est conditionnée, d'un côté, par la qualité de leurs ressources humaines, des potentiels des hommes qu'elles emploient, et, de l'autre par leur capacité à gérer les risques d'inadéquation de leur main-d'œuvre par rapport aux emplois qu'elle occupe. Les déficits en compétences, l'insuffisance et/ou la déficience de la qualité des potentiels humains, conjuguées avec une gestion et un management peu réactif, semblent dans notre cas de figure des facteurs de contre-performance du secteur touristique et hôtelier. Ces facteurs mettent en exergue l'obsolescence des pratiques artisanales de gestion, et font du développement des compétences et de la gestion du capital humain un choix stratégique, vers lequel convergent l'intérêt général du pays, la performance des entreprises touristiques et hôtelières, ainsi que la valorisation et la mobilisation des ressources humaines. Cette convergence ne pourrait se passer :

– d'une innovation en matière de gestion du secteur de l'hôtellerie ;

– d'une rationalité dans les méthodes de management ;

– d'une mise à niveau du management de l'emploi et des compétences ;

– d'une synergie entre le système de production et l'appareil de formation touristique et hôtelière.

Tel est le fil conducteur de cet ouvrage, qui s'inscrit dans une dimension prospective peu explorée dans le domaine touristique et hôtelier au Maroc. Cette dimension est celle des évolutions prévisibles, surtout de l'emploi et de l'organisation du travail en hôtellerie, en fonction des mutations et des transformations qui affectent l'industrie hôtelière dans son environnement interne et externe.

En outre, notre réflexion s'inspire du principe qui fait que la qualité du capital humain est un déterminant essentiel pour l'amélioration de la compétitivité structurelle du secteur hôtelier. Par conséquent, la compétitivité-prix, fondée essentiellement sur le coût salarial, n'est pas un déterminant suffisant qui permette à l'hôtellerie marocaine de reconquérir et d'améliorer sa part de marché en affrontant la concurrence. La compétitivité structurelle est à rechercher à travers, entre autres, le développement des compétences des ressources humaines du secteur.

Actuellement, la nécessité de développer les compétences des ressources humaines s'explique, d'une part, par l'accélération du progrès technique et les évolutions rapides du marché qui semblent avoir touché l'industrie touristique et hôtelière toute entière et, d'autre part, par la globalisation de cette activité, qui a pour corollaire l'expansion des chaînes multinationales et la sophistication de plus en plus accrue des techniques managériales dans les domaines touchant la gestion, la commercialisation, la production, l'automatisation, etc. Cette donne exige de repenser la gestion de l'emploi au niveau macroéconomique et microéconomique, en relation avec les évolutions quantitatives et qualitatives touchant le système productif dans sa structure et son organisation, les métiers, les qualifications et les compétences.

Ainsi, l'étude de l'emploi doit-elle s'accompagner d'une veille sur les besoins en qualifications et en compétences que devrait posséder la main-d'œuvre afin d'accompagner les changements organisationnels et structurels du secteur. Le déficit dans ce domaine peut se traduire non seulement par des pertes de marchés, mais aussi par un tassement de l'emploi et des manques à gagner au niveau de l'économie globale.

À cet égard, plusieurs questions retiennent notre attention. Nous cherchons à :

– examiner les facteurs d'évolution et analyser leurs incidences sur l'emploi hôtelier, en effectifs, en qualifications et en compétences. Partant de là, il faut bien étudier les structures de l'emploi pour évaluer les besoins en qualifications et en compétences dans l'hôtellerie ;

– mettre en exergue l'importance de l'équilibre des besoins en main-d'œuvre et en compétences, et les ressources disponibles dans le secteur et leurs effets sur la performance et la compétitivité des entreprises hôtelières ;

– déterminer la relation entre le professionnalisme de la main-d'œuvre et la place qu'occupe le management des ressources humaines dans la stratégie globale des entreprises hôtelières et son rôle quant au développement des performances du secteur ;

– évaluer les réponses que devrait apporter le système de formation touristique (initiale et continue) à partir d'une redéfinition et d'une recodification de la division du travail en hôtellerie. Ces dernières nous semblent nécessaires pour cerner les besoins en compétences et leur traduction en besoins de formation.

Ces questionnements sont d'ailleurs interdépendants et déterminants, non seulement pour éviter les pénuries, éliminer le trop-plein de main-d'œuvre, mais aussi pour :

– piloter l'évolution de l'emploi en hôtellerie et ajuster le contenu des formations, afin de diminuer le risque d'incompétence ;

– améliorer l'employabilité du personnel en exercice, et assurer l'insertion professionnelle des jeunes diplômés ;

– assurer la montée en compétences du secteur, en vue d'accroître sa compétitivité et l'adaptabilité de son système productif, face aux transformations générées par l'évolution à la fois du marché, de la technologie et de l'environnement touristique à l'échelon international.

Conjugués à des compétences organisationnelles et managériales, ces faits que l'on a choisi d'étudier sont ceux auxquels théoriciens et spécialistes confèrent, de plus en plus, un rôle central dans le processus de la division internationale du travail en tant qu'avantage concurrentiel et facteur-clef de performance. D'une part, ils se rapportent essentiellement (du point de vue de l'économie nationale, de l'entreprise et des ressources humaines) aux avantages socioéconomiques associés au développement des compétences, à la productivité et à la compétitivité du secteur touristique et hôtelier. La relation de ces avantages nous conduira à préciser la relation entre la montée en compétences et la compétitivité des entreprises et leurs effets quant à l'amélioration de la performance globale, à l'employabilité des personnes et à la valorisation des ressources humaines.

D'autre part, ces mêmes faits impliqués ont trait au rôle joué par le pilotage de l'emploi et des compétences et à ses incidences quant à l'adaptabilité de l'entreprise touristique et hôtelière aux évolutions du marché et de l'environnement économique. Ils nous permettront de nous demander s'il n'existe pas de lien entre, d'une part, la structure de l'emploi en qualifications et en compétences et la performance de l'hôtellerie, et, d'autre part, les pratiques en matière de management des ressources humaines et la compétitivité dans le secteur.

Il est à remarquer que l'étude de l'emploi et des compétences bute sur un certain nombre de difficultés liées aux caractéristiques du secteur touristique et hôtelier.

L'une des principales difficultés tient à la nature de l'activité touristique même. Celle-ci est constituée de composantes hétérogènes. Cette hétérogénéité fait que la production et la consommation touristiques résultent d'un ensemble d'éléments dont aucun n'est exclusivement touristique. Par conséquent, le repérage des contours exacts de cet ensemble de composantes dans les statistiques officielles se révèle délicat. Dès lors, il est très difficile d'identifier les emplois dont l'existence tient directement de la venue des touristes.

Étant donné la rareté des données et des informations précises et exhaustives sur le sujet, l'analyse de l'emploi et des compétences dans le secteur touristique et hôtelier s'avère plus complexe et plus difficile que dans les autres activités économiques pour lesquelles existent des données statistiques plus crédibles et des études plus fiables.

Force est donc, pour nous, de nous en tenir, dans notre travail, à l'étude de l'emploi et des besoins en qualifications et en compétences dans l'hôtellerie classée. En effet l'hôtellerie représente :

– la branche la mieux définie et au sein de laquelle les emplois-types et les compétences spécifiques sont les mieux repérables ;

– la partie la plus visible et probablement la plus spécifique du secteur du tourisme ;

– la branche où l'emploi créé et les besoins en qualifications et en compétences sont plus importants que dans les autres activités touristiques ;

– l'activité dont le développement a le plus d'implications à la fois sur le profil des métiers et sur les besoins en formation initiale et continue, que dans le reste des branches touristiques.

Pour mieux comprendre en quoi le tourisme constitue une source de travail, de revenus, de formation et de transfert de savoir-faire, nous analyserons, dans notre premier chapitre et ce, à travers les données d'avant la COVID-19, le potentiel de création d'emplois dans le secteur touristique et hôtelier. Nous mettrons également en lumière les questions les plus préoccupantes concernant les conditions de travail spécifiques à cette activité ainsi que la gestion de la main-d'œuvre. Par ailleurs, nous étudions les principaux changements induits par l'implantation des nouvelles technologies, ainsi que leur incidence sur l'organisation des entreprises du secteur, la gestion des ressources humaines, la structure de l'emploi, ainsi que sur les qualifications et les compétences requises.

Dans notre deuxième chapitre, nous nous risquerons à aborder le traitement de l'emploi hôtelier à travers la logique compétence, logique essentiellement centrée sur la nécessité d'un changement de comportement et d'attitudes sociales des ressources humaines par rapport au travail et à son organisation. Nous montrerons ensuite le rôle fondamental de cette logique quant à l'entretien d'une continuité et d'une synergie entre le système de formation et le marché du travail. Enfin, nous mettrons en exergue les enjeux du management des compétences et les opportunités d'en faire un réel avantage compétitif pour l'hôtellerie marocaine.

Dans le troisième chapitre, nous présenterons la situation et la structure de l'emploi et des qualifications en hôtellerie, telles qu'elles apparaissent à la veille de la première vision 2010. Le but est d'appréhender les besoins en compétences en analysant les causes de la pénurie en main-d'œuvre qualifiée et leurs conséquences sur les performances du secteur. Nous démontrerons aussi que les changements qui affectent le marché et les structures du système productif hôtelier nécessitent une mise à niveau de la main-d'œuvre du secteur et de l'organisation des entreprises hôtelières. Cette mise à niveau nous semble un défi à relever par les hôteliers marocains, car les ressources humaines et la structure des entreprises hôtelières ont besoin de s'ajuster à une complexité socio-économique mouvante. Pour faire face à ce phénomène, la valorisation et le développement des ressources humaines nous apparaît l'un des choix stratégiques qui permettrait la capitalisation des compétences et, par contrecoup, la professionnalisation de la main-d'œuvre hôtelière et l'amélioration des performances du secteur.

En ce qui concerne les besoins futurs en qualifications et en compétences, l'expérience touristique au Maroc a démontré que les facteurs économiques de l'emploi (investissement, croissance, etc.) ne sont point suffisants pour assurer une adaptation à un niveau satisfaisant de l'offre de travail par les entreprises et de la demande générée par les produits du système de formation. La satisfaction des besoins des entreprises en compétences est étroitement liée à la structure de l'appareil de formation et à sa capacité de répondre aux changements observés dans le système de production hôtelier. Ces aspects consécutifs à la relation formation-emploi seront analysés (dans notre chapitre IV) sur la base d'une réévaluation centrée sur les besoins de formation en fonction des besoins en ressources humaines et en compétences. S'il est vrai que le champ de la détermination des besoins en main-d'œuvre est limité à l'estimation et à l'analyse des emplois additionnels particulièrement qualifiés, notre souci sera de la rattacher non pas à une conception étroite et mécaniste, mais à une vision globale faisant des ressources humaines les acteurs stratégiques de la survie des entreprises hôtelières et de leurs compétences le noyau dur du développement de leur compétitivité et de leur adaptabilité à la complexité de leur environnement.

Tenant compte des objectifs et échéances fixés dans le cadre de la vision 2010, cette manière d'approcher la question posée permet de :

– mesurer le volume d'emplois qui aurait dû être crée en fonction de la stratégie qui a été adoptée dans le cadre du contrat programme 2000-2010 ;

– évaluer la demande de qualification, comparée à l'emploi additionnel généré par l'hôtellerie durant cette époque ;

– confronter ces données pour avoir un éclairage sur les éventuels déséquilibres et inadaptations entre les besoins du secteur en qualifications et en compétences et sur leurs conséquences tant sur les individus, le secteur, l'appareil de formation et la société ;

– déterminer le seuil de développement de la formation et ses articulations avec la croissance économique et les besoins du secteur en personnel qualifié, le but étant d'évaluer les efforts du Maroc en la matière et les résultats obtenus sur le plan quantitatif et qualitatif par rapport aux besoins de l'hôtellerie en main-d'œuvre qualifiée susceptible de s'adapter aux changements affectant la structure et le contenu des emplois.

En ce qui concerne notre dernier chapitre, notre objectif est de poser les jalons quant au développement des ressources humaines et la professionnalisation de la main-d'œuvre hôtelière, compte tenu de la capacité du secteur à endiguer les effets de la crise à la fois conjoncturelle et structurelle qui le ronge, et de l'évolution du marché du travail.

Pour ce faire, nous avons pensé utile d'analyser le paradoxe existant entre une recherche de relance de l'activité hôtelière d'améliorer sa rentabilité et le sous-développement des ressources humaines du secteur.

L'analyse des tendances, qui caractériseraient à la fois l'évolution du système productif ainsi que le marché du travail en hôtellerie, nous permettrait de mettre en exergue le besoin du secteur de :

– s'adapter aux nouvelles donnes imposées par une avancée technologique sans précédent et à une concurrence internationale sans merci ;

– moderniser le management des ressources humaines pour professionnaliser le personnel et capitaliser les compétences afin de faire face à l'élévation des standards de qualité et d'améliorer la position de l'hôtellerie marocaine sur le marché ;

– s'ouvrir sur le système de formation (et réciproquement), non seulement pour développer leurs compétences techniques mais aussi pour acquérir les comportements, les valeurs et le savoir-penser les préparant à être le ferment de la compétitivité et de la réussite des entreprises hôtelières.

Nous avons tenu, également, à démontrer qu'à long terme, c'est au secteur lui-même de développer sa compétitivité sur le marché du travail, en valorisant le facteur humain par la formation et en modifiant l'image négative de l'hôtellerie en tant qu'employeur. Cette action implique, d'un côté, l'intégration de l'emploi et des ressources humaines dans la stratégie des entreprises hôtelières et, de l'autre, une convergence d'intérêts des différents acteurs (entreprises, personnel, système de formation, etc.) pour les cinq paris suivants :

– la capitalisation des compétences,
– l'emploi et la promotion professionnelle,
– l'insertion des jeunes dans la vie active,
– la qualité de la vie personnelle, professionnelle et sociale,
– l'adaptation aux changements organisationnels et technologiques.

CHAPITRE I.

Le tourisme, un potentiel de création d'emplois en mutation

Au Maroc, le chômage atteint à l'heure actuelle des proportions très inquiétantes. Les jeunes en général et les femmes en particulier sont les fractions de la population les plus touchées par ce phénomène. Ce problème, crucial pour l'avenir du pays à cause des coûts qu'il entraîne pour la société, est dû à des causes structurelles et des causes conjoncturelles : le chômage tient, à la fois, aux faibles taux de croissance économique et à l'incapacité du système productif et de l'appareil de formation à s'adapter à un mode d'exploitation en perpétuelle évolution du fait des nouvelles technologies, de la globalisation et de l'intensification de la concurrence. Ces forces ont ébranlé de nombreux schémas traditionnels de travail et bouleversé les stratégies de réactions au chômage établies de longue date.

Dans ce contexte, même si le tourisme n'est pas considéré comme la panacée, il y a des raisons de penser qu'il possède une incidence privilégiée sur l'emploi au Maroc.

Ce n'est pas un hasard si le tourisme international est présenté actuellement comme l'industrie la plus importante du monde ! Et si l'on constate des signes de crise au niveau du tourisme marocain, les perspectives de croissance globale de ce secteur semblent bien meilleures, en matière de création d'emplois, que celles des autres secteurs de l'économie nationale. De ce fait, la connaissance de l'emploi touristique et hôtelier est un volet important de l'observation de l'activité touristique au Maroc.

Nous tenterons dans ce chapitre de démontrer, dans un premier temps, la capacité du tourisme à créer de l'emploi et à absorber le chômage. Dans un deuxième temps, nous tâcherons de relever les limites inhérentes à la quantification de l'emploi touristique et d'exposer les facteurs qui empêchent le secteur de capitaliser les compétences et de fidéliser la main-d'œuvre. Enfin, nous mettrons en évidence les enjeux que représentent l'émergence des nouvelles compétences et l'ampleur du besoin de professionnalisme pour le décollage d'un secteur touristique "industrialisant".

I- L'emploi touristique, au-delà de l'attrait du nombre

1- Un impact économique certain

Selon les estimations du World tourism and Travel Council (WTTC), relatives à l'impact économique du tourisme dans le monde, le tourisme international a engendré en 1995, à lui seul, 381 milliards de dollars de recettes (1,46 % du PNB mondial), soit 679 dollars par arrivée internationale de touriste. Entre 1980 et 1995, ces recettes avaient progressé en moyenne de 9 % par an. Elles ont atteint 476 milliards $ EU en l'an 2000. Selon une étude de l'Organisation Mondiale du Tourisme (OMT)[1], les transactions touristiques ont représenté, à la fin du siècle dernier, 2 à 12 % du PNB des pays à économies avancées, et jusqu'à 40 % de celui des Petites îles et des pays en développement. De même, le tourisme international a participé, à concurrence de 8 %, aux exportations mondiales de biens et services, et pour 37 % aux exportations des services. Il a représenté l'une des principales sources d'exportation pour 83 % des pays, et la plus importante origine de devises pour 38 % d'entre eux.

Tableau 1. Contribution économique du tourisme dans certaines régions du monde en 1992

Région	Emploi (% du total régional, tous secteurs)	Valeur ajoutée (contribution au PIB en %)	Impôts indirects (% du total régional, tous secteurs)	Salaires et traitements (en % du total régional, tous secteurs)
MONDE	10,47	10,99	11,56	11,42
Europe	10,26	12,28	14,85	12,49
Afrique	11,61	10,33	10,03	09,41
Amérique du Nord	11,43	10,57	08,97	11,45
Amérique	06,37	06,70	04,15	06,37
latine	23,48	30,60	30,60	23,48
Caraïbes				
Asie du Sud et Chine	11,20	12,89	11,16	12,70

Source : WTTC, 1995, pp. 46-47.

Cette réalité est valable pour le Maroc, où, avec 21 milliards de Dh (soit environ 2,1 milliards d'euros) en l'an 2000, le tourisme a représenté 7,8 % du PIB, et 12,8 % dans la balance des paiements. Tandis que son poids dans les recettes du compte courant a atteint 15,4 %. Par ailleurs, sa contribution dans la couverture d'une partie du déficit commercial est également importante. À ce sujet, le rythme de croissance des recettes en devises générées par le tourisme est de l'ordre de

[1] O. Ndiaye : Développement de l'écotourisme dans les zones désertiques, Séminaire préparatoire pour l'année internationale de l'écotourisme 2002, Alger 21-22 janvier 2002.

13,1 % entre 1980 et 1999. Quant au taux de couverture du déficit commercial par les recettes touristiques, il s'est situé à 47,9 % pour la même période.

De plus, d'après l'expérience du passé (conflits et guerres), le tourisme s'avère très résistant, avec une grande capacité de récupération à court terme. Est-ce la raison pour laquelle les spécialistes et les observateurs avancent que le secteur connaîtrait une forte croissance entre 2000 et 2010 ? En tout cas, ils ont prévu pour cette décennie, un taux de croissance de 3,3 % pour l'Union européenne, de 3,9 % pour l'Amérique du Nord, de 5,2 % pour l'Asie du Nord et de l'Est, de 8,2 % pour l'Asie du sud, de 7,1 % pour l'Afrique saharienne et de 5,7 % pour l'Afrique du Nord. En outre, la part prévu à cet horizon en matière du tourisme et du voyage dans l'économie globale par zone reflète la progression soutenue de cette activité.

Tableau 2. Part du tourisme et du voyage dans l'économie globale par région (2000-2010)

Régions	2000	2010
Union européenne	12,6 %	13,5 %
Amérique du Nord	11,2 %	12,2 %
Asie du Nord et de l'Est	09,0 %	09,6 %
Asie du Sud	05,0 %	05,6 %
Afrique du Sud saharienne	07,2 %	09,6 %
Afrique du Nord	07,5 %	08,5 %

2- Une large contribution du tourisme à la création de l'emploi

A- L'emploi touristique dans le monde

La plupart des études font apparaître avec évidence que le tourisme contribue largement à la création d'emplois à travers le monde. Ainsi, en 1992, il fournissait 23 % des emplois dans les Caraïbes, 11,6 % en Afrique, 11,4 % en Amérique du Nord, 11,2 % en Asie du Sud et en Chine, 10,3 % en Europe et 6,4 % en Amérique latine. Le tableau ci-après relève les estimations réalisées par le WTTC. Ces estimations, selon une étude du BIT, « incluent non seulement les emplois directs de prestations de services liés à la consommation des particuliers et ceux du tourisme liés aux dépenses publiques, aux dépenses d'investissement et au commerce extérieur comme les agents de promotion du tourisme, mais aussi une partie des emplois indirects des secteurs économiques qui fournissent des apports aux voyages et au tourisme. Il y a des chances pour que l'on trouve les ouvriers du bâtiment dans l'hôtellerie, et même certaines tâches accomplies sur les chaînes de montage automobiles »[2].

[2] B.I.T : Les nouvelles technologies et les conditions de travail dans le secteur de l'hôtellerie, de la restauration et du tourisme, op. cit, p. 26.

Tableau 3. Estimation de l'emploi touristique dans le monde (en millions)

Année	1992	1995	2005
Emplois	E.T* % M-O-.R**	E.T* % M-.R**	E.T* % M-O.R**
TOTAL	192 10,5	212 10,07	338 11,8
Afrique	1111,6	12 11,5	15 10,7
Amérique du Nord	1511,4	16 11,8	19 11,9
Amérique latine	07 06,4	07, 06, 0	09 06,0
Caraïbes	02 23,5	0324, 7	03 27,1
Australie, Japon et Nouvelle-	08 10,4	0810, 3	08 10,5
Zélande	94 11,2	108 11,5	198 12,6
Asie du Sud et Chine	16 08,1	1808,8	32 11,8
Autres Pacifique	21 13,9	1913,2	21 13,3
Union européenne	03 12,2	0310, 4	03 10,7
Autres Europe occidentale	12 06,9	1407,8	22 10,5
Europe orientale	04 10,5	04 10,2	07 11,0
Moyen-Orient			

Source : WTTC, 1995, pp. 46-51.
* Emplois touristiques directs et indirects.
** Part de l'emploi touristique (direct et indirect) dans la main-d'œuvre totale (tous secteurs confondus) par région.

Selon ces statistiques, en 1995 le secteur voyages et tourisme aurait fourni des emplois directs et indirects à 212 millions de personnes, soit à 10,7 % de la main-d'œuvre mondiale. À l'horizon 2005, avec un taux de croissance de 10 % par an, ce secteur en emploierait, de la même manière, 338 millions.

En termes absolus, la région de l'Asie du Sud et la Chine, avec la création de 107,6 millions d'emplois en 1995, s'est placée en tête dans le secteur des voyages et du tourisme. L'Union européenne et les autres pays du Pacifique étaient les deux autres principaux employeurs régionaux, avec 18,3 millions d'emplois directs et indirects créés par chacun d'eux dans le secteur des voyages et du tourisme, suivis de l'Amérique du Nord avec 16,4 millions d'emplois.

En termes relatifs, les voyages et le tourisme semblent être en 1995 les principaux pourvoyeurs d'emplois dans les Caraïbes. Avec 24,7 % de l'emploi tous secteurs confondus, les Caraïbes dépassent de plus de 10 % le suivant immédiat, à savoir l'Union européenne. Quant à l'Afrique, malgré une faible augmentation, de 1,7 %, des arrivées touristiques de 1994 à 1995[3], le secteur du tourisme, avec 11,6 %, y a constitué l'un des principaux employeurs. La plupart des régions du monde s'échelonnent entre 8 et 12 % de l'emploi total (tous

[3] Les faibles performances de l'Afrique s'expliquent spécialement par la diminution des arrivées de touristes en Afrique du Nord (-9,9 %). Cette diminution est due essentiellement aux résultats négatifs du Maroc et de l'Algérie. Voir annexes sur les statistiques fournies par l'OMT concernant les tendances de l'évolution du tourisme international.

secteurs confondus), exception faite de l'Amérique latine, où, d'après les estimations, le secteur des voyages et du tourisme n'aurait participé en 1995 qu'à concurrence de 6 % à la création totale d'emplois.

À en croire les statistiques de l'OMT et du WTTC, l'industrie touristique continuerait à être l'activité dont les incidences sur l'emploi resteraient les plus fortes dans le monde à l'horizon 2010. Cette tendance est reflétée par les données ci-après :

Tableau 4. Emplois générés par le tourisme : proportion par rapport à l'emploi global

Régions	2000	2010
Union européenne	20,9 millions13, 2 %	23,6 millions14, 0 %
Amérique du Nord	20,8 millions11, 5 %	26,2 millions12, 6 %
Asie du Nord et de l'Est	58,6millions07,2 %	78,5millions 08,6 %
Asie du Sud	23,8 millions 05,7 %	32,5 millions06, 4 %
Afrique du Sud saharienne	10,2 millions07, 2 %	15,3 millions 08,5 %
Afrique du Nord	02,4 millions07, 9 %	03,1 millions 08,3 %

B- Le tourisme, un impact capital pour la création de l'emploi au Maroc

Au Maroc, selon l'étude de la stratégie d'aménagement touristique (1993), le nombre d'emplois dépendant directement et indirectement du tourisme dans toutes ses composantes est estimé à 536 000, soit environ 5,8 % de la population active au titre de l'année 1993, et 11,2 % de l'emploi total au Maroc hors agriculture.

La même source relève que le tourisme international d'origine étrangère fournit, à lui seul, 366 000 emplois au total, dont 223 000 emplois directs et 143 000 emplois indirects, soit un multiplicateur d'emploi (emploi total/emploi direct) de l'ordre de 1,6. La ventilation statistique de l'emploi dépendant du tourisme international relève qu'avec 71 000 emplois directs, la branche de l'hôtellerie et la restauration se présente comme le plus grand employeur du secteur.

Tableau 5. Ventilation de l'emploi direct et indirect généré par le tourisme international d'origine étrangère au Maroc

BRANCHES	EMPLOIS	% dans (A)	% dans (B)
Hôtellerie – restauration	71 000	32,0	19,0
Artisanat	53 000	24,0	14,0
Alimentation - boissons	22 000	10,0	06,0
Transports et auxiliaires de transport	10 000	04,0	03,0
Autres services	67 000	30,0	18,0
Total emploi direct (A)	223 000	61,0	61,0
Total emploi indirect	143 000	---	39,0
Totaux (B)	366 000	---	100,0

Source : Tableau confectionné par nous-mêmes à partir des données de la synthèse économique et financière : étude de la stratégie d'aménagement touristique, op. cit. p. 69.

Quant aux autres composantes de la demande touristique, elles créent directement et indirectement 170 000 emplois ventilés comme suit :

Tableau 6. Ventilation de l'emploi touristique créé par la demande autre qu'étrangère

Autres composantes de la demande touristique	Nombre d'emplois	%
Emplois au titre du tourisme interne	60 000	35,0
Emplois générés par le tourisme des RME	48 000	28,0
Emplois provenant du transfert d'amenée	20 000	12,0
Emplois dus à l'investissement touristique	39 000	23,0
Emplois générés par la demande de l'administration du tourisme	3 000	02,0
Totaux	170 000	100,0

À cela, il faut ajouter le volume d'emplois induits par le secteur du tourisme, estimé par le ministère de tutelle à un million. Cela revient à dire que, d'une part, sur un emploi direct créé dans le tourisme, 4,5 le sont d'une manière induite, et que, d'autre part, ce type d'emploi génère globalement 6,7 emplois (tous types confondus).

Eu égard aux normes d'emplois reconnues au niveau international pour les pays ayant atteint le même niveau de développement touristique, on peut avancer que les données de l'étude évoquée ci-dessus sont particulièrement exagérées. La baisse des arrivées touristiques européennes à partir de 1986, la crise qui sévit dans le secteur du tourisme depuis la Guerre du Golfe, la fermeture des établissements hôteliers, spécialement à Tanger[4], ainsi que les licenciements dus au manque à gagner, ne permettent en aucun cas d'atteindre de telles performances.

Cette situation devient évidente lorsqu'on compare l'emploi touristique au Maroc à celui de la Tunisie. En 1992, le secteur touristique en Tunisie (pays considéré par les organisations mondiales comme étant du même niveau de développement touristique que le Maroc), avec environ 80 749 chambres (hôtellerie classée et non classée) et un ratio de 0,8, crée 64 598 emplois directs. Par ailleurs, et compte tenu de l'effet multiplicateur du tourisme sur les autres branches économiques, un emploi direct créé dans le secteur touristique génère 3,5 emplois indirects dans les autres secteurs de l'économie, soit 0,3 emploi dans la construction, 4,3 dans l'artisanat, 0,7 dans l'agriculture et 1,2 emploi dans divers secteurs (commerce, etc.). Ainsi, outre les 64 598 emplois directs, le tourisme tunisien a créé 226 093 emplois supplémentaires[5].

Dans d'autres pays, les statistiques concernant l'emploi touristique direct et indirect donnent au titre de l'année 1992 les résultats suivants : Égypte 600 000, Israël 120 000, Turquie 350 000, Grèce 360 000, Portugal 250 000.

Néanmoins, quoique "gonflées", ces données sur l'emploi touristique au Maroc nous permettent de déceler trois problèmes majeurs :

– une hypertrophie de la main-d'œuvre non qualifiée, qui génère peu de valeur ajoutée pour le secteur ;

– une gestion des ressources humaines défaillante et obsolète, qui ne favorise pas le développement des compétences ;

– une inadaptation flagrante entre les besoins réels des entreprises touristiques en compétences et les capacités des ressources humaines qu'elles emploient. Cette inadaptation pénalise lourdement la compétitivité du secteur face à la concurrence.

En tout état de cause, il nous semble que les données relativement proches de la réalité sont celles évoquées par l'étude sur le schéma directeur de la formation. En effet, selon cette dernière, le volume de l'emploi dans le secteur de l'hôtellerie (classée), de la restauration et du tourisme, s'établit en 1994 à 52 356 emplois directs, toutes catégories confondues (emplois permanents, saisonniers, temporaires). Malgré la différence avec l'étude citée précédemment quant à l'appréciation de l'emploi touristique, celle-ci confirme que c'est l'hôtellerie qui crée le plus d'emplois. En effet, avec 40 954 emplois, l'hôtellerie vient en première position (soit 78 %), suivie des agences de voyage avec 5 187 emplois (soit 10 %), de la restauration avec 3847 (soit 7 %), des campings avec 2 055 emplois (soit 04 %) et des agences de location, 673 emplois (soit 1 %).

---

[4] Dans cette ville, plusieurs établissements hôteliers se sont transformés pour d'autres usages et/ou sont fermés pour des besoins d'extension et de rénovation.

[5] N. Sittouhame : Le tourisme en Tunisie, éditions Cérès, Tunis 1994, p. 74.

3- Les difficultés de mesurer l'emploi touristique

A- Un système de mesure peu crédible

Si l'importance du tourisme pour l'économie nationale est largement reconnue, la structure éparpillée de cette industrie et ses ramifications, pour la plupart enregistrées dans d'autres secteurs, font que l'on ne dispose pas de données statistiques fiables, ni de méthodes homogènes susceptibles de démontrer l'ampleur de sa contribution à l'emploi. C'est peu de dire que l'étude de l'emploi dans ce secteur s'avère un exercice très délicat, et ce pour de multiples raisons :

– l'absence d'instruments de mesure permettant de dénombrer l'ensemble des personnes travaillant dans le secteur, et de recenser tous les emplois dont l'existence est liée directement au tourisme. Il est difficile de dire quelle proportion du travail effectué dans un emploi donné doit être imputée au secteur du tourisme, sans parler de l'emploi "indirect" des bénéficiaires directs du revenu du secteur : le chauffeur d'un car qui transporte les employés d'un hôtel à leur lieu de travail est-il aussi occupé par l'industrie touristique ? Certainement, si le car appartient à l'hôtel. Cette distinction artificielle déforme toute perception du réel par le biais des statistiques ;

– la multiplicité des définitions du terme emploi, qui renvoie à un large éventail de métiers mal définis. Il n'existe, à titre d'exemple, aucune classification des professions suffisamment détaillée que l'on puisse appliquer de façon générale ;

– l'inexistence de statistiques nationales sur l'économie et l'emploi distinguant clairement les activités touristiques de l'ensemble des activités de services ;

– la variation des données relatives à l'emploi selon la source, et ce à cause de la dispersion méthodologique.

Même au niveau du reste du monde, les données relatives aux tendances de l'emploi dans le tourisme sont relativement limitées. 0 n peut citer à cet égard le BIT qui, depuis les années quatre-vingt, a essayé à quatre reprises de rassembler les chiffres sur l'emploi touristique et hôtelier dans le monde :

– d'abord en 1980, avec la publication de « L'emploi dans l'hôtellerie et la restauration » ;

– ensuite en 1983, dans le rapport général pour la troisième réunion technique tripartite pour les hôtels, restaurants et établissement similaires ;

– puis en 1987, avec un document de travail du programme des activités sectorielles intitulé « Income of workers in the hotel, catering and tourism » ;

– et enfin en 1997, le rapport pour la quatrième réunion tripartite sur « les effets des nouvelles technologies sur l'emploi et les conditions de travail dans le secteur de l'hôtellerie, de la restauration et du tourisme ».

Les problèmes de l'analyse de l'emploi dans le secteur se compliquent particulièrement avec l'introduction de nouvelles technologies. Ces dernières rendent caduques les anciennes formes d'organisation du travail et introduisent une nouvelle configuration des qualifications. La complexité provient aussi des méthodes d'analyse des normes et ratios utilisés pour cerner cette problématique. En l'absence de nouveaux paramètres nous permettant de mieux affiner notre analyse, nous sommes contraints d'utiliser les normes et les standards du BIT, tout en étant conscients (tout comme ce dernier) de la nécessité de les actualiser.

Il est à signaler aussi que, par rapport aux autres secteurs de l'économie, le questionnement relatif à la supériorité, ou non, de la capacité du tourisme à créer des emplois, n'a jusqu'à présent jamais fait l'objet de réponses précises et convaincantes. Il est certes difficile de cerner les emplois liés au tourisme, d'abord en raison de la « trans-sectorialité » de ce secteur, qui fait apparaître les professions dites « caractéristiques », c'est-à-dire celles œuvrant presque exclusivement pour les touristes (hôtels, agences de voyages), et d'autres, dites connexes, travaillant plus ou moins intensivement pour les touristes suivant le lieu d'exercice de leurs activités (restaurants, taxis, commerces et services divers, bâtiment).

Le tourisme : un produit composite ou une activité multi-produit

Tout comme l'atome est composé de nombreuses molécules, le produit touristique est constitué d'un ensemble de sous-produits. Cette analogie semble très appropriée, si l'on veut comprendre le mécanisme du tourisme. C'est un tout, dirions-nous, un corps composite, un tout dont tous les éléments qui le constituent sont de même importance, quand bien même certains d'entre eux seraient immergés, autrement dit non évidents aux yeux ou à l'analyse du profane ».

Source : J. Raboteur, Introduction à l'économie du tourisme, l'Harmattan, Paris 2000

B- L'emploi hôtelier, seule variable maîtrisable d'un système complexe

La participation du secteur touristique à la création d'emplois est considérable, mais son impact exact reste difficile à mesurer avec précision. Techniquement, l'analyse de l'emploi touristique et hôtelier repose presque exclusivement sur l'utilisation du ratio « emplois/chambres » ou « emplois/lits » et des coefficients de répartition des emplois. Il en ressort qu'à toute variation de capacité du parc hôtelier correspond une variation des effectifs dans les métiers du tourisme et de l'hôtellerie. Ce ratio reste à coup sûr le véritable indicateur d'évaluation du volume total d'emplois existants, et de détermination du nombre d'emplois créés ou à créer. Bien qu'imparfait, car sa variation dépend de plusieurs facteurs, il demeure l'instrument de mesure le plus utilisé.

Par ailleurs, la matrice du BIT ci-après, concernant la répartition du personnel hôtelier par service et par niveau hiérarchique, est la plus crédible. Il s'agit d'une hypothèse fondée sur les statistiques de pays en développement (tels que le Maroc et la Tunisie) où le tourisme est considéré comme suffisamment développé.

Certes, l'estimation des coefficients de répartition figurant dans cette matrice peut être contestée, mais il semble que les chiffres donnés peuvent être considérés comme assez proches des normes à établir pour une meilleure exploitation des unités hôtelières.

Tableau 7. Matrice de répartition du personnel par service et niveau hiérarchique[6]

SERVICES	% de l'effectif total	Niveau hiérarchique					Total des %
		I	II	III	IV	V	
Direction, administration et comptabilité	07	25	15	16	44	-	100
Réception, front office	09	-	07	31	37	25	100
Étage, lingerie, buanderie	23	-	02	07	66	25	100
Restaurant, bar	30	-	05	23	41	31	100
Cuisine	15	-	07	26	42	25	100
Économat	03	-	03	27	45	25	100
Entretien	13	-	07	27	41	25	100
TOTAL	100	-	--	--	--		
% de répartition par niveau hiérarchique		1,75	5,70	21	46	25	100

Il ressort de ce tableau que l'hôtellerie est la branche d'activité du tourisme la plus créatrice d'emplois. En effet, l'importance des effectifs constatée dans cette branche de l'hébergement dépend principalement de deux facteurs : de la capacité en chambres, en lits, en places de restaurant... et du niveau d'activité (taux d'occupation). La relation entre la capacité et les effectifs n'est donc pas constante et le ratio varie en fonction des performances du secteur touristique (croissance des arrivées touristiques) et de son adaptation aux exigences du marché. Le ratio varie également en fonction du niveau de productivité, du type de gestion et des conditions sociales d'exploitation des établissements touristiques et hôteliers. Il aura telle conformation lorsque l'objet d'étude est un pays ou une région touristique à fort coefficient technologique et au coût de main-d'œuvre élevé, et telle autre s'il s'agit d'un pays à faible niveau industriel et où la main-d'œuvre est disponible mais de faible qualification. Le ratio emplois/chambres ou emplois/lits varie aussi en fonction des paliers de capacité des hôtels, avec une courbe de variation passant par un maximum situé entre 200 et 300 lits. Il est directement influencé par le type et la catégorie de l'établissement concerné, mais aussi par

[6] BIT : Carrières de l'hôtellerie et du tourisme, Genève 1976, p. 7.

d'autres facteurs comme la catégorie des hôtels (hôtels pavillonnaires ou hôtels-blocs), le nombre de prestations offertes ou le standing de l'établissement. C'est pourquoi il est nécessaire d'établir une grille de ratio par zone touristique, par catégorie et par taille d'hébergement. Enfin, la densité de l'emploi dépend également d'autres données tout aussi importantes, qui ont trait aux politiques de formation professionnelle et de formation continue.

Nous pouvons conclure de ce qui précède qu'à lui seul, le ratio emplois/chambres comme critère d'évaluation de la création d'emplois dans le tourisme n'est pas suffisant. À ce sujet une étude menée en 19 761 indiquait une moyenne très générale :

Nombre d'emplois hôteliers	Nombre d'emplois
= 0,50 soit =	1
Nombre de lits	Nombre de chambres

Rappelons pour la circonstance que ce rapport a considérablement baissé dans les pays avancés, à cause de deux facteurs principaux : les contraintes imposées par les normes de la productivité et les effets des nouvelles technologies. Selon François Vellas, « seule l'hôtellerie de luxe atteint encore ce chiffre, dans d'autres catégories, il a fortement diminué (inférieur à 0,30 pour le ratio nombre d'emplois/nombre de chambres dans les hôtels deux étoiles). En revanche, dans les pays en développement, où il existe une main-d'œuvre peu coûteuse et souvent une structure de type pavillonnaire avec de très lourdes installations techniques (groupes électrogène, climatisation, piscine, golf, tennis...), ce ratio est beaucoup plus élevé, jusqu'à 1,5 et même davantage » 2. Tel est le cas au Kenya et en Tanzanie (1,6), en Égypte et aux Seychelles (1,8), en Tunisie et au Maroc (0,8). La corrélation entre le niveau de ce ratio et les exigences qu'imposent de plus en plus la concurrence et la compétitivité d'une part, et le niveau d'industrialisation de la destination touristique, de l'autre, est très nette. Cette situation est d'ailleurs clairement illustrée dans le tableau n° 8 où une forte tendance à la baisse des effectifs apparaît nettement dans les pays avancés. L'objectif prioritaire de ces derniers est avant tout d'accroître leur productivité et de rechercher la souplesse d'adaptation par la flexibilité de la main-d'œuvre pour faire face à la concurrence internationale. Dans les pays en développement, c'est l'inverse : les effectifs y sont pratiquement deux fois plus élevés, probablement en raison du moindre coût de la main-d'œuvre, des formes d'organisation du travail et de la pyramide des qualifications prédominantes.

Tableau 8. Nombre de salariés par centaine de chambres disponibles selon les régions du monde entre 1985 et 1991

Année	Afrique, Moyen-Orient	Asie, Australie	Amérique du Nord	Europe	Amérique latine
1985	115,2	126,0	69,0	72,6	117,4
1986	108,5	94,4	63,8	75,8	113,3
1987	103,9	101,9	58,7	69,2	118,1
1988	97,1	118,6	65,1	72,8	113,0
1989	106,2	146,1	59,9	68,4	125,5
1990	121,4	133,6	53,4	78,4	125,6
1991	118,0	106,0	51,0	65,8	115,5

Source : Worldwide Hotel industry, international

En sus des remarques signalées précédemment, il est à noter qu'une gestion saine de l'emploi au niveau micro-économique nous évite de tomber dans l'arbitraire, et nous empêche d'affirmer, à titre d'exemple, qu'un hôtel de luxe de 100 chambres/200 lits devrait occuper 100 employés. Une très grande prudence doit donc être observée dans le calcul des effectifs. D'autres éléments doivent être pris en ligne de compte dans le calcul des effectifs et leur ventilation par département, par service et par catégorie socioprofessionnelle, particulièrement le taux de fréquentation, l'absentéisme, la météorologie, les accalmies dans les affaires, la politique des salaires, la capacité et la catégorie de l'établissement.

Pour le cas des emplois indirects et des emplois induits, ainsi que des effets du tourisme, ils sont plus difficiles à quantifier. Il est possible dans ce domaine également d'employer le principe du multiplicateur avec le même souci de prudence. En effet, à partir des emplois directs créés, le coefficient multiplicateur d'emploi (emploi total/emploi direct) permet de connaître le nombre d'emplois indirects en découlant. Les calculs de ce coefficient, réalisés à la veille des années 1980 par l'Organisation mondiale du tourisme pour certains pays, dont le Maroc, n'ont pas été conformes, loin s'en faut, à la réalité ; toutefois, dans la plupart des cas, ce coefficient est compris entre 1,20 et 1,50.

Le multiplicateur d'emploi…

Le multiplicateur d'emplois indique les répercussions, en termes d'emplois, du surcroît d'activité économique. Ce multiplicateur peut s'exprimer de deux façons :

– soit sous forme de part d'emploi direct créé qui représente l'ensemble de l'emploi direct et indirect généré par unité supplémentaire de dépense touristique ;

– soit sous forme de rapport entre les variations (directes plus indirectes plus induites) de l'emploi, lorsque le niveau de production varie d'une unité de dépense touristique

Le multiplicateur d'emploi...

4- Les conditions de travail, un obstacle à la fidélisation de la main-d'œuvre qualifiée

A- Les facteurs rebutants

Aux considérations quantitatives, il faut ajouter les handicaps, contraintes et exigences inhérents à l'industrie touristique, qui consistent principalement dans la répartition géographique, la durée, la saisonnalité et la qualité des emplois.

En effet, le secteur touristique requiert à la fois un personnel d'encadrement, supérieur et moyen, et des techniciens de base très qualifiés. Ceci implique la mise en œuvre d'une politique de formation à différents niveaux, afin d'éviter le recours à un personnel étranger très coûteux et à une main-d'œuvre sans qualification qui nuirait à la qualité du service et à la productivité du secteur. Les objectifs de cette politique devraient chercher à promouvoir l'emploi, à faciliter les ajustements structurels et l'adaptation aux besoins du marché, de même qu'à contribuer à l'expansion et à l'amélioration de la productivité du secteur touristique.

Du fait de ces exigences, la pénurie de main-d'œuvre de personnels qualifiés, dans toutes les branches touristiques et à tous les niveaux, demeure l'une des causes du retard de l'activité touristique au Maroc. Cette préoccupation était exprimée par les pouvoirs publics déjà dans les années 70. Depuis, en étroite collaboration avec l'OMT et le BIT, le Maroc s'est doté d'un réseau d'institutions de formation pour faire face aux besoins grandissants de qualification dans le secteur. Ces efforts, bien qu'importants, n'ont pas suffi à satisfaire aux besoins croissants de main-d'œuvre qualifiée : l'insuffisance patente de la qualité de la formation alimente le manque de professionnalisme.

C'est un fait : l'emploi touristique au Maroc souffre de carences multiples, dont les plus saillantes ont trait au déficit en matière d'encadrement (supervision et maîtrise) et à l'emploi d'une importante masse de main-d'œuvre non qualifiée. Ces données marquantes affectent la productivité, la maîtrise des coûts et la qualité du service. À ces défaillances s'ajoute le bas niveau de technicité qui caractérise certains emplois de base dans l'hôtellerie et la restauration : plongeurs, bagagistes, liftiers, aides de cuisine... L'image de la profession en souffre, au moment où la pléthore de main-d'œuvre incite les entreprises à recruter du personnel à des salaires très réduits.

Par ailleurs, les activités de l'hôtellerie, de la restauration et du tourisme sont des activités caractérisées par le phénomène de la saisonnalité. En conséquence, les périodes de creux y correspondent à une baisse des recrutements, à la rupture de contrats à durée déterminée, voire à des licenciements, alors qu'en haute saison les effectifs sont à leur maximum. Les fluctuations de l'activité touristique et l'instabilité de l'emploi entraînent le recrutement de nombreux travailleurs peu ou pas qualifiés du tout. Nous distinguerons entre autres :

– les travailleurs saisonniers, dont l'activité se limite à une saison, et qui sont recrutés pour une période généralement régulière et répétitive. Ce phénomène de saisonnalité est lié aux variations climatiques et à la clientèle du tourisme, elle-même tributaire des calendriers officiels des congés, qui coïncident suffisamment entre les régions du monde pour faire affluer les touristes aux mêmes périodes, souvent sur les mêmes lieux de villégiature ;

– les travailleurs temporaires proprement dits, qui occupent des emplois de courte durée, des emplois qui, en principe, ne sont pas liés à la saison, et qui revêtent un caractère occasionnel ou tout au moins irrégulier. En effet, de même que le personnel saisonnier répond à des variations cycliques, théoriquement prévues et planifiées par les entreprises touristiques et hôtelières, il est fait appel à un personnel temporaire pour faire face aux besoins imprévisibles de main-d'œuvre (congés de maladie, accidents des employés...) et aux pointes subites : à-coups, surcharges et "coups de feu" dus à des banquets, congrès, réunions, etc., d'où la précarité de cette catégorie de travailleurs, parfois confondue avec celle des saisonniers ;

– l'"extra", lui, est un genre d'emploi flexible, qui n'a rien à voir avec les variations saisonnières et qui dépend uniquement de la charge journalière de travail dans l'entreprise, autrement dit, du taux de fréquentation, du nombre de repas prévus et de certains événements spéciaux tels que les banquets, les cocktails, etc.

Notons qu'à contrario, la définition de ces types d'emplois souligne l'importance de la détermination du nombre réel des emplois permanents du secteur touristique, ainsi que de travaux de prévision de leur évolution quantitative et qualitative dans le temps. Cette tâche devrait incomber au sous-secteur touristique considéré et prendre en compte le type de tourisme pratiqué.

Au Maroc, l'importance de la saisonnalité de l'emploi apparaît nettement dans le tableau ci-après. Cette caractéristique de l'activité pèse lourdement sur le personnel. À ce sujet, l'enquête effectuée dans le cadre de l'étude du schéma directeur de la formation professionnelle relève que le personnel saisonnier représente 17,7 % de l'ensemble des effectifs, tous statuts confondus[7]. Par

[7] Ministère du Tourisme : Schéma directeur de la formation professionnelle, op.cit, p. 16

branche, la saisonnalité se cantonne surtout dans les campings, où elle représente 60 % du volume de l'emploi. Ce pourcentage est de 17,3 % pour la branche de l'hôtellerie. Quant aux personnels temporaires, ils ne dépassent pas les 6 % dans la part des branches d'activités.

Tableau 9. Effectifs des personnels selon les branches de l'hôtellerie, de la restauration et du tourisme[8]

Branche Personnel	Hôtellerie	Restauration	Agences de voyage	Agences de location	Camping	Total
Personnels permanents	30 999	3 351	4 590	422	790	40 152
Personnels Saisonniers	7 033	370	502	146	1 245	9 296
Personnels Temporaires	2 562	126	95	105	20	2 908
Total	40 594	3 847	5 187	673	2 055	52 356

Ce phénomène de saisonnalité, conjugué à la sensibilité du secteur vis-vis de la conjoncture (problèmes économiques dans les pays émetteurs, conflits politiques dans les pays ou régions touristiques, variations de la mode, changements de goûts de la clientèle...), affecte notablement la gestion des ressources humaines, directement et indirectement. En effet, les deux phénomènes précités (saisonnalité et conjoncture) entraînent un surcoût, du fait de la nécessité d'amortir les investissements sur une très courte période, aux dépens de la masse salariale. En outre, chaque saison, l'entreprise est obligée de reconstituer son personnel. Ces facteurs gênent considérablement toute politique de rationalisation et d'amélioration de la qualité de service, et génère de l'incertitude pour l'exploitant et pour la clientèle. Et, autre effet négatif de taille, ils découragent l'effort consenti par les entreprises au profit de la formation continue.

B- La précarité de l'emploi touristique, causes et effets

Eu égard aux fluctuations de la conjoncture économique et aux contraintes de la productivité imposées par les caractéristiques économiques du secteur, les entreprises touristiques et hôtelières jouent sur la différenciation des statuts de leurs employés dans l'objectif d'accroître leur rentabilité. Elles rejettent sur les salariés une part de l'incertitude qu'elles assument lorsqu'elles ont recours à des

[8] Ministère du Tourisme : Schéma directeur de la formation professionnelle, op.cit, p. 16

embauches classiques. Ces contraintes donnent lieu à l'éclatement juridique de la notion de collectivité de travail, à la segmentation du marché et au développement des emplois atypiques (précaires). On constate que pour des raisons de flexibilité et de gestion de leurs ressources humaines, les entreprises du secteur placent leurs salariés tantôt sur un segment interne, tantôt sur un segment externe. Sur le marché interne (emplois typiques), les salariés constituant le noyau dur du personnel sont couverts par un statut protecteur et cumulent de nombreux avantages : salaires stables, gains de salaires à l'ancienneté, promotion professionnelle interne et avantages sociaux divers ; et surtout, ils bénéficient d'une relative stabilité de l'emploi dans le temps.

Les différentes formes de flexibilité

– **La flexibilité quantitative** permet aux entreprises d'adapter à court terme leur niveau d'emploi ou/et la durée du travail, aux impératifs de la conjoncture. Il existe trois sortes de flexibilité quantitative :

- la flexibilité externe : l'entreprise peut faire varier le nombre de ses salariés dans ce cas. Elle peut avoir recours à des licenciements mettant fin à des contrats à durée indéterminée. Elle peut aussi ne pas renouveler des contrats de travail de courte durée, ce qui est moins coûteux, car ils ne donnent pas droit à des indemnités de licenciement.
- La flexibilité interne se base quant à elle sur une utilisation différente des salariés présents : modulations saisonnières, temps partiel, heures supplémentaires, utilisation du temps disponible pour la formation ou la maintenance.
- La flexibilité par externalisation offre la possibilité à l'entreprise de ne plus gérer une partie des contrats de travail des actifs qui concourent directement ou indirectement à sa production. Pour ce faire, elle peut avoir recours, soit aux prestations de services d'une entreprise intérimaire, soit à des sous-traitants, soit aux deux à la fois, ce qui lui permet de mieux se concentrer sur son activité principale.

– **La flexibilité fonctionnelle** : il s'agit d'une flexibilité qualitative. C'est par la polyvalence des salariés que les entreprises obtiennent les souplesses nécessaires. À quantité de travail constant, les entreprises modifient les affectations des travailleurs aux postes de travail en fonction des besoins et des fluctuations de la production.

M. Moutoussé et D. Chamblay, p. 130.

Par opposition à un personnel à statut permanent, dont l'emploi est considéré comme un facteur "quasi fixe", il existe un personnel placé à la périphérie des organisations touristiques et hôtelières, et qui constitue une main-d'œuvre d'ajustement non protégée par les règles internes des entreprises qui l'emploient. En effet, en marge des chômeurs "officiels" se trouvent l'ensemble des personnes placées dans une position intermédiaire constituant une sorte de "halo" autour du chômage et alimentant en main-d'œuvre bon marché le marché du travail externe du secteur. Ces travailleurs connaissent de nombreux inconvénients tels que les salaires les plus bas, l'insécurité de l'emploi, l'absence d'avantages sociaux... Ce type de salariés, que les chefs d'entreprises ne cherchent pas à stabiliser, sert à assurer, grâce au processus d'extériorisation, une souplesse et une certaine adaptation de la gestion des ressources humaines, autrement dit, une certaine flexibilité du travail en fonction des besoins des entreprises du secteur.

Les composantes du processus d'extériorisation

– On parle de l'extériorisation au sens physique lorsque des travailleurs participant à la production de l'entreprise sont extérieurs à l'unité de production. Cette forme d'extériorisation réduit la taille des collectivités de travail dans la mesure où elle permet de rester en deçà de certains seuils d'effectifs réglementaires et un meilleur contrôle du travail ;
– l'extériorisation au sens juridique, où la relation employeur/employé devient une relation à trois : un salarié, un employeur qui ne met pas en œuvre la force de travail, une unité de production qui utilise cette force de travail sans être employeur.
D. Gambier et M. Vernières, Le marché du travail

Il faut rappeler aussi que le secteur de l'hôtellerie, de la restauration et du tourisme fait partie des secteurs économiques qui offrent un nombre considérable d'emplois aux femmes. À ce sujet, dans son rapport sur les nouvelles technologies et les conditions de travail dans le secteur de l'hôtellerie, de la restauration et du tourisme, le BIT[9] signale qu'en France, à titre d'exemple, 53 % des directeurs, 62 % du personnel de salle et 86 % du personnel hôtelier étaient des femmes en 1990. En Turquie, la part des femmes dans les effectifs totaux des unités d'hébergement et des agences de voyages avait atteint, respectivement, 19 et 36 % de la main-d'œuvre totale. Dans les pays en développement, l'importance de celle-ci dans le tourisme dépend du degré de développement économique et social et de l'accès des femmes à ce segment du marché de l'emploi. C'est ainsi que la part des femmes dans la main-d'œuvre du secteur examiné est plus importante en Tunisie (16,3 %) et au Maroc (plus de 20 %) qu'au Mali (12 %). Cette importance est à relativiser, puisque les emplois offerts aux femmes sont souvent peu qualifiés et exigent un niveau de formation très bas, comme c'est le cas des femmes de chambre qui occupent une place quantitativement prépondérante dans la branche de l'hôtellerie.

Par ailleurs, l'un des problèmes majeurs auxquels se heurte le secteur en matière d'emploi, et qui nuit à la productivité et à la qualité du service, réside dans

[9] BIT : Les problèmes sociaux et l'emploi dans les hôtels, restaurants, et établissements similaires dans les pays en voie de développement, Genève 1983, p. 56.

la difficulté de fidéliser le personnel, surtout les jeunes cadres et les techniciens. En effet, les employés ne restent généralement pas longtemps en place, et ce pour les raisons suivantes :

– le fait de travailler à contretemps des rythmes ordinaires, surtout dans l'hôtellerie et la restauration (week-ends, fêtes, congés en dehors de la saison touristique), rebute les jeunes en particulier, qui ont de la peine à s'y habituer ;

– l'étendue de la journée de travail, la coupure de l'après-midi repoussant sensiblement l'heure de sortie, le travail de nuit et les bas salaires rendent l'emploi désagréable, inintéressant et incitent à le déconsidérer ;

– de nombreux emplois, dans le secteur, n'offrent que peu de possibilités de formation, et les possibilités y sont restreintes.

En somme, le manque de perspectives de carrière, de gains plus élevés, de possibilités de perfectionnement, ajoutés à des conditions de travail plus contraignantes que dans les autres secteurs, entraînent des déperditions énormes et poussent, surtout les jeunes cadres et techniciens, à abandonner le secteur purement et simplement ou à tenter l'expérience de l'étranger. Au Maroc, l'enquête effectuée en 1994 dans le cadre de l'étude du schéma directeur de la formation professionnelle auprès des établissements hôteliers n'a relevé, sur les 38 032 de l'hôtellerie classée, que 3 894 emplois occupés par des lauréats du système de formation touristique et hôtelière, soit 10 % seulement (pour 23 % en 1989) de l'emploi total dans l'hôtellerie, et un ratio emplois de lauréats/lits de 0,05 (3 894/84 237). La situation s'est aggravée depuis 1989, année où le déficit en personnel formé était d'environ 7 000 emplois, et où seuls 23 % des emplois directs qualifiés ont été occupés par les lauréats des établissements de formation touristique et hôtelière.

Pour conclure ce point, si le tourisme, et en particulier l'hôtellerie, sont considérés comme un véritable réservoir de création d'emplois pour des pays comme le Maroc, il n'en demeure pas moins que cette vitalité est, dans le contexte actuel, conditionnée par la faculté du tourisme national à s'adapter aux nouvelles conditions de gestion des ressources humaines et des compétences de ceux et celles qui, par leur travail, rendent des services aux touristes. Par ricochet, aucune adaptation du tourisme marocain aux nouvelles donnes qui caractérisent le tourisme international n'est envisageable sans une industrialisation et une familiarisation de cette activité avec les technologies nouvelles faisant appel à des compétences plus élargies, à de nouveaux modes d'organisation du travail, à des techniques modernes de management des ressources humaines.

– Enfin, confrontées à une pénurie de main-d'œuvre qualifiée, les entreprises touristiques et hôtelières au Maroc ne sont-elles pas dans l'obligation d'innover socialement pour rendre plus attractifs les emplois touristiques et professionnaliser la main-d'œuvre dans ce secteur ?

II- Mutations du secteur : quand les compétences deviennent un avantage compétitif

Le secteur de l'hôtellerie et du tourisme est une activité de nature transnationale. Il est à la base d'une circulation extraordinaire de personnes pour des motifs hédonistes et permet par-là de générer des flux financiers d'une extrême importance de par le monde. C'est là un fait réel reflété par les stratégies des tours opérators et des chaînes hôtelières internationales.

Actuellement, ce secteur, comme tant d'autres, est en train de connaître de profondes mutations qui modifient le profil de l'emploi et des compétences. Ces mutations sont nécessaires pour accompagner le changement et faire face à l'évolution en cours : développement des chaînes hôtelières, internationalisation accrue, stratégies de segmentation des marchés (concentration sur un segment particulier, développement de véritables gammes d'hôtels), et enfin concentration économique et financière plus poussée.

Face à ces mutations et à leurs incidences au niveau du jeu concurrentiel, les entreprises hôtelières marocaines devraient se mettre à niveau pour améliorer leur productivité et leur compétitivité, qui ne cessent de se détériorer au fil du temps. À cet effet, la gestion de l'emploi et des compétences devrait être une exigence absolue dans la mesure où l'adaptabilité de la main-d'œuvre et le niveau de son professionnalisme constituent les domaines qui conditionnent la position concurrentielle de toute entreprise. De ce fait, la garantie de survie et de réussite du secteur touristique et hôtelier reste dépendante de la mobilisation d'une main-d'œuvre disposant d'un savoir-faire (les connaissances et les compétences) et d'un savoir-être (les comportements et les valeurs) pour attirer et fidéliser une clientèle de plus en plus exigeante.

1- Les mobiles de l'émergence de nouvelles compétences

Pour analyser ces évolutions et leur implication au niveau de l'emploi et des compétences, force est de se reporter à la situation de la seule hôtellerie. En effet, de par le monde, ce secteur a considérablement évolué depuis 20 ans aussi bien dans ses structures que dans son activité et sa technicité. Il est le terrain d'innovations importantes dans divers domaines liés à l'organisation, à l'exploitation et à la gestion[10].

L'observation des marchés hôteliers depuis les années 1970 à travers le monde, laisse apparaître un certain nombre de tendances lourdes et de facteurs explicatifs de la globalisation de cette activité économique, que l'on peut résumer comme suit :

– une modification dans les motivations et les comportements de la clientèle ;

---

[10] Voir particulièrement Yves Tinard : Le tourisme : économie et management, Editions Ediscience International, p. 225-266, Paris 1994, et Les nouvelles technologies et les conditions de travail dans le secteur de l'hôtellerie, de la restauration et du tourisme, BIT, Genève 1997, p. 35-64.

– un développement des chaînes hôtelières en données absolues et en parts de marché. Ce développement est dû aux effets conjoints d'une internationalisation croissante, d'une diversification et d'une segmentation plus affinée des marchés, mais il entraîne aussi une exacerbation de la concurrence ;

– une forte concentration économique et financière des entreprises hôtelières ;

– une technicité accrue en matière de management, avec une sophistication des techniques à différents niveaux et dans divers domaines : construction, production[11], commercialisation, gestion et administration ;

– l'internationalisation ne touche pas seulement les marchés commerciaux et le développement, mais aussi les marchés financiers et ceux du travail.

A- L'éclosion de nouveaux socio-styles de vie

Les changements sociodémographiques et économiques, associés aux possibilités offertes par les nouvelles technologies, ont affecté la demande touristique en faisant apparaître de nouveaux goûts et de nouvelles motivations que l'on peut résumer comme suit :

– un besoin plus marqué de se rapprocher de la nature, de vivre une expérience de première main. Il peut s'agir de destinations hors des sentiers battus, de modes de transport inhabituels ou de passe-temps insolites ;

– une volonté accrue d'apprendre et de connaître des cultures étrangères ;

– un souci renforcé d'améliorer sa forme physique, compte tenu de l'augmentation des tensions, du stress lié à l'activité professionnelle et à la vie urbaine ;

– une tendance générale à multiplier les périodes de vacances ;

– un besoin de recherche d'identité associé à l'ouverture au monde.

De ce fait, on assiste à l'émergence d'un nouveau profil de demande touristique, avec l'accroissement et l'apparition d'un certain nombre de formes de tourisme, telles que les circuits d'aventure, l'écotourisme, le tourisme de montagne, le tourisme de désert... La diversité des motivations des voyageurs a incité l'industrie du tourisme à se diversifier elle-même. La demande de qualité, conjuguée à la multiplication des destinations, a ravivé la concurrence au sein du secteur. Ce nouveau profil a généré une différenciation accrue de la demande, avec un intérêt croissant pour les services individualisés à forfait au détriment des voyages forfaitaires organisés à l'avance, ce qui modifie de façon conséquente l'activité des agences de voyages dont le travail principal consistait jusque-là à préparer et à vendre ce type de prestations-ci.

Dans ce contexte, seules les entreprises hôtelières qui se sont positionnées en termes de qualité, de prix ou d'intérêt accordés à un consommateur plus averti et expérimenté, réussiront à survivre à long terme.

---

[11] Il s'agit des innovations ayant révolutionné le processus culinaire, à savoir la cuisson et le conditionnement sous vide, la surgélation immédiate, ainsi que le stockage de produits cuisinés et l'assemblage de produits précuits.

Le touriste un consommateur paradoxal

Le touriste veut de l'attention, du sur-mesure, bref, « qu'on s'occupe de lui ». Le tourisme doit donc se mettre au service de l'ego du consommateur. L'égonomie est la part d'ego dans ce que nous achetons et devient une tendance capitale de la consommation. Le moteur de l'égonomie c'est le culte du moi, c'est l'individu sacralisé. Nous n'avons jamais été plus individualistes qu'à la fin de ce siècle. Le consommateur se considère comme un être unique et veut être traité en tant que tel : il veut qu'on lui prête attention, qu'on s'intéresse à lui, qu'on réponde à ses attentes particulières, que l'on flatte son ego. « Soi », « se retrouver », « son bien-être » sont des motivations profondes. Ce besoin d'identification se traduit également par un besoin de personnalisation. Le touriste veut être écouté, entendu, compris, considéré, respecté. Il souhaite que l'on se préoccupe de ses attentes. Ce qui peut apparaître comme le propre du tourisme, à savoir la découverte d'un autre lieu, d'un site, apparaît alors marginal. Le but du développement de la personnalité est la réalisation de soi ou l'épanouissement différencié et harmonieux de tous les aspects de la personnalité globale de l'homme.
Voir L. Bergery, Qualité globale et tourisme, Economica, Paris 2002.

B- Le développement des chaînes hôtelières, quand le concept révolutionne l'industrie de l'accueil

Il est de nos jours couramment admis que le développement quantitatif et qualitatif de l'offre hôtelière mondiale ne s'est effectué que grâce à la croissance des chaînes intégrées. En effet, avec cette croissance, l'hôtellerie connaît depuis les trente dernières années une transformation profonde, à la fois structurelle et opérationnelle. À cet égard, son évolution est caractérisée non seulement par une augmentation considérable des capacités, mais également par des changements profonds de structures opérationnelles. L'on peut citer notamment la diversification des services et des produits, la spécialisation des établissements, les changements dans les techniques de commercialisation, la modification des structures des sociétés (la sous-traitance apparaissant comme un outil de gestion important) et l'introduction de nouvelles technologies[12].

Cette évolution a eu des répercussions directes et indirectes sur la productivité et sur les qualifications requises dans le secteur. Certes, la majorité de l'offre hôtelière reste encore constituée d'unités indépendantes, mais les chaînes intégrées érodent progressivement la part des indépendants ou des groupements volontaires (chaînes volontaires), car leur progression est supérieure à

[12] L'hôtellerie recourt de plus en plus aux nouvelles technologies pour maîtriser les coûts, améliorer leur efficacité opérationnelle ou introduire de nouvelles méthodes de gestion. Elle bénéficie des avancées techniques réalisées dans de nombreux domaines et en particulier de celles du traitement des données, des télécommunications et de l'audiovisuel. C'est ainsi que les nouvelles technologies sont en passe de devenir l'avantage concurrentiel le plus important dans le secteur de l'hébergement.

l'accroissement moyen du parc hôtelier dans le monde. Selon le BIT, la part des chambres appartenant à des chaînes intégrées a augmenté ces dernières années d'environ 10 % par an. Et le nombre de ces grandes chaînes représente le quart de la capacité d'hébergement touristique mondiale[13]. Ce processus d'extension des chaînes s'est réalisé de trois manières différentes :

– création d'unités sur des segments de marché non saturés ;

– reprise ou rénovation d'hôtels qui ne sont plus adaptés en termes de qualité ou de taille ;

– contrats de gérance ou de franchise visant à augmenter les parts de marché. Cas du Maroc, avec Hyatt (2 unités), Sheraton (3 unités), Holiday Inn (1 unité), sans évoquer les accords en cours sur de nouvelles acquisitions.

Différence entre contrat de gérance et franchise

Dans le cadre du contrat de gérance, le propriétaire délègue l'exploitation d'un ou de plusieurs hôtels à un groupe hôtelier à forte notoriété, moyennant le paiement de redevances : combinaison négociée d'un pourcentage sur le CA et sur le revenu brut d'exploitation, ou RBE. (À titre d'exemple, ACCOR, pour gérer l'hôtel Mansour Dahbi de Marrakech, perçoit 3 % sur le CA et 8 % du bénéfice brut). Dans le cas de la franchise, le franchisé assure l'ensemble du financement du ou des établissements dont les caractéristiques techniques sont élaborées par le franchiseur. Ce dernier lui impose un cahier de charges strict (normes d'accueil, de prestations). Le franchisé utilise l'enseigne, le savoir-faire en matière de gestion et de commercialisation du franchiseur et lui verse des royalties.

À ce sujet, le poids des chaînes dans l'hôtellerie à l'échelon mondial apparaît clairement dans le tableau ci-dessous relatif au classement des quinze grands groupes hôteliers. En comparaison du classement de l'année 1999, on constate qu'à la fin de l'année 2000, les 9 premiers groupes mondiaux ont tous conservé leur position de leadership. Il faut atteindre le 10ème rang pour observer le gain d'une place par le groupe Sol Melia (11ème en 1999.) Cedant excepté, les 10 premiers groupes mondiaux ont tous renforcé leur offre hôtelière mondiale. Le 1er groupe mondial a en effet revu ses standards de qualité en 2000, et il a écarté les hôtels qui ne répondaient pas aux exigences. Tous les autres groupes ont progressé, et en particulier le Français Accor, qui a consolidé son 3ème rang mondial avec près de 390 000 chambres pour 3 500 hôtels environ (+9,8 %.) On note également, parmi les progressions significatives, les hausses respectives de 8,3 % et de 9,5 % affichées par le Britannique Bass et par Marriott International.

[13] Voir BIT : Les nouvelles technologies et les conditions de travail dans le secteur de l'hôtellerie, de la restauration et du tourisme, op. cit. p. 18.

Tableau 10. Classement mondial des groupes hôteliers au 01/01/2001[14]

Rang 2000	Groupes hôteliers	Origine	Nombre de chambres	Nombre d'hôtels	Évolution en nombre	Évolution En %
					Chambres %	%
01	Cedant	USA	546 845	6 364	- 9 926	- 1,3
02	Bass Hotels & Resorts	G-B	459 659	2 827	38 230	8,3
03	Accor	France	354 652	3 234	34 785	9,8
04	Marriott International	USA	349 800	1 830	33 400	9,5
05	Choice	USA	338 254	4 248	12 095	3,6
06	Hilton Corp.	USA	299 007	1 746	23 741	7,9
07	Starwood	USA	212 982	699	15 400	7,2
08	Carlson Hospitality Worldwide	USA	119 100	631	7 894	6,6
09	Hyatt Hotels et Resorts (Gorp + international)	USA	85 647	192	-2 324	-2,7
10	Sol Melia	Espagne	69 803	310	12 385	17,7
11	Envergure/Société du Louvre	France	65 116	956	3 536	5,4
12	Hilton International	GB	54 599	169	10 973	20,1
13	Wyndham Hotels Groupr	USA	73 215	303	-10 953	-15
14	Cranada/Forte	GB	58 173	438	4 188	7,2
15	Pagasus	USA	54 629	462	- 7 294-	13,4

Source : Base de données MKG Conseil, mai 2001.

Autre fait marquant de l'année 2000, les groupes européens ont connu un fort développement : + 9,1 % en 2000 contre + 3,5 % aux groupes américains. Notons toutefois qu'avec 58 % de l'offre mondiale contre 37 % pour les groupes européens, les groupes américains conservent un net avantage en termes de part de marché. Cet écart exprime cependant davantage une forte présence des groupes américains sur leur territoire national qu'une mainmise de l'hôtellerie US sur l'offre mondiale. À ce sujet, sur de nombreuses zones dont l'Europe, l'Afrique et le Moyen-Orient, mais également l'Amérique du Sud, les groupes européens sont

[14] Jusqu'en 2008, ce classement est resté presque le même et n'a subi qu'un léger changement. Voir, OIT, Développements et défis dans le secteur de l'hôtellerie-restauration et du tourisme, Genève, 2010

mieux implantés. À titre d'exemple, le marché des États-Unis représente 32 % des hôtels Accor, celui de l'Europe 49 %, l'Asie 11 %, l'Afrique 4 % et l'Amérique du Sud 4 % également. Cette implantation génère un chiffre d'affaires par activité et par zone géographique qui se répartit comme suit :

Graphique 1. Répartition du C.A du groupe Accor par métier et par zone géographique (2001)

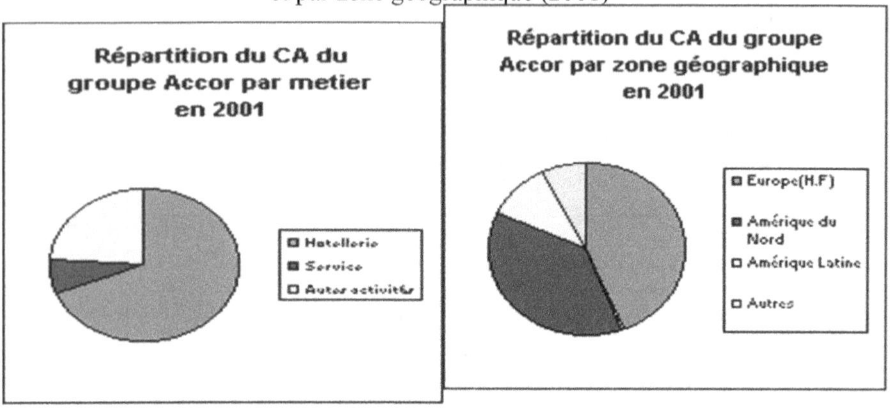

Cette croissance induit également des modifications qualitatives du parc. Les chaînes proposent souvent un produit hôtelier standardisé, conforme aux attentes et aux motivations préalablement définies des marchés visés. Cela leur permet notamment de sécuriser leurs clients en harmonisant leur offre au niveau des différentes localisations et en garantissant la qualité de leurs prestations de services. En outre, la taille moyenne des établissements des chaînes européennes est plus élevée que celle de leurs homologues américains, favorisant une gestion et une commercialisation plus industrialisée des unités.

De plus, ce processus de croissance permet aux chaînes intégrées une meilleure capacité à satisfaire les clients, aux goûts de plus en plus homogènes, en leur proposant des prestations de services standardisées et une offre de plus en plus cohérente. Il leur permet également de réaliser des économies d'échelles importantes liées à leur taille et à un considérable pouvoir de négociation face à leurs partenaires. Et enfin, leur structure, jointe à leur taille évoquée plus haut, leur procure l'avantage de gérer, d'exploiter et de commercialiser leurs prestations de services à l'échelle de toute la planète : implantation à l'étranger, marketing global, système de réservation...

Sous la pression des chaînes intégrées, l'hôtellerie indépendante, pour sortir de l'anonymat et accroître sa notoriété, se regroupe de plus en plus dans des chaînes volontaires ou groupements hôteliers. Bien évidemment, les établissements appartenant à une même chaîne volontaire présentent entre eux des différences notables, puisqu'ils ne sont pas conçus, à l'origine, pour respecter des normes préétablies. De ce fait, le type de collaboration, autrement dit l'apport propre de chacune de ces unités, varie, pour consister, selon les cas, en l'organisation de campagnes publicitaires, en une présence aux salons, en activités de réservation, etc. Le but de ce genre de collaboration est d'assurer des services communs aux adhérents, notamment sur le plan commercial, et de réaliser des économies d'échelle par centrale d'achat. Le tableau qui suit relate le poids des chaînes volontaires dans certains pays européens.

Tableau 11. Capacité hôtelière des chaînes volontaires dans certains pays européens (en % de la capacité hôtelière nationale)

Pays	Pourcentages
France	25,0
Suisse	25,0
Irlande	16,0
Allemagne	10,5
Belgique	08,0
G-B	07,0
Italie	06,0
Espagne	06,0
Autriche	03,5
Grèce	0,3

Source : Néo Restauration (France), N° 4, juillet-août 1990, p. 40.

C- Les chaînes comme acteur incontournable sur le marché mondial

Le développement des groupes intégrés s'effectue par la croissance sur leurs marchés nationaux, mais également vers l'étranger. Au départ, cette internationalisation a été le fait de chaînes américaines : Holiday Inns, Sheraton, Hilton, Marriott. Ces dernières furent longtemps les seules sociétés hôtelières transnationales importantes. Actuellement, des groupes transnationaux battant d'autres pavillons émergent parmi les grands de l'hôtellerie internationale : Trust House Forte, Ladbroke (G-B), Accor-Pullman, Méridien (France), Nikko, Ana, Pince (Japon), Four Seasons (Canada), Sol (Espagne), Scandic (Suède)...

L'expansion internationale des groupes s'inscrit dans une stratégie de croissance. Leurs marchés nationaux étant couverts et saturés, ils se tournent tout naturellement vers des marchés étrangers plus ouverts, offrant des localisations attractives, soit qu'il s'agisse de nouvelles destinations touristiques, ou de centres d'affaires en développement.

L'internationalisation réside aussi dans les stratégies de fidélisation de la clientèle, les chaînes hôtelières cherchant ainsi à accompagner leurs clients dans leurs déplacements de par le monde. Cette stratégie de la fidélisation croissante de la clientèle est renforcée par l'homogénéité du service offert dans toutes les régions du monde. Cette homogénéité passe par une définition précise du niveau, du contenu et de la qualité du service offert et donc par une certaine uniformisation. Aujourd'hui, cette tendance se trouve facilitée par le développement des réseaux de communication pouvant transmettre l'information en temps réel, tels les systèmes internationaux de réservation.

Par ailleurs, il nous semble essentiel de souligner que ces chaînes intégrées ne négligent aucun marché en expansion. En effet, tout marché en expansion représente pour elles une clientèle potentielle et une opportunité d'augmentation de leurs parts de marché, de même qu'un moyen potentiel d'améliorer leur position concurrentielle. Le groupe coupable de négligence dans l'observation de la concurrence se retrouverait démuni d'une source d'information névralgique sur les stratégies de ses concurrents et sur les orientations des marchés.

Plus encore, à travers leur implantation à l'étranger, les chaînes hôtelières cherchent à répandre le prestige de leur image de marque. La mise sur le marché de produits sans cesse plus nombreux, la ressemblance entre certains d'entre eux, de même genre, mais de qualité et de prix divers[15], ont incité les chaînes à donner à la marque un sens et une valeur plus prononcés que par le passé. Dans ce contexte, l'image de marque constitue un moyen d'identification, un gage de sécurité et de qualité pour le voyageur. À ce sujet, l'exemple de la chaîne française Accor et d'Air France, détaillé dans les tableaux 12 et 13, illustre l'importance de la marque dans la stratégie de l'hôtellerie[16].

Tableau 12. Activités, entreprises et marques d'Air France

Activité	Entreprise et marques
Compagnie aérienne régulière	Air France, UTA, Air Inter
Compagnie charter	Air charter
Hôtellerie	Méridien
Restauration	Servair
Tour-opérateur	Sotair (marque Jet Tours, Jumbo, Eldorador, Jet América, Jet Executive, Visa collectivités...), Airscapades (courts séjours week-end)
Réceptif[17]	Visit France

[15] A titre d'exemple, Hyatt Regency est spécialisée dans le haut de gamme ; quant à Accor, elle est présente sur le marché avec plusieurs marques allant du haut de gamme à l'hôtellerie économique.
[16] Y. Tinard, Economie et management, op. cit. pp. 88-92.
[17] L'activité de réceptif consiste à vendre un circuit à des étrangers visitant un pays donné. Deux cas doivent être distingués : soit le touriste, venu individuellement, s'adresse à un réceptif du pays visité, soit il s'adresse à un T.O. de son pays qui sous-traite une partie du séjour à un réceptif local.

Tableau 13. Activités et marques d'Accor
(avant la prise de contrôle de Wagons lits par Accor)

Secteur	Marques
Hôtellerie	Sofitel, Novotel, Parthéon, Mercure, Ibis, Urbis, Formule 1, Motel 6 (États-Unis)
Résidence hôtelière p/personnes âgées	
Centre de remise en forme	Thalassa International, Vitatop
Centre d'affaires	Atria
Tour-opérateur	Africa Tours, America Tours, Asia Tours, Islands in the Sun, Épisodes (courts séjours week-end)
Croisières	Parquet
Centrale de réservations	Resinter
Restauration	Arche, Café Route, Le Bœuf jardinier, Le Pavé de la Halle, Courte-Paille, Band Burguer, Free Time, Pizza del Arte, Le traiteur Le Nôtre, Deafood Broiler..

Sur ce registre également, les 10 premières enseignes mondiales sont aux mains de groupes anglo-saxons. Paradoxalement, Motel 6, la première enseigne non anglo-saxonne, est implantée aux États-Unis, mais appartient au groupe français Accor. Le tableau ci-après souligne qu'en 2001, ce 3ème groupe mondial est le seul à placer 4 enseignes parmi les 20 premières. Alors que Holiday Inn accentue de près de 5000 chambres son leadership incontesté dans le classement par enseigne, Express by Holiday Inn (l'enseigne économique du groupe Bass) a gagné en 2001 trois places dans le classement mondial en accrochant le 10ème rang (avec 12 000 chambres environ).

Tableau 14. Classement mondial des chaînes hôtelières au 1/1/2001

Rang		Classement des chaînes	Groupe	Hôtels		Chambres		Évolution	
2000	2001			2000 2001					
						2000	2001	Chambres %	
1	1	Holiday Inn	Bass	1 517	1 541	284 911	289 836	4 925	1,7
2	2	Days Inn of America, Inc.	Cedant	1 888	1 909	162 472	161 705	-767	-0,5
4	3	Confort Inns & Confort Suites	Choice	1 815	1 940	140 087	149 286	9 199	6,6
3	4	Mariott Hotels Resorts and Sui.	Marriott	368	393	140 700	149 200	8 500	6,0
6	5	Sheraton Hotels & Resorts	Starwood	382	386	122 485	128 332	5 847	4,8
5	6	Ramada Franchise Systems Inc.	Cedant	1 047	984	131 603	120 999	-10 604	-8,1
7	7	Super 8 Motels	Cedant	1 900	1 964	116 000	118 850	2850	2,5
9	8	Hampton Inn	Hilton Corp.	932	1 073	96 124	111 231	15 107	15,7
8	9	Radisson Hotels SAS	Carlson	400	420	97 000	93 136	2 912	3,0
13	10	Express by Holiday Inn	Bass	1 019	1 162	81 344	86 438	11 792	14,5
11	11	Motel 6	Accor	808	814	86 228		210	0,2
10	12	Hilton Hotels	Hilton Corp.	251	228	87 276	85 243	-2 033	-2,3
12	13	Hyatt Hotels	Hyatt	191	200	85 574	83 323	-2 251	-2,6
14	14	Quality Inns, Hotels	Choice	731	766	78 304	81 277	2973	3,8
16	15	Courtyard	Marriott	471	520	67 000	73 900	6 900	10,3
17	16	Mercure	Accor	562	640	60 236	68 810	8 574	14,2
18	17	Hilton	Hilton Inc.	169	226	54 599	65 572	10 973	20,1
15	18	Wyndham Hotels	Wyndham	263	197	67 670	56 178	-11 492	-17,0
19	19	Ibis	Accor	502	538	51 430	55 846	4 416	8,6
21	20	Novotel	Accor	318	329	49 214	52 488	3 274	6,7

On peut ajouter à cela que l'un des avantages que procure à une chaîne multinationale l'implantation à l'étranger réside, pour dire les choses de façon imagée, dans le fait de ne pas mettre ses œufs dans le même panier, en disposant ainsi de la possibilité de faire face à d'éventuels problèmes comme une baisse du niveau de fréquentation, des variations climatiques indésirables, les changements rapides de la mode ou la conjoncture économique et politique (guerre du Golfe, attentats à Marrakech...).

Enfin, dans leur volonté d'expansion internationale, les grands groupes hôteliers rencontrent, dans les pays en développement, des interlocuteurs désireux de les attirer en multipliant les avantages fiscaux et en faisant prévaloir le différentiel au niveau du coût de la main-d'œuvre, favorisant encore ce phénomène de globalisation. Dans ce domaine, les investisseurs étrangers ont de plus en plus tendance à ne pas financer en totalité les projets privés dans les pays en développement pour éviter des coûts et des risques élevés, notamment en raison des délais de rentabilisation et des risques politiques. Ils préfèrent, avec des partenaires locaux, créer des coentreprises ou conclure des accords de franchisage. À titre d'exemple, pour équilibrer l'exploitation et optimiser la rentabilité de son parc hôtelier, le groupe Accor dispose de différents modes de gestion qui vont de la propriété des unités jusqu'à la location, en passant par les contrats de gestion et de franchise.

Graphique 2. Modes de gestion des hôtels Accord

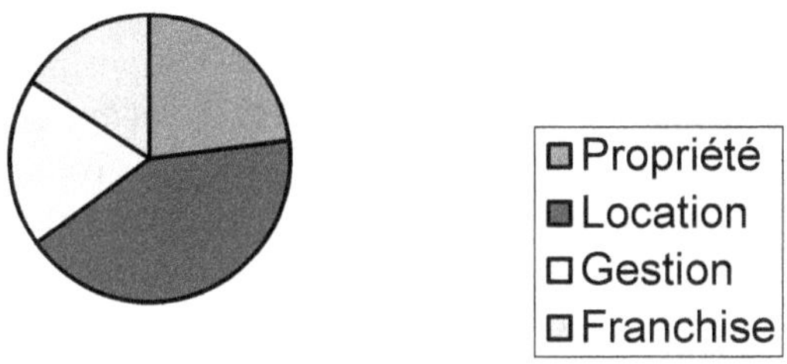

Source, Accor 2001

D- Une segmentation sophistiquée des marchés

La globalisation des chaînes hôtelières intégrées doit son succès aux caractéristiques standardisées, diversifiées et ciblées des produits qu'elles proposent à la clientèle, dont les besoins et les motivations sont en continuel changement.

Actuellement, aux produits simples ont succédé des produits toujours plus diversifiés et plus sophistiqués. Cette sophistication de l'offre hôtelière, répondant à un élargissement considérable de la demande et de la gamme des besoins, confère à la segmentation des marchés, selon G. Tocquer et M. Zins, un rôle vital dans la survie et la pérennité des chaînes, voire dans le développement de leurs avantages sur la concurrence[18].

On peut d'ailleurs distinguer deux types de stratégies dans ce domaine :

– Une stratégie de marque, centrée sur un segment particulier. Cette stratégie s'accompagne de la définition plus pointue d'un produit hôtelier adapté aux besoins précis de la clientèle du segment visé. C'est donc une stratégie qui privilégie l'utilisation mondiale d'une marque unique (comme Hyatt dans le segment de haute gamme), et qui procure aux chaînes qui l'adoptent :

[18] G. Tocquer et M. Zins : Marketing du tourisme, Ed. Gaëtan Morin, Québec, Canada, 1987, p. 36.

– une meilleure capacité à définir, de la manière la plus précise, leurs produits, et à satisfaire les attentes et les motivations de la clientèle du segment visé ; des économies d'échelle liées à la taille ;

– un développement mondial rapide ;

– une amélioration du contrôle exercé par le management central sur les filiales.

– Une stratégie de marques diversifiées et adaptées. Il est à noter que cette diversification de l'offre est une conséquence de la politique d'anticipation, d'innovation, de créativité et de recherche-développement dont font preuve ces multinationales, pour améliorer au maximum leur compétitivité, être attentives à l'évolution du marché et faire face à une concurrence devenant très intense et agressive. Cette stratégie de segmentation par le développement d'une véritable gamme de produits hôteliers, tous contrôlés par le même groupe, permet de couvrir différents segments du marché avec des marques diversifiées et adaptées. Ce type de stratégie est adopté entre autres par Accor-Pullman en France (Novotel, Mercure, Sofitel, Ibis, Urbis, Formule, etc.) et par Choice International (Quality, Comfort, Clarion, Sleep Inns, etc.).

À titre d'exemple, c'est le raffinement de la standardisation des produits, la gestion de la qualité et le marketing innovant fondé sur le développement d'un portefeuille de marques fortes sur différents segments de clientèle, qui sont à l'origine du succès de la chaîne Accor. La forte présence de cette chaîne est due, également, au développement de synergies entre divers métiers du tourisme autour du triptyque agence de voyage, restauration et hôtellerie.

Tableau 15. Parc hôtelier du groupe Accor
par enseigne en nombre de chambres 2001

Marques d'hôtels	Nombre d'hôtels	Nombres de chambres	Principaux concurrents	Implantation
Sofitel	157	31 574	Sheraton, Mariott, Hilton, Le Méridien, Crown Plaza, Hyatt	49 pays
Novotel	351	59 500	Holiday Inns, Quality Inn, Howard Johnson, Radison	59 pays
Mercure	655	73 377	Clarion, Quality Inn, Holiday Inn, Best Western	44 pays
Ibis	607	63 848	Campanile, Balladins, Kyriad, Holiday Inn Express	32 pays
Redroof	358	38 896	Econolodge, Confort Inn, Days Inn, Fairfield	USA sur la Côte Est, le Centre-Ouest et le Sud
Etap Hotel	256	19 692	Première Classe, Village Hôtels, B&B	7 pays

Source : Base de données MKG Conseil, mai 2001

E- Une tendance à la concentration économique et financière plus sophistiquée

La montée en puissance des chaînes et l'émergence de grands groupes hôteliers se sont effectuées conjointement avec une concentration économique et financière du secteur. On a pu ainsi assister, au cours des dernières années notamment, à de multiples fusions, absorptions, ventes et rachats de compagnies. Ce phénomène trouve son origine d'une part dans la stratégie de croissance des grandes entreprises hôtelières, et d'autre part dans l'intérêt porté à l'activité hôtelière par des groupes extérieurs au secteur. Ce développement de chaînes s'inscrit dans la stratégie globale des firmes multinationales car leur rivalité s'exprime désormais à l'échelle mondiale. Autrement dit, la situation concurrentielle de l'une d'elles, dans un pays donné, se trouve significativement affectée par sa position dans d'autres pays et réciproquement.

Il est à signaler que la tendance à la concentration s'est manifestée assez rapidement dans le tourisme, et plus particulièrement dans le secteur de l'hébergement hôtelier. Comme dans le reste des branches économiques, la tendance à la concentration s'est opérée à l'échelon de la production comme à celui de la distribution. Ce mouvement a vu le jour d'abord aux États-Unis, puis partout ailleurs avec la création de grandes chaînes hôtelières[19]. Il a été rendu possible grâce à l'adoption des nouvelles technologies (technologie de l'information comme instrument de gestion) qui ont permis à ces groupes multinationaux de maîtriser les coûts, d'améliorer leur efficacité opérationnelle et d'introduire de nouvelles méthodes et formes de gestion à la hauteur de leur dimension globale.

C'est ainsi qu'est née une véritable industrie hôtelière, caractérisée par la présence de puissantes chaînes hôtelières partout dans le monde. Comme on le voit, il s'agit vraiment de sociétés à la dimension du globe, bénéficiant d'un management central aussi outillé et qualifié que celui qui fournit l'impulsion aux autres grandes sociétés transnationales. La méthode et la rationalisation font l'objet d'une attention permanente, au stade de la construction de l'hôtel comme au niveau de son exploitation. La standardisation très poussée permet d'offrir à la clientèle des chambres particulièrement confortables et dont l'aménagement est souvent identique dans tous les hôtels d'une chaîne. Les "succursales" établies dans les pays étrangers adressent périodiquement les résultats de leur gestion aux centrales installées dans leurs pays d'origine.

Dans cet ensemble décrit plus haut, on retrouve trois types d'intégration :

– L'intégration verticale : elle s'opère dans le sens de la production et de la distribution, ou inversement. C'est ainsi que les grandes compagnies aériennes s'introduisent dans les grands groupes de distribution tout comme dans certains

[19] J. Heytens : L'application du franchising aux chaînes de motels, thèse, CHET, Aix-en-Provence, 1972, p. 58. Voir aussi S. Ben Mansour et M. Walaf : Le partenariat dans l'investissement hôtelier et son incidence sur l'économie nationale, mémoire de 2ème cycle de l'ISIT, 1993.

groupements d'hôtels, l'hébergement étant le complément souvent nécessaire du transport. Cette concentration fondée sur le développement d'activités complémentaires à la production a été surtout le fait des compagnies aériennes avec des exemples célèbres tels que Pan Am avec Intercontinental, TWA avec Hilton, Air France avec Méridien, Japan Airlines avec Nikko.

En dehors des compagnies aériennes, on peut citer l'exemple du groupe allemand TUI, issu dans les années 70 de la fusion de cinq entreprises voyagistes. Ce groupe distribue aujourd'hui huit marques à travers 2 600 agences de voyages et contrôle un parc hôtelier estimé à 12 750 lits. En France, le Club Med a pris des participations dans des compagnies de charters (avions affrétés) en absorbant, en 1991, le groupe Aquarius et son réseau de distribution de 30 agences[20]. En même temps, il a mis la main sur Air Liberté. Pour sa part, le groupe Nouvelles Frontières a pris le contrôle indirect de Corsair et lancé la chaîne hôtelière Paladiens, qui comptait 35 hôtels en 1995.

– La concentration horizontale est une tendance plus répandue à l'heure actuelle. Elle permet à ces grandes entreprises de mieux contrôler le marché, d'agir sur les prix et de bénéficier d'effets de synergie et d'économies d'échelle. Ce type de concentration s'explique par une croissance organique (construction d'hôtels) mais également par des opérations spectaculaires. Par exemple Accor a racheté, en 2000, le groupe polonais Orbis, qui détient environ 10 000 chambres. Dans la même année, Bass a mis la main sur Parkroyal Hotels et sur le groupe australien SPHC, tandis que le groupe Sol Melia a acquis Tryp Hoteles.

Les objectifs de ce type de concentration répondent en fait à des impératifs et à des contraintes de management (accès à l'utilisation d'outils de gestion très onéreux, rationalisation accrue de l'organisation et des structures), de financement (accès au marché des capitaux, consolidation de la capacité d'investissement, meilleur rapport de force face aux bailleurs de fonds : les institutions financières) et de marketing (supervision et contrôle des points de vente, efficience commerciale).

– Enfin, la diversification à la portée des seules entreprises à dimension globale a contribué à une sorte de "déspécialisation" de la distribution des produits touristiques. En effet, ce phénomène a donné lieu à l'introduction sur le marché touristique et hôtelier de nombreuses entreprises non spécialisées dans le domaine (grands magasins...) qui cherchent par-là à étendre leur puissance en s'emparant d'autres produits. Il semble qu'elles trouvent de bonnes opportunités d'investissement dans l'hôtellerie. C'est le cas en Grande-Bretagne, par exemple, de grands brasseurs (Bass), acquéreurs de sociétés hôtelières (Holiday Inns International).

Ce type d'intégration correspond donc aux mouvements stratégiques qui se concrétisent, selon Strategor[21], par un changement de domaine d'activité, c'est-à-dire par la prise en compte d'un nouvel ensemble de facteurs-clés de succès. Ces

[20] Le club Med a dégagé, en 1992, des bénéfices évalués à 161 millions de francs français.

[21] Strategor : Politique générale de l'entreprise, op, cit, p.141.

mouvements peuvent se traduire soit par l'élargissement du métier de l'entreprise, soit par la coexistence de plusieurs métiers[22].

F- Un perfectionnement accru du management

Dans le contexte de la mondialisation, la dimension globale des chaînes hôtelières intégrées repose aussi sur les compétences accumulées tant au niveau technologique qu'industriel[23]. Ces compétences permettent de proposer sur le marché une composante (le transport par exemple) ou une partie (l'hébergement) qui contribue de manière significative et essentielle à la valeur ajoutée du produit final.

Ces compétences technologiques se conjuguent aux compétences organisationnelles et managériales. Le management visionnaire joue ici le rôle de locomotive et de propulseur dans la mesure où la priorité de ses activités et de ses actions est centrée sur la répartition des ressources financières, la canalisation et la mobilisation des ressources humaines, la mise en place de structures appropriées, la définition de systèmes de circulation de l'information, et enfin le développement d'une culture de groupe.

L'industrie hôtelière, il convient encore une fois de le souligner, est une industrie de services qui présente avec les industries de produits manufacturés des différences fondamentales dans les domaines du marketing, de la structure des coûts d'exploitation et de la structure financière.

Sur le plan du marketing, même si en restauration des matières premières interviennent dans la composition du produit, il est impossible, sauf pour les grandes cuisines centrales, d'appliquer aux services hôteliers les techniques de planification de la production, pas plus qu'il n'est envisageable de stocker et de distribuer le service hôtelier comme d'autres produits manufacturés. Si un jour une chambre n'est pas louée, le montant correspondant à sa vente est irrémédiablement perdu. C'est donc cet aspect de service non stockable et à consommer sur place qui caractérise l'hôtellerie sur le plan marketing. Cet aspect implique que les techniques de publicité qui, dans d'autres secteurs, influencent le choix du client, prennent dans l'hôtellerie une dimension particulière.

Sur le plan de la structure des coûts d'exploitation, l'industrie hôtelière se singularise par la part dominante des frais de personnel. Le ratio des dépenses de

---

[22] Le domaine d'activité fait référence au (x) secteur(s) et marché(s) de l'entreprise. Quant au métier, il recouvre l'ensemble des compétences, les savoir-faire qui sont l'apanage de ceux qui travaillent dans l'entreprise.

[23] La notion de compétence clé de l'entreprise est développée par Hamel et Prahalad qui défendent l'idée que l'avantage concurrentiel d'une entreprise repose de plus en plus sur les compétences accumulées. Ils proposent une approche en terme de "portefeuille de compétences", de préférence à celle de "portefeuille d'activités". Voir à ce sujet l'article de ces deux auteurs : The core competences of the corporation, in Harvard Business Review, mai-juin 1990, et l'ouvrage de Porter M.E. : The competitive Advantage of Nations, Macmillan, 1990, traduction française : L'avantage concurrenciel des nations, Editions InterEditions, Paris 1993.

personnel par rapport au chiffre d'affaires global varie considérablement d'une catégorie d'hôtels à une autre[24].

Sur le plan de la structure financière, il faut remarquer que la quasi-totalité des ressources financières sont investies dans les immobilisations. Ces ressources proviennent pour une part de fonds propres et, pour une part plus grande, d'emprunts à long terme. Les immobilisations sont représentées, en majorité, par le terrain, les murs, les installations, le mobilier et l'équipement de l'hôtel.

De l'analyse des principaux postes du bilan de l'entreprise hôtelière, une conclusion peut être tirée sur la situation financière.

En principe, avec un fonds de roulement négatif, les entreprises hôtelières recherchent la rentabilité de gestion plutôt que la sécurité financière. C'est la raison pour laquelle on arrive souvent, pour les opérations d'une certaine dimension, à séparer la partie immobilière de celle relative à l'exploitation ; les investissements d'exploitation (équipement, mobilier, stock et fonds de roulement) sont alors du domaine de la société d'exploitation qui est, dans la plupart des cas, une chaîne hôtelière.

Dans ce type de montage, compte tenu de l'importance des investissements, chacun apporte son savoir-faire dans son domaine propre, les investisseurs dans le financement immobilier, l'exploitant dans la gestion de l'hôtellerie

Étant donné ces caractéristiques, l'arrivée des chaînes a eu pour effet d'apporter à l'hôtellerie, secteur économique d'âge mûr, des techniques de gestion plus modernes, souvent empruntées à l'industrie[25]. Ce processus s'est traduit à plusieurs niveaux, à savoir, sommairement :

a) L'industrialisation de la construction et l'aménagement des espaces

La mise au point de produits hôteliers standardisés a permis une industrialisation de la construction autorisant des économies d'échelle sur les coûts des matériaux, des gains de temps sur les délais de construction et des réductions d'effectifs grâce à une organisation standard de l'espace.

b) La modernisation de la production

En matière culinaire notamment, la production est aujourd'hui facilitée, mieux maîtrisée en termes de coûts, de qualité et de temps grâce aux innovations technologiques intervenues dans le domaine des équipements de cuisine et des produits alimentaires (cuisson sous vide, par exemple)[26].

L'hôtellerie fait également de plus en plus appel à des sociétés spécialisées dans la sous-traitance. À ce sujet, la préparation des repas est de plus en plus souvent confiée à des cuisines centralisées, le nettoyage professionnel à des

---

[24] Pour l'hôtellerie marocaine, la part du chiffre d'affaires destinée aux dépenses du personnel se situe, toutes catégories confondues, entre 18 et 28 %. Voir Images économiques des entreprises, Ministère chargé de la population, Direction de la Statistique, Rabat 1993, p. 167.

[25] J.J. Schwarz : Pour une approche marketing de la promotion touristique, Office du tourisme du canton de Vaud, Suisse, 1986, pp. 49-51.

[26] Pour plus de détails, voir BIT : Les nouvelles technologies et les conditions de travail dans le secteur de l'hôtellerie, de la restauration et du tourisme, op. cité, pp. 35-45

entreprises, le blanchissage à des teintureries centralisées. Ces pratiques, qui vont en se développant, font partie des nouvelles techniques de gestion qui visent une réduction du personnel, une plus grande souplesse et une capacité d'adaptation dans la gestion des ressources humaines, autrement dit, une certaine flexibilité du travail. Ce genre de techniques de gestion, fondé sur la sous-traitance des tâches annexes, permet aux entreprises hôtelières de se recentrer ainsi sur leurs activités principales.

Ces entreprises ont évolué à la fois sur le plan conceptuel, avec l'introduction des instruments du marketing, et sur le plan technique, avec l'apparition des nouvelles technologies de communication. Ainsi, les techniques d'analyse du marché, de promotion, de publicité, de planification et autres outils du marketing se sont imposées dans l'hôtellerie. Les hôteliers n'attendent plus le client, ils vont le "dénicher" sur des marchés parfois lointains, mettant en place des réseaux de ventes, utilisant des systèmes informatisés de réservation à l'échelle internationale[27].

c) Les nouvelles techniques de commercialisation

La télématique, et de plus en plus Internet, mettent en temps réel les hôtels en contact direct avec leurs clients. Ces nouvelles techniques ont amené de profondes modifications dans les réseaux de distribution, à l'exemple des Global Distribution Systems (G.D.S.). Ces techniques seront, à terme, les points de passage obligés de la commercialisation de cette industrie.

d) Les méthodes de gestion

Celles-ci ont connu aussi, sous l'impulsion des chaînes, l'introduction de techniques de management auparavant réservées à d'autres secteurs. À ce titre, l'importance de la concentration des entreprises en grands groupes a notamment développé la fonction de gestion à tous les niveaux de l'entreprise. Cette fonction a donné lieu à une division du travail très sophistiquée, se déclinant en domaines (marketing, commercialisation, publicité, gestion des ressources humaines, gestion des denrées et produits) et en niveaux. Les métiers de la gestion sont à l'heure actuelle les principaux bénéficiaires des mutations actuelles. Par conséquent, c'est dans ce domaine que les promotions sont devenues les plus spectaculaires, pour tous ceux qui ont su articuler deux systèmes de savoirs : celui des métiers de l'hôtellerie et celui de la gestion de haut niveau.

---

[27] Un autre changement est appelé à révolutionner le secteur, c'est la mise au point par certaines chaînes hôtelières de systèmes de réservation par Internet (comme Thisco) qui permettent aux particuliers d'organiser eux-mêmes leur voyage.

Les G.D.S. sont en règle générale la propriété des compagnies aériennes. Ils ont un rôle bien précis à remplir : fournir des informations sur les disponibilités et les tarifs des compagnies aériennes avec le maximum de précisions (tarifs les plus bas, distances les plus courtes, emplacement des hôtels), réserver des chambres d'hôtels et autres prestations, émettre les billets, etc. Le producteur touristique est le véritable client du G.D.S., car c'est lui qui paie le service de distribution pour chaque réservation effectuée. Le G.D.S. lui permet de proposer ses produits dans l'ensemble des agences de voyages sous contrat avec le G.D.S. Parmi les plus puissants de ces G.D.S., on trouve :
– SABRE, numéro un sur le marché, créé par American Airlines. Pour dominer le marché européen, il a engagé une stratégie agressive consistant à créer des alliances (British Airways, Air Canada, Société Nationale des Chemins de Fer, et à proposer des prix compétitifs.
– Galileo International, qui est issu d'une fusion entre l'Américain Covia (Apollo) et l'Européen Galileo.
– Amadeus, détenu à parts égales (33,33 %) par Air France, Lufthansa et Ibéria. Ce système vise, d'une part, à concurrencer SABRE en Europe où il couvre 54,5 % du marché des agences de voyages et, d'autre part, à progresser sur le marché américain dont il ne détenait qu'un pour cent en novembre 1994.
Abacus est le chef de file en Asie. Son actionnariat regroupe les principales compagnies aériennes asiatiques. Empêcher les autres G. D.S. de pénétrer sur le marché asiatique, tel est son objectif.

– Des G.D.S. de moindre importance, tels que le System One, détenu par Continental Airlines et Worldspan, qui ne fonctionne en France qu'avec l'agence Nouvelles Frontières.

e) L'automatisation et l'informatisation

Celles-ci touchent tous les départements et activités de l'entreprise hôtelière, dans le "back" comme le "front" office :

– la comptabilité[28], les achats et les inventaires ;

– la maintenance, la sécurité et la gestion de l'énergie[29] ;

– les services aux clients (téléphone, message, réveil, cartes de crédit, check in, check out) ;

– la gestion de la restauration ;

– la commercialisation : statistiques d'activités, historique clients, liaison avec les systèmes de réservation et distributeurs, gestion des réservations et des tarifs ;

---

[28] L'informatisation de ce domaine permet aux établissements hôteliers d'assurer le suivi des différentes consommations effectuées par le client durant son séjour et de gérer les paiements par cartes de crédit. Elle permet aussi de supprimer de multiples opérations élémentaires telles que le classement des fiches ou le traitement des chèques émis aux différents points de ventes de l'établissement.

[29] Les systèmes de gestion de l'énergie permettent de relier les chambres et les espaces collectifs de l'hôtel à l'ordinateur. Celui-ci contrôle la température de l'air et de l'eau, ainsi que l'éclairage, ce qui permet d'économiser la consommation d'énergie.

– la gestion des ressources humaines : enregistrement, suivi et contrôle des données individuelles et collectives du personnel (tenue des fichiers de base, mise à jour des mouvements, statistiques d'effectifs...), administration des rémunérations, calcul du coût de la main-d'œuvre, planification des besoins en ressources humaines, suivi des différentes opérations relatives à l'acquisition du personnel et à sa formation et enfin contrôle de la productivité...

Le tout peut être intégré dans un système unifié, reliant les départements entre eux et les établissements des chaînes à leur siège. Ce système permet à ces derniers d'échanger et de partager l'information en temps réel, pour une gestion efficace, mais aussi pour un meilleur service au client.

2- Les réseaux comme moyen de capitalisation des compétences

Dans le cas marocain, nous avons déjà mentionné la difficulté de l'hôtellerie à s'industrialiser. Il y a plusieurs raisons à cela : la séparation entre la fonction du propriétaire bailleur de fonds et la fonction du dirigeant de l'entreprise n'est pas nette, la taille de l'entreprise n'est pas importante et le management est familial et traditionnel. Ces caractéristiques de l'entreprise hôtelière et son type de management déterminent, dans les faits, la conception dominante de l'organisation suivie par les hôteliers, et la manière dont ils gèrent les salariés[30]. Cette configuration structurelle et organisationnelle de l'hôtellerie marocaine ne permet pas en ce moment aux entreprises du secteur d'affronter avec succès la concurrence et de s'adapter aux turbulences de l'environnement économique du tourisme[31]. Ces entreprises gagneraient à rechercher dans le partenariat avec leurs homologues étrangers, en créant des chaînes hôtelières en joint-venture, des opportunités pouvant hisser le secteur au rang d'une industrie à part entière.

En exploitant à bon escient les avantages de ce genre de réseaux, il est possible que le Maroc puisse :

– mettre à niveau et moderniser son parc hôtelier, introduire les nouvelles technologies nécessaires à la conquête du marché, offrir des produits cohérents, homogènes, et toucher une clientèle diversifiée mais ciblée ;

– consolider puis développer sa présence sur le marché touristique grâce aux réseaux internationaux de distribution utilisés par ces chaînes, à leur marketing global qui conduit à privilégier l'utilisation mondiale de leur image de marque.

Ainsi donc, l'implantation des chaînes intégrées, qu'elles soient propriétaires ou non, pourrait offrir à leurs partenaires marocains : un savoir-faire en matière de management hôtelier et de gestion de la qualité, une compétence dans le

---

[30] La façon dont sont gérés les salariés d'une entreprise n'est pas, selon Sandra Michel, indépendante des caractéristiques de son organisation. Voir l'article de cet auteur : « Conception de l'organisation et gestion des ressources humaines », Documentation française, Cahiers Français, N° 262, pp. 72-78, Paris, juillet-septembre 1993.

[31] Le modèle organisationnel dominant dans ces entreprises est de nature composite (empirique, prétaylorienne, taylorienne).

domaine de la gestion financière, des dispositifs de promotion et de vente, et enfin un développement des compétences des salariés par le développement de la formation. Ce type d'entreprises aiderait à une mise à niveau et au décollage du secteur. Leur présence, en effet, permettrait de stimuler l'investissement touristique et hôtelier nécessaire au développement du parc hôtelier, d'offrir des produits cohérents et homogènes, de toucher, comme nous l'écrivions plus haut, une clientèle diversifiée mais ciblée, et enfin de s'intégrer dans les réseaux internationaux de commercialisation.

Quant aux sociétés de franchisage, elles apporteraient aux hôtels indépendants une bonne image de marque, des services de conseil dans le domaine de la conception du produit et de la commercialisation, un soutien en matière d'organisation industrielle, de même qu'en matière de méthodes de gestion, de négociation face aux TO et de formation du personnel. Ce genre d'alliances permettrait aussi d'associer initiative individuelle et effet de chaîne, car l'hôtelier indépendant, tout en conservant son autonomie dans les domaines juridique et financier, se trouverait intégré au sein d'une structure de poids.

La franchise se définit comme une méthode de collaboration entre entreprises franchisantes, d'une part, et une ou plusieurs entreprises franchisées, d'autre part. Dans ce partenariat, cinq éléments sont à préciser :

- franchiseurs et franchisés sont juridiquement et financièrement indépendants ;
- le franchisé utilise à son profit l'enseigne appartenant à son franchiseur ;
- le franchisé se fonde sur la notion d'un savoir-faire mis au point et expérimenté par le franchiseur ;
- la franchise est le plus souvent assortie d'une exclusivité réciproque (territoriale au bénéfice du franchisé, d'approvisionnement auprès du franchiseur) ;

le franchiseur, qui apporte au franchisé l'usage d'une marque et de sa notoriété, ainsi qu'une assistance (transfert de savoir-faire, formation du franchisé, assistance permanente), reçoit en contrepartie une rémunération qui comprend un droit d'entrée versé à la conclusion du contrat et des redevances proportionnelles aux résultats obtenus (généralement en pourcentage du chiffre d'affaires).

Une autre solution s'offre aux hôteliers marocains désirant améliorer la commercialisation de leurs produits et bénéficier d'un "know how" : elle réside dans la formule du contrat de gestion avec les chaînes hôtelières internationales, dont le principe s'écarte de l'accord de franchise. Ce contrat, selon l'OMT, est « un accord de représentation conclu entre une société de gestion (chaînes internationales) et un propriétaire d'établissement, aux termes duquel la société de gestion assume une responsabilité totale en matière de gestion et de management de l'hôtel »[32]. Contrairement à la franchise, où le franchisé joue un rôle actif quant à la gestion de son entreprise, le contrat de gestion, tout en permettant au propriétaire d'assumer sa responsabilité financière, réduit son champ d'intervention dans la définition de la stratégie, de la politique et de l'exploitation de son entreprise[33].

Il est à signaler que la nouvelle dynamique relative à l'implantation des chaînes hôtelières internationales au Maroc mérite d'être mentionnée, car elle constitue probablement un signe avant-coureur du déclenchement d'un processus de changement et d'industrialisation du secteur. En effet, c'est la crise du tourisme qui a précipité l'implication des chaînes internationales dans le secteur touristique et hôtelier. À ce sujet, 14 chaînes étrangères sont présentes aujourd'hui dans le secteur de l'hôtellerie. Ces opérateurs étrangers détiennent ou gèrent 68 établissements hôteliers, soit 12,8 % des unités existantes et 25 % des lits disponibles. Avec 10 unités et 5 232 lits, le Club Med reste incontestablement le groupe le plus important au Maroc. Il est secondé par Accor, qui totalise 12 établissements et 3 601 lits. Ces groupes français gèrent à eux seuls environ 45 % de la capacité hôtelière détenue par les opérateurs étrangers. Avec 10,4 % de cette dernière, les chaînes américaines viennent en deuxième position. Les chaînes allemandes (TUI), espagnoles (TRYP, Occidentales), anglaises (Meridien, Majestic) et italiennes (Valtur) ne sont que faiblement représentées, bien que leurs marchés respectifs soient d'importants émetteurs de touristes.

Quoique les investissements directs de ces chaînes soient encore limités, avec seulement 17 unités totalisant 7 256 lits, soit 8 % de la capacité nationale existante[34], leur présence dans le secteur serait probablement l'un des facteurs qui faciliteraient la modernisation du système productif touristique et hôtelier.

Enfin, les hôteliers marocains indépendants peuvent aussi, tout en gardant leur stricte autonomie juridique et financière, créer des chaînes volontaires à caractère national ou régional[35]. Leur établissement porterait l'enseigne de la chaîne créée, qui se juxtaposerait à leur propre enseigne. Cette forme de partenariat permettrait aux hôteliers indépendants, nombreux au Maroc, d'entreprendre des actions collectives dans le sens de la commercialisation, des achats, de l'échange d'expériences et de la formation continue. L'objectif étant de :

---

[32] O.M.T. : Les contrats de gestion dans l'hébergement, Madrid 1979, p. 7.

[33] S. Benmansour et M. Walaf : Le partenariat dans l'investissement hôtelier et son incidence sur l'économie nationale, mémoire de 2ème cycle de l'ISIT, 1993, pp. 42-79.

[34] Plusieurs autres projets sont bloqués pour des raisons foncières, tels que le terrain convoité par Accor pour la construction du projet Casa City Center. D'autres accords de partenariat sont déjà signés. Il s'agit, d'une part, de l'accord entre la commune de Skhirat et Majestic Hotels Ltd pour la construction d'un hôtel de 150 chambres avec un site commercial, un centre de thalassothérapie, un palais des congrès et, d'autre part, de celui de Swissôtel (filiale de la compagnie aérienne Swissair) avec la Palmeraie Golf Palace de Marrakech

[35] V. à ce sujet B. Theumann : Ouvrir un hôtel, Centre d'Étude du Commerce et de la Distribution, Paris 1986, pp. 23-27 et M.-N. Bontoux, B. Clauzel, G. Lejet et F. Pierson : Gestion de l'entreprise hôtelière, Editions BPI, Paris 1990, Tome I, p. 25.

– mettre sur pied un produit homogène, en établissant des guides et des brochures pour promouvoir les hôtels affiliés, de lancer des campagnes de publicité et de relations publiques, d'organiser un démarchage commercial auprès des agences de voyages ;

– disposer éventuellement d'une centrale de réservation pour prendre les commandes, de constituer une centrale d'achat, et d'obtenir des prix intéressants auprès des fournisseurs ;

– bénéficier de la compétence des responsables élus et des permanents salariés de cette structure en matière de conseil en gestion, facilitant ainsi aux adhérents (les hôteliers indépendants) les relations avec les organismes financiers ou leur permettant de se faire entendre des pouvoirs publics ;

– consolider leur pouvoir de négociation face aux donneurs d'ordres étrangers ;

– moderniser à terme leur mode de gestion et de management, qui se trouve être actuellement, dans la majeure partie des cas, à caractère familial et artisanal.

Tableau 16. Options en matière de partenariat et d'investissements hôteliers

Types d'investissements	Caractéristiques	Avantages	Coûts
Propriété exclusivement étrangère	Hôtels détenus à 100 % par une filiale étrangère pour une période indéterminée	• Absence de risques financiers pour le pays d'accueil • Importante "évaporation" de revenus • Image de marque • Qualité garantie	• Sortie importante de revenus touristiques ("évaporation") • Difficultés de traduction de la politique gouvernementale en matière de développement touristique
Coentreprise	Participation d'investisseurs étrangers pendant une période indéterminée	• Accès à des capitaux supplémentaires • Accès aux réseaux internationaux de commercialisation • Moindre coût social et politique de l'investissement étranger direct • Évaporation de revenus limitée.	• Nécessité de disposer d'un capital de base • Partage des risques • Conclusion de contrats pouvant être moins avantageux en raison d'un faible pouvoir de négociation
Franchisage	Franchisage : vente à une entreprise locale du droit d'exercer une activité sous des modalités déterminées	- Transfert de compétences de gestion et de commercialisation - Niveau de qualité garanti - Image de marque	Le risque de gestion est supporté par les sociétés du pays d'accueil
Contrat de gestion	L'activité est contrôlée et gérée par une entreprise étrangère qui n'en est pas propriétaire	Transfert possible de connaissances, de compétences et de technologies	Absence de contrôle sur les finances, la gestion et la planification
Chaînes volontaires (consortium hôtelier)	Mise en commun des ressources d'hôtels indépendants en vue de concurrencer les chaînes intégrées et franchisées	Organisation de campagnes publicitaires nationales et internationales conjointes	• Possibilité que les hôtels de petite taille n'intéressent pas le consortium • Absence initiale de connaissance de la marque
Propriété exclusivement nationale	Investissements nationaux sans liens avec l'étranger	• "Évaporation" de revenu limitée • Stratégie d'entreprise indépendante	• Absence de réputation internationale - Frais de commercialisation plus élevés

3– L'inéluctable recentrage des savoirs professionnels

L'évolution multiforme de la profession hôtelière mentionnée ci-dessus entraîne immanquablement, d'une part, une redéfinition des rôles, des capacités et des profils de l'encadrement, et d'autre part, un recentrage des qualifications et des compétences des autres catégories de personnel. Si les niveaux d'industrialisation et d'introduction des nouvelles technologies dans l'hôtellerie marocaine et leurs effets sur l'emploi restent très faibles, il n'en demeure pas moins que les besoins d'adaptation, par rapport à l'évolution de la demande et aux exigences de la clientèle, sont très importants. En principe, la mondialisation et l'intégration du Maroc à la Zone de libre échange méditerranéenne bousculeront le système de travail dans l'hôtellerie et seront à la base de l'émergence de la fonction de gestion à tous les niveaux de l'entreprise. Cette éventualité donnerait lieu à une division du travail sophistiquée par domaines (marketing, commercialisation, gestion des ressources humaines, gestion de la qualité...) et à une recherche de compétences correspondantes. Ces domaines de support, dans le fonctionnement de l'entreprise hôtelière, deviendraient des fonctions aussi importantes que les activités de base (production : cuisine, hébergement ; distribution : restauration et accueil) et, par contrecoup, elles consolideraient la chaîne de valeurs des organisations entreprenantes. Il est à noter que la chaîne de valeurs permet de faire une distinction entre :

– les activités de base relatives à la production (ou à la préparation) des prestations : les activités de cuisine et les étages ; celles concernant la distribution des prestations : la restauration et la réception ;

– les activités de soutien : gestion des ressources humaines, approvisionnement, relations publiques, publicité, administration et comptabilité, gestion des denrées et de produits...

En fait, chaque maillon de la chaîne correspond à une fonction nécessitant la mise en œuvre d'un ensemble de compétences et de savoir-faire qui correspondent au patrimoine des ressources de l'entreprise.

C'est ainsi que les métiers de la gestion, articulés avec le savoir technique de l'activité hôtelière, seront les principaux bénéficiaires de la restructuration du système productif. C'est donc dans ces domaines que les besoins se feront sentir avec acuité et que s'impose le besoin d'une nouvelle "race" de managers dont dépendent l'avènement du professionnalisme et l'industrialisation du secteur.

A- Les nouvelles missions de l'encadrement : quand le savoir technique ne suffit plus

Afin de démontrer l'importance de l'encadrement et du rôle qu'il joue dans le développement des entreprises hôtelières et dans leur adaptation à l'évolution d'un environnement multiforme (environnement économique, technologique, socioculturel, éthique...), nous consacrerons le présent passage à l'explication des attentes des entreprises hôtelières vis-à-vis d'un cadre considéré à la fois comme un prestataire de services internes, un meneur d'hommes et un visionnaire dans sa manière de gérer les ressources de son entreprise.

a). Le rôle de l'encadrement

Tout d'abord, il convient de signaler que la notion de cadre recouvre des réalités diverses selon le niveau de responsabilité (cadres supérieurs ou cadres moyens), le type de tâches (cadres opérationnels ou fonctionnels, au niveau du siège ou de l'unité) et la taille de l'entreprise (et l'on connaît l'extrême diversité du secteur hôtelier de ce point de vue).

Nous nous en tiendrons donc, dans le point qui suit, à la notion plus restrictive de "manager", correspondant à la définition suivante : le manager est un cadre salarié, employé pour diriger ou gérer les intérêts d'une entreprise donnée. Il est à signaler que le contenu et le contenant de cette notion recouvrent des réalités diverses selon la catégorie socioprofessionnelle, le genre de missions et d'activités (opérationnelles ou fonctionnelles...), la structure, la taille et l'organisation type de chaque entreprise.

Pour le rôle professionnel de ces managers, nous ferons appel à la définition de H. Mintzberg, selon laquelle le rôle se définit par « un ensemble organisé de comportements appartenant à un poste de travail ou à une position identifiable »[36]. La personnalité (comportement, attitude, charisme...) joue un rôle important quant à la façon de tenir ce rôle de manager et à la manière d'exercer l'autorité que lui confère sa position[37]. Cependant, la personnalité ne doit pas constituer un obstacle à l'exercice de ce rôle, car l'interprétation de celui-ci est prédéterminée par l'organisation.

Nous nous en tiendrons également aux dix rôles des cadres, dégagés et répartis par H. Mintzberg en trois sous-ensembles, à savoir : trois rôles interpersonnels, trois rôles liés à l'information et quatre rôles décisionnels.

[36] Henry Mintzberg : Le manager au quotidien, Editions d'Organisation, Paris 1993, p. 65.

[37] La typologie faite par Christie Ravenne pour déterminer les styles et le pouvoir des managers relève six styles d'autorité managériale : l'autorité de fonction, l'autorité de sanction (pouvoir que le manager a sur ses collaborateurs), l'autorité de compétence, l'autorité charismatique, l'autorité d'influence (due au pouvoir de détenir le maximum d'informations) et l'autorité de service relative à la "valeur d'utilité" que procure le savoir-faire faire du manager (former, impliquer, mobiliser, orienter et valoriser les collaborateurs) ; voir : Les nouvelles missions du management, Editions ESF, Paris 1988, pp. 33-34.

Graphique 3. Les rôles du manager

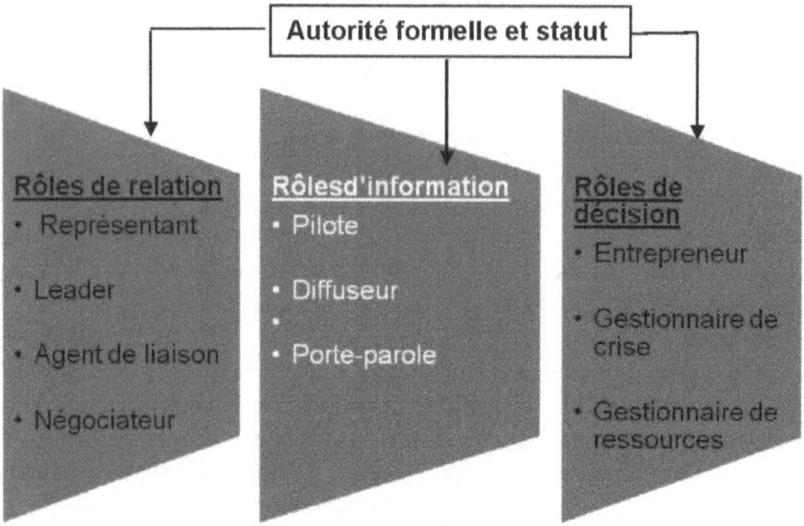

- Les rôles interpersonnels

Ces rôles découlent de l'autorité que confère au cadre sa position statutaire dans l'organisation (autorité de fonction), c'est-à-dire :

– le rôle de symbole : de par sa fonction au sein de l'entreprise, le cadre est le représentant de son organisation dans toutes les "manifestations" ou relations formelles ;

– le rôle d'agent de liaison interne et externe, qui est celui qui permet au cadre d'avoir des informations. En établissant son réseau de contacts, le cadre connecte son organisation à l'environnement pour consolider la position et le niveau d'information de son secteur ou de son unité ;

– la position de leadership[38] entraîne des relations interpersonnelles entre le leader et ses collaborateurs. Les turbulences de l'environnement de l'entreprise mettent en exergue l'importance du rôle du leader au sein des organisations. En effet, ces dernières attendent de leurs cadres qu'ils leur garantissent, tout simplement, la survie, grâce à la capacité de cette catégorie de personnel à mobiliser toutes les composantes de leur secteur pour susciter les idées novatrices aptes à satisfaire une telle attente. De par leur influence sur les autres, les cadres sont à la fois ceux qui conçoivent la stratégie de leur secteur et ceux qui fixent des

[38] La fonction du leader est d'impulser le changement, de définir une vision (une direction) qui permette d'orienter les actions de ses collaborateurs dans la voie appropriée et d'obtenir leur adhésion active et intelligente pour obtenir la réalisation des objectifs de l'entreprise. Voir J.P. Kotter : Qu'est-ce que le leadership, in Le leadership, Harvard Business Review, Editions d'Organisation, Paris 1999, pp. 55-83.

objectifs, pilotent, motivent, orientent, conseillent, encouragent, évaluent les résultats de leurs collaborateurs... Dans ce cas, la performance du cadre est le résultat cumulé des activités de tous les collaborateurs sur lesquels il exerce une influence directe et indirecte et ce, quelles que soient les conditions de l'environnement. En outre, l'objectif du rôle du leader est de concilier les intérêts et les besoins de ses collaborateurs, au niveau individuel et collectif, avec les objectifs de l'organisation.

- **Les rôles informationnels**

La position du cadre le met au carrefour des flux d'informations en tant qu'émetteur et récepteur. L'écoute active de son environnement (interne et externe) lui permet d'élaborer des décisions stratégiques, de mettre en œuvre et de piloter les plans d'action :

– le rôle d'observateur actif : sa position en tant que l'un des centres nerveux de l'organisation lui donne l'avantage de recevoir et d'aller chercher les informations pertinentes pour la réalisation de ses activités et pour comprendre les rouages de l'environnement interne et externe où évolue son entreprise. Ces informations sont diverses et multiples ; elles concernent la stratégie de l'entreprise, les objectifs, les plans d'action, la concurrence, la clientèle, les résultats d'audit externe, l'état du climat social, etc. ;

– le rôle de diffuseur d'information : la facilité d'accès à l'information prédispose le cadre à jouer un rôle-clé quant à la diffusion et à la transmission de l'information collectée de l'extérieur, à la fois vers son organisation et en direction de ses collaborateurs ;

– le rôle de porte-parole : dans sa position de porte-parole, contrairement à son rôle de diffuseur interne de l'information, le cadre transmet des informations vers l'extérieur de son entreprise. Ce rôle découle du fait que le cadre est amené à défendre les intérêts de l'entreprise, à la représenter auprès de diverses institutions.

- **Les rôles décisionnels**

Ce troisième sous-ensemble d'activités du cadre est, selon H. Mintzberg, « la partie la plus cruciale du travail du cadre. Ces rôles insèrent le cadre dans le processus par lequel est élaborée la stratégie de son organisation »[39]. En effet, au sein de l'organisation, le cadre tient les rôles de :

– entrepreneur, un rôle où son activité consiste à prendre des initiatives pour concevoir les changements, à agir pour améliorer les résultats et résoudre les problèmes pouvant affecter son organisation. Pour ce faire, il fait preuve d'opportunisme dans l'action sans négliger la vision à long terme, et fournit un effort permanent d'anticipation et d'écoute vis-vis de l'environnement interne et externe[40] ;

– régulateur, où il se trouve en état de vigilance parce que, dans cette situation, il n'a pas prise sur les menaces, les événements, les perturbations et les problèmes

[39] H. Mintzberg : Le manager au quotidien, les dix rôles du cadre, op. cité, p. 87

[40] M. Le Saget : Le manager intuitif, Editions Dunod, Paris 1992, p. 48.

qui peuvent toucher son organisation. Dans ce cas, il s'efforce de repérer l'imprévisible, les obstacles, et d'imaginer des scénarii de rechange pour réagir et s'adapter aux situations non prévues par la stratégie, la politique, les plans d'action, les budgets... de l'entreprise ;

– négociateur : ce rôle qu'incarne le cadre découle du fait qu'il est à la fois le symbole et le porte-parole de son organisation tant aux yeux des acteurs externes (négociation avec la banque, les fournisseurs, les clients, les consultants, les syndicats...) qu'au niveau des collaborateurs (discussions avec les délégués du personnel, négociation des objectifs...) ;

– répartiteur de ressources : ce rôle va de pair avec la mission de négociateur et la part de pouvoir qui échoit au cadre pour engager les ressources de l'entreprise.

Il est à signaler que les dix rôles évoqués ci-haut forment un ensemble dont les parties sont indissociables les unes des autres. Cependant, l'activité, la place, la marge de manœuvre du cadre ainsi que son poids au sein de l'entreprise, dépendent d'un certain nombre de paramètres tels que le secteur ou la branche d'activité, la philosophie, l'éthique et la culture de l'entreprise où il évolue, la position hiérarchique de son poste dans l'organigramme et le type de fonction qu'il supervise, la personnalité du cadre lui-même, son style de management, son savoir-faire, sa formation...

b) Le cadre en hôtellerie, quel profil ?

Pour analyser les incidences des mutations de l'hôtellerie sur le profil des cadres, nous nous limiterons dans cette étude à l'approche du poste de directeur d'hôtel. À cet égard, rappelons qu'on a successivement attendu du directeur d'hôtel :

– qu'il soit un hôte, maître des techniques professionnelles spécifiques au secteur (cuisine, service, hébergement, accueil...) et sachant satisfaire le client ;

– qu'il soit, en outre, un gestionnaire attentif à la "profitabilité" des opérations (principalement le contrôle des coûts et des budgets) ;

– ensuite, en considération de la dimension commerciale de l'activité, qu'il s'efforce de rechercher le client et de le garder ;

– enfin, qu'il soit un meneur d'hommes dans le sens moderne du terme (importance des hommes, des équipes, dans un métier de services, place de la qualité de service dans la dimension marketing...).

À ces qualités, il faut ajouter aujourd'hui la capacité à s'adapter à un environnement qui change rapidement, et aussi à une mondialisation croissante des marchés. Gérer ce changement suppose que l'on soit prêt à changer soi-même, autrement dit que l'on soit "adaptable" et flexible. Cela suppose aussi que l'on dispose d'une vision plus stratégique, plus globale, de l'entreprise que l'on dirige, intégrée dans son environnement, afin d'anticiper les changements.

Ces attentes des entreprises hôtelières vis-à-vis de leurs managers sont d'ordre technique, relationnel et cognitif. Elles peuvent se regrouper autour des trois axes suivants :

• **Le savoir-faire : connaissances techniques, mais aussi "agilité" managériale**

Le savoir-faire, ou maîtrise des techniques opératoires, peut s'articuler autour de deux types de connaissances :

– la connaissance des techniques spécifiques à l'hôtellerie, de celles relatives à l'exploitation, notamment, et aux divers départements opérationnels (hébergement et restauration) ;

– la connaissance des techniques de management relatives aux diverses facettes de la gestion de l'exploitation et des départements fonctionnels (comptabilité et finances, marketing, ressources humaines...).

Il ne s'agit certes pas de réunir dans la même personne des compétences d'expert-comptable, de créatif publicitaire et de consultant en ressources humaines, mais que cette personne possède des connaissances suffisamment approfondies de généraliste de la gestion et qu'elle soit capable de dialoguer avec les spécialistes précédemment cités.

La remarque vaut pour le premier groupe de compétences spécifiquement hôtelières. À cet égard, ce qui s'avère sans doute primordial, au-delà de la maîtrise approfondie des techniques, c'est d'être imprégné de la "culture" de ce secteur.

Quant aux langues étrangères, leur maîtrise est fondamentale puisqu'elles constituent l'un des outils de travail et de communication avec les donneurs d'ordre et les clients étrangers.

Une place à part doit être faite à la maîtrise, ou tout au moins à la juste compréhension, des technologies nouvelles (automatisation, information...), l'ordinateur n'en étant qu'une des facettes. Ces nouvelles technologies sont une arme stratégique dans un environnement sans cesse concurrentiel. De ce fait, les managers qui en ont une compréhension suffisante s'assurent un avantage substantiel au plan personnel, comme au plan de leur entreprise.

On voit donc que le savoir-faire technique du manager hôtelier s'élargit, entraînant d'ailleurs une tendance accrue vers la double formation hôtellerie/management, similaire à celle observée dans d'autres secteurs d'activité. Mais en dépit de cet élargissement des compétences, il est notoire également que si cette maîtrise technique est nécessaire, elle n'est pas pour autant suffisante pour faire un bon manager.

• **Le savoir-être : conviction, comportement et valeurs**

Les attentes des entreprises, à ce niveau, jouent un rôle primordial dans l'appréciation de l'apport du manager. En termes de comportement, il y a d'une part les attentes "traditionnelles", qui ne varient guère : le sens de la responsabilité, de l'initiative, de la décision, et l'implication personnelle. Mais il y a également des attentes nouvelles, ou tout au moins des attentes accrues, parmi lesquelles nous pouvons citer :

– l'adaptabilité et le goût pour la mobilité (eu égard à un environnement changeant, et à l'internationalisation) ;

– le goût pour la qualité, à faire partager (émergence d'une économie rationalisée de la qualité) ;

– la capacité d'écoute, de dialogue, avec un leadership fondé de plus en plus sur l'efficacité, la responsabilisation et la délégation, et moins sur l'autorité ;

– corrélativement, la capacité à communiquer (à l'intérieur comme à l'extérieur de l'entreprise : faire passer ses idées auprès des clients potentiels et de ses subordonnés) et à former.

Pour ce qui est des valeurs, on voit aussi émerger ou s'accentuer dans les entreprises hôtelières des tendances lourdes telles que le respect du client, du partenaire, l'esprit d'équipe (valorisation du travail et du résultat de l'équipe en regard de la performance individuelle) ou l'éthique personnelle (les entreprises du secteur ont de plus en plus de codes d'éthique à destination de leurs cadres). Certes, ces valeurs n'étaient pas absentes des préoccupations par le passé, mais elles sont de plus en plus souvent formalisées et mises explicitement en avant, notamment au moment des opérations de recrutement des managers.

- **Le savoir-penser ou la nécessité de posséder une vision stratégique**

Il est toujours nécessaire qu'un manager d'hôtel consacre une bonne partie de son temps à faire sentir sa présence et à être en contact avec les différentes opérations. Cependant, un manager adoptant une perspective d'entreprise doit être, tout autant, concerné par une vision globale, stratégique, par les moyens de développer son entreprise à moyen et long terme. Ceci mène à une « orientation marché plutôt qu'une orientation produit ». Il s'agit certes de garder le contrôle sur la qualité du produit, mais aussi d'être prêt à déléguer la supervision directe de la production elle-même et à ne se concentrer que sur les plans stratégiques à même d'améliorer l'adaptabilité de l'entreprise par rapport aux exigences du marché. À ce titre, il appartient au manager de définir des projets susceptibles de mobiliser l'ensemble des potentiels de l'entreprise.

Cette capacité à adopter une vision stratégique devient urgente avec l'environnement changeant, incertain, auquel cette industrie peut, plus que les autres, être confrontée. Cette capacité ne s'acquiert pas en envoyant les managers dans des formations courtes et intensives, même si celles-ci contribuent à l'adoption de cette vision. Il s'agit plutôt d'une patiente maturation de l'esprit, de l'ouverture d'un champ de vision pour le moins aussi long à acquérir que l'apprentissage purement technique.

Toutes les qualités énumérées ci-dessus peuvent apparaître lourdes à porter, voire parfois contradictoires. Ainsi, le nouveau manager dans le secteur de l'hôtellerie, au même titre que dans les autres secteurs d'activité, est devenu à la fois stratège et homme de terrain, compréhensif et directif, disponible, "adaptable" et flexible, recherché pour des qualités professionnelles et humaines qui correspondent au profil idéal de plus en plus recherché par les recruteurs d'entreprises. Ce qui importe, c'est le dosage harmonieux de ces diverses facettes.

Face à ces exigences, les entreprises touristiques et hôtelières au Maroc devraient s'interroger sur la mise à niveau des compétences de leur encadrement.

Cette dernière est la condition incontournable pour améliorer le positionnement du secteur sur le marché touristique. D'ailleurs, l'enquête du schéma directeur de la formation professionnelle montre clairement que c'est dans le domaine du savoir-faire et des comportements que les employeurs veulent voir leurs cadres acquérir les nouveaux styles d'attitudes qui leur permettront de mieux répondre aux exigences de leurs emplois. Cette enquête met en exergue le poids du besoin de formation continue dans ce domaine ressenti par les chefs d'entreprises. Ce besoin représente 73 % des priorités accordées à l'amélioration des compétences de l'encadrement, dépassant ainsi l'acquisition des connaissances générales (22 %) et des connaissances techniques (3 %).

Cependant, il serait utile aussi de s'interroger sur les attentes de l'encadrement actuel et futur. À cet effet, il serait opportun de mettre en place un véritable marketing des ressources humaines pour attirer, fidéliser et impliquer cette catégorie de salariés dans le développement du secteur.

B- Le professionnalisme, une exigence pour tous

Il est couramment admis que le secteur de l'hôtellerie et du tourisme est une industrie de main-d'œuvre, c'est-à-dire une industrie où le facteur humain compte de façon particulière. De ce fait, il doit y constituer le principal sujet de préoccupation et ce, pour les raisons suivantes :

– Le facteur humain est désormais considéré comme la ressource stratégique au sein de l'entreprise hôtelière.

– La gestion du potentiel humain prend actuellement une place croissante, à la mesure des enjeux essentiels qui caractérisent l'industrie hôtelière.

– La survie et le développement de l'entreprise hôtelière sont étroitement liés à la qualité de la gestion de l'emploi et des compétences en mesure d'aider l'entreprise hôtelière à faire face aux besoins de l'adaptabilité et de la flexibilité.

En matière d'emploi, la diversité des établissements dans le secteur de l'hôtellerie et du tourisme implique un vaste éventail de tâches et de qualifications. Ainsi, en 1976, le BIT a identifié plus de 160 professions correspondant à cinq niveaux de qualification[41]. L'évolution structurelle, technique et économique du secteur a non seulement renforcé la complexité de la structure de l'emploi, mais elle a aussi modifié les qualifications requises. Par suite de la pénétration des nouvelles technologies dans le secteur, la simplification et la standardisation des services, ainsi que la rationalisation des organisations, augmentent, d'une part, les besoins des entreprises en main-d'œuvre polyvalente, et, d'autre part, la déqualification des emplois les moins qualifiés. Eu égard aux caractéristiques du secteur, le recours à des travailleurs polyvalents permet à l'entreprise de mieux gérer l'éventail si vaste des tâches dans l'hôtellerie, une meilleure flexibilité interne et une plus grande adaptabilité.

[41] BIT : Carrières de l'hôtellerie et du tourisme, op. cité.

En conséquence, les qualités les plus recherchées ne se limitent plus à la spécialisation du personnel, mais s'orientent vers la connaissance des rouages du système productif de l'entreprise hôtelière, et donc vers davantage de polyvalence.

Pour y satisfaire, les entreprises hôtelières chercheraient des collaborateurs disposés à travailler dans les différents secteurs d'activité de l'entreprise (réception, salle de restauration, étages...), ayant un intérêt pour la profession, et disposant de la volonté de servir. Un cuisinier, à titre d'exemple, à qui l'on ne demandait autrefois que de connaître des recettes et de ne maîtriser qu'un savoir-faire orienté vers la préparation des aliments, doit de nos jours être capable de sélectionner les aliments prétraités, d'organiser les achats et l'entreposage conformément aux spécifications du fabricant, d'élaborer les menus journaliers et d'assembler les aliments d'une manière professionnelle. En sus, il doit posséder des compétences dans le domaine de la gestion pour être capable d'évaluer les coûts, de commander les produits présentant le meilleur rapport qualité-prix, de prévoir le nombre de repas, d'assurer le respect des règles d'hygiène, de gérer l'effectif de sa brigade, d'animer son équipe et de former ses collaborateurs.

C'est un fait, l'évolution de l'activité hôtelière donne lieu à l'émergence de nouveaux savoirs et de nouvelles formes de comportements liés au domaine professionnel : nouvelles compétences dans les ventes, les langues et la communication pour le personnel de service des hôtels. La disponibilité, l'attention aux autres, l'aptitude à s'adapter aux besoins de l'organisation et le souci constant de la qualité deviennent les aptitudes les plus prisées dans les métiers de l'hôtellerie. Ainsi, les performances des entreprises hôtelières ne dépendent plus seulement de la qualité de leurs infrastructures et de la variété des produits qu'elles offrent, mais surtout de l'importance qu'elles accordent aux relations humaines entre les salariés et les clients. En effet, l'offre d'un service efficient devrait aller de pair avec un personnel compétent tant au niveau de l'accueil qu'au niveau des valeurs propres à l'entreprise. À ce sujet, les critiques les plus dures vis-à-vis du tourisme au Maroc portent principalement sur l'accueil. À ce sujet, il ressort des divers entretiens que nous avons eus avec de nombreux professionnels étrangers que c'est bel et bien au niveau de l'accueil, de la capacité d'initiative, du travail en équipe et du professionnalisme des salariés de l'hôtellerie que subsistent les problèmes majeurs qui entravent le fonctionnement des unités hôtelières et le développement de l'activité touristique au Maroc. Tous ces professionnels sont unanimes à affirmer que si l'hôtellerie marocaine voulait suivre les tendances de la demande, elle devrait avant tout investir dans le domaine de la qualité de l'accueil, car celui-ci est le reflet des compétences et des comportements de tous les acteurs de l'entreprise hôtelière, y compris de ceux qui occupent les emplois les plus modestes. Selon ces professionnels toujours, la raison d'être de l'intérêt accordé à l'accueil et au professionnalisme du personnel en contact découle des caractéristiques de l'industrie hôtelière dont les valeurs essentielles sont centrées à la fois sur le client et sur la valorisation et le développement des compétences des ressources humaines[42]. Ce sont en fait ces dernières qui font la différence entre "une entreprise fantôme", où les coûts visibles (taux d'occupation faibles, durées de séjour réduites, manque à gagner...) et les coûts invisibles (management et gestion inadaptés, coût de la non-qualité...) sont élevés, et une entreprise performante, compétitive grâce au professionnalisme de son personnel et à la réactivité de son management. De tous ces entretiens, nous avons tiré trois enseignements que nous livrons dans les lignes qui suivent.

D'abord, tous s'accordent sur le fait que l'accueil est une affaire de communication[43]. Ils le définissent comme une relation avec les touristes, où l'on communique ; où l'on reçoit et où l'on répond à leurs attentes. La principale attitude en la matière se traduit par l'empathie, la disponibilité, l'attention accordée aux clients. Dans ce cadre, l'écoute active et la compréhension sont des qualités primordiales. Quant à l'irresponsabilité et à l'indifférence, elles constituent les principaux défauts de l'accueil. Ainsi, il ne fait aucun doute que les compétences en matière de communication, de même que les qualités qu'elles sous-entendent, sont indispensables dans les métiers de contact.

Par ailleurs, l'accueil est également lié au développement de la capacité d'initiative et au travail en équipe : d'après ces professionnels, la qualité de la relation avec les touristes dépend des capacités d'initiative et de la qualité du travail d'équipe du personnel déployé. C'est pourquoi il est important de bien connaître la prestation offerte aux clients et la structure dans laquelle elle s'effectue. Ainsi, les compétences à l'accueil sont le reflet d'une bonne maîtrise par le salarié de la structure de travail, de sa fonction propre et de sa connaissance de son équipe : la capacité au travail d'équipe est donc essentielle dans le domaine de l'hôtellerie.

Enfin, la professionnalisation des salariés de l'hôtellerie, obtenue à force d'investissements en formation et en valorisation des ressources humaines, apparaît aux yeux des professionnels interviewés comme la principale condition sociale et organisationnelle de l'accueil. Pour eux, ce sont des capacités individuelles dans un fonctionnement collectif qui déterminent la qualité du service global. Cependant, l'investissement individuel demande un équilibre et un épanouissement personnels. L'accueil est en fait un concept global qui mêle la gestion des ressources humaines et la satisfaction du client. À cette fin-ci, l'investissement en formation devra tendre à développer les différentes capacités du personnel pour une meilleure maîtrise des techniques de l'accueil et des

---

[42] Entretiens réalisés par nos soins avec 20 responsables de TO et d'hôtels durant le Salon du Tourisme de Genève en mai 1997, ainsi qu'avec une douzaine d'experts dans le domaine de l'hôtellerie présents lors de la réunion tripartite sur les effets des nouvelles technologies sur l'emploi et les conditions de travail dans le secteur de l'hôtellerie, de la restauration et du tourisme, tenue dans la même ville et à la même date.

[43] J. Seydoux a publié un excellent ouvrage où il propose une nouvelle définition de l'accueil et de son rôle prépondérant en matière de satisfaction de la clientèle touristique. Voir J. Seydoux : De l'hospitalité à l'accueil, Editions Delta et Spes, Berne 1983.

relations avec la clientèle. Les aptitudes à développer dans les hôtels marocains concernent tout d'abord les savoirs "procéduraux". Il s'agit d'acquérir un savoir-faire dans les techniques de communication ainsi que dans les procédures administratives propres à l'entreprise ; ensuite, d'acquérir les savoirs pratiques liés à l'activité de chaque salarié, ainsi qu'à la connaissance des caractéristiques et habitudes des différentes clientèles ; et finalement, de posséder les compétences relatives aux comportements, aux attitudes et aux relations avec la clientèle.

En conclusion, nous pouvons avancer que les idées développées par ces professionnels font appel à la fois au développement de la technicité de la main-d'œuvre et à celui des valeurs humaines, valeurs essentielles pour pouvoir mobiliser le corps social de l'entreprise hôtelière autour de l'amélioration de ses performances. Ces valeurs, qui interpellent l'innovation, l'implication, la responsabilisation, la motivation, la mobilisation, l'estime, etc., découlent de la dimension particulière des relations humaines qui caractérisent les métiers de l'hôtellerie. En conséquence, le management devrait renvoyer à cette notion du cerveau binaire : "the split brain" (cerveau droit et cerveau gauche) : il devrait savoir être bicéphale. Autrement dit, le management hôtelier devrait conjuguer l'art d'anticiper, de prévoir, d'organiser, de coordonner..., avec celui de former pour adapter, de mobiliser sur des objectifs et des valeurs motivantes, d'orienter, de conseiller, d'écouter, de communiquer, de stimuler... Le partage de ces valeurs et la diffusion de la culture qui en résulte sont les sources essentielles de l'efficacité à la fois personnelle et organisationnelle. Or, pratiquement toutes les études et les critiques formulées au sujet du devenir de l'hôtellerie marocaine et à son adaptation aux nouvelles données (mondialisation, intégration du Maroc dans la Zone de libre échange...) continuent à laisser croire que les savoirs techniques sont les seuls aspects à développer pour relancer l'activité touristique. Il nous semble qu'insister sur ce dernier point conduit seulement à mal préparer les salariés aux comportements inhérents à la dimension relationnelle des métiers de l'hôtellerie, d'une part, et à éloigner les cadres des nouvelles formes de management qui doivent stimuler le changement, de l'autre.

Au terme de ce chapitre, il ressort que l'industrialisation de l'hôtellerie a donné une nouvelle dimension au système de production dans cette branche d'activité. Si les cadres sont les principaux concernés par les mutations évoquées plus haut, il en va de même du reste du personnel, qui est appelé à améliorer ses compétences. Cette conclusion s'impose d'elle–même : l'expansion du tourisme s'étant réalisée à l'échelle mondiale dans le cadre d'un accroissement de la concurrence, les établissements hôteliers, quelle que soit leur taille et la nature juridique de leur capital, concentrent leurs efforts sur la fidélisation de leur clientèle en lui offrant des prestations de qualité, en augmentant leur productivité et leur compétitivité grâce au ciblage de créneaux porteurs et en investissant dans leurs ressources humaines.

Ces faits bien établis incitent l'hôtellerie marocaine à s'adapter à un double niveau : technologique et organisationnel. À cet égard, elle devra cerner et développer ses besoins en compétences humaines, puis pouvoir déterminer avec précision les profils qui assureront son adaptation aux perpétuelles évolutions des métiers de l'hôtellerie. Ces efforts se situent dans des perspectives stratégiques répondant à deux questions fondamentales et décisives : quel est l'état des compétences et des connaissances actuelles des ressources humaines ? Avec qui et dans quelles conditions l'hôtellerie marocaine va-t-elle fonctionner demain ?

Ainsi que nous l'avons signalé plus haut, l'hôtellerie a pour caractéristique d'être une relation directe avec la clientèle. Le contact avec ce dernier est, en conséquence, une des dimensions essentielles du service. Qu'il s'agisse de l'accueil, du service dans les étages, de la cuisine ou de la salle de restauration, tout le personnel est en relation directe avec la clientèle. Si le comportement des employés a toujours été une question importante dans le secteur, il devient aujourd'hui l'une des composantes de la qualité des prestations de service offertes par l'hôtelier. L'acquisition du savoir-être est dans ce cas aussi déterminante que celle du savoir-faire. Ces qualités résultant de l'accroissement du niveau des besoins de la clientèle ont désormais fait du professionnalisme de la main-d'œuvre une exigence absolue. En outre, le souci d'amélioration de la compétitivité fait de la polyvalence et de la flexibilité deux des axes sur lesquels est fondée la gestion de l'emploi et des compétences, ainsi que la rationalité de l'organisation du travail. Renforcement de la spécialisation et polyvalence sont ainsi les deux pôles des nouvelles politiques de la main-d'œuvre.

CHAPITRE II.

La compétence au cœur de l'emploi en hôtellerie

Pour profiter pleinement des opportunités qu'offre le tourisme en matière de création d'emplois, pour développer la compétitivité du secteur et améliorer sa performance, la gestion des compétences semble une condition incontournable. En effet, au vu des stratégies déployées surtout par les "tour operator" et les chaînes hôtelières, la mondialisation s'avère dans le cadre du tourisme international un fait réel qui nécessite une vigilance permanente de la part des entreprises touristiques et hôtelières nationales. Cette vigilance répond essentiellement à deux impératifs :

– l'impératif de s'ajuster aux environnements de plus en plus complexes (mutations des technologies, des marchés et des produits) par une recomposition de la force de travail du secteur et un élargissement des compétences des ressources humaines ;

– l'impératif de la qualité totale : les touristes manifestent des besoins changeants ; ils privilégient les services personnalisés où leur avis est pris en compte. Ce faisant, ils favorisent l'internationalisation de la concurrence.

Ces impératifs engendrent un besoin de rigueur dans l'exploitation des entreprises hôtelières, et exigent un management qui valorise les compétences. Compte tenu des turbulences économiques et technologiques, la notion de poste de travail se révèle désormais inapte à rendre compte de l'activité des travailleurs en situation professionnelle. Le recours à la notion de compétence correspond à la nécessaire adaptation des structures aux contextes mouvants dans lesquels les entreprises hôtelières se développent. Grâce au concept de compétence, l'emploi est envisagé non plus à partir d'une logique de poste mais à partir d'une logique fondée sur les individus. À ce sujet, C. Sauret et D. Thierry avancent qu'« au lieu de rechercher à prévoir comment les postes évolueront et ce qu'ils exigeront, activité hautement aléatoire dans un environnement très incertain, il s'agit d'identifier et de classer les compétences des individus, afin de repérer celles qui devront être déployées pour faciliter l'adaptation à ces emplois nouveaux... »[44].

L'analyse qui suit se propose de clarifier le concept de compétence et d'identifier les corrélations entre le management des compétences, la promotion de l'investissement, l'accroissement de la valeur ajoutée du secteur du tourisme et de l'hôtellerie, et la croissance de l'emploi.

I- Gestion des compétences et croissance de l'emploi en hôtellerie, quelle corrélation ?

Étant donné qu'aujourd'hui les transformations de l'environnement économique touchent de plein fouet le système touristique et hôtelier, à notre sens, le triangle d'or qui contribuerait à la performance globale du secteur est constitué par la gestion des qualifications, des compétences et des potentiels humains. En effet, les transformations structurelles de l'économie touristique à l'échelon mondial (technologie de l'information et de la communication, compétitivité internationale...) ont entraîné des changements fondamentaux dans la production des prestations de services hôteliers, et, par voie de conséquence, dans la composition des qualifications et des compétences, exigeant ainsi une conception nouvelle de la productivité. Celle-ci tend à signifier *performance globale* et conduit à considérer l'entreprise l'hôtelière (ainsi que tout autre domaine de l'activité économique) non plus comme un simple portefeuille d'affaires mais comme un portefeuille de compétences à valoriser[45].

Il va de soi, alors, que la meilleure efficacité du management du capital humain dans le secteur de l'hôtellerie ne pourrait résulter que d'une gestion synergique des qualifications, des compétences et des potentiels humains, trois données dont les liens avec la performance sont dynamiques et "dialectiques". Pour réaliser cette synergie, les compétences individuelles et collectives doivent être soigneusement répertoriées à l'aide d'approches appropriées, avant d'être projetées au niveau collectif. Il est dès lors possible de s'y appuyer pour déterminer les besoins actuels et futurs (notamment à l'horizon 2010) en compétences et en formation initiale et continue[46].

Essayons maintenant, dans ce qui suit, de définir le concept que nous avons convoqué, celui de compétence, et d'expliquer les relations qu'il entretient avec les autres concepts sous-jacents, à savoir : la qualification, le professionnalisme et la performance.

---

[44] C. Sauret et D. Thierry : La gestion prévisionnelle et préventive des emplois et des compétences, L'Harmattan, Paris 1993, p. 43.

[45] Le Boterf : De la compétence, Essai sur un attracteur étrange, Editions d'Organisation, Paris 1994.

[46] Voir chapitres 3 et 4.

1- Au-delà de la qualification : la compétence et rien que la compétence

La compétence est définie comme un ensemble dynamique de savoir, de savoir-faire et de savoir-être mis en œuvre dans des activités professionnelles objectives. Autrement dit, c'est la capacité à mobiliser ses connaissances et ses qualités pour faire face à des problèmes professionnels donnés. C'est un mix des savoirs évoqués ci-dessus, mis en œuvre dans des situations de travail réelles. À ce sujet, Guy Le Boterf précise que « la compétence n'est pas un état ou une connaissance possédée. Elle ne se réduit ni à un savoir ni à un savoir-faire. Elle n'est pas assimilable à un acquis de formation. Posséder des connaissances ou des capacités ne signifie pas être compétent. On peut connaître des techniques ou des règles de gestion comptable et ne pas savoir les appliquer au moment opportun. On peut connaître le droit commercial et mal rédiger des contrats »[47]. Pour cet auteur, « l'opérateur compétent est celui qui est capable de mobiliser, de mettre en œuvre de façon efficace les différentes fonctions d'un système où interviennent des ressources aussi diverses que des opérations de raisonnement, des connaissances, des activations de mémoire, des évaluations, des capacités relationnelles ou des schémas comportementaux »[48].

La compétence est un savoir agir reconnu

On reconnaîtra qu'une personne sait agir avec compétence si elle sait combiner et mobiliser un ensemble de ressources pertinentes : connaissance, savoir-faire, qualités, réseaux de ressources… pour réaliser, dans un contexte particulier, des activités professionnelles selon certaines modalités d'exercice, afin de produire des résultats (services, produits) satisfaisants à certains critères de performance pour un client ou un destinataire.

[47] Voir Guy Le Boterf : De la compétence, essai sur un attracteur étrange, op. cit., pp. 9-27.
[48] Voir Guy Le Boterf : De la compétence, essai sur un attracteur étrange, op. cit., pp. 9-27

On peut résumer les types de savoirs, de connaissances, et leurs fonctions, comme suit :

Type	Fonction
Connaissances théoriques	Savoir comprendre, savoir interpréter
Connaissances sur l'environnement	Savoir s'adapter, savoir agir sur mesure
Savoir-faire opérationnel	Savoir procéder, savoir opérer
Savoir-faire sociaux ou relationnels	Savoir coopérer, savoir se comporter
Savoir-faire cognitifs	Savoir traiter l'information, savoir raisonner, savoir nommer ce que l'on fait, savoir apprendre
Ressources émotionnelles	Ressentir une situation, percevoir des signaux fiables
Ressources psychologiques	Gérer son énergie, tenir compte des astreintes

Source : G. Le Boterf

Par ailleurs, il faut noter que l'appréhension de la compétence est l'objet de trois approches complémentaires, qu'on la situe du point de vue de la gestion ou dans sa dimension stratégique et opérationnelle[49].

En effet, selon l'approche gestionnaire, la compétence est considérée comme un processus qui se réalise dans l'action comme un savoir-faire opérationnel validé dans le cadre de fonctions effectivement tenues. Elle apparaît dès lors comme s'exerçant dans des situations finalisées. Elle est à la fois un patrimoine individuel ou collectif de connaissances et d'expériences et un processus de mobilisation de ce patrimoine dans des situations professionnelles. Cette manière de concevoir la compétence met en exergue les trois éléments constitutifs de la compétence : patrimoine de connaissances, de savoir-faire et de savoir-être, mobilisable face à une situation de travail par le pouvoir et le vouloir-faire et validé par l'action et son résultat. Et la raison d'être de cette approche de la compétence découle de la nécessité croissante d'adapter les emplois et les compétences aux évolutions internes et externes induites par les changements de l'environnement de l'entreprise.

Pour l'approche opérationnelle, l'entreprise apparaît comme une chaîne de compétences à gérer par le management afin d'accompagner les mutations technologiques et l'adaptation organisationnelle. Ces compétences résultent de l'interaction entre technologie, apprentissage collectif et processus organisationnel. Cependant, selon M. Ferrary et G. Trepo, « la compétence des

[49] D. Besson et S. Haddadj : Développer ou recruter les compétences ? Les stratégies américaines de gestion des compétences. Editions L'Harmattan, Paris 1999, et N. Jolis : La compétence au cœur du succès de votre entreprise, Editions d'Organisation, Paris 2000.

individus et des groupes de travail se construit lentement. L'avance prise grâce à une gestion stratégique des compétences ne constitue un réel avantage compétitif que lorsqu'elle optimise un effet d'apprentissage »[50].

Quant à l'approche stratégique, elle considère que les compétences sont rares, et qu'elles permettent, de ce fait, de développer des avantages concurrentiels. Ces compétences contribuent donc elles aussi à la réalisation de projets stratégiques. Cette rareté incite à attirer les meilleures compétences (recrutement), à faire en sorte de ne pas les perdre et à les fidéliser dans le but de consolider son capital compétences.

Graphique 4. La compétence, c'est quoi ?

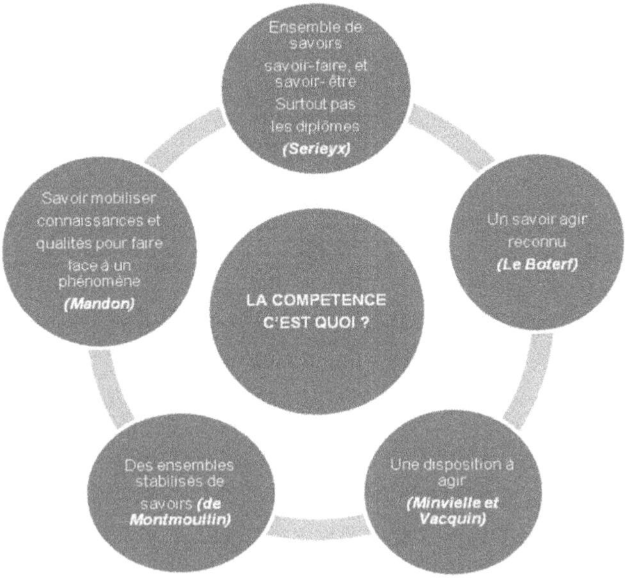

Source : N. Jolis2

Par ailleurs, selon C. Dejoux, dans toute entreprise, il existe trois niveaux de compétences qui sont en interaction de façon continue et qui s'enrichissent mutuellement[51]:

– Le niveau individuel est composé de la compétence individuelle rattachée à une personne, quel que soit le lieu où elle est mise en action (activités extra-professionnelles, par exemple), et de la compétence professionnelle exercée dans une situation de travail. À ce niveau, ces compétences sont constituées de connaissances, de capacités et d'aptitudes individuelles. Ce niveau est au centre

[50] M. Ferrary et G. Trepo : Définir et gérer les compétences stratégiques, in Audit social et compétitivité de l'entreprise, Institut International de l'Audit Social, 1ère Université de Printemps de l'Audit social, Hammamet, Tunisie, 13, 14 et 15 mai 1999, p. 45.

[51] C. Dejoux, Les compétences au cœur de l'entreprise, Editions d'Organisation, Paris, 2001, p. 71.

des préoccupations du management des ressources humaines lorsqu'il s'agit d'évaluations annuelles, de processus de recrutement, de détermination des besoins de formation, de plans de restructuration, de déploiement du personnel et de politiques de rémunération.

– Le niveau collectif s'articule autour de la notion de compétences collectives. Il s'agit des compétences attribuées à un groupe. Celles-ci sont éphémères et totalement dépendantes des compétences individuelles exercées dans l'activité du groupe. Elles apparaissent dans le cadre de missions, d'objectifs professionnels ou d'activités d'un groupe de travail. Les composantes de ce niveau résident dans le savoir élaborer des représentations partagées, dans le savoir communiquer et coopérer, ainsi que dans le savoir acquérir collectivement de l'expérience.

– Le niveau organisationnel fait référence aux compétences de l'entreprise, nommées également "compétences d'entreprise". Certaines d'entre elles sont considérées comme stratégiques et sont appelées "compétences-clés". Elles représentent l'avantage concurrentiel de l'entreprise, selon la théorie des ressources, et engagent des stratégies de développement (transfert sur des créneaux porteurs ou capitalisation par spécialisation).

La notion de compétence individuelle offre aujourd'hui la possibilité de mettre en correspondance des domaines périphériques mais en interaction avec l'entreprise, tels que celui des politiques de formation. Selon M. Crozier[52], l'idée dominante que sous-entend ce nouveau paradigme exige de passer d'une société du diplôme à une société de la compétence. À ce titre, il est primordial de dispenser des formations initiales et continues en termes de compétences et non plus en termes de savoirs. En effet, dans le domaine de la formation, la "logique de compétence" a pour objectif de développer la "portabilité" entre le système de formation et le monde du travail. Elle permet d'établir des ponts entre le domaine de la formation et celui de l'entreprise, et facilite la reconnaissance par les entreprises des diplômes issus de la formation initiale.

---

[52] C. Dejoux, Les compétences au cœur de l'entreprise, Editions d'Organisation, Paris, 2001, p. 71.

Définition des principaux niveaux d'analyse du concept de compétences

– Compétence individuelle ou compétence professionnelle : la compétence n'est pas un état. C'est un parcours… L'opérateur compétent est celui qui est capable de mobiliser, de mettre en œuvre de façon efficace les différentes fonctions d'un système où interviennent des ressources aussi diverses que les opérations de raisonnement, des connaissances, des activations de la mémoire, des évolutions, des capacités relationnelles ou des schémas comportementaux. Elle se conjugue au gérondif.
Source : G. Le Boterf, De la compétence : un attracteur étrange, op. cité, p. 43.
– Compétences collectives : elles représentent bien plus qu'un agrégat entre les connaissances, les capacités et les aptitudes que possèdent les individus d'un groupe. Elles résultent de la conjugaison de compétences individuelles qui sont plus que l'addition de chacune. Elaborées à partir des compétences individuelles des membres du groupe, elles intègrent également une dynamique de groupe ou un effet qui lui est propre.
Source : Objectif compétence - pour une nouvelle logique, Editions Liaisons, p. 16.
– Compétence organisationnelle stratégique : une compétence organisationnelle représente ce que l'entreprise sait faire.
Source : J. Beillerot, Les compétences collectives et la question des savoirs, Cahiers pédagogiques, n° 297, Paris, p. 40.
– Compétence réseau : compétence qu'une organisation met à la disposition de ses partenaires dans le cadre d'un réseau d'entreprises.
Source : C. Dejoux, Les compétences au cœur de l'entreprise, op. cité, p. 95.

En effet, le concept de compétence permet de garder une cohérence et d'observer une continuité entre les systèmes de formation et le marché du travail. Il offre l'avantage d'être un dénominateur commun entre le marché de la formation initiale et le marché du travail. Il favorise l'interaction et la synergie entre ces deux marchés. À terme, l'objectif recherché ressemble à la construction d'un continuum de l'acquisition des compétences. Celui-ci partirait des savoirs scolaires acquis en formation initiale, pour s'enrichir des compétences pratiques obtenues par des formations continues et s'achever comme il se doit par des compétences professionnelles, validées tout au long de la vie au moyen de processus de certification.

Dans ce cadre, la compétence est définie comme un état ou une qualité globale de la personne qui résulte de l'intégration appropriée des savoirs, savoir-faire et des savoir-être pertinents dans un domaine professionnel donné. La compétence est un état de la personne et non une action ou un comportement. Cet état, qui est essentiellement une structure de connaissances conceptuelles et méthodologiques, rend la personne capable non seulement de résoudre les problèmes techniques inhérents à ses fonctions de travail, mais également d'entrer en interaction avec les clients, les collègues, les supérieurs hiérarchiques, de mieux s'adapter à l'évolution de son domaine professionnel.

Plusieurs auteurs insistent sur le fait que la compétence dans le domaine de la formation ne doit pas être déterminée exclusivement par rapport à des situations de travail, mais aussi en rapport avec des situations de vie. L'approche par la compétence implique nécessairement le passage d'une formation centrée sur les savoirs ou les techniques à une formation centrée sur les compétences. Par conséquent, la compétence suppose non seulement l'apprentissage des techniques (savoir-faire) mais aussi l'acquisition de savoir (culture générale et professionnelle) et d'attitudes. La perspective générale de cette approche vise l'insertion et l'employabilité des jeunes lauréats ainsi que leur transformation en les faisant apprendre non seulement dans le domaine de leur vie professionnelle, mais aussi dans leur vie personnelle, professionnelle et sociale.

De plus, cette approche vise à développer chez l'apprenant :

– la capacité d'identifier les problèmes et de déterminer les moyens de les analyser et de les résoudre ;

– la capacité d'exécuter les tâches requises ;

– la capacité de porter un jugement appréciatif sur le travail accompli ;

– la capacité de s'adapter à de nouvelles situations de travail.

2- Construction et production de compétence, les variables inséparables

Au Maroc, la reconnaissance sociale est encore focalisée sur le diplôme. Or, actuellement, s'il reste nécessaire, il demeure cependant insuffisant face aux besoins des entreprises et à l'exigence qui s'impose à elles de transformer leur environnement. L'approche par compétence, loin de s'opposer aux savoirs, consiste plutôt en la capacité de mobiliser des savoirs en situation. En effet, une formation centrée sur la mise en valeur de compétences acquises et potentielles semble plus adaptée non seulement aux contraintes du marché de l'emploi, mais aussi aux défis de la mise à niveau économique et sociale.

Il n'y a pas que les entreprises hôtelières qui produisent des compétences. N'oublions pas la formation !

La formation est productrice non seulement de connaissances mais aussi de compétences. Ces compétences, un peu particulières car elles ne sont pas professionnelles au sens où on l'entend dans l'entreprise, sont néanmoins essentielles. Elles s'appellent maîtrise du raisonnement abstrait et du langage, capacité de prise de distance réflexive vis-à-vis de soi et de son environnement, comportement d'autodiscipline et de socialisation, comportement "civil" selon les termes de P. Zarifian. Les compétences particulières liées à la formation sont nommées par cet auteur "compétences d'arrière-plan" ou encore "compétences ressources mobilisables".

Ce sont elles qui permettent aux jeunes diplômés qui débutent dans l'entreprise d'analyser des situations de travail concrètes et de construire leurs compétences professionnelles.

Voir P. Zarifian, Objectif compétence - pour une nouvelle logique, Editions Liaisons, Paris 2001.

Pour adapter le système de formation touristique et hôtelière aux besoins du marché du travail, le Maroc, aidé par le Canada (Projet Pricam financé par l'ACDI), a mis en place, depuis le milieu des années 1990, une nouvelle orientation autour de l'approche par compétences, dans deux instituts pilotes, celui d'Agadir et celui de Marrakech. Cependant, si l'introduction de cette approche peut représenter une perspective intéressante pour faire face à des changements perçus comme primordiaux, il n'en demeure pas moins qu'elle reste calquée sur le système canadien, sans aucun effort d'adaptation aux spécificités de la réalité marocaine. Le processus d'élaboration des programmes d'études[53] qui découle du cadre méthodologique de l'approche par compétences n'a pas été respecté. L'analyse des emplois-types, qui permet de décrire la fonction de travail, la formation, et de vérifier la pertinence de l'offre actuelle de formation par rapport aux compétences demandées et aux besoins du marché du travail, est biaisée. L'analyse de la situation de travail permettant de dégager le portrait de l'état actuel de l'exercice d'un emploi-type et de son évolution prévisible, et de déterminer les besoins de formation, est inconsistante. Enfin, la définition des objectifs et des compétences devant déterminer les tâches nécessaires à l'exercice de la profession, ainsi que les intentions de la formation, sont souvent fort éloignées de la réalité du secteur touristique et hôtelier marocain.

[53] Voir à ce sujet le document publié par le ministère du Développement social, de la Solidarité, de l'Emploi et de la Formation professionnelle, Département de la Formation Professionnelle sur « Cadre Méthodologique d'élaboration des programmes de formation professionnelle selon l'approche par compétences », Rabat, février 2000

En sus de ces défaillances méthodologiques, il y a lieu de signaler aussi l'insuffisance d'appropriation de l'approche par les formateurs et le personnel d'encadrement, et l'utilisation fragmentaire de la démarche pour l'élaboration des programmes des filières, ainsi que les difficultés d'application du système d'évaluation. Si bien que les résultats obtenus par cette greffe sont en-deçà des attentes et des espoirs qu'autorisaient les investissements réalisés pour la mise à niveau des deux instituts précités. Par conséquent, le système de formation dans ces deux établissements demeure largement centré sur le formateur, sur les connaissances dont il est porteur, et non sur l'apprenant, au point que malgré les bonnes intentions exprimées, la vision de la formation dans ce secteur semble, dans la situation actuelle, incapable de se détacher de l'ancien paradigme, et de s'organiser autour du développement des compétences d'arrière-plan.

Bien qu'elle ne soit pas encore généralisée, et en dépit des critiques que l'on pourrait formuler sur la manière dont elle est entée sur la politique de formation professionnelle au Maroc, cette approche reste néanmoins motivée par des arguments d'ordre socioéconomique et technologique incontournables :

– Le secteur du tourisme et de l'hôtellerie a besoin de ressources humaines compétentes, performantes et adaptables, pour accroître sa compétitivité et son adaptation à un environnement changeant. Dans ce contexte, la logique compétence demeure, par les temps qui courent, l'une des composantes à privilégier si l'on veut apporter les changements qui s'imposent en matière d'organisation du système productif hôtelier et de management du capital "ressources humaines".

– L'avantage concurrentiel repose sur l'investissement dans les ressources rares que sont les compétences. Ces dernières jouent, à présent et dans l'avenir, le rôle de facteur-clé dans l'accès à un marché touristique potentiel global, et procurent une supériorité perçue et valorisée par le touriste. C'est ainsi que le modèle de gestion des compétences permet à la fois aux entreprises hôtelières d'améliorer leur compétitivité, et aux ressources humaines d'être « réemployables » et flexibles.

– Le pilotage et le management des compétences sont à la fois un enjeu stratégique pour le développement d'une industrie hôtelière durable et un enjeu opérationnel pour les entreprises hôtelières.

– La crédibilité du système de formation touristique et hôtelière exige une réelle implication des entreprises du secteur dans la politique (en amont et en aval) de la formation initiale, afin que celle-ci soit en phase avec les besoins du marché de l'emploi.

– Le développement des compétences et l'adaptabilité des ressources humaines nécessitent une continuité entre la formation initiale et la formation continue.

– La finalité du système de formation hôtelière devrait s'organiser autour du développement des compétences d'arrière-plan qui valorisent les connaissances et l'apprentissage à proposer à l'apprenant et en facilitent l'acquisition.

– La nécessité de développer des compétences implique la prise en compte de la primauté de la qualification professionnelle des hommes sur la qualification de l'emploi, ce qui nécessite des changements dans l'organisation du travail et dans la manière de gérer (vision et pratique) les ressources humaines et leurs compétences.

3- La qualification n'est pas la compétence...

Les qualifications découlent aussi bien des connaissances acquises à l'occasion de formations initiales ou complémentaires, que d'expériences professionnelles vécues. Elles ne peuvent cependant se vérifier ou s'établir que dans le cadre d'une fonction ou de la réalisation d'une mission. Il est à signaler que les discussions relatives à la notion de qualification sont nombreuses, tout comme les définitions retenues[54]. C'est pourquoi il nous est apparu essentiel de préciser d'abord les caractéristiques de la qualification et celles de la compétence, avant d'effectuer une distinction entre qualification et compétence, d'une part, et qualification des emplois et qualification des travailleurs, d'autre part.

Effectivement, la qualification exprime un niveau reconnu à l'aide de différents instruments d'évaluation tels que le diplôme, le titre, le classement sur une échelle de grades... Mais si ce niveau peut, certes, signifier une présomption quant à la capacité globale à exercer tel ou tel emploi, il n'exprime pas les compétences de la personne qui le détient, dans la mesure où la qualification renvoie à des compétences potentielles. Elle peut être posée comme une aptitude intellectuelle, sanctionnée par un certificat, c'est-à-dire une officialisation juridique des acquis qui s'étend bien au-delà du système de formation, par exemple dans les classifications professionnelles et les conventions collectives. La qualification est donc une construction sociale négociée, alors que, nous l'avons signalé plus haut, la compétence exprime des dimensions individuelles et contextuelles. Les caractéristiques de ces deux concepts sont résumées dans le tableau ci-après :

[54] Voir Commissariat Général au Plan : La qualification du travail : de quoi parle-t-on ?, Economie et planification, Documentation française, 1978.

Tableau 17. Qualifications et compétences[55]

Qualifications	**Compétences**
Capacités acquises et reconnues par l'appareil éducatif formel	Capacités dénombrées par des preuves de la vie sociale et professionnelle (dans et hors école)
Certifiées par des examens	Reconnaissances, évaluations des compétences (bilan)
Les examens donnent l'accès au diplôme	Validation des acquis antérieurs, soit expérientiels, soit formation
Ces diplômes définissent la structure du système éducatif	Ces validations expriment les compétences réelles de la population (complètent la structure de la qualification)
Homogénéité des acquis	Hétérogénéité des acquis
Aspect collectif, processus identique pour tous	Aspect individuel (portefeuille, bilans)
Centré sur la connaissance des matières, des disciplines	Centrées sur la production de résultats liés à un contexte professionnel et/ou personnel précis
Des lieux d'enseignement formalisés	Indépendant du lieu de formation
La durée d'apprentissage est définie à priori	Indépendant de la durée des apprentissages
On ne reconnaît et prend en compte que l'expérience et les connaissances utiles pour le diplôme	Toute expérience peut être validée
Problème de transfert à un contexte professionnel (problème de l'utilisation des connaissances)	Problème de transfert à un autre contexte
Dimension collective par les classifications professionnelles	Dimension individuelle (peu présente dans les conventions collectives)

Les logiques de gestion correspondant à l'un et à l'autre des concepts ne sont pas les mêmes. L'origine des méthodes de classification est intimement liée à l'organisation taylorienne dont l'un des objectifs est la construction d'une classification, c'est-à-dire une hiérarchisation des emplois et des postes par référence à une grille... Cette logique taylorienne s'intéresse aux tâches définies

[55] A. Scouarnec : Analyse des pratiques de GRH au Maroc : le cas de l'Office Chérifien des Phosphates, in Audit social et compétitivité de l'entreprise, 1ère Université de Printemps de l'Audit Social, Hammamet, Tunisie, mai 1999, p. 163.

de manière unitaire pour chaque emploi tenu. Par contre, la logique compétence prend en considération à la fois les besoins de l'entreprise, tels que la polyvalence et la flexibilité, et les aspirations des hommes (la responsabilisation, l'autonomie, le travail en équipe...). Cette logique met en exergue le changement de conception de la relation HOMME-TRAVAIL, où l'individu, en fonction de ses compétences, devient l'acteur de son devenir professionnel.

Par ailleurs, ce qui est souvent appelé la qualification des emplois est avant tout une classification. Il s'agit de répartir les emplois entre différentes catégories. Les raisons d'être de ces opérations sont diverses. Elles peuvent être nécessaires pour :

– l'élaboration de grilles de salaire ;

– la mise au point de formes élaborées de gestion du personnel : planification de l'emploi, recrutement, plan de carrière... ;

– la construction de nomenclatures statistiques utiles à des fins de gestion administrative.

Dans tous les cas, il s'agit bien de classer des emplois, de les regrouper en des catégories homogènes. Le choix des critères de regroupement varie selon l'objectif assigné à la classification. Il ne saurait y avoir de solution universelle en la matière. De même, aucune classification n'est neutre. Toutes sont l'objet d'antagonismes entre les partenaires en présence sur le marché du travail. Ce fait est évident lorsqu'il s'agit de négocier des grilles servant de base à la détermination des salaires. L'existence de ces grilles est un moyen, pour les syndicats, de limiter l'arbitraire patronal en matière de fixation des rémunérations. Dans ce même esprit, les salariés revendiquent souvent la prise en compte, pour leur rémunération, non du poste occupé mais de la personne qui l'occupe. C'est là l'expression du désir de vouloir faire reconnaître, en termes de salaire, la qualification personnelle des travailleurs comme une notion spécifique, distincte de la qualification des emplois.

La qualification des travailleurs peut être définie comme le produit de l'expérience au travail et de la formation acquise dans les structures spécialisées à cette fin. Cette définition souligne que l'analyse de cette notion n'a de sens que pour des structures productives et sociales données. En ce sens, elle est bien un rapport social. Dans ce contexte, l'appréhension de la qualification est l'objet de deux approches distinctes selon que l'on se situe du point de vue des travailleurs ou de celui des employeurs. Ces derniers, en effet, ne s'intéressent qu'à une partie de la qualification des travailleurs : celle qui, en fonction de leur choix organisationnel, est utilisée dans la production ou susceptible de l'être à l'échelle de leur horizon économique. C'est donc de la qualification ainsi comprise qu'ils se porteront acquéreurs sur le marché du travail. À l'inverse, les travailleurs s'efforcent, lors de la conclusion des contrats de travail, de faire reconnaître leurs qualifications personnelles même si elles ne sont pas utilisées systématiquement dans la production (c'est le cas lorsque des accords ou des conventions reconnaissent explicitement certains diplômes).

Qu'en est-il du lien, maintenant, entre la qualification et la compétence, d'un côté, et la performance, de l'autre ?

4- L'équation gestion des compétences et performance

Cette problématique met en exergue la synergie entre la qualification, la compétence et le potentiel, *en relation avec la performance*. Il n'est pas inutile de rappeler qu'en effet, les activités de formation ont évidemment pour but de développer les compétences requises pour l'accomplissement de missions déterminées. Autrement dit, les compétences n'ont de sens que par rapport à l'action. Pour G. Le Boterf[56], « la compétence n'est pas uniquement un savoir, un savoir-faire, une capacité, une connaissance possédée, un acquis de formation, une capacité cognitive ou une capacité relationnelle. Il s'agit, en fait, d'une mise en action, d'une mobilisation, d'une mise en jeu d'un ensemble de paramètres distincts et évolutifs. Au-delà de l'application de ces ressources, il y a une construction, un processus à valeur ajoutée, une réalité dynamique. » En somme, selon le même auteur, la compétence se réalise dans l'action, elle ne lui préexiste pas. Il n'y a de compétence qu'en acte. La compétence ne peut fonctionner à vide, en dehors de tout acte qui ne se limite pas à l'exprimer mais qui la fait exister. C'est en mettant en œuvre la compétence que l'on devient compétent, et possiblement performant. En somme, l'utilité et la pertinence des compétences d'un individu ne sont utiles et effectives que si elles se traduisent par des performances satisfaisantes dans des situations concrètes.

Donc, les compétences d'un individu sont une condition nécessaire mais non suffisante pour qu'il puisse être qualifié de performant dans l'exécution de son travail. C'est la raison pour laquelle, lorsqu'on évoque la qualification dans ses relations avec le salaire, le problème de l'arbitrage dans la rémunération des postes de travail, ou la façon d'occuper ce poste (la performance individuelle, la participation à la performance collective), la question du potentiel d'évolution du titulaire du poste se pose avec acuité. Les facteurs qualification, compétences et potentiel ne sauraient dès lors être assimilés à des phénomènes isolés ou abstraits, sans rapport avec l'activité professionnelle reliée à un poste de travail. C'est ainsi que l'instauration de systèmes de rémunération équilibrés et évolutifs cherche non seulement à rémunérer les qualifications, mais aussi à favoriser les performances et les potentiels individuels[57]. À ce sujet, la procédure qui sert à déterminer la structure des rémunérations s'appuie sur le système d'évaluation des postes de travail et sur les outils d'appréciation des performances des salariés[58]. Le système

---

[56] G. Le Boterf : De la compétence, Editions d'Organisation, Paris 1994, pp. 16-18.

[57] Un système de rémunération est équilibré lorsqu'il tient compte de la rationalité budgétaire, de la compétitivité externe et de l'équité sociale. Il est aussi dynamique et évolutif dans la mesure où il doit s'adapter en permanence aux transformations de l'environnement.

[58] Voir J. Igalens et J.M. Peretti : Audit des rémunérations, Editions d'Organisation, Paris 1986. Voit aussi B. Martory et D. Crozet : Gestion des ressources humaines, Editions Nathan, 1988.

évoqué permet d'indiquer l'importance relative du poste dans la structure, en fonction de sa contribution à la réalisation des objectifs de l'organisation. Quant au système d'appréciation du personnel, il permet de cerner les performances de chacun dans le poste de travail et de le rémunérer en fonction de son apport personnel à des objectifs professionnels individuels définis au préalable.

Finalité des systèmes d'appréciation

En général, les systèmes d'appréciation s'efforcent d'évaluer l'apport professionnel des salariés à partir de trois ensembles de critères. Les premiers critères concernent les performances ou les résultats (quantité de travail fournie, résultats financiers, taux de rebuts, etc.). Ils sont essentiellement techniques et reliés à une spécialisation. Les seconds critères concernent les comportements ou les attitudes. Ils ne portent pas directement sur des résultats, mais sur la manière de les atteindre. Seuls les comportements reliés à la performance sont retenus (esprit d'initiative, qualité des relations interpersonnelles, autonomie, etc.). Enfin, les critères de potentiel sont d'essence probabiliste : à partir de l'analyse des performances et des comportements d'une personne, on tente de pronostiquer son développement possible.

Par ailleurs, les performances individuelles et collectives sont conditionnées par un ensemble de facteurs parmi lesquels il faut ranger les compétences des individus en cause. À ce sujet, le modèle nommé CME (Compétence/Motivation/Environnement de travail) présente la performance comme le résultat de l'interaction entre les compétences, les motivations (ou stratégies individuelles) et l'environnement de travail (ou contexte immédiat). Ce triple arrimage peut entraîner le blocage des performances, comme dans le cas des entreprises dont le personnel possède des qualifications et des compétences satisfaisantes, mais où les performances sont inférieures à la norme. C'est ainsi qu'il n'est pas rare de constater, au sein des entreprises hôtelières, toute une série de raisons qui freinent l'expression des compétences en présence. Parmi ces raisons, on peut citer le faible niveau de l'encadrement, le flou dans les responsabilités et dans les tâches, l'inefficacité du management et des méthodes de gestion des ressources humaines, le manque de motivation et de mobilisation des salariés autour de valeurs pertinentes, etc. Face cachée de la mesure de la performance, cette dépendance du contexte immédiat peut empêcher l'appréciation des compétences à leur juste valeur. De toute façon, de façon plus large, comme l'explique C. Dejoux[59], la performance reste une notion restrictive car elle ne prend pas en compte toutes les variables qui participent à l'élaboration d'une compétence, en se contentant de sélectionner celles qui sont visibles et mesurables. C'est pourquoi certains auteurs représentent le concept de

[59] C. Dejoux : Les compétences au cœur de l'entreprise, op. cité, p. 161.

compétence en utilisant la métaphore Hay de l'iceberg : dans la méthodologie Hay relative à la gestion des compétences individuelles, les capacités, le savoir et les attitudes forment la partie visible de la compétence individuelle, conditionnée par des composants moins visibles tels que le rôle social de l'individu, son image de lui-même, ses traits de caractère et sa motivation.

Graphique 5. Représentation dynamique de la mise en œuvre de la compétence individuelle.

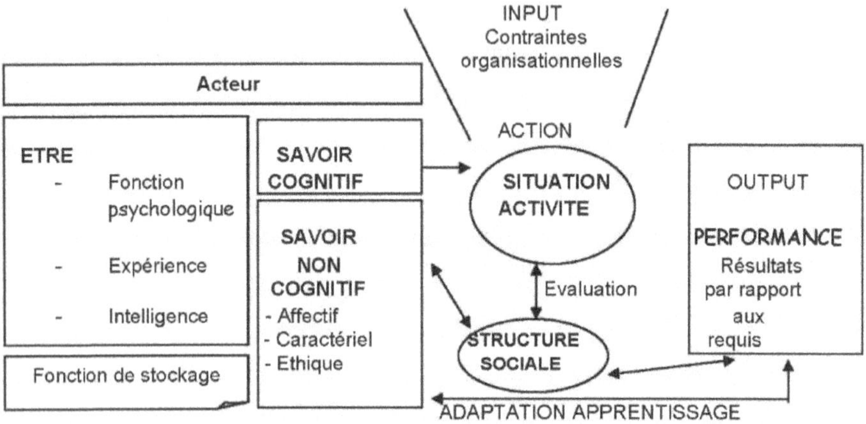

Source : C. Dejoux, op. cité.

Il est important de remarquer que la formation des salariés ne peut résoudre que les problèmes de performance liés notamment à des difficultés relativement tangibles, par exemple à des questions techniques. Dans ce cas, la formation du personnel peut fort bien être à la base d'une amélioration parfois immédiate et quantifiable. Toutefois, lorsque l'on a affaire à des problèmes organisationnels complexes mal définis (ce qui est le cas dans la plupart des entreprises touristiques et hôtelières), on se trouve généralement en présence de facteurs d'influence qu'il n'est pas possible de maîtriser seulement par la formation. Dans ce cas de figure, l'amélioration des performances des entreprises touristiques et hôtelières dépend :

– de leur capacité à mettre à niveau leurs structures organisationnelles et de leur volonté d'adopter des méthodes efficientes en matière de gestion du capital humain ;

– de leur capacité à promouvoir une culture entrepreneuriale qui s'inscrive dans une perspective de création de valeur pour les salariés, les clients, les investisseurs, les entreprises et la société ;

– de leur capacité à adapter leur système productif aux changements de l'environnement technologique, économique et social.

Sur la base de ces critères d'amélioration des performances des entreprises touristiques et hôtelières, la performance individuelle et collective dépendra de quatre paramètres, que nous présentons ci-après.

Le premier est lié à l'amélioration de la qualité de l'encadrement hiérarchique, c'est-à-dire à l'aptitude de cet encadrement à manager, à mobiliser et à former le personnel.

Le second est en relation avec la pertinence du cadre du travail, l'efficacité de l'agencement des emplois et l'articulation hommes-technologie que doivent établir les unités hôtelières. Dans ce cadre, le maintien des connaissances et l'entretien des savoir-faire doivent se traduire par une actualisation des compétences, devenue une nécessité vitale pour la survie et le décollage de l'industrie hôtelière au Maroc.

Le troisième paramètre découle de la mise en place de méthodes efficientes en matière de fonctionnement organisationnel concernant des politiques et des pratiques touchant la gestion de l'emploi et des compétences.

Enfin, le dernier paramètre concerne les valeurs sous-jacentes à la vision managériale qu'il faudrait rénover : la culture de l'entreprise, le style de management pour mobiliser les ressources humaines et stimuler leur créativité et leur adhésion à l'amélioration des performances du secteur et de sa compétitivité.

Cette vision, qui découle de l'approche gestion de compétence-qualification-potentiel, ne peut réellement aboutir que dans le cadre de l'émergence d'une entreprise hôtelière qualifiante et citoyenne dont :

– le souci est d'actualiser et de développer continuellement les compétences et le professionnalisme de ses hommes ;

– la finalité est de concilier intérêts économiques et sociaux dans le cadre d'une stratégie sociétalement gagnante.

II- L'emploi type, instrument inéluctable de la gestion des compétences en hôtellerie

La compétence apparaît aujourd'hui comme une réponse à une évolution très prononcée vers une intensité qualitative du travail dans l'industrie hôtelière. L'emploi à fort coefficient de main-d'œuvre sans qualification cède la place, ou du moins tend à être complété par l'emploi à niveaux de technicité élevée. Pour cerner ces changements et œuvrer pour l'adéquation entre les compétences des ressources humaines et l'évolution des métiers de l'hôtellerie, il devient incontournable d'élaborer et de s'appuyer sur le référentiel d'emploi-type.

1- Sans description des situations de travail, point d'identification des besoins de compétences

Dans toute réflexion sur les compétences, on ne saurait faire abstraction de la situation de travail dans laquelle ces dernières peuvent se réaliser. En effet, c'est l'analyse du contenu des situations de travail qui permet de se prononcer sur la capacité des individus à occuper des emplois. Quant à la logique poste de travail, fondée sur le principe de qualification, sur une simple énumération des tâches à réaliser dans un travail donné et conduisant à décrire une diversité de combinaisons et de tâches résultant des différents modes de division du travail en usage dans les entreprises, elle n'apporte pas suffisamment d'informations sur les compétences requises des individus pour occuper ces postes.

Les référentiels font partie des outils du management des compétences. Il en existe trois types principaux :

- Le référentiel d'emploi type, qui détaille les missions, les activités, et éventuellement les tâches qu'un groupe d'employés doit accomplir. Les missions expriment le sens de l'emploi et correspondent aux différentes finalités de celui-ci. Les activités, dont la description est le noyau dur du référentiel de l'emploi type, renvoient aux réalisations correctes d'un employé dans l'exercice de ses missions. Quant aux tâches, elles correspondent aux différentes opérations devant aboutir à la réalisation correcte, cette fois, de chaque activité : segmentation de l'activité, elles expriment ce que doit faire le titulaire de l'emploi avec un niveau de précision important.
- Le référentiel de compétences regroupe les compétences réellement stratégiques ou sensibles liées à un emploi type. L'identification de ce "cœur de métier" (compétences stratégiquement importantes) peut avoir lieu à partir des questions suivantes : quelles sont les compétences spécifiques à un emploi ? Quelles sont les compétences qu'il est indispensable de posséder ? Quelles sont les compétences qui font la différence entre deux emplois types ? Quelles sont les compétences qui font la différence entre deux employés occupant un même emploi type ? Qu'est-ce qui fait la différence entre un débutant et un employé confirmé ?
- Le référentiel de ressources regroupe les principales ressources à acquérir pour permettre la mise en œuvre des compétences stratégiques. Ces ressources sont de deux types : les ressources fournies à l'employé par l'environnement professionnel (moyens humains et matériels) et les ressources détenues par l'employé (ensemble des savoirs, savoir-faire opérationnels, savoir-faire relationnel et aptitudes que doit mobiliser un individu pour agir à un moment donné dans une situation donnée).

Voir CEDIP en ligne, fiche technique n° 24, janvier 2003.

Cette logique, utilisée intensivement en hôtellerie comme démarche et comme outil de gestion du facteur humain, a des effets négatifs sur le pilotage des ressources humaines de ce secteur : lourdeur, lenteur et inefficacité de la démarche de gestion. En dépit de ces effets, les méthodes (contenu et contenant) de gestion du facteur humain fortement ancrées dans une logique de poste prédominent largement dans les entreprises hôtelières marocaines, et ce malgré les mutations de l'industrie hôtelière. Ces méthodes, cette logique et cette vision de l'homme au travail sont de nos jours à revoir. Les raisons de cette remise en question sont motivées par plusieurs considérations :

– Les mutations de l'industrie hôtelière ont des incidences sur le rôle assigné au travailleur. Elles nécessitent de nouvelles compétences, plus complexes, plus abstraites, comme la capacité d'initiative, l'anticipation ou la communication que la logique du travail prescrit ne permettent pas d'appréhender.

– Le travail se réalise de moins en moins individuellement et de plus en plus collectivement.

– La performance est plus dépendante des compétences collectives que des compétences individuelles.

On ne pourrait mieux souligner le fait que la situation de travail correspondant à l'intervention d'un individu dans le fonctionnement d'une entreprise *considérée comme un système sociotechnique* permet de mieux appréhender les compétences à mobiliser pour l'occupation d'un emploi donné. C'est pourquoi la logique compétence que sous-entend la notion de situation de travail en tant qu'ensemble d'interventions situées dans un contexte technique et organisationnel donné, se distingue nettement de la logique poste de travail. La gestion de l'emploi et des compétences se base sur le concept d'emploi type comme instrument de description et de gestion, au-delà du concept de poste encore dominant. Trop relié aux définitions des tâches immédiatement nécessaires, trop précis pour travailler sur le collectif et le prévisionnel, le "poste" est une catégorie mal adaptée à l'analyse de l'emploi[60]. En effet, là où le poste désigne une situation de travail plus ou moins reproductible délimitée par la division du travail propre à chaque entreprise, "l'emploi type" désigne un ensemble de situations de travail présentant des contenus d'activité identiques ou similaires, suffisamment homogènes pour faire l'objet d'une gestion adaptée des compétences. Un emploi type regroupe ainsi plusieurs postes, éventuellement des postes différant par leurs noms et par les statuts des personnels qui les occupent.

Mais en dépit de cette envergure sémantique, la notion d'emploi type n'est utile que pour focaliser l'analyse sur une dimension fine, une fois obtenus les résultats collectifs bien plus largement privilégiés dans le processus d'analyse des situations de travail. Notons que celui-ci permet d'abord de poser le sens de l'action collective (le pourquoi) avant de s'intéresser au comment (l'organisation du travail, l'emploi). Mais revoyons ce processus dans le schéma suivant :

[60] Xavier Baron : La gestion prévisionnelle des emplois et des compétences en entreprise, op. cit.

Graphique 6. Processus de réalisation des référentiels

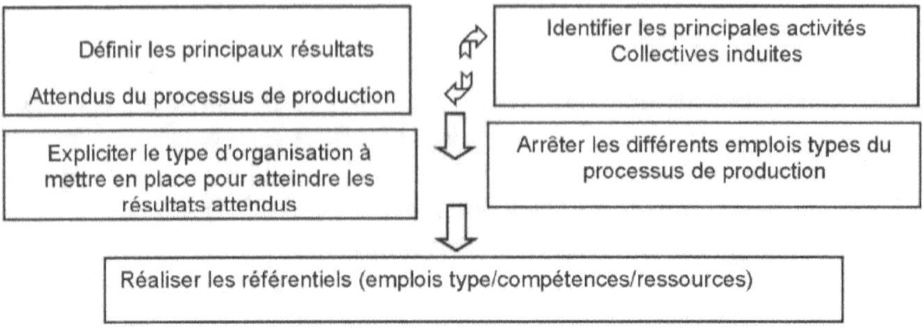

Le mode de regroupement des postes de travail en emplois types pourra privilégier tantôt la proximité du contenu (des personnes qui font grosso modo les mêmes tâches), tantôt la proximité de substituabilité qui définit un "espace de mobilité" (des personnes qui pourront passer en peu de temps d'un poste à l'autre, sans formation lourde à l'intérieur d'un emploi type), voire une proximité de "complémentarité", dans les univers où les organisations fondent des dépendances entre les postes et négligent les frontières strictes. À ce sujet, les modalités de regroupement adoptées par le Centre d'études et de recherches sur les qualifications font référence d'une manière générale aux critères suivants[61] :

– l'appellation, qui indique l'intitulé de l'emploi ainsi que les postes correspondants ;

– la définition de l'emploi : cette rubrique constitue une synthèse des activités inhérentes à l'emploi. Elle indique les situations de travail correspondant à l'emploi type et décrit leurs finalités ;

– le champ d'intervention des individus (ou situation fonctionnelle dans l'organisation de l'entreprise) ;

– la délimitation des activités de l'emploi : cette rubrique concerne les caractéristiques distinctives d'un emploi type par rapport à d'autres. Elle concerne également le domaine de spécialisation défini par rapport à un ensemble de connaissances ou de techniques mises en œuvre dans le cadre d'un emploi type ;

– la description des activités : cette rubrique constitue une définition descriptive des activités relatives à un emploi type. Cette description est articulée autour du type et des séquences d'activités, ainsi que les actes significatifs de la qualification ;

– la responsabilité et l'autonomie : cette rubrique concerne les informations relatives à la manière dont se définit et se déclenche le travail rattaché à un emploi type, qu'il s'agisse d'instructions, de consignes générales ou d'objectifs, ou

[61] Voir le Centre d'études et de recherches sur les qualifications : Répertoire français des emplois, Editions La Documentation française, Paris 1992 ; l'OMT : La formation des formateurs, Madrid 1996, et L'étude du schéma directeur de la formation professionnelle, op. cit., volume 1 : Besoins qualitatifs de formation.

encore de documentation. Elle décrit également les modalités de contrôle ou de suivi du déroulement des activités ou des résultats du travail. Elle relève la nature et les conséquences des erreurs liées à l'activité, en permettant d'apprécier les responsabilités qui peuvent en résulter ou les difficultés propres au travail. Enfin, elle spécifie l'étendue et la diversité des contacts et des relations de travail et leur nature ;

– : il s'agit ici de la description du cadre et du milieu de travail : les contraintes...

– les modalités d'accès en tant "qu'information" témoin reflétant autant les conditions propres au marché du travail que les nécessités objectives de l'emploi.

En outre, l'analyse par l'emploi type vise à relever les compétences mises en œuvre, beaucoup plus qu'à décomposer l'activité en modes opératoires ; elle vise également à restituer l'aspect dynamique de l'emploi. En fait, la pertinence de cette analyse réside dans le fait de dégager les compétences transférables d'un poste de travail à un autre, de façon à rendre plus visibles les voies de mobilité sans formation lourde. Quant à l'approche par les postes de travail, elle s'avère ici insuffisante. Il en est de même de l'approche par les fonctions, qui n'interroge les emplois que d'après leur rôle dans l'organisation : elle spécifie à quoi sert l'emploi considéré sans présenter de quoi il est fait, et sans montrer son contenu concret. Par contre, l'analyse par l'emploi type vise la description du contenu réel de l'emploi en terme d'activité selon cinq dimensions : la technicité, le traitement et la transmission de l'information, les communications relation-insertion, la contribution économique et la structuration personnelle de l'emploi.

Graphique 7. Les dimensions de l'emploi

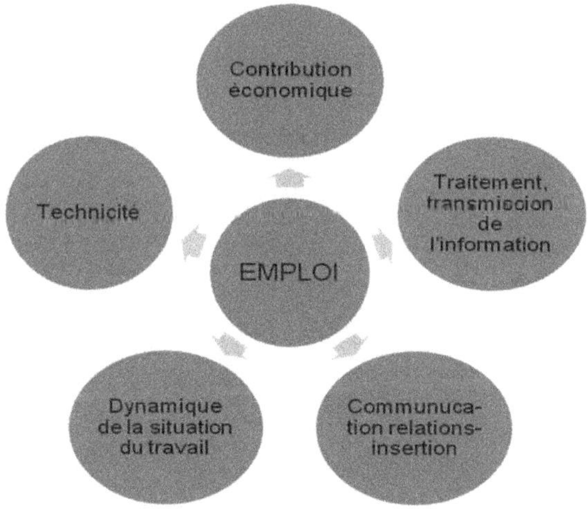

Source : F. Berton et G. Douenel[62]

[62] F. Berton et G. Douenel : Gestion prévisionnelle des emplois et formation, pratiques, articulations, difficultés et conditions de réussite, Editions Centre Info Publications, Paris 1990, pp. 17-18.

Le schéma ci-dessus met en évidence les principales dimensions de l'activité d'un emploi type, à savoir :

– la technicité, c'est-à-dire le domaine du travail et les outils mis en œuvre ;

– le réseau de relations dans lequel s'insère l'activité et qui est considéré dans son étendue (interlocuteurs) et dans son objet (communication, collaboration, encadrement) ;

– la contribution économique, c'est-à-dire la performance de l'entreprise. Celle-ci s'exerce à travers l'activité quotidienne ;

– la variabilité interne, ou élasticité, due aux facteurs lourds d'évolution non encore complètement diffusés et stabilisés, mais aussi aux choix de l'organisation et aux facteurs liés à la personne qui occupe l'emploi.

Cette dernière dimension permet de détecter et de gérer les emplois stratégiques, sensibles ou cibles, tels qu'ils découlent des évolutions anticipées (à la fois prévues et décidées) par les entreprises du secteur. Le schéma N° 8 montre que ces évolutions dépendent de deux types de facteurs : les facteurs volontaristes des entreprises elles-mêmes et les facteurs qui découlent de l'évolution de l'environnement. L'examen de ces deux types de facteurs permet de mieux cerner leurs influences déterminantes, leurs principales conséquences sur les emplois ainsi que leurs contenus, et de prévoir les actions d'ajustement à la fois micro-économiques décidées au niveau de l'entreprise, et macro-économiques touchant le système de formation. L'objectif des premières actions est de parvenir à trouver les solutions les plus adaptées à l'orientation et à la reconversion de compétences collectives, notamment par des actions de formation spécifiques, ce qui permettra d'engendrer l'équilibre nécessaire des ressources et des capacités considérées dans le futur. Quant aux secondes, elles visent l'adaptation du système de formation aux besoins actuels et futurs du secteur en main-d'œuvre et l'alimentation du marché du travail par la "production" de profils de qualité. C'est l'interdépendance des deux objectifs qui permet, sans aucun doute, une meilleure adaptation globale des ressources humaines aux exigences quantitatives et qualitatives du secteur.

Graphique 8. Les facteurs d'évolution des emplois

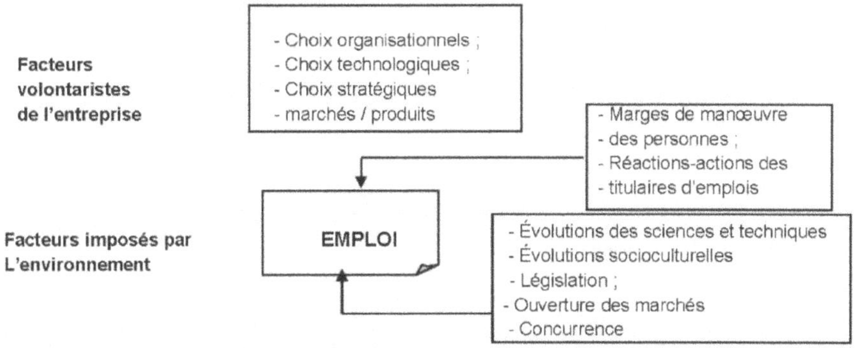

Source : F. Breton et G. Douenel[63]

L'analyse de ces facteurs consiste à définir les critères de sensibilité des emplois considérés comme prioritaires ou stratégiques, puis à les analyser, à identifier les écarts de compétences et à mettre en œuvre des plans d'action, de correction ou de prévention. Cette analyse peut être réalisée à un double niveau : celui de l'entreprise quand il s'agit de la gestion préventive de l'emploi et des compétences, et celui du secteur lors de la planification de l'emploi et de la formation. Le tableau ci-après donne un exemple des conséquences que peuvent générer les facteurs technologiques, économiques ou sociaux, et met en évidence leurs influences sur l'emploi.

[63] F. Berton et G. Douenel : Gestion prévisionnelle des emplois et formation, op. cit., p. 19.

Tableau 18. Conséquences des évolutions économiques et technologiques sur l'emploi et les ressources humaines.

Conséquences sur	Conséquences identifiées à prendre en considération
- L'évolution du métier en termes quantitatifs et qualitatifs	• Nouveaux métiers • Disparition de métiers • Développement ou délimitation d'une ou plusieurs fonctions
- L'exigence de l'entreprise à l'égard des hommes	• Profil idéal des hommes • Nouveaux savoirs • Nouveaux comportements
- Les indicateurs d'alerte pour les hommes (signes d'inadaptation)	• Détermination de critères objectifs à partir desquels aviser quelqu'un au sein de l'entreprise afin d'éviter des inadaptations • Détermination des critères objectifs servant à prévoir et à éviter les inadéquations de la formation initiale par rapport à l'emploi dans le secteur
- Les plans d'actions prioritaires à mettre en œuvre par l'entreprise et par le système de formation	• Formation (contenus, méthodes, priorité...) au niveau micro et macro-économique • Organisation à l'échelle de l'entreprise et au niveau du système de formation • Cadre juridique et mise en œuvre de structures d'insertion des lauréats du système de formation • Embauches • Reconversion, mobilité, etc.

Source : tableau confectionné par nous-mêmes.

2- Organisation du travail, le passage obligé pour délimiter les emplois types

Pour la clarté de notre utilisation du concept d'emploi type et son application à l'hôtellerie en matière de planification de l'emploi et des compétences au niveau macro et micro-économique, il est nécessaire de préciser la manière dont l'entreprise hôtelière combine, construit et agence son organisation du travail d'une manière générale et par secteur d'activité.

A- Organisation du travail dans l'hôtellerie

Pour parvenir à étudier la nature de l'organisation du travail dans l'hôtellerie marocaine, nous nous sommes basés sur le résultat d'un sondage effectué par nos soins durant l'été 1996. Le résultat de ce sondage nous a permis 10 ans après de le conforter avec des données sur le sujet auprès d'un échantillon très réduit. Ces investigations avaient pour objectif de relever les différentes fonctions existant dans les hôtels sondés et les effectifs y correspondant[64].

Nos investigations ont mis en évidence les observations suivantes :

– L'organisation du travail dans les établissements hôteliers est déterminée par la taille des unités et la nature des prestations fournies. Ces prestations sont elles-mêmes fonction des choix commerciaux opérés par les établissements. La division du travail est, quel que soit l'établissement, toujours basée sur un clivage entre la production (ou la préparation) des prestations et leur mise à la disposition de la clientèle, ce qui se traduit par une séparation plus ou moins nette entre cuisine et service de salle, service au bar et service en salle dans les débits de boissons, et enfin réception et services des étages en ce qui concerne l'hébergement.

– L'augmentation de la taille des établissements s'accompagne de l'apparition des services généraux. Les tâches administratives et la gestion sont rapidement prises en charge par un personnel spécialisé. Aussi, dès que les établissements d'hébergement prennent de l'importance, l'entretien et la maintenance des locaux sont-ils pris en charge par un personnel particulier.

À partir de ces principes, la division du travail prend des formes différentes selon les domaines d'activité des établissements hôteliers :

– Dans les établissements à caractère familial, la polyvalence est de règle, chaque personne assurant un nombre de prestations plus ou moins grand selon la taille de l'établissement. On assiste toutefois à une répartition des rôles entre les individus. Ainsi, lorsque l'établissement cumule hébergement et restauration, la même personne prend souvent en charge la cuisine et les travaux de gestion, une autre s'occupant plutôt de l'accueil et du service clientèle[65].

– Dans les établissements de grande et de moyenne tailles, deux formes de division du travail vont se superposer avec l'accroissement de la taille : l'une, hiérarchique, se basant sur les niveaux de qualification appréciés selon l'expérience et le savoir-faire, l'autre reposant sur les prestations à fournir et pouvant donner lieu à une très forte spécialisation du personnel, s'accompagnant ou non de création d'unités distinctes ; c'est le cas de la plupart des 4 et 5 étoiles.

---

[64] Le sondage à été réalisé durant l'été 96, grâce au concours des étudiants de la 3ème et des 1ères années de l'Institut supérieur international du tourisme de Tanger (ISIT), qui l'ont effectué au moment de leur stage. Le sondage a touché surtout les établissements hôteliers de 5, 4 et 3 étoiles, les V.V.T. et les résidences, et a recueilli 90 réponses concernant, respectivement, la catégorie des 5 étoiles pour 26 %, des 4 étoiles pour 33 %, des 3 étoiles pour 12 %, des Villages de Vacance Touristiques (VVT) pour 17 % et des résidences touristiques pour 12 %. Le même sondage a été repris en 2016.auprès de 10 % de ces entreprises. Le but consistait à relever les éventuels effets générés par l'évolution du tourisme depuis notre premier sondage.

[65] Selon le décret du 16/2/1982 relatif au classement des établissements touristiques, la restauration n'est considérée, dans le cas des hôtels, que comme une prestation accessoire. Par contre, elle constitue une activité principale pour les motels (restauration de type "snack-bar") et pour les villages de vacances. Quant aux résidences touristiques, le texte prévoit l'obligation de les doter de cuisines mises au service privé de la clientèle

En outre, la division du travail la plus poussée se rencontre dans les établissements qui privilégient un service personnalisé ou de prestige procurant une assistance maximale à la clientèle. C'est le cas des établissements spécialisés dans le tourisme d'affaires, en particulier à Casablanca, des 5 étoiles, et d'une partie des 4 étoiles existant dans les autres villes marocaines, en général.

La présentation de l'organisation générale du travail dans ce secteur étant faite, il convient maintenant d'exposer celle des services-clefs dans l'hôtellerie, à savoir les services d'hébergement, de restauration et de débits de boissons.

En ce qui concerne l'organisation des services d'hébergement, il est possible, à partir d'un service unique de réception, de différencier cinq unités auxquelles correspondent des emplois spécialisés : le revenue manager la réservation, la réception, qui assure l'accueil et l'enregistrement de la clientèle à son arrivée, la loge, rendant divers services à la clientèle et dont dépend le personnel du hall, le standard téléphonique, et la caisse ou main courante.

L'automatisation des équipements (y compris l'utilisation des nouvelles technologies) peut entraîner la disparition du service réservation et son remplacement par le revenue manager, du standard, ou de la main courante. Citons aussi, dans les services d'étages, à côté des équipes chargées de la préparation de l'hébergement, l'existence d'une lingerie et d'une buanderie qui gèrent et entretiennent le linge de tout l'établissement. Le développement de la sous-traitance peut entraîner la disparition de ces unités et des emplois correspondants. Enfin, traditionnellement, dans les unités d'une certaine taille, la division du travail des services d'étages est géographique, chaque étage constituant une unité séparée, l'ensemble étant supervisé par une gouvernante. La simplification du service remet de plus en plus en cause ce type de répartition des tâches et tend à diminuer le nombre de gouvernantes chargées de superviser le travail dans les étages.

S'agissant de l'organisation des services de restauration et des débits de boissons, c'est l'importance des cuisines qui y conditionne la division du travail et la spécialisation du personnel. Ainsi, dans les cuisines d'une certaine importance, il existe une spécialisation par type de préparations (ou parties) qui peut être très fine dans les restaurants gastronomiques ou se limiter à un nombre réduit de parties dans les autres cuisines. Chaque spécialité est prise en charge par un cuisinier (ou chef de partie), souvent assisté d'un ou de plusieurs commis de cuisine. Les spécialités sont hiérarchisées entre elles et peuvent faire l'objet d'une rotation du personnel. Une division du travail peut également exister parmi le personnel peu qualifié : préparation d'une seule catégorie d'aliments, lavage d'une seule sorte de vaisselle...

En salle de restauration, la division du travail est traditionnellement géographique : chaque serveur est affecté à un groupe de tables ou rang. Pour les salles de restaurants gastronomiques, le service des boissons est en principe assuré par un personnel spécialisé.

Dans les débits de boissons, la distinction production-distribution n'est pas toujours nette. Une séparation entre service au bar (où sont en outre préparées les consommations) et service en salle peut exister lorsque l'affluence ou la taille de l'établissement l'exigent.

Enfin, plusieurs types de prestations en matière de restauration et de boissons peuvent coexister dans un même établissement. Elles donnent généralement lieu à la création d'unités distinctes (restauration gastronomique, de spécialités ou simplifiée, bar, snack...) coordonnées par un seul ou plusieurs responsables, selon le type de clientèle, la catégorie et la taille de l'établissement. Ces derniers paramètres entraînent aussi la création d'unités spécialisées assurant un service de restauration dans les chambres : repas complets préparés par la cuisine de l'établissement ou mets simples et boissons préparés sur place dans un office. Géographiquement situées dans les étages, ces unités dépendent des services de restauration.

En ce qui concerne les services généraux, les grandes unités hôtelières disposent de services administratifs et de gestion plus ou moins importants selon qu'ils sont rattachés à une chaîne ou qu'ils font partie de l'hôtellerie indépendante, structurée ou non. L'existence de ces services dépend aussi de l'importance de l'activité et de la politique générale des entreprises hôtelières. Ainsi, à titre d'exemple, les services de gestion des ressources humaines n'apparaissent que dans les entreprises qui ont compris les enjeux de l'intégration de cette variable dans leur stratégie générale.

De même, l'apparition d'un économat correspond à un allégement des tâches du chef d'établissement qui, dans les petites entreprises, s'occupe des approvisionnements. La cave peut faire partie intégrante de l'économat ou avoir une existence autonome dans les unités possédant plusieurs salles de restaurant ou lorsque le service des vins est assuré par un sommelier qui fait également fonction de caviste.

Quant aux services d'entretien des locaux, ils réunissent des spécialités d'autant plus nombreuses et diverses que l'établissement est important et situé dans le haut de gamme. Cependant, les stratégies du "recentrage" sur les métiers de l'hôtellerie permettent d'externaliser ce genre d'activité et de les confier à des prestataires de services spécialisés. L'avantage de ce transfert permet de réduire les coûts (notamment salariaux) et surtout d'obtenir un travail de qualité[66].

B- Présentation des emplois types hôteliers

Les emplois types de l'hôtellerie sont ceux qui concourent à accueillir, héberger et nourrir des personnes temporairement éloignées de leur domicile ou

[66] Les risques à encourir par les entreprises, en cas d'externalisation, peuvent résider dans leur dépendance à l'égard des prestataires, dans la paralysie de leurs activités en liaison avec une défaillance du sous-traitant, dans le peu de maîtrise de la qualité du travail fourni et dans un faible retour sur investissement.

de leur milieu de vie habituel[67]. L'accueil, dans son acception la plus courante, est le service qui consiste à recevoir des personnes arrivant dans un lieu qui ne leur est pas familier afin de leur fournir toutes les informations qu'elles pourraient souhaiter. Cette fonction est remplie dans l'hôtellerie par les services de réception. En matière d'activité touristique, l'accueil consiste, en outre, à prévoir l'arrivée de visiteurs en mettant en place les éléments nécessaires à la pratique d'activités qui ont motivé leur déplacement, en aménageant des lieux de villégiature et/ou en organisant des activités susceptibles d'agrémenter leur séjour.

L'analyse des activités correspondant à cette définition (et contrairement à celle réalisées dans le cadre des fiches REM/REC)[68] conduit à exclure du champ de l'approche par emploi type les emplois que l'on trouve dans d'autres secteurs et qui ne sont pas spécifiquement assimilables à l'activité hôtelière[69]. Il en va ainsi de certains emplois liés à l'accueil et à la prise en charge de touristes :

– le personnel spécialisé dans l'organisation de congrès, dont l'activité peut être regroupée avec les emplois types relatifs au domaine de la publicité et des relations publiques ;

– les animateurs de loisirs aux centres et villages de vacances, dont l'activité est identique à celle des animateurs socioculturels, et que l'on peut regrouper avec les emplois types relatifs au secteur d'activités sociales et socioculturelles.

Notre définition exclut également du champ d'étude certains emplois de direction que l'on trouve dans d'autres secteurs d'activité. Il en va ainsi des emplois de directeurs d'établissements hôteliers importants. Ces derniers consacrent la plupart de leur temps à des activités de gestion et de promotion commerciale assimilables pour une part à celles des emplois types de l'administration et de la gestion des entreprises, en particulier de services.

En outre, certains autres emplois n'entrent pas dans la définition décrite plus haut. Il s'agit :

– des main-courantiers (responsables de la tenue des comptes des clients et de leurs dépôts), dont les activités sont identiques, soit à celles des caissiers, soit à celles des responsables de caisses dans le secteur du commerce et de la distribution ;

– des contrôleurs de l'hôtellerie et de la restauration, qui peuvent être assimilés aux contrôleurs ou aux techniciens de gestion dont les activités concernent beaucoup plus le domaine de la gestion et de l'administration des entreprises, tous secteurs confondus ;

---

[67] Voir à ce sujet CEREQ : Le répertoire français des emplois, Cahier 9, Editions La Documentation française, Paris 1990, et OMT : Formation des formateurs, Madrid 1996, pp. 107-115.

[68] Ministère su Tourisme, fiche Répertoire Emplois – Métiers et Référentiel Emplois– Compétences, deuxième éditions complétée et mise à jour, mars 2015

[69] Voir à ce sujet : OMT : Formation des formateurs, Madrid 1996, pp. 107-115.

– des agents de maintenance effectuant dans les établissements hôteliers le gros entretien et les réparations de matériel et de locaux et qui relèvent, cependant, d'autres spécialités techniques (électricité, plomberie...).

Malgré cette délimitation, il est à remarquer que les mutations et les transformations actuelles de l'industrie hôtelière, ainsi que les contraintes du marché touristique international, font que la gestion est devenue une fonction aussi stratégique que les fonctions spécifiquement hôtelières. Conjugué à la spécificité du domaine hôtelier, le développement de cette fonction a donné lieu à une division du travail très sophistiquée, par domaine, tels que le marketing, la commercialisation, la publicité, la gestion des ressources humaines, la gestion des denrées et produits...

Les emplois de la gestion sont à l'heure actuelle les principaux bénéficiaires de la mutation observée dans le secteur[70]. Les compétences et le professionnalisme liés à ces emplois deviennent incontournables pour l'exploitation de l'hôtellerie moderne. Ainsi, même si ces emplois ne sont pas assimilables à l'activité hôtelière, ils demandent de plus en plus à leurs titulaires une bonne maîtrise des deux systèmes de savoirs et de compétences : celui des emplois de l'hôtellerie et celui de la gestion et du management. Cette tendance justifie les besoins du secteur en profils maîtrisant à la fois les métiers de l'hôtellerie et ceux de la gestion. Elle est à la base de l'introduction ou de la création de programmes de gestion et de management hôtelier, surtout dans les écoles supérieures de formation hôtelière. Enfin, elle met en évidence l'importance de la formation continue pour adapter et développer les compétences des gestionnaires non initiés au secteur de l'hôtellerie.

Il est à noter, que la délimitation de la division du travail au sein des entreprises hôtelières, évoquée ci-dessus s'inspire du concept de chaîne de valeur qui permet de distinguer[71] :

– les activités génératrices de revenus (objet de notre étude) c'est-à-dire celles qui concourent directement à la création matérielle et à la vente de prestations de service en hôtellerie. Ce sont les départements opérationnels et par ricochet les emplois) qui vendent des services ou des produits au client, générant ainsi directement des revenus pour l'hôtel tel que la restauration, cuisine, l'hébergement, la logistique interne: (activités d'approvisionnement, et de stockage des matières et de fournitures);la commercialisation (marketing, Revenue Management) et la vente: ensemble d'activités permettant de faire connaître l'offre de l'entreprise et déclencher l'achat des clients ;

– Les activités de soutien ou support : elles viennent en appui de l'activité principale et forment l'infrastructure de l'entreprise : Infrastructure de l'entreprise (activités de direction générale et de direction financière et administrative de votre

---

[70] M. Dadoy ; Les nouvelles compétences du tourisme, in Revue Les cahiers Espace, N° 28, Paris, septembre 1992, p.18

[71] Voir la chaine de valeur, collectif Harvard Business School, l'Expansion Management Review, Editions d'Organisation, Paris 2000

organisation : comptabilité, stratégie, finance,... etc.), GRH (**les** activités d'acquisition, de fidélisation et de développement des ressources humaines, Les approvisionnements (activités relatives aux achats de matière, de marchandises, de fournitures diverses, mais aussi de tous les facteurs de production ;

Graphique 8 Bis.

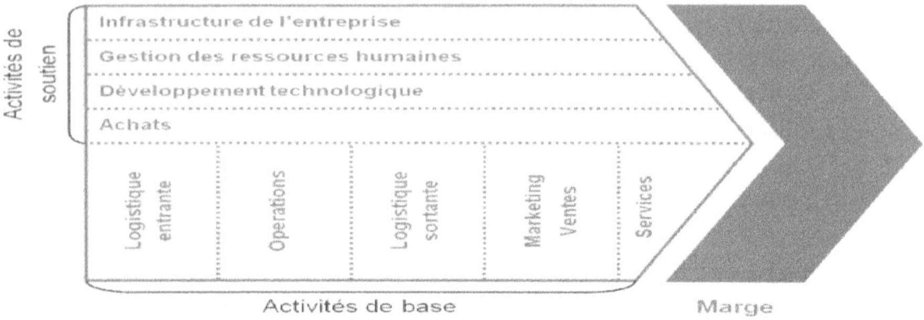

Il ressort des remarques sur l'organisation du travail dans les entreprises hôtelières que les prestations à fournir sont bien différenciées et prises en charge par des unités ayant leurs propres modalités de fonctionnement, quel que soit leur statut (entreprises indépendantes, service...). Ceci permet de classer les emplois en fonction des prestations qu'ils concourent à produire : restauration et hébergement.

Par ailleurs, quelles que soient les prestations fournies ou les unités d'appartenance, la division du travail entre intervenants spécialisés opère un clivage entre la production (ou la préparation) des prestations et leur distribution. Selon qu'ils participent à l'une ou à l'autre, les emplois présentent ou non un caractère commercial. Aussi, ces deux critères (prestations fournies, fonction de production ou de distribution) sont-ils à la base du regroupement des postes de travail dans l'hôtellerie en emplois types, qui se différencient selon leur place dans le processus de production ou de distribution des services. La marge d'intervention sur ce processus est plus ou moins étendue selon l'organisation du travail des établissements. D'une part, les regroupements en emplois types ne rendent pas compte de la division maximale du travail mais d'une situation moyenne, de l'autre, ils restituent les différences de niveaux d'intervention fondées sur des critères techniques mais réunissant, dans une même description, des situations différentes par :

– leur niveau hiérarchique, lorsque seules des tâches de gestion et de coordination les particularisent ;

– leur statut et le type d'organisation auxquels ils appartiennent.

À l'aide du sondage évoqué plus haut, de l'analyse réalisée par nos soins à partir des organigrammes de 120 établissements d'hébergement dans lesquels les étudiants de l'ISIT ont passé leurs stages de premier cycle, de l'exploitation de la documentation du BIT relative à l'emploi hôtelier[72] et leur confrontation avec les REM/REC tourisme[73], nous avons relevé un total de 20 emplois types représentant environ une centaine de postes de travail spécifiquement hôteliers. Le tableau 86 présente le résultat obtenu concernant le groupement des emplois hôteliers en fonction de leurs places dans le processus production-préparation-distribution et la nature des prestations de services. Ce tableau met également en évidence l'étendue de la place de certains emplois types dans le processus de production-distribution et dans le mécanisme de supervision, de coordination de l'ensemble ou d'une partie de l'activité hôtelière. C'est le cas des emplois types correspondant à des fonctions de direction générale (directeur d'hôtel-restaurant familial, responsable de centre de vacances) intervenant dans des unités de petite taille et même de moyenne taille. Les titulaires de ces emplois coordonnent l'ensemble des activités de leur établissement en participant directement à certaines d'entre elles. Il en va de même pour les emplois de directeurs d'hébergement et de restauration qui supervisent et coordonnent l'activité de leurs départements à la fois au niveau de la préparation et de la distribution. C'est également le cas de l'économe qui, sans intervenir dans le processus de production-distribution, organise l'approvisionnement des deux départements ou services-clefs dans l'hôtellerie.

[72] Voir surtout le BIT : Carrières de l'hôtellerie et du tourisme, Genève 1976. Dans ce document, le BIT a entrepris une analyse des emplois hôteliers suivant quatre critères : les qualités personnelles particulièrement souhaitables, les connaissances nécessaires, le niveau de formation et les tâches à accomplir.

[73] Voir, Ministère de l'Emploi et de la Formation Professionnelle, Département de la Formation Professionnelle, Répertoire des Emplois-Métiers/Répertoire des Emplois-compétences

Tableau 19. Présentation générale des emplois types de l'hôtellerie

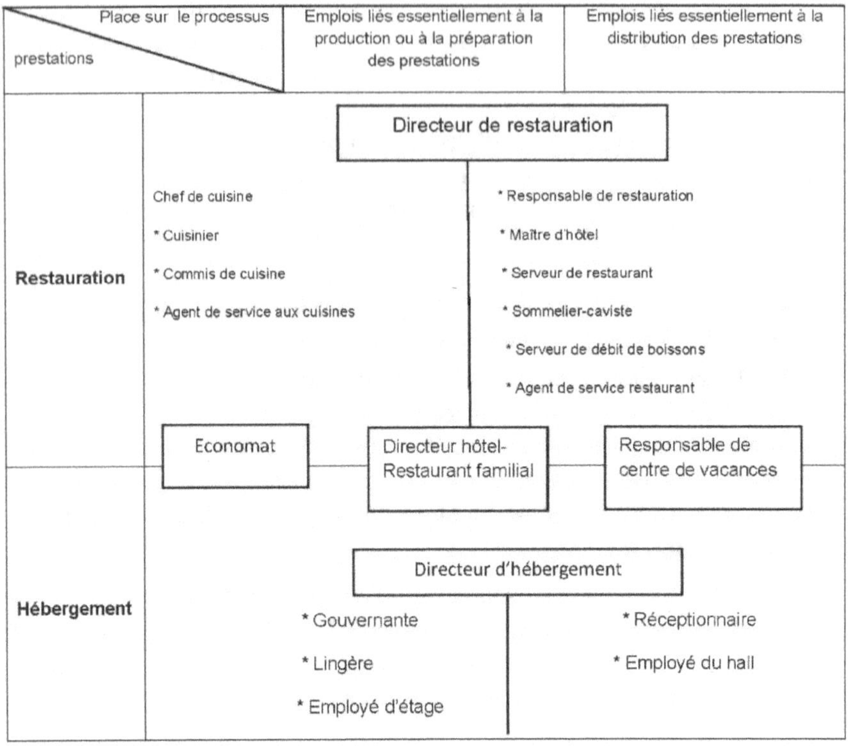

Sources : tableau élaboré par nous-mêmes à partir de la documentation du CEREQ, de l'OMT, et de l'Étude de la stratégie d'aménagement touristique, op. cit. de l'Étude de la stratégie d'aménagement touristique, op. cit et des fiches REM/REC – tourisme, deuxième édition complétée et mise à jour en 2015.

Par ailleurs les tableaux 19, 20 et 21 mettent en évidence la correspondance entre les emplois types et les emplois correspondants par centre d'activités spécifiquement hôtelières.

Tableau 20. Emplois correspondant aux emplois spécifiques du secteur hôtelier : filière restauration.

Fonction	Intitulé de l'emploi type	**Emplois correspondants**
Direction Restauration	Directeur de restauration	- Directeur restauration et banquets - Directeur Food and beverage (F&B) - Responsable d'exploitation
Cuisine	Chef cuisinier	- Chef cuisinier - Second de cuisine - Chef de cuisine spécialisé (coffee-shop, banquet) - Chef cuisine communard
	Cuisinier	- Sous-chef cuisinier - Chef de partie spécialisé dans une partie du menu (saucier, rôtisseur, garde-manger, poissonnier, Entremétier, boucher, hors-d'ouvrier, saucier, potager, glacier, Pâtissier, Chocolatier, confiseur tournant) - chef communard
	Commis de cuisine	- Commis spécialisé dans une partie du menu (saucier, garde-manger, rôtisseur, entremétier...) - Aide-cuisinier, préparateur de hors-d'œuvre – communard
	Agent de service aux cuisines	- Plongeur - Plongeur-batterie - Plongeur-homme de main – Vaisselier - Verriers argentiers
Restaurant	Responsable de restauration	- Directeur de restaurant - Directeur de salle - Directeur des banquets - Sous-directeur d'hôtel restaurant - Chef de service restauration
	Maître d'hôtel	- Premier maître d'hôtel - Second maître d'hôtel - Troisième maître d'hôtel - Maître d'hôtel de carré - Maître d'hôtel tournant - Chef de brigade - Maître d'hôtel banquets - Maître d'hôtel coffee shop
	Serveur de restaurant	- Chef de rang - Demi-chef de rang - Chef d'étage
	Sommelier-caviste	- Sommelier - Chef sommelier – Caviste - Chef caviste
	Agent de service restauration	- Commis de salle - Commis d'étage - Garçon de salle - Fille de salle - Commis de rang - Commis débarrasseur - Commis de room service - Cafetier
	Serveur de débit de boissons	Barman - Chef barman - Aide barman - Premier barman - Serveur de bar - Commis de bar

Sources : tableau confectionné par nous-mêmes à partir de la documentation du CEREQ, de l'OMT, de l'Étude de la stratégie d'aménagement touristique, op. cit et des fiches REM/REC –tourisme, deuxième édition complétée et mise à jour en 2015

Tableau 21. Emplois correspondant aux emplois spécifiques du secteur hôtelier : filière hébergement

Fonction	Intitulé de l'emploi type	Emplois correspondants
Direction hébergement	Directeur d'hébergement	• Directeur d'hébergement • Directeur chambres
Réception	Réceptionnaire	- Chef réceptionniste – Revenu manger – Marketeur-Chef concierge - Deuxième concierge - Directeur de nuit - Responsable de la réservation
	Employé du hall	- Bagagiste – Chasseur - Chasseur-bagagiste - Liftier (garçon d'ascenseur) - Groom
Étage	Gouvernante	- Gouvernante chef - Gouvernante générale - Gouvernante générale adjointe - Gouvernante d'étage - Responsable du ménage et de la lingerie - Buandière
	Lingère	- Chef lingère - Responsable lingère – Lingère – Laveuse – Plieuse - Repasseuse - Couturière
	Employé d'étage	- Femme de chambre - Valet de chambre - Femme de chambre tournante - Valet de chambre tournant

Sources : tableau élaboré par nous-mêmes à partir de la documentation du CEREQ, de l'OMT, de l'Étude de la stratégie d'aménagement touristique, op. cit. et des fiches REM/REC – tourisme, deuxième édition complétée et mise à jour en 2015

Tableau 22. Emplois correspondant aux emplois spécifiques du secteur hôtelier : filière économat

Fonction	**Intitulé de l'emploi type**	**Emplois correspondants**
Contrôle	**Econome**	- Chef économe - Chef contrôleur - Contrôleur de nuit - Économe - Contrôleur nourriture et boisson (F & B) - Contrôleur des recettes

Sources : tableau confectionné par nous-mêmes à partir de la documentation du CEREQ, de l'OMT et de l'Étude de la stratégie d'aménagement touristique, op. cit. et des fiches REM/REC –tourisme, deuxième édition complétée et mise à jour en 2015

Avant de clore ce point, signalons que dans le cadre de la réforme du système de formation visant à remplacer la logique qui prévalait par une logique tournée vers les besoins en compétences des entreprises, le Maroc s'est doté vers la fin des années 2000 de deux outils d'extrême importance (les REM-REC) à la fois pour les opérateurs de la formation et pour les entreprises du secteur tourisme[74]. Ils constituent, en matière de veille sur l'emploi et les besoins en ressources humaines, une référence indispensable pour les entreprises, le système de formation et les opérateurs d'intermédiation sur le marché du travail. Ainsi donc, ils sont d'une grande utilité car ils permettent :

– au système de formation de connaître les modalités d'accès à ces emplois, de définir ou/et adapter les filières de formation, en fonction des exigences du marché du travail ;

– aux entreprises hôtelières de mieux utiliser les potentiels des produits du système de formation pour améliorer les compétences collectives de leurs ressources humaines ;

– aux salariés du secteur de mieux appréhender la diversité des activités, des emplois types et métiers, des parcours et des mobilités professionnels envisageables dans l'entreprise hôtelière. Les caractéristiques, surtout du Répertoire des Emplois et Compétences permettent d'être immédiatement déployé dans différents axes de la gestion des ressources humaines : gestion prévisionnelle des emplois et des compétences, réorganisation du travail, recrutement pertinent, mobilité fonctionnelle, mobilité géographique interne et externe, évaluation, promotion, formation, optimisation du portefeuille de compétences des entreprises hôtelières ;

– aux jeunes cadres, techniciens, et apprentis de choisir en bonne connaissance de cause leurs orientations, de connaître la trajectoire de leur carrière professionnelle et les capacités à acquérir pour occuper successivement les postes de travail leur permettant d'accéder à des emplois correspondant à l'évolution de leurs acquis et de leurs expériences.

L'importance de ces instruments réside dans le fait que leur mise en place donne lieu à plusieurs investigations auprès des responsables de l'entreprise, de la hiérarchie et des titulaires de l'emploi. Ces investigations servent à situer les emplois dans leur environnement et à rendre plus pertinentes les informations recueillies auprès des concernés par l'emploi. Pour ce faire, ces investigations utilisent trois types de questionnaires, que nous présentons ci-après.

Le premier concerne l'entreprise. Il vise à identifier sommairement son activité, son organisation et la structure de ses emplois, et enregistre des informations sur l'évolution des contenus d'emplois et la politique générale de

[74] Ces référentiels sont le fruit d'un vaste chantier entrepris par le Ministère de l'Emploi et la Formation Professionnelle en collaboration avec le Canada et l'Union Européenne pour mettre en œuvre la Charte Nationale d'Éducation et d formation

recrutement. L'objectif recherché par ce questionnaire est d'éclairer les observations proprement dites des situations de travail[75].

Le deuxième concerne le chef hiérarchique du titulaire de l'emploi. Le but est, ici, de situer l'emploi dans le service et dans le processus de production, d'apprécier son degré d'autonomie et d'apporter l'information concernant les conditions de recrutement.

Le troisième s'adresse au titulaire lui-même. L'objet de ce questionnaire est de permettre l'obtention directe d'informations essentielles servant à analyser des situations de travail. Ces informations concernent, d'une manière générale, le contenu de l'activité du titulaire de l'emploi, les conditions de cette activité (situation hiérarchique, autonomie, responsabilité), les caractéristiques personnelles des titulaires (emplois précédents, âge, sexe, formation, conditions d'accès à l'emploi), les conditions de travail (localisation, horaire, caractéristiques physiques, rythme, contraintes).

Malgré leur utilité, ces répertoires demeurent dans le cas du Maroc largement méconnus ou négligés par les entreprises du secteur hôtelier. Par conséquent la gestion de l'emploi et des compétences tant au niveau macro que microéconomique reste aléatoire. Elle nécessite un sérieux changement de paradigme pour qu'elle puisse donner lieu à une observation minutieuse, à une veille constante sur les facteurs liés à l'évolution économique et technologique et une prise en compte constante des impacts de cette dernière sur la gestion des ressources humaines.

En tout état de cause, les études existantes sur l'emploi, objet de notre analyse, ne renseignent pas sérieusement et objectivement sur les modalités réelles d'accès aux emplois touristiques et hôteliers, ni sur les cheminements professionnels qui y mènent. La seule question que ces études abordent, la plupart du temps, est celle de la correspondance entre les emplois types et les filières de formation touristique et hôtelière au Maroc. Or, la question mérite une observation plus profonde, car ladite correspondance n'est pas automatique. En effet, le mode d'accès aux emplois types mentionnés plus haut varie considérablement en fonction de la diversité des politiques de recrutement des entreprises et du caractère évolutif du marché du travail. En conséquence, il n'existe pas un niveau de formation unique objectivement requis, mais un éventail de conditions d'accès qui varient autant en fonction des habitudes et des tensions du marché du travail, de la structure et de l'évolution du système de formation, que du changement du contenu des emplois.

[75] Une situation de travail correspond à l'ensemble des missions, fonctions et tâches qu'un employé doit assurer non seulement dans son emploi, mais en relation avec les autres collègues, les autres emplois et l'entreprise ou l'organisation dans son ensemble. Voir à ce sujet, G. Le Boterf : Compétence et navigation professionnelle, op. cit.

Tableau 23. Correspondance filières de formation – emplois types.

Filière de formation	Emploi type	Niveau formation	Emplois correspondants
Stratégie et management des organisations touristiques- Stratégie et management des opérations hôtelières	Directeur hébergement Directeur restauration	Cadre dirigeant	Directeur d'hébergement Directeur de restauration Directeur F & B
Management opérationnel de l'hôtellerie et la restauration- Management touristique- Gestion Hôtelière	Chef contrôleur Employé de réservation Directeur de salle Responsable night-club	Technicien supérieur Technicien supérieur Technicien supérieur Technicien supérieur	Chef contrôleur Contrôleur F & B Contrôleur recettes Responsable de réservation Directeur de salle Directeur de banquets Assistant direction de salle Responsable night-club Gérant night-club
Accueil–Réception	Réceptionnaire Concierge	Technicien supérieur Technicien supérieur. Technicien moyen	Chef de réception Directeur de nuit Réceptionnaire - Chef concierge - Concierge
Réception	Chasseur Employé de réservation	Qualification Technicien moyen	Chasseur – Bagagiste - Agent de réservation
Etage	Gouvernante Femme de chambre Lingère	Technicien moyen Qualification Qualification	Gouvernante générale Gouvernante Aide-gouvernante Femme de chambre Valet de chambre Chef lingère Lingère Buandière
Cuisine Restaurant	Chef de cuisine Cuisinier Commis de cuisine Maître d'hôtel Barman Chef de rang Serveur de restaurant Caviste	Technicien moyen Technicien moyen Qualification Technicien moyen Technicien moyen Qualification Qualification Technicien Moyen Qualification	Chef de cuisine Sous-chef de cuisine Chef de partie Communard Commis de cuisine Premier maître d'hôtel Maître d'hôtel Assistant maître d'hôtel Barman Chef de rang Demi-chef de rang Commis de rang -Serveur Cafetier Caviste - Sommelier - Commis de bar

Source : Schéma directeur de la formation touristique et hôtelière, op.cit.

En tout état de cause, on peut classer théoriquement les emplois types en trois groupes, en fonction de leurs modalités d'accès :

a. ceux qui nécessitent une expérience professionnelle préalable. Il est possible d'intégrer dans cette catégorie les emplois :

– de cuisinier et de chef-cuisinier, ce dernier étant l'aboutissement de la filière qui débute par commis de cuisine. Le niveau de formation "technicien moyen" ne peut permettre un accès direct à ces deux types d'emplois. Par contre, le niveau "qualification" ouvre un accès direct à l'emploi de commis qui permet, après expérience, d'occuper des postes supérieurs dans la filière cuisine, tels que celui de cuisinier. À signaler aussi que le titulaire de l'emploi de cuisinier, pourra évoluer vers des emplois de chef de partie, de second de cuisine, de chef de cuisine. Quant à l'emploi de chef cuisinier, il peut évoluer vers l'emploi de responsable de restauration ;

– de maître d'hôtel, qui conduit dans un premier temps à être responsable de restauration, et dans un deuxième temps directeur de restauration. L'accès à ce genre d'emplois à la sortie de l'appareil de formation avec un niveau de "technicien moyen" n'est pas automatique. L'expérience comme agent de service restauration, ou serveur de débit de boissons, ou serveur de restaurant, est nécessaire pour accéder à l'emploi de maître d'hôtel, et ensuite aux emplois supérieurs, à savoir responsable de restauration et directeur de restauration. Ce dernier poste peut être occupé par un lauréat ayant suivi successivement la formation de technicien moyen et celle de technicien supérieur mais après une expérience professionnelle comme adjoint du directeur de restauration ;

– de barman qui exige lui aussi, une expérience dans le service en salle peut évoluer vers l'emploi de chef barman, puis Directeur des bars dans les grandes structures ;

– de responsable d'hébergement : l'accès direct à la sortie de l'appareil de formation n'est pas automatique. Cet emploi exige d'abord une expérience professionnelle confirmée, aux différents niveaux de responsabilités du département hébergement. Ensuite, il donne lieu à une évolution vers l'emploi de Directeur ou Gérant d'hôtel ;

– de Revenue Manager : l'accès à cet emploi exige à la fois un diplôme de formation supérieur en management hôtelier et une expérience confirmée en marketing hôtelier et touristique. Après une expérience confirmée dans le métier, il peut donner lieu à une évolution vers des postes tels que directeur marketing, directeur d'hébergement, et, à plus long terme, directeur d'hôtel ;

– de gouvernante, où une expérience comme aide-gouvernante ou employée d'étage est à la base de la mobilité verticale dans la filière d'étage. Par conséquent, l'accès direct à partir du niveau de technicien moyen n'est nullement automatique. L'exercice de cet emploi peut donner lieu à une évolution vers l'emploi de gouvernante générale ;

– de sommelier-caviste, qui nécessite à la fois une expérience du service de salle et des connaissances en œnologie. Cette expérience ne peut être acquise qu'une fois en situation de travail réelle et ne peut être le résultat d'une formation théorique de technicien moyen ;

– d'économe, qui nécessite une expérience dans des postes tels qu'aide-contrôleur, contrôleur de bons... La formation en tant que technicien supérieur ne peut donner accès à ce type d'emplois qu'après une expérience professionnelle permettant de mieux cerner l'environnement ainsi que les activités rattachées à cet emploi type.

Il convient cependant de signaler que si l'expérience est ici nécessaire, la formation est considérée comme un accélérateur du rythme de la mobilité verticale d'un emploi de base à un emploi supérieur. Autrement dit, la formation et l'expérience permettent d'accélérer le processus du cheminement professionnel par filière d'activités, et favorisent la promotion de personnes disposant de qualités personnelles permettant l'exercice des métiers de l'hôtellerie. Dans cette optique, la formation en alternance peut être à la base de l'occupation d'emplois demandant une expérience professionnelle.

b. Les emplois types auxquels on peut accéder dès la sortie de l'appareil de formation. On peut classer dans cette catégorie les emplois de :

– commis de cuisine et de serveur de restaurant, accessibles avec un niveau de diplôme "qualification" ;

– réceptionnaire, dont l'accès est ouvert au titulaire du diplôme de technicien supérieur. En même temps, ce type d'emploi constitue une promotion possible pour les employés du hall. Il donne aussi, après expérience, la possibilité à ceux qui l'occupent d'accéder à des postes permettant une mobilité verticale vers des emplois spécialisés comme le night-audit ou dans le domaine de la réservation ou la commercialisation en tant que revenu manager. L'expérience peut également permettre aux titulaires de ces postes d'évoluer vers le rôle de directeur d'hébergement voire même directeur.

c. Les emplois types dont l'accès ne nécessite ni formation professionnelle, ni expérience préalable, l'adaptation à l'emploi se faisant sur le tas. Il s'agit des postes :

– d'employé d'étage et d'employé de hall qui après expérience dans le métier de femme de chambre pour le premier cas, et d'employé de hall pour le second, permettent aux titulaires d'évoluer respectivement vers des postes d'assistante de gouvernante d'étage, de chef bagagiste, d'assistant concierge puis concierge d'hôtel ;

– d'agent de service aux cuisines : argentier, garçon d'office, plongeur, aide de cuisine ;

– d'agent de service de restauration et de serveur de débit de boissons. Une mobilité peut exister entre ces emplois et celui de serveur de restaurant ;

– d'employé d'étage, d'employé de hall : bagagiste, voiturier, groom, chasseur, liftier ;

Enfin, l'accès à l'emploi type de directeur d'hôtel dans les entreprises structurées est souvent l'aboutissement d'une formation hôtelière conjuguée à une grande expérience dans les services d'exploitation, à savoir l'hébergement et la restauration. La connaissance du marché touristique, la maîtrise des techniques et procédures de gestion hôtelière, et une parfaite connaissance des systèmes informatiques de gestion et de commercialisation hôtelière sont des compétences clefs pour accéder à cet emploi. En sus, l'adaptabilité, le goût pour la mobilité et la qualité, un leadership fondé sur l'efficacité, l'écoute et la capacité de communiquer, le respect du client et l'esprit d'équipe, sont des comportements et des valeurs qui constituent un support essentiel à la promotion professionnelle vers cet emploi type. Les observations, les entretiens et les enquêtes que nous avons effectués sur le terrain confirment cette tendance à la fois pour les lauréats de l'Institut supérieur international du tourisme et ceux des écoles hôtelières qui ont pu confirmer leurs talents dans les activités de la restauration et de l'hébergement. Il est aussi rare que cet emploi soit occupé par des profils issus de filières autres que les filières hébergement et restauration.

À partir de là, on peut schématiser les modes d'accès et les cheminements professionnels dans l'hôtellerie comme suit :

Graphique 9. Mode d'accès et cheminement professionnel dans la filière hébergement.

Graphique 10. Modes d'accès et cheminements professionnels dans la filière cuisine.

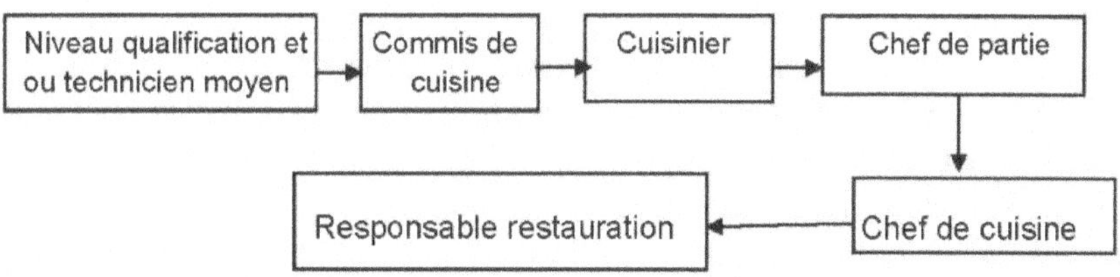

[76] La confusion, dans les programmes pédagogiques et les techniques d'apprentissage, ne permet pas de distinguer nettement les profils des lauréats formés par les centres de qualification et de ceux formés par les instituts de technologie touristique et hôtelière (écoles hôtelières).

Graphique 11. Mode d'accès et cheminements professionnels dans la filière salle de restauration

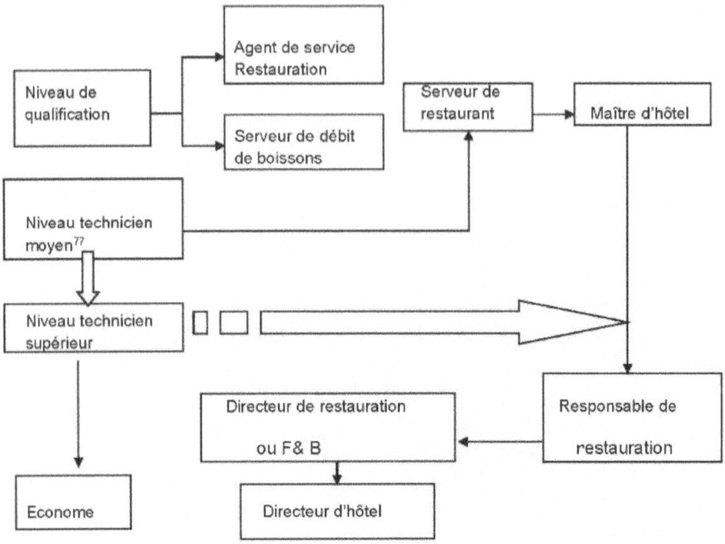

III- Enjeux du management des compétences

Se doter d'outils évoqués plus haut, est une entrée en matière à la fois pour que les entreprises puissent identifier leurs besoins en compétences et pour que le système de formation soit en mesure d'y répondre. Cependant, dans notre cas d'espèce, les entreprises touristiques et hôtelières n'ont pas encore pleinement intégré dans leurs modèles économiques l'enjeu que représente le management des compétences. En effet, la faiblesse de ce dernier constitue un handicap majeur au développement, à la capitalisation de compétences et par ricochet à l'amélioration de la compétitivité du secteur.

Pour pallier ce handicap, l'investissement dans les ressources humaines devient, dans les temps qui courent, nécessairement stratégique. En effet, l'hôtellerie est une activité faite pour les hommes, par les hommes, raison pour

[77] L'accès, par voie de concours, des lauréats ayant le niveau de technicien moyen à la formation de technicien supérieur favorise l'occupation de postes de travail tels que responsable de restauration adjoint, adjoint du responsable de salle, adjoint du responsable des banquets, des postes conduisant successivement aux emplois types de responsable de restauration et de directeur de restauration. La connaissance technique acquise par ces lauréats dans les instituts de technologie hôtelière et touristique, conjuguée avec les acquis en gestion dans le cycle supérieur, les prédisposent à accéder aux emplois de responsabilité dans la filière restauration et cuisine.

laquelle la dimension humaine y est aussi déterminante que les autres ressources tangibles dont disposent les organisations hôtelières. Cette nature spécifique à l'activité hôtelière conditionne l'amélioration des performances du secteur hôtelier et, par conséquent, son industrialisation ainsi que l'accroissement des compétences du facteur humain.

Par ailleurs, dans tout secteur et dans toute branche économique, il existe aujourd'hui une corrélation logique et très forte entre compétitivité, niveau d'investissement immatériel et avantages compétitifs liés à l'utilité de la compétence des ressources humaines. Cette relation entre compétitivité et compétence confère au management des compétences une dimension nouvelle et stratégique. Dans le domaine de l'hôtellerie, les enjeux stratégiques apparaissent à un double niveau : économique et managérial.

1- Les enjeux économiques

Trois facteurs au moins expliquent le caractère stratégique des enjeux du management des compétences : le mouvement des capitaux, l'accroissement de la valeur ajoutée de l'économie et la croissance de l'emploi.

En effet, parmi les facteurs qui amènent les chaînes hôtelières mondiales à s'implanter à l'étranger, il y a d'abord les compétences et les qualifications, ensuite le potentiel du marché, les avantages fiscaux et enfin la qualité des infrastructures des pays d'accueil. À ce sujet, Les objectifs que le Maroc s'est fixés dans le cadre de la vision 2000 et de celle de 2010 s'inscrivent dans une logique de réconciliation du tourisme marocain et des entreprises privées nationales et internationales. Cette réconciliation va se concrétiser par des conventions portant, dès les années 2000, sur la création de stations mobilisaient une multitude d'acteurs privés internationaux (tableau ci-après), à qui tous les moyens allaient être donnés pour que les projets se réalisent. Les engagements de l'État étaient ceux définis dans les différents chantiers (l'indispensable libéralisation du transport aérien notamment) et ceux inclus dans les conventions (la construction d'infrastructures hors site par exemple). Ils prenaient également la forme de mesures incitatives censées convaincre les opérateurs étrangers d'investir massivement. Les groupes touristiques ayant investi au-delà d'un seuil minimum de 200 millions de dirhams ont réalisé leurs projets dans le cadre de « conventions d'investissement » avec l'État. Le « régime conventionnel » auquel ils ont accédé comportait de nombreuses incitations à l'investissement : exonération des droits d'importation pour les biens d'équipement touristique, exonération pendant cinq ans de l'impôt sur le chiffre d'affaires réalisé en devises, etc. Il accordait par ailleurs d'importants avantages fonciers : cession de terrains bruts à des prix compétitifs (50 % maximum du prix de revient) et réalisation par l'État des infrastructures hors site (tableau ci-après). En échange de ces appuis, l'investisseur touristique devait s'engager à créer un nombre minimum prédéfini d'emplois locaux, à réaliser l'ensemble des infrastructures prévues dans les projets, à assurer la commercialisation et la promotion des biens, et à respecter un certain nombre de critères d'exploitation (environnementaux notamment).

Si l'on ajoute à ces dispositions les autres avantages concédés par la charte de l'investissement aux aménageurs-développeurs, comme par exemple le régime de convertibilité, qui garantit aux entreprises étrangères ayant réalisées des investissements en devises « l'entière liberté pour le transfert des bénéfices et le transfert du produit de cession ou de liquidation totale ou partielle de l'investissement, y compris les plus-values », on constate que les conditions d'accueil des firmes étrangères étaient pour le moins généreuses. Quoi qu'il en soit la teneur, ces incitations ont eu pour effet de priver l'Etat marocain d'un certain nombre de recettes au développement du secteur, tant sur le plan foncier que sur le plan de la construction et de l'exploitation des établissements, où les exonérations d'impôts étaient engagées à long terme. En claire, il était dés le départ entendu que les firmes touristiques et les sociétés d'investissements étrangères ne contribueraient pas au développement du Maroc par la voie de la fiscalisation.

Régime général	**Régime conventionnel**
• Exonération des droits d'importation pour tous les biens d'équipement nécessaires pour la promotion et le développement du projet. • Exonération de la TVA sur les biens d'équipement, matériels et outillages acquis au Maroc pendant une durée de 24 mois à compter de la date du début d'activité de la société. • Exonération de la TVA à l'importation pour une durée de 36 mois pour les biens d'équipement matériels et outillages acquis à l'importation • Exonération totale de l'impôt sur les sociétés pour le montant du chiffre d'affaires réalisé en devises, pour une période de 5 ans après la première opération d'hébergement effectuée en devises. Réduction 17,5 % au-delà de cette période. • Exonération totale de l'impôt sur le revenu pour le montant du chiffre d'affaires réalisé en devis par les entreprises hôtelières pendant 5 ans. Réduction De 50%au-delà de cette période. • Régime de convertibilité garantissant l'entière liberté de transfert des bénéfices nets d'impôts sans limitation de montant, ni de durée, ainsi que le transfert du produit de cession ou de liquidation total ou partielle des investissements y compris les plus-values	• Avantages du régime général + • Prise en charge des aménagements hors site. • Cessions foncières à bas coûts. • Avantages additionnels en fonction des projets

Il n'en reste pas moins que la décision des chaînes et tours operators d'aller s'implanter et capturer des "rentes" dans d'autres pays, est de plus en plus motivée par la présence et la disponibilité de ressources intangibles de qualité, à savoir : le savoir et le savoir-faire des ressources humaines et des acteurs de la chaîne touristique : décideurs politiques et économiques, promoteurs... Par conséquent, sans une amélioration à terme, des compétences de manière globale (individuelles, collectives, organisationnelles, stratégiques et politiques), les efforts, sous forme de coûts, réalisés par les pouvoirs publiques risquent de ne pas générer les résultats escomptés et de ne pas avoir d'incidences significatives, tant sur le développent de partenariats avec les groupes hôtelier que sur la durée de leur implantation au Maroc.

> Selon la théorie des ressources, une ressource est définie comme un ensemble d'actifs tangibles (physiques) et intangibles (immatériels). Le premier ensemble représente ce que l'entreprise possède. Le 2e représente ce que l'entreprise sait faire.
> Parmi les ressources intangibles, on peut distinguer celles qui sont classées comme des actifs (invention, brevet, image de marque, contrat, secret du marché...) et celles qui sont répertoriées comme des compétences (savoir-faire des employés, des distributeurs, des fournisseurs, attitudes collectives, culture de l'organisation, etc.).
> Les compétences sont considérées comme des ressources spécifiques et particulièrement intangibles (par opposition aux ressources tangibles), propres à l'entreprise. Elles procurent à cette dernière un avantage compétitif soutenable dans le temps.
> Voir C. Dejoux : Les compétences au cœur de l'entreprise, op. cit.

Le deuxième facteur est relatif à la relation dialectique existant entre l'accroissement de la valeur ajoutée de l'économie et la compétence. En effet, pour augmenter leur productivité, améliorer leur compétitivité et conquérir de nouveaux espaces de développement dans un marché touristique potentiellement global, les entreprises hôtelières marocaines devraient promouvoir la qualité, reconfigurer leurs organisations, repenser leur management et leur gestion des ressources humaines. Elles devraient aussi trouver et mettre en place de nouvelles manières d'exercer les métiers de l'hôtellerie avec professionnalisme, chasser les surcoûts et les coûts cachés, développer les potentiels de leurs ressources humaines... Telle est la clef de la réussite qui favorise la création de valeurs pour l'entreprise, les promoteurs, les clients, les ressources humaines, l'Etat et la société globale.

Quant à la croissance de l'emploi, elle est elle aussi intimement liée à la compétence. En effet, l'emploi se crée dans des lieux et dans des secteurs où il pourra être effectué de manière professionnelle, rentable, et où il générera de la valeur. Cette efficacité et ce professionnalisme constituent un attrait de plus en plus apprécié dans le processus d'implantation des chaînes hôtelières internationales, et un stimulant de taille pour l'accroissement des investissements étrangers et nationaux. La croissance de l'emploi est plus forte, positive et soutenue si le marché du travail est un marché de compétences. En somme, ce fait impose :

– au Maroc de faire du développement du capital humain le fer de lance servant à capter les investissements étrangers et à encourager les investisseurs nationaux ;

– au secteur hôtelier de se doter de compétences, de les capitaliser de manière à en tirer profit pour accéder à un marché touristique potentiellement global et pour évoluer vers un système productif fondé sur les impératifs de la concurrence et les exigences de la qualité, d'une part, et sur le développement d'une culture d'entreprise tournée vers le progrès et le plein emploi des intelligences, d'autre part ;

– aux entreprises hôtelières d'investir dans les ressources humaines afin d'augmenter les niveaux de qualification de leur personnel et de développer leurs potentiels. La raison d'être de cet investissement découle de l'avantage concurrentiel que représente l'optimisation des intelligences des organisations hôtelières. Ainsi, l'augmentation générale des niveaux de formation et de compétence des salariés du secteur devrait faire l'objet d'une priorité stratégique. C'est un impératif qui permet la convergence des intérêts individuels et des besoins économiques tant au niveau micro-économique (atout déterminant dans le jeu concurrentiel) que macroéconomique (croissance de l'emploi, employabilité...).

2- Les enjeux d'ordre managérial

Les enjeux à caractère managérial peuvent être situés à deux niveaux. Le premier concerne la configuration des structures des entreprises hôtelières et leur méthode d'exploitation. Le deuxième est relatif au management des ressources humaines. Les deux niveaux interpellent en fait tout le système productif des entreprises du secteur.

A- Au plan de la transformation des structures et des méthodes d'exploitation

Il est à signaler d'abord que parallèlement à l'affaiblissement de la compétitivité-prix, la compétitivité structurelle a été totalement négligée. Les établissements hôteliers qui avaient pu, sans grand effort en matière d'innovation, de marketing et de management, satisfaire la demande des années 60-70 car elle était spontanée et limitée, se sont trouvés à partir du milieu des années 80 progressivement dépassés par la concurrence et faibles face à un marché en expansion et plus difficile à pénétrer. En effet, la compétitivité définie comme la capacité d'un secteur à conquérir des parts de marché en affrontant la concurrence, exige d'allier la compétitivité-prix à la compétitivité structurelle. Cette dernière dépend surtout de facteurs qualitatifs tant au niveau des stratégies, de la gestion des structures, des dimensions organisationnelles du secteur, du management, de l'adaptabilité de l'offre à la demande mondiale, que de la qualité des produits et de la formation.

Force est de constater que le tourisme en général, et en particulier l'hôtellerie marocaine, accusent un retard important quant à l'industrialisation de leur structure et de leur organisation. Eu égard à la mondialisation et à l'ouverture de l'économie, le gain de productivité et l'amélioration de la compétitivité du secteur ne peuvent se faire que dans le cas où l'hôtellerie est hissée au rang d'industrie à part entière. Cela exige un changement dans les mentalités et dans les états d'esprit, de même que dans les méthodes d'exploitation qui affectent les stratégies et dans les politiques des entreprises touristiques et hôtelières. C'est cette reconfiguration de la gestion des structures et de l'organisation qui permettrait de répondre aux exigences d'un marché touristique global et de développer un leadership parmi les concurrents directs et éventuels du Maroc.

À défaut d'un management visionnaire, d'une stratégie intégrant et anticipant sur toutes les données de l'environnement du système touristique à la fois au niveau externe et interne, et en l'absence d'une reconfiguration structurelle et organisationnelle de l'hôtellerie marocaine, le différentiel de compétitivité va se creuser avec les pays concurrents, plus dynamiques, grâce à leurs infrastructures "nouvelle génération" et à l'adaptation anticipée de leur secteur aux exigences du marché.

Pour gagner le pari du développement du tourisme et d'en faire un secteur à effet d'entrainement sur la croissance économique et l'emploi, il est impératif de développer un nouveau système, cohérent, de gestion des compétences, centré sur les enjeux de la globalisation. À ce sujet, l'hôtellerie marocaine telle qu'elle est structurée et exploitée, ne peut faire face, à elle seule, à une internationalisation accélérée de l'activité touristique et hôtelière. Elle ne peut relever les défis de la performance et de la compétitivité que si elle intègre dans la logique de son fonctionnement des modes de croissance soutenus par des stratégies d'alliances avec des partenaires leaders sur le marché touristique à l'échelle internationale. Dans cette perspective, les efforts des pouvoirs publics ainsi que les tendances nouvelles, caractérisées par : l'attrait d'investissements étrangers, l'aménagement de plusieurs localités touristiques pour consolider le tourisme balnéaire et promouvoir le tourisme culturel, les partenariats entre opérateurs nationaux et chaînes internationales, pourraient, s'ils se confirment :

– donner lieu à l'organisation des entreprises hôtelières en réseaux pouvant améliorer la compétitivité et la création de valeur grâce à ce que l'on appelle des « rentes relationnelles » et une stratégie « gagnant-gagnant »[78] ;

---

[78] Voir M. Moufid : Stratégie de réseaux entre partenaires, levier de compétitivité et de création de valeurs dans le secteur touristique, Séminaire sur le thème : Accompagnement des promoteurs touristiques et développement des compétences locales et régionales, organisé par l'Institut spécialisé de technologie appliquée hôtelière et touristique d'Agadir le 08/06/2001. Communication inédite.

– constituer une carte importante pour la crédibilité de la destination marocaine à l'étranger ;

– ramener de l'expertise en matière de gestion et d'intégration du Maroc dans les circuits de distribution internationaux ;

– être une réponse pour accroître les chances du Maroc en matière de professionnalisation de son hôtellerie et du développement de ses compétences sur le plan structurel, organisationnel, technologique, managérial et humain ;

– être un moyen d'entrer dans une dynamique de progrès et d'industrialisation de son hôtellerie par le biais de l'effet de réseaux.

Quelles que soient les stratégies d'alliances retenues par les entreprises hôtelières, ces dernières doivent chercher à s'adapter aux conditions du nouvel environnement touristique international, en optant pour une perspective globale dans leur perception du marché et son fonctionnement interne. Pour ce faire, elles doivent repenser le modèle d'organisation actuel, devenu obsolète, et mettre en place des structures organisationnelles plus qualifiantes. Elles doivent, par la même occasion, se concentrer sur le client tant externe qu'interne en développant des efforts à son égard et une "servicialisation" à forte valeur ajoutée. Face à un touriste de plus en plus exigeant et dont les comportements et les attentes se complexifient davantage, l'hôtellerie marocaine ne peut offrir n'importe quelle prestation de service, n'importe quelle qualité et à n'importe quel prix. Elle risque de voir décliner son activité et de perdre ses parts de marché, surtout que la clientèle touristique veut des prestations de qualité et des réponses appropriées à ses besoins aussi spécifiques que bien définis et circonscrits. Dans cette situation où "le client est roi", l'hôtellerie marocaine est appelée à s'adapter, pour survivre en améliorant sa compétitivité prioritairement sur le terrain de la qualité, à développer ses capacités organisationnelles d'apprentissage et à accroître quantitativement et qualitativement son stock de compétences. En fait, l'exigence de l'éclosion d'un nouveau professionnalisme est un impératif pour la satisfaction d'une clientèle attentive à une offre constamment renouvelée.

En somme, on peut penser que les entreprises hôtelières qui sauront adopter des stratégies d'adaptation de leurs structures et de leurs méthodes de travail, en mettant au point les méthodes d'exploitation et de gestion les plus performantes, seront les organisations performantes et gagnantes de demain. C'est ainsi : l'avenir de ces entreprises et celui du secteur est suspendu à sa capacité d'innovation économique, certes, mais aussi d'innovation managériale et sociale. C'est là que résident les fondements de l'éclosion d'une stratégie différente, différenciée et créatrice de valeur pour l'ensemble des acteurs impliqués dans le secteur de l'hôtellerie.

B- Au niveau de la gestion des ressources humaines

Les enjeux du management des compétences en hôtellerie ne se limitent pas à la nécessité de moderniser les structures et l'organisation des entreprises du secteur, encore y faudrait-il l'émergence de leaders porteurs de projets fédérateurs qui stimuleraient le plein-emploi des intelligences humaines, la mobilisation et la responsabilisation des ressources humaines, ainsi que leur reconnaissance comme acteurs stratégiques dans le processus de création de valeur. En effet, l'accroissement de leur compétitivité, le développement de leurs leaderships dans l'industrie hôtelière, sont conditionnés par la capacité du secteur à promouvoir et à acquérir une véritable culture d'entreprise adaptée à notre époque. Cette culture doit valoriser l'Homme en tant que ferment du progrès de notre économie touristique et de notre société. Cette notion de l'homme acteur stratégique est à la fois, selon Xavier Baron, "éthique", sociologique et "technique"1. Elle définit la conception de l'homme que l'on veut privilégier. Par conséquent, il ne peut y avoir de gestion de compétences au sens moderne du terme, sans la reconnaissance de la dimension « d'acteur stratégique et identitaire » du salarié. Toute contradiction et tout décalage entre les intentions profondes, le discours des décideurs et la pratique de gestion sur le terrain, condamnent le secteur à rester dans l'optique où les salariés sont considérés comme un facteur de production, ou des ayants droit, ou un centre de coûts.

Tableau 24. Gestion de l'emploi et des compétences et gestion des ressources humaines

	Gestion de l'organisation	Gestion administrative	Gestion financière	**Gestion du** personnel	Gestion de L'emploi et des compétences
Conception dominante de l'homme au travail	L'homme est un facteur de production « une main »	Les salariés sont des ayants droit	Les hommes sont un centre de coût	Les hommes sont des personnes	Les hommes sont des acteurs stratégiques et identitaires
Conception et modes de **segmentation**	Le " poste" comme ensemble de tâches, de temps et de mouvements élémentaires	Les individus contractant des statuts	Les postes budgétaires	Les potentiels, les attentes et les aspirations	L'emploi type, les familles professionnelles
Objet principal de la **Gestion**	Optimisation des temps et des mouvements	Les droits par statuts, grades et catégories	Les fonctions, sections et lignes budgétaires	Les carrières par la gestion des rétributions	Les compétences actuelles et futures
Objectifs principaux et Moyens	Productivité et amélioration de conditions de travail	La conformité avec les obligations légales et contractuelles	Rentabilisa-tion des moyens engagés	Intégrer et motiver le personnel	Optimiser la mise en œuvre des moyens d'adaptation
Méthodes d'analyses Associées	Analyses du travail, suites logiques, gammes...	Consolidations informatiques, bases de données	Comptabilité analytique	Évaluation des postes, repérage des potentiels	Analyses qualitatives et prospectives des emplois types

Source : Xavier Baron.

À ce sujet, dans son ouvrage "Compétence et navigation professionnelle", G. Le Boterf met en évidence les deux modèles de compétences ainsi que la conception de l'homme qui anime chacun d'eux1 :

Graphique 12. Les deux modèles de compétences

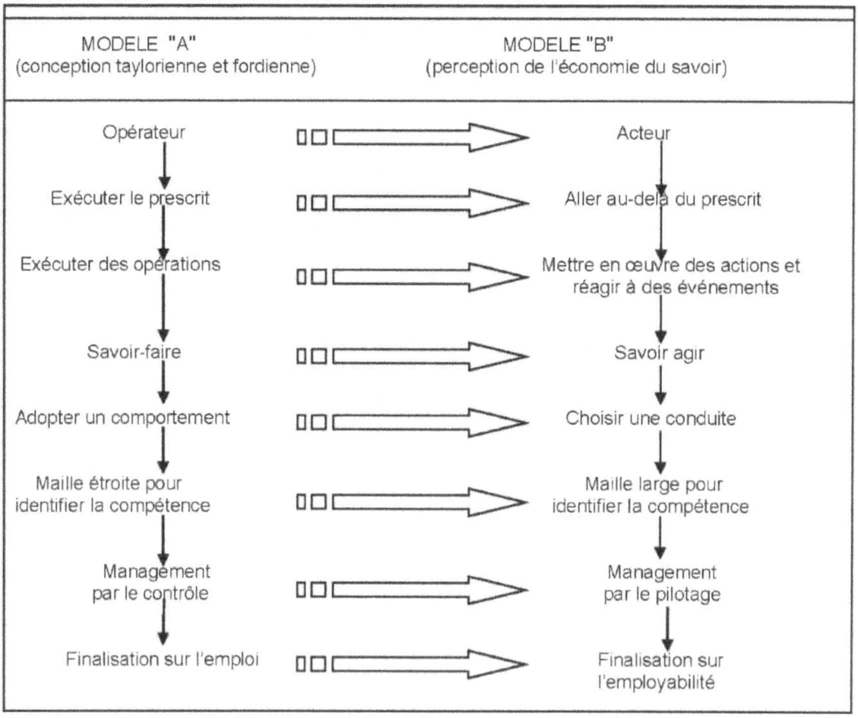

Source : G. Le Boterf

Selon cet auteur, dans le modèle "A", hérité des conceptions tayloriennes et fordiennes :

– le sujet est considéré comme un simple opérateur ;

– la compétence de ce sujet se limite à l'exécution d'opérations prescrites ;

– la compétence est conçue comme un savoir-faire parcellisé et descriptible en termes de comportement attendu et observable ;

– la compétence fait l'objet d'un management par le contrôle.

Dans le modèle B, le sujet est considéré davantage comme un acteur que comme un opérateur. De par son professionnalisme, cet acteur est en mesure de gérer des situations professionnelles complexes. Le management que sous-entend ce modèle est un management par le pilotage, qui cherche à développer les compétences des acteurs. Le tableau 25 résume les principales caractéristiques attendues de l'acteur.

Tableau 25. Le profil du professionnel

Le professionnel : celui qui sait gérer une situation professionnelle complexe	Savoir agir et réagir avec pertinence	- savoir quoi faire ; - savoir aller au-delà du prescrit ; - savoir choisir dans l'urgence ; - savoir arbitrer, négocier, trancher ; - savoir enchaîner des actions selon une finalité.
	Savoir combiner des ressources et les mobiliser dans un contexte	- savoir construire des compétences à partir des ressources ; - savoir tirer parti non seulement de ses ressources incorporées (savoirs, savoir-faire, qualités...) mais aussi des ressources de son environnement.
	Savoir transposer	- savoir mémoriser de multiples situations et solutions types ; - savoir prendre du recul, fonctionner "en double piste" ; - savoir utiliser ses méta-connaissances pour modéliser ; - savoir repérer et interpréter des indicateurs de contexte ; - savoir créer des conditions de transposabilité à l'aide de schèmes transférables.
	Savoir apprendre et apprendre à apprendre	- savoir tirer les leçons de l'expérience ; savoir transformer son action en expérience ; - savoir décrire comment on apprend ; - savoir fonctionner en double boucle d'apprentissage.
	Savoir s'engager	- savoir engager sa subjectivité ; - savoir prendre des risques ; - savoir entreprendre ; - posséder une éthique professionnelle.

Il découle de ces éléments que la compétitivité et la performance de l'hôtellerie marocaine devraient être recherchées par les entreprises hôtelières à travers l'implication des ressources humaines dans l'acte de gestion des compétences. Selon Bernard Galambaud, « pour un salarié, devenir un acteur c'est acquérir des espaces d'initiatives. Devenir acteur, pour un salarié, c'est sortir d'une situation de travail essentiellement prescrite produite par autrui (les experts, la direction) pour entrer dans une situation dont il est lui-même, au moins en partie, producteur. Plus un salarié est un acteur, plus il devient producteur de sa situation de travail »[79].

Cette notion d'acteur stratégique devrait être également au cœur du système de formation touristique et hôtelière. L'amélioration de ce système pour renforcer la portabilité des compétences sur le marché de l'emploi nécessite en effet un recentrage sur les apprenants. Ces derniers devraient être considérés comme les principaux acteurs de l'apprentissage et la formation devrait s'inscrire dans un contexte porteur de signification pour eux. Le plein-emploi des intelligences est donc à rechercher à travers l'intégration du concept de compétence au sein du dispositif de formation. Le tableau ci-dessous relève les finalités de l'approche par compétences qui devrait se substituer indéniablement à l'approche traditionnelle encore dominante dans le dispositif de formation touristique et hôtelière.

Tableau 26. Différences des approches pédagogiques

Approche traditionnelle	Approche par compétences
Rôle du formateur : central - transmettre la connaissance - sauveur de l'apprenant en difficulté	**Rôle du formateur : instrumental** - guide dans l'apprentissage de l'apprenant - observateur de la façon dont l'apprenant apprend. - créateur de situations pédagogiques suscitant la curiosité, le goût de la découverte, la réflexion
Rôle de l'apprenant : secondaire - récepteur de connaissance	**Rôle de l'apprenant : principal** constructeur de sa connaissance pour atteindre les compétences
Cette approche : - fait appel à des objectifs généraux, intermédiaires et spécifiques - est centrée sur le contenu.	Cette approche : - fait appel à des objectifs terminaux est axée sur des activités d'apprentissage

Source : tableau confectionné par nous même

[79] B. Galambaud : Les pratiques de mobilisation dans l'entreprise, in Cahiers français, Edition La Documentation française, N° 262, Paris 1993, p. 58.

En somme, face aux mutations de l'hôtellerie à l'échelon international, à la mondialisation de la concurrence et à la professionnalisation de la main-d'œuvre qui s'ensuit, la gestion des ressources humaines dans l'hôtellerie marocaine ne pourrait plus se contenter de l'approche économique de la gestion du facteur humain. La seule recherche de l'adéquation entre la demande et l'offre de travail devient insuffisante. Les compétences sont rares, même en période de chômage important et de développement des formations. C'est en plaçant l'homme comme acteur et non plus comme sujet que la gestion des ressources humaines dans le secteur de l'hôtellerie pourrait franchir un stade essentiel de valorisation des compétences en tant que ferment du progrès social. Les caractéristiques de l'hôtellerie en font une activité intimement liée au niveau des compétences et du professionnalisme du personnel, et ce malgré l'importance des investissements, essentiellement consacrés à l'immobilier et à l'équipement. Ainsi, face à une complexité économique et technologique mouvante, les ressources humaines, en tant que porteuses de compétences, constituent des acteurs stratégiques qui conditionneront l'amélioration de la compétitivité des entreprises hôtelières et la performance globale du secteur.

Aussi, dans le domaine de la formation hôtelière, le positionnement de l'apprenant comme acteur de son apprentissage doit-il être porteur de construction, d'acquisition de compétences en adéquation avec la réalité du secteur. Mettre les apprenants au centre du système de formation permet de remédier au déficit de qualification et facilite à terme la montée en compétence du secteur. Cette logique permet également de diminuer le risque de gaspillage des ressources humaines, de promouvoir des conduites humaines plus autonomes et responsables, ainsi que d'acquérir à terme une véritable culture d'entreprise adaptée à l'état actuel et futur de l'industrie hôtelière.

Pour conclure, l'approche que nous avons développée et son application à l'hôtellerie nous semblent une nécessité pour le développement d'une veille sur l'emploi, les qualifications et les compétences. Ses fondements et les objectifs qu'elle se donne permettent une visibilité des décisions à prendre pour une meilleure adaptation des ressources humaines aux besoins évolutifs du secteur de l'hôtellerie. L'intérêt de cette approche, nous semble-t-il, n'est pas seulement de tirer les conséquences sociales des stratégies des entreprises hôtelières et de la politique sectorielle, voire d'examiner la faisabilité sociale de ces dernières, mais bien plus encore d'augmenter l'employabilité des personnes, d'assurer la montée en compétences, d'améliorer l'insertion des jeunes et de permettre l'adaptabilité aux changements organisationnels et technologiques en temps réel...

Au moins deux raisons principales justifient le recours à cette approche. Il s'agit de :

– la relative inertie du système social de l'organisation et celle du système de formation. Avec les mutations économiques et technologiques, le modelage de ces systèmes et leur articulation ne sont pas faciles. Le management des compétences constitue l'un des moyens qui facilitent l'identification des facteurs d'évolution et leurs conséquences sur le contenu de l'emploi, les qualifications et les compétences, ainsi que la prévision des ajustements synergiques de l'appareil de formation et du système productif hôtelier ;

– la flexibilité et l'adaptabilité des ressources humaines, qui sont devenues une condition incontournable pour augmenter la réactivité du système productif et de l'appareil de formation. Ces deux systèmes ont besoin de s'ajuster en permanence à une complexité socioéconomique mouvante, si le Maroc veut améliorer la compétitivité de l'hôtellerie et du tourisme et en faire un moteur de développement économique et social. Par conséquent, le management des compétences s'impose comme le moyen le plus adapté à la nature actuelle de l'environnement interne et externe des entreprises hôtelières, et comme le noyau dur de la gestion des deux systèmes précités dont l'adaptabilité devient un enjeu stratégique tant pour développer la portabilité entre le système de formation hôtelière et le système productif hôtelier que pour l'accès du secteur à un réel avantage compétitif favorisant la multiplication des effets d'entraînement sur le développement du pays.

CHAPITRE III.

Analyse de la structure de l'emploi hôtelier

L'analyse de l'emploi dans le secteur touristique et hôtelier au Maroc revêt, dans le contexte de la mondialisation de l'économie, une importance fondamentale. Mais si le tourisme est connu pour ses incidences économiques (effets d'entraînement exercés sur les autres branches de l'économie, transfert de technologie, aménagement du territoire) et sociales (source d'emplois, de revenus, de formation), il reste que la création d'emplois, précisément, dépend étroitement de la compétitivité du secteur et de son dynamisme au niveau du marché touristique international.

Or, si le dynamisme et l'amélioration de la compétitivité de ce secteur nécessitent la mise en place de mesures d'ordre économique, technique et financier, il n'en est pas moins vrai qu'actuellement le développement du niveau d'encadrement et l'amélioration des qualifications de ses ressources humaines prennent une place de plus en plus stratégique.

L'analyse qui suit se propose d'examiner la situation de l'emploi et des qualifications afin de déceler les tendances saillantes en matière de besoins en compétences et en encadrement du secteur. Une fois les déséquilibres déterminés, nous proposerons un modèle de redéploiement des ressources humaines en service actuellement dans l'hôtellerie. L'objectif de cette tentative est de démontrer qu'il est possible de minimiser le risque du déséquilibre des ressources humaines et des besoins en personnel moyennant un investissement dans la formation de la main-d'œuvre existante.

I- Situation de l'emploi et des ressources humaines

Le tourisme, et en particulier l'hôtellerie, est un véritable réservoir de création d'emplois. Au-delà de cette affirmation, l'explication de la situation de l'emploi et de la structure qui en découle revêt une très grande importance tant au niveau micro-économique que macro-économique, et ce pour les raisons suivantes :

– l'évolution du secteur exige de plus en plus des entreprises opérant dans ces domaines, de se doter en temps voulu d'un personnel ayant les qualifications, expériences, compétences et aptitudes nécessaires pour répondre aux exigences du marché touristique international, aux besoins et aux motivations d'une clientèle en perpétuel changement. De ce fait, la demande de qualification devrait s'orienter vers les caractéristiques principales du secteur : diversité, dynamisme et adaptation ;

– l'amélioration des performances des entreprises touristiques et hôtelières repose, entre autres, sur l'adéquation entre leurs besoins et leurs ressources en personnel. Tout dysfonctionnement dans ce domaine se répercute négativement non seulement sur la rentabilité de l'entreprise considérée ou la compétitivité du secteur, mais aussi sur le développement économique à l'échelon national ;

– les métiers du tourisme et de l'hôtellerie sont des activités de services où, comme nous l'affirmions plus haut, les relations humaines sont primordiales. La qualité du service passe d'abord par la qualité des rapports humains. Ainsi, cette nature spécifique au tourisme fait que les hommes jouent un rôle d'extrême importance en matière de performance des entreprises touristiques et hôtelières.

Tenter d'évaluer les emplois dans ce secteur pose un certain nombre de problèmes dont les plus importants résident, d'une part, dans la difficulté de circonscrire avec précision la proportion imputée au secteur du tourisme dans un emploi donné, et, d'autre part, dans les particularités du secteur qui ne permettent pas de disposer de données chiffrées pour les activités qui le composent. La reconstitution des statistiques du secteur touristique se révèle donc laborieuse, étant donné le caractère très parcellaire et souvent contradictoire de l'information disponible.

Aussi la présente analyse se fondera-t-elle principalement sur les données de la branche hôtelière, domaine qui représente la partie visible et probablement la plus spécifique du secteur touristique. Dans cette analyse, nous nous efforcerons de :

– présenter la situation de l'emploi dans l'hôtellerie marocaine, sur la base des données de l'étude du schéma directeur de la formation professionnelle réalisée par le ministère du Tourisme (1994). Cette présentation nous semble très intéressante puisqu'elle va nous permettre de démontrer que le besoin de restructuration du secteur dans son ensemble n'est pas lié à la récente vague de remise à niveau de l'économie marocaine, et que la crise qui sévit dans le secteur est bel et bien antérieure à la guerre du Golfe ;

– analyser la structure de l'emploi dans le secteur, ce qui va nous permettre de mettre en exergue les besoins en ressources humaines et en perfectionnement du personnel qui s'imposent.

1- L'hôtellerie, un secteur qui manque de compétences

Avant d'aborder ce point, il est nécessaire de faire un certain nombre d'observations générales relatives à la structure de l'emploi dans l'hôtellerie. En effet, notre analyse d'une centaine d'organigrammes d'hôtels et autres établissements d'hébergement de toutes catégories nous a permis de relever un certain nombre de particularités[80].

En premier lieu, la comparaison d'organigrammes d'hôtels, qu'ils soient d'affaires ou de tourisme, fait apparaître des organisations qui, compte tenu de leur taille et de leur finalité, sont sensiblement différentes d'un établissement à un autre, les grandes fonctions hôtelières demeurant, elles, concentrées dans un même poste de travail.

Deuxièmement, cette comparaison nous permet de déduire que la structuration de l'hôtellerie en services clairement individualisés n'est remise en cause que dans les petites unités, où la division du travail est très réduite et où l'exploitation est artisanale. C'est ainsi que les hôtels dont la catégorie est inférieure à quatre étoiles se caractérisent par l'importance de la polyvalence et présentent une structure d'emplois simplifiée, traduisant ainsi un mode de production artisanal.

Ensuite, il ressort de cette analyse comparative que les différences au niveau de la clientèle, du type d'entreprise (hôtel indépendant ou affilié à une chaîne) et du mode de gestion, influencent le genre de structuration de l'emploi dans les différentes unités hôtelières. C'est ainsi que les hôtels répondant aux besoins des personnes en voyage d'affaires sont dotés de départements spécialisés tels que le département "séminaires" et le département "banquets"... Par ailleurs, la division du travail est plus sophistiquée dans les hôtels appartenant à (ou gérées par) des chaînes, que dans les unités indépendantes structurées des cinq et quatre étoiles. L'existence de départements tels que ceux des relations publiques, de marketing, de gestion des ressources humaines..., témoignent d'une valorisation de ces domaines et de la différenciation de leur mode de gestion par rapport aux unités indépendantes. D'une manière générale, les emplois afférents à ces domaines n'apparaissent que dans les organigrammes de grands établissements modernes où la gestion est fortement développée.

Enfin, la structure des emplois des établissements collectifs, de type villages de vacances ou villages-clubs, se rapproche de celle de l'hôtellerie classique, avec cependant une part importante de métiers d'animation et de loisirs principalement sportifs.

Ces observations faites, il convient, dans ce qui suit, d'analyser les deux facettes de la structure de l'emploi hôtelier, à savoir les aspects quantitatif et qualitatif.

---

[80] Notre analyse a été réalisée à partir du dépouillement des rapports de stages des étudiants de l'ISIT au titre de l'année 1996. Ce dépouillement concerne 110 hôtels répartis comme suit : 54 hôtels appartenant à la catégorie 4 étoiles (soit 49 %), 36 hôtels 5 étoiles (soit 33 %), 12 villages de vacances (soit 11 %), et 8 "autres" (soit 7 %).

A- Les déséquilibres quantitatifs

Les effectifs employés dans l'hôtellerie classés (excepté l'emploi temporaire) en fonction des normes du ministère du Tourisme, se présentaient comme suit :

Tableau 26. Effectifs d'emplois par catégorie d'hôtels en 1993

Catégorie d'hôtels	Nombre de chambres	Normes	Effectifs d'emplois		Solde
			Théoriques	Réels	
5 étoiles	6 189	1,0	6 189	8 037	+ 1 848
4 étoiles	16 187	0,9	14 568	18 302	+ 3 734
3 étoiles	5 512	0,7	3 858	5 436	+ 1 578
2 étoiles	3 631	0,5	1 816	1 287	- 529
1 étoile	2 185	0,4	874	819	- 55
V.V.T. *	5 650	0,9	5 085	3 479	- 1 606
R.T. **	2 766	0,7	1 936	672	- 1 264
Totaux	42 120	--	34 326	38 032	+ 3 706

Source : Tableau établi sur la base des données de l'étude du schéma directeur de la formation professionnelle et des normes du ministère du Tourisme.
* V.V.T : Villages de vacances touristiques.
** R.T. : Résidences touristiques.

Il ressort du tableau ci-dessus que le volume de l'emploi hôtelier s'établit à 38 032 emplois. Sur ce total, 48 % sont concentrés dans la catégorie 4 étoiles. Quant à la part de l'hôtellerie 5 étoiles, elle est légèrement supérieure à 21 %.

Le tableau illustre aussi les écarts entre les effectifs théoriquement nécessaires à la bonne exploitation des unités hôtelières existantes et ceux réellement employés en 1993. En effet, l'analyse du solde montre que sur le plan quantitatif, il y aurait :

– un sureffectif de 7 160 emplois par rapport aux normes concernant les catégories 5, 4 et 3 étoiles ;

– un besoin de recrutement équivalent à 3 454 emplois au niveau des autres catégories d'hébergement ;

– un sureffectif global (tous types d'hébergement confondus) de 3 706 emplois.

L'analyse du ratio emploi/chambre ou emploi/lit fait apparaître une augmentation exagérée de la moyenne du nombre d'employés par chambre pour les catégories 5, 4 et 3 étoiles, et une diminution non négligeable pour le reste des catégories d'hébergement. Quant à la moyenne absolue (tous types d'hébergement confondus), elle s'établit à 0,90 alors qu'elle devrait être inférieure à 0,80 emploi par chambre (ou 0,4 par lit).

Tableau 27. Ventilation des types d'emplois et des lauréats du système de formation touristique et hôtelière par catégories d'hôtels en 1993

Catégorie d'hôtels	Nombre de lits (1)	Emplois Total (2)	Emplois spécifiques (3)	Ratio (2/1)	Ratio (3/1)
5 étoiles	12 377	8 037	5 271	0,65	0,43
4 étoiles	32 374	18 302	12 868	0,57	0,40
3 étoiles	11 023	5 436	3 922	0,49	0,36
2 étoiles	7 262	1 287	1 008	0,18	0,14
1 étoile	4 369	819	455	0,19	0,10
V.V.T.	11 300	3 479	2 548	0,31	0,23
R.T.	5 532	672	480	0,12	0,09
Total	84 237	38 032	26 552	0,45	0,32

Il est à signaler que les écarts constatés (insuffisance de l'encadrement et sureffectif en main-d'œuvre sans qualification) ne sont pas le signe d'une gestion saine, ni d'une amélioration de la productivité. Ils reflètent plutôt une politique de gestion fondée essentiellement sur l'économie de main-d'œuvre et sur l'emploi d'un personnel à faible qualification. Ce dysfonctionnement n'est pas uniquement le résultat des écarts constatés par rapport aux normes établies par le ministère du Tourisme, mais aussi celui d'un déséquilibre structurel dans la distribution des spécialités et des niveaux hiérarchiques. Ce déséquilibre reflète une pénurie en matière de besoins catégoriels et professionnels et provoque de lourdes conséquences sur le bon fonctionnement des entreprises hôtelières, telles que la mauvaise qualité du service, la détérioration de la compétitivité, le gaspillage des ressources...

Ces dysfonctionnements sont intimement liés aux problèmes majeurs que connaît le tourisme au Maroc, à savoir l'absence de promotion, le manque d'agressivité commerciale, la dégradation de la qualité, l'inadaptation des produits par rapport aux besoins du marché, la faiblesse du management, etc.

B- Les besoins de compétences en chiffres

Traditionnellement, les classifications d'emplois dans le domaine de l'hôtellerie et de la restauration prennent en compte deux grandes catégories d'emplois : ceux de la direction et de l'encadrement (directeur d'hôtel et de restaurant, personnel administratif, réceptionnaire, gouvernante, maître d'hôtel, chef de rang, chef de cuisine, chef de partie...), et ceux de l'exécution (liftier, groom, valet, femme de chambre, auxiliaire de cuisine, serveur...).

Compte tenu de l'essor considérable de l'hôtellerie et de la restauration, surtout au niveau des chaînes, d'autres approches de structures d'emplois sont proposées, concernant en particulier les grands établissements modernes :

– fonctions administratives : directeur général, directeur d'exploitation, chefs de service, du personnel, de la formation, etc. ;

– fonctions commerciales : directeur commercial, directeur de vente, responsable des relations publiques, etc. ;

–fonctions d'hébergement : directeur de l'hébergement, chef de la réception, réceptionniste, gouvernante générale, gouvernante, femme de chambre, etc. ;

–fonctions de restauration : directeur de la restauration, directeur des banquets, chef de cuisine, chef pâtissier, maître d'hôtel, sommelier, chef de rang, serveur, etc.

– Si la petite entreprise peut fort bien se satisfaire des classifications traditionnelles de l'emploi, le développement d'une hôtellerie industrielle a, en revanche, rendu nécessaires des ajustements. À ce sujet, Michel Deguy a proposé de nouvelles classifications pour le cas de l'hôtellerie française, regroupées en trois rubriques[81] :

–les exigences de l'emploi : connaissances générales et professionnelles, adaptation, attitudes intellectuelles et physiques ;

–le contenu de l'emploi : relations humaines internes et externes à l'entreprise, complexité du travail, responsabilité... ;

–les conditions de travail : degré de confort, conditions physiques de son exercice...

Cet auteur a aussi émis des propositions pour une nouvelle classification des emplois dans l'hôtellerie et la restauration. Ces propositions, qui s'appliquent à des établissements relativement importants, fortement structurés et classés trois ou quatre étoiles, se déclinent en cinq classes :

Classe 1 : concerne les employés ;
Classe 2 : concerne les employés supérieurs et/ou hautement qualifiés ;
Classe 3 : concerne les agents de maîtrise et techniciens ;
Classe 4 : concerne les assimilés cadres ;
Classe 5 : concerne les cadres.

Le tableau ci-après précise les qualifications et les définitions des emplois des classes 4 et 5.

[81] Michel DEGUY : La gestion des ressources humaines dans l'industrie hôtelière, Thèse de 3ème cycle (1982), p. 135.

Tableau 28. Qualifications et définitions des emplois d'encadrement

CLASSE	NIVEAU	QUALIFICATIONS	DEFINITIONS
IV	1	*Secrétaire de direction bilingue *Chef de service débiteurs *Chef contrôleur *Chef standardiste *Chef gouvernante *Chef économe *Adjoint chef comptable *Attaché de direction *Acheteur *Chef caissier	ASSIMILES CADRES, AGENTS SUPERIEURS ASSIMILES CADRES : Ils occupent une fonction qui nécessite des connaissances professionnelles approfondies et étendues. Ils sont responsables de la discipline des collaborateurs dont ils coordonnent les travaux. Ils peuvent prendre des initiatives pour l'amélioration du rendement et de la sécurité et assurer ainsi la bonne marche de leur secteur d'après les indications qui leur sont données. Ils remplacent le chef de service en son absence.
	2	*Responsable de formation *Sous-chef de cuisine *Adjoint chef de réception *Assistant de direction	AGENTS SUPERIEURS, ASSIMILES CADRES : Ils occupent une fonction qui nécessite des connaissances professionnelles approfondies et étendues. Ils sont responsables de la discipline des collaborateurs dont ils coordonnent les travaux. Ils peuvent prendre des initiatives pour l'amélioration du rendement et de la sécurité et assurent ainsi la bonne marche de leur secteur d'après les indications qui leur sont données. Ils assurent le remplacement du chef de service en son absence. Ils possèdent une formation (ou des connaissances dans leur spécialité) généralement consacrée par un diplôme de niveau universitaire ou acquise par une expérience personnelle reconnue équivalente
	1	*Secrétaire bilingue DG *Chef de service informatique *Chef gouvernante *Chef de service entretien *Chef de service de cuisine *Chef de travaux *Caissier principal	CADRES, CHEFS DE SERVICE : Ils possèdent une formation technique, administrative, financière, consacrée par un diplôme de niveau universitaire ou acquise par une expérience personnelle reconnue équivalente
V	2	Chef de département : *Comptable *Personnel *Restauration *Logement	CADRES, CHEFS DE DEPARTEMENT : Ils possèdent une formation technique, administrative, financière, consacrée par un diplôme de niveau universitaire ou acquise par l'expérience personnelle ou reconnue équivalente. Ils collaborent directement avec les cadres supérieurs et dirigeants et peuvent exercer, par délégation de ceux-ci, une action de commandement sur le personnel dans des secteurs déterminés.

Source : Michel DEGUY : La gestion des ressources humaines dans l'industrie hôtelière.

Pour mieux cerner le problème de l'emploi hôtelier, et étant donné le faible niveau d'industrialisation et de professionnalisme de l'hôtellerie marocaine, référence sera faite aux études du BIT qui ont mis au point en 1976 :

– un système d'analyse par fonctions reproduisant la structure traditionnelle d'un établissement en "départements" ou "spécialités" : hébergement (administration et comptabilité, réception, front office, étages, lingerie, buanderie) ; restauration (restaurant, bars, cuisine, économat) ; autres services (entretien, activités auxiliaires) ;

– une analyse des emplois à partir de critères hiérarchiques, c'est-à-dire par niveaux de qualifications et de responsabilités : Niveau I (cadres dirigeants), Niveau II (techniciens supérieurs), Niveau III (techniciens moyens), Niveau IV (techniciens de base), Niveau V (main-d'œuvre sans qualification ni apprentissage) ;

– une grille-type des emplois dans l'hôtellerie dont voici le contenu :

Tableau N. 29 : Grille des emplois hôteliers

Niveaux	Comptabilité Administration	Réception Front office	Etage Lingerie Buanderie	Restaurant Bar	Cuisine	Economat	Entretien
Cadres dirigeants		Directeurs, administrateurs et cadres de direction					
		Directeur de l'hébergement		Directeurs de la restauration			
Technicien supérieurs	Chef du personnel	Chef de réception Premier concierge	Gouvernante principale	Directeur de restaurant, Premier maitre d'hôtel, Chef barman	Chef de cuisine	Econome	Chef de l'entretien
Techniciens moyens	Chef comptable Contrôleur administratif, Contrôleur de personnel	Réceptionnaire, Caissier, Premier Secrétaire, Deuxième concierge, Concierge de nuit	Chef lingère, Chef de Buanderie, Gouvernante D'étage	Maitre d'hôtel de carré, Chef de rang, Sommeiier Aide barman	Sous-chef, Chef, Chef de partie, Saucier Garde-manger, Rôtisseur Entremétier, Pâtissier, Poissonnier, Potager, Hors-d'oeuvriers, Chef Communard, Cafetier	Chef caviste Contrôleur De Marchandises	Mécanicien, Electonicien, Electo-mécanicien, Menuisier, Ebiniste, Tapissier, Peintre, Frigoriste
Niveau de base	Comptable, Employés d'administration	Secrétaire, Main-Courantier, Caisseier De restaurant,	Lingère, Femme et Valet de chambre, Repasseur	Demi-chef de rang, Commis de rang, Commis de bar, Commis d'étage, Garçon de de salle	Commis de cuisine, Communard	Magasinier, Contrôleur de bons, Employés d'économat, Caviste	Chauffeurs de chaudières, Aide D'entretien
Apprentissage							
Main-d'œuvre sans qualification		Bagagiste, Groom, Chasseur, Liftier, Gardien de nuit	Aide-lingère, Homme de peine	Officier, Garçon d'office	Argentier, Garçon d'office, Plongeur, Aide de cuisine	Aide-magasinier, Aide contrôleur, ide caviste	Gardien de garage

Source BIT

Par ailleurs, en ce qui concerne la structure de l'emploi et les clés de répartition par niveaux hiérarchiques et par services, l'hypothèse moyenne retenue par le BIT en 1976 pour les pays d'Afrique à tourisme suffisamment développé, tels que le Maroc et la Tunisie, est la suivante :

Tableau 30. Ventilation des emplois par services et par niveaux hiérarchiques

Services	% de l'effectif total	Niveaux					Total des %
		I	II	III	IV	V	
Direction, administration et comptabilité	07	25	15	16	44	-	100
Réception, front office	09	-	07	31	37	25	100
Étage, lingerie, buanderie	23	-	02	07	66	25	100
Restaurant, bar	30	-	05	23	41	31	100
Cuisine	15	-	07	26	42	25	100
Économat	03	-	03	27	45	25	100
Entretien	13	-	07	27	41	25	100
Total	100	-	-	-	-	-	-
% de répartition par niveau hiérarchique		1,75	5,70	21	46	25	100

Source : BIT

Cette matrice permet non seulement de faire une estimation globale des besoins en ressources humaines que génère la création additionnelle de nouvelles installations hôtelières, mais aussi d'évaluer la répartition de ces besoins entre les différentes catégories d'emplois.

L'analyse comparée de la clé de répartition par niveaux hiérarchiques retenue par le BIT (1976) et les résultats des enquêtes réalisées par la Direction des entreprise et activité touristiques (DEAT) (ministère du Tourisme) en 1981 et au début des années 1990, relatives à la structure de l'emploi hôtelier par niveaux de qualification, appellent un certain nombre de remarques.

Tableau 31. Ventilation en % des emplois hôteliers
par niveaux de qualifications au Maroc

<table>
<tr><th>Niveaux de qualification</th><th>Normes BIT</th><th>Répartition réelle 1981</th><th>Répartition réelle 1990</th></tr>
<tr><td>I- Cadres dirigeants</td><td>1,75</td><td>3,14</td><td>0,90</td></tr>
<tr><td>II- Techniciens supérieurs</td><td>5,70</td><td>4,62</td><td>2,89</td></tr>
<tr><td>III- Techniciens moyens</td><td>21,00</td><td>11,68</td><td>10,09</td></tr>
<tr><td>IV- Techniciens de base</td><td>46,00</td><td rowspan="2">80,56</td><td>36,73</td></tr>
<tr><td>Main-d'œuvre sans qualification</td><td>25,00</td><td>49,40</td></tr>
<tr><td>TOTAL</td><td>100,00</td><td>100,00</td><td>100,00</td></tr>
</table>

Source : Tableau confectionné par nos soins à partir
des données du ministère du Tourisme et du BIT.

En effet, l'hôtellerie marocaine a du mal à maintenir un taux d'encadrement convenable : aux niveaux I et II, les deux catégories, à savoir les cadres dirigeants et les techniciens supérieurs, font défaut dans la majorité des catégories d'hôtels. Ajouté à la faiblesse en matière de management, ce manque de qualification, qui affecte lourdement la rentabilité, la qualité et le fonctionnement des entreprises hôtelières, est le reflet d'un manque de dynamisme, d'agressivité commerciale, d'efficacité et de rationalité des politiques de gestion, pénalisant ainsi la performance et la compétitivité du secteur.

En ce qui concerne les catégories de techniciens moyens et de techniciens de base, elles n'échappent pas à ces mêmes considérations, faute de personnel qualifié. À ce sujet, l'étude du schéma directeur de la formation professionnelle relève que :

– la part des lauréats du système de formation touristique et hôtelière dans l'emploi total ne représente que 3 894 (sur environ 13 000 lauréats formés, tous niveaux confondus, depuis la création de la première école hôtelière), soit 10 % de l'emploi total et 15 % de l'emploi spécifique (emploi rencontré uniquement dans l'hôtellerie) ;

– sur les 3 894 emplois occupés par les lauréats du système de formation touristique et hôtelière, 69 % sont du niveau de technicien, 24 % du niveau de qualification et 7 % du niveau supérieur ;

– rapporté au nombre de lits, l'emploi des lauréats du système de formation ne représente que 0,05.

Tableau 32. Ventilation des lauréats du Système de formation touristique et hôtelier (SFTH) par catégories d'hôtels, selon le ratio emploi/lit

Catégorie d'hôtels	Nombre de lits	Emploi total	Nombre de lauréats (2)	Ratio (2/1)
5 étoiles	12 377	8 037	948	0,08
4 étoiles	32 374	18 302	1 915	0,06
3 étoiles	11 023	5 436	529	0,05
2 étoiles	7 262	1 287	-	-
1 étoile	4 369	819	91	0,02
V.V.T.	11 300	3 479	363	0,03
R.T.	5 532	672	48	0,01
TOTAL	84 237	38 032	3 894	0,05

Source : tableau confectionné par nos soins, à partir des données de l'étude du schéma directeur de la formation professionnelle (ministère du Tourisme 1995).

Il est à noter que dans le cadre des efforts déployés par le ministère du Tourisme en vue d'améliorer la qualité des prestations de services offerts par l'hôtellerie et d'encourager l'insertion des lauréats du système de formation touristique et hôtelière, une circulaire (N° 3 395, en date du 15/10/86) a été adressée aux directeurs des établissements hôteliers pour les inciter à :

– respecter les normes d'emplois par chambre ;

– insérer une certaine proportion de techniciens et de cadres formés dans leurs effectifs.

Eu égard aux normes préétablies par le ministère du Tourisme dans cette circulaire, l'insuffisance structurelle du personnel formé par les établissements de formation touristique et hôtelière, par rapport à la capacité existante au 31/12/93, est estimée à 6 949 emplois. Cette insuffisance est répartie comme suit :

Tableau 33. Déficit en lauréats selon la catégorie d'hôtel

Catégorie d'hôtels	Effectifs selon les normes du ministère du Tourisme	Normes d'emploi de lauréats[82]	Nombre de lauréats du Système de formation touristique et hôtelier		
			Théoriques	Existant	Ecart
Hôtels 5 étoiles	6 189	45 %	2 785	948	- 1 837
Hôtels 4 étoiles	14 568	35 %	5 099	1 915	- 3 184
Hôtels 3 étoiles	3 858	20 %	772	529	- 234
Hôtels 2 étoiles	1 816	15 %	272	-	- 272
Hôtels 1 étoile	874	10 %	87	91	+ 4
V.V.T.[83]	5 085	35 %	1 780	363	- 1 417
TOTAL [84]	32 390	-	10 795	3 846	- 6 949

Source : tableau confectionné par nous-mêmes à partir des données du ministère du Tourisme.

Par ailleurs, c'est la dernière catégorie, le niveau V, qui grève lourdement les effectifs des hôtels, toutes catégories confondues. Cette catégorie est passée de 25 % en 1976 à 49,40 % au début des années 1990, représentant ainsi le grand lot du personnel employé par les hôtels classés.

Enfin, l'analyse des données de l'étude du schéma directeur de la formation permet de relever que la structure fonctionnelle présente des insuffisances importantes : les départements ou fonctions qui absorbent le plus de main-d'œuvre sont :

– l'hébergement (réception, front-office, étages, lingerie, buanderie), avec un effectif de 11 423 personnes, soit 43 % de l'emploi spécifique. Sur cet ensemble, on ne compte que 69 directeurs d'hébergement (soit 0,60 %), parmi lesquels 58 % ont un niveau de formation supérieure et 5 % n'en ont aucun ;

– la restauration (restaurant, bar et cuisine) occupe 13 674 personnes, c'est-à-dire 51,50 % du total de l'emploi spécifique ; 23 % de ces emplois, soit 6 107 personnes, sont occupés par des personnes travaillant dans le service cuisine, et 28,50 %, soit 7 567 salariés, dans la restauration. Avec 114 personnes, les

82 Normes d'emploi de lauréats. Voir circulaire du ministère du Tourisme, N° 3 395, en date du 15/10/86.

83 En ce qui concerne l'emploi dans les Villages de vacances touristiques (V.V.T.), nos données sont légèrement supérieures à celles recueillies par l'enquête effectuée par le SIS, consultant dans le cadre de l'étude du schéma directeur de la formation professionnelle.

84 Le total ne prend pas en considération l'emploi dans les Résidences touristiques (R.T.).

directeurs de département ne représentent que 0,80 % de l'ensemble des emplois de la restauration. Parmi ceux-ci, 39 % ont un niveau de formation supérieure et 6 % n'en ont aucun.

Eu égard aux normes du BIT, ces fonctions occupent plus de personnes qu'il n'est nécessaire, et elles sont faiblement encadrées. Le tableau ci-après relève le nombre de personnes en sureffectif.

Tableau 34. Sureffectifs par rapport aux normes du BIT dans les départements d'hébergement et de restauration

Services	% de l'effectif théorique	Effectif théorique	% de l'effectif réel	Effectif réel	Écart en %	Ecart en emplois
Hébergement	32,0	8 497	43,0	11 417	+ 11,0	+ 2 920
Restauration	45,0	11 949	51,5	13 674	+ 06,5	+ 1 725
Total	77,0	20 446	94,5	25 091	+ 17,5	+ 4 645

Source : tableau confectionné par nos soins sur la base des normes du BIT.

En se référant aux normes du BIT, on constate que les femmes de ménage, les lingères et les chasseurs constituent à eux seuls 67,25 % du total des emplois du département hébergement ; 25 % de ces salariés n'ont aucun niveau d'instruction, et 40,25 % ont à peine le certificat primaire. Quant au département restauration, 5 % des emplois spécifiques y sont détenus par des salariés sans niveau d'instruction, et 25 % par des employés ayant le niveau de certificat primaire.

En fait, quoi que les effectifs dépassent les normes d'emplois par département, la main-d'œuvre utilisée est d'un faible niveau de qualification et d'un niveau d'instruction bas. Par ailleurs, l'organisation des unités hôtelières est aussi caractérisée par une insuffisance criante en matière d'encadrement des départements fonctionnels regroupant les emplois transverses. Le tableau ci-dessous relate en partie les rarissimes emplois "fonctionnels" ou transverses par rapport au nombre total d'emplois : 49 448 (spécifiques et transverses), excepté les temporaires.

Tableau 35. Ventilation des emplois transverses par fonction dans tout le secteur (hôtellerie et tourisme)

Emplois transverses (toutes branches)	Effectifs	Part dans l'emploi
Directeur administratif	255	0,5 %
Directeur financier	82	0,16 %
Directeur technique	33	0,07 %
Directeur commercial	55	0,11 %
Directeur des ressources humaines	08	0,02 %
Chef du personnel	168	0,40 %
Responsable relations publiques	20	0,04 %
Responsable des achats	56	0,11 %
Total de l'emploi (spécifique et transverse)	677	1,36 %

Source : tableau confectionné par nos soins à partir des données de l'étude du schéma directeur de la formation professionnelle (ministère du Tourisme, 1995).

La faible part des postes de directeurs des ressources humaines démontre le peu d'intérêt accordé au facteur humain. Et de fait, quand la fonction "ressources humaines" existe, elle reste ambiguë dans ses attributions et ses objectifs. Parallèlement, le nombre de chefs du personnel dénote l'étroitesse de l'optique et du cadre d'exercice de cette fonction dont le contenu est exclusivement administratif et juridique. Les préoccupations prioritaires des chefs du personnel se limitent à l'ordre, la discipline et les affaires administratives. Souvent, la paie, et donc la maîtrise des coûts du travail ainsi que l'embauche, sont respectivement du ressort des chefs des départements financiers et du directeur de l'établissement. Le tableau ci-après met en évidence l'optique de la gestion du facteur humain prédominant dans le secteur, ainsi que le désintérêt concernant la gestion des ressources humaines.

Tableau 36. Quelques éléments de l'optique dominant la gestion du personnel

	L'optique prédominante dans la gestion du personnel	Les domaines négligés en matière de gestion du facteur humain.
Nature des tâches	- Administration du personnel - Application relative de la législation du travail	- Gestion prévisionnelle de l'emploi et des compétences - Planification du recrutement - Politique de relations sociales - Politique d'intégration et de mobilisation - Communication et négociation - Audit et bilan social
Connaissances mise en œuvre	- Administratives et éventuellement juridiques	- Économiques, psychologiques et psychosociologiques
Horizon des problèmes traités	Court terme	- Moyen terme (gestion prévisionnelle, détermination des besoins de formation : plan de formation, gestion des carrières)
Responsable de la fonction	Niveau d'instruction moyen Autodidacte	Absence d'intérêts pour les profils ayant un niveau de formation supérieure
Préoccupations prioritaires	- En premier lieu : ordre, discipline et maîtrise des coûts du travail - En second lieu : hygiène, sécurité, mise en place de procédures	- Intégration de la stratégie sociale à la stratégie générale - Développement humain et organisationnel - Association des salariés à la culture de l'entreprise et à ses projets
Qualités personnelles exigées	Autorité, docilité	Aptitudes à manager et à mobiliser les hommes
Place de la fonction dans l'organigramme	Simple service, souvent sous la responsabilité du responsable administratif et financier	Prise de conscience de la contribution de la GRH à l'efficacité organisationnelle et à la réalisation des objectifs stratégiques de l'entreprise

Source : Tableau confectionné par nos soins.

L'insuffisance de ce genre d'emplois et de fonctions fondamentales dans le processus d'adaptation et de réaction de l'entreprise face aux mutations de l'environnement et aux exigences du marché est intimement liée à la nature de l'organisation de l'entreprise hôtelière et à la faible pénétration des méthodes modernes de gestion.

2- Les principaux obstacles à la capitalisation des compétences

La situation de l'emploi dans le secteur hôtelier ne s'est guère améliorée depuis les années 80, et ce malgré les efforts de l'État en matière de développement du système de formation. Cette situation témoigne, d'un côté, d'une déperdition inquiétante qui se traduit par un gaspillage de potentiels et de ressources : la part des lauréats dans l'emploi total ne représente que 10 %, contre 23 % en 1989. D'un autre côté, elle met en exergue le sous-encadrement, à la fois quantitatif et qualitatif, des entreprises hôtelières, de même que l'hypertrophie du personnel sans qualification. L'analyse de cette situation permet, enfin, d'avancer que le fonctionnement de l'hôtellerie marocaine se base en réalité sur une main-d'œuvre à faible technicité, ce qui a pour corollaire un processus de maintien de structures à faible qualification.

Il est intéressant de relever que sous l'effet du développement des chaînes hôtelières (industrialisation du secteur), de l'internationalisation croissante du phénomène de concentration économique et financière sous diverses formes, et d'une technicité accrue en matière de management, les spécialistes ont été amenés à émettre une hypothèse prévoyant que l'évolution de l'hôtellerie entraînerait un changement dans la structure de l'emploi dans ce secteur et une modification du profil des personnels hôteliers. Ainsi, de par les exigences de qualifications croissantes liées à la recherche de qualité, au souci de l'amélioration de la compétitivité et de la productivité, l'hôtellerie ferait de plus en plus appel à une main-d'œuvre qualifiée capable de s'adapter aux nouvelles technologies introduites dans le fonctionnement du système productif de l'entreprise hôtelière, et aux motivations changeantes de la clientèle. Ceci se traduirait par une réduction de la main-d'œuvre de base (sans qualification) et par une meilleure répartition des effectifs au niveau des autres qualifications.

Pour faire face à ces nouvelles données, les entreprises touristiques tendraient à fidéliser le noyau dur que constitue la main-d'œuvre permanente et qualifiée, et à recourir à la flexibilité qualitative (fonctionnelle) pour s'adapter aux fluctuations de l'activité touristique et hôtelière, tout en développant la polyvalence de leurs salariés permanents. Quant à la main-d'œuvre sans qualification, elle serait soumise à la flexibilité quantitative telle que la flexibilité externe qui permet à l'entreprise de ne pas renouveler les contrats à durée déterminée (ce qui est moins coûteux, car ceux-ci ne donnent pas droit à des indemnités de licenciement), et à la flexibilité par externalisation en faisant appel aux agences d'intérim, ou à la sous-traitance pour la réalisation de tâches "annexes" (telles que la lingerie) afin de se recentrer sur son activité principale.

Cependant, force est de constater que l'évolution de l'hôtellerie marocaine n'a pas permis un relèvement des qualifications, ni même d'éponger le déficit structurel souligné plus loin (qualification et encadrement). Ce dernier s'est plutôt creusé, et ce malgré les efforts de l'État, depuis les années 1960, en matière de formation professionnelle et de formation des cadres.

Ce désencadrement est lié, en partie, aux départs à l'étranger et à l'abandon pur et simple de la profession par les jeunes cadres et techniciens au profit d'autres secteurs. Les causes de ces phénomènes et leurs incidences sur la productivité et la compétitivité du secteur restent difficiles à cerner et à apprécier en l'absence d'une analyse des coûts générés par la rotation du personnel. Néanmoins, à l'occasion d'une enquête personnelle, nous avons relevé un ensemble de raisons susceptibles d'expliquer les nombreux abandons de la profession[85], que nous présentons ci-dessous.

A- Des salaires peu attractifs

Les bas salaires constituent l'une des causes du découragement et du départ des jeunes cadres et techniciens. La rémunération qui leur est proposée ne permet pas d'inciter le personnel qualifié à faire carrière dans les entreprises hôtelières. Au contraire, attirés par des perspectives de gains plus élevés et des possibilités de perfectionnement plus attrayantes, les jeunes cadres et techniciens préfèrent quitter le pays ou se reconvertir dans d'autres secteurs tels que la banque ou les assurances, pour les lauréats de l'ISIT. Ainsi donc, l'abandon de la profession et la reconversion professionnelle sont, dans la plupart des cas, le résultat d'une distorsion entre les attentes des jeunes salariés et les réalités d'un secteur (niveau d'emploi ne correspondant pas à la qualification, rémunérations modestes, perspectives de carrière relativement peu valorisantes, conditions de travail ingrates, modèle de gestion désuet...) où la pression sur la masse salariale est la seule composante d'une politique de gestion encore artisanale.

À ce sujet, l'étude de la stratégie d'aménagement touristique relève que « la rémunération moyenne constatée dans les hôtels visités représente un salaire mensuel moyen par collaborateur de 2 000 à 3 500 Dh, ce qui peut être considéré comme modeste si l'on admet que bon nombre de collaborateurs sont rémunérés au SMIG voire même en-dessous du seuil légal »[86]. Conjugué à l'hypertrophie de la main-d'œuvre sans qualification, ce phénomène érode la motivation professionnelle, pénalisant la qualité des prestations de service et, par ricochet, la productivité des établissements hôteliers.

---

[85] Enquête réalisée entre janvier et juin 1996, auprès d'un échantillon représentant les étudiants de trois promotions de l'ISIT (1989-1991, 1990-1993, 1992-1994), questionnés sur leur insertion professionnelle.

[86] Urbaplan, Étude de la stratégie d'aménagement touristique, op.cit.

L'un des arguments avancés pour justifier la politique des bas salaires dans le secteur repose sur l'impératif de compétitivité. Cela alors que le coût salarial n'est pas l'unique variable déterminante dans le processus de compétitivité, où ce sont surtout le rapport salaire-productivité ainsi que les différents déterminants de la compétitivité hors-prix qui permettraient au secteur de conquérir des parts de marché et d'affronter la concurrence.

Au lieu de privilégier la compétitivité-prix en négligeant la compétitivité structurelle (ce qui est dangereux pour le devenir du secteur), il faudrait plutôt focaliser les efforts sur les causes de la faiblesse de la productivité du travail dans le secteur. Ces causes tiennent à la mauvaise qualité des ressources humaines - due à la déficience des qualifications et des compétences des salariés, et au caractère artisanal de l'organisation et de la gestion des entreprises du secteur.

Il importe de signaler aussi que dans l'esprit des employeurs hôteliers, la main-d'œuvre sans qualification, formée sur le tas, présente une série d'avantages. Elle est docile, facile à licencier, peut tout faire, accepte la précarité des conditions de travail de l'hôtellerie... Seulement, ce que les professionnels ne prennent pas en considération, ce sont les coûts cachés que peut générer l'utilisation d'une main-d'œuvre sans qualification, à savoir les erreurs à répétition, la mauvaise qualité du travail, les difficultés d'adaptation à leurs emplois, le gaspillage des matières, la méconnaissance des styles de vie des touristes et des techniques de communication et d'accueil, et la non-résolution des problèmes découlant des réclamations des clients.

Dans ce cadre, toujours, si l'on admet comme dépassé le mythe de l'école qui place sur le marché du travail des jeunes formés et prêts à l'emploi, il n'en reste pas moins que le diplôme demeure le signe d'un potentiel. Lorsque ce potentiel est investi dans un projet professionnel personnel maîtrisé, il permet la connaissance théorique et un rapport aisé aux nouveaux outils ; il développe et affine les comportements appropriés, et constitue la pièce maîtresse de l'itinéraire professionnel individuel, tout en restant à compléter par l'expérience. En outre, il est essentiel de noter que la compression des salaires, comme composante de la gestion des rémunérations, est devenue obsolète au regard de l'évolution de la technologie hôtelière et de l'organisation du travail. En effet, pour mieux gérer les rémunérations, il est possible aujourd'hui de réaliser un gain sur la partie variable des charges de personnel (et donc une diminution de la main-d'œuvre s'y référant) grâce :

– aux nouveaux plans d'aménagement des installations hôtelières (construction adaptée à l'organisation du travail), permettant une meilleure circulation du personnel ;

– à la possibilité qu'offre le marché externe du travail (marché secondaire), d'externaliser certaines activités hôtelières demandant un personnel peu qualifié ou sans qualification.

Le gain que peuvent générer ces deux facteurs permettra aux entreprises hôtelières de se recentrer sur leur métier principal et de sous-traiter des secteurs d'activité tels que la lingerie, les tâches de l'étage et le nettoyage. Les entreprises peuvent même étendre la variabilité de la main-d'œuvre à certains postes de travail qui, quoique fixes, dépendent du volume d'activité ou de la charge du travail, tels que certains emplois dans le service de la restauration et de l'entretien, et ce pour ne garder qu'un effectif moyen nécessaire au fonctionnement de l'entreprise quelle que soit la variation des affaires.

Par conséquent cette extension de la "variabilisation" des charges du personnel accorde aux entreprises la latitude de :

– diminuer les charges du personnel et de focaliser l'attention sur le noyau dur de leurs employés pour le former, le fidéliser et le stabiliser ;

– de mieux rémunérer, de mobiliser et d'impliquer les ressources humaines dans les objectifs de leurs organisations.

Tout l'art du management tient dans la gestion du clivage entre l'utilisation d'une main-d'œuvre permanente (marché du travail primaire) et d'une main-d'œuvre sous-traitée et/ou temporaire (marché du travail secondaire).

En outre, si la détermination de la structure des rémunérations doit reposer sur le principe de la rationalité budgétaire de l'entreprise, elle doit aussi tenir compte, à la fois, de la compétitivité externe (compte tenu d'un état du marché du travail pour chaque type de qualification) et du principe d'équité, pour ne pas se voir confrontée à deux dysfonctionnements essentiels graves : la difficulté de fidéliser ses salariés et celle d'effectuer des recrutements ultérieurs. Le cas de l'hôtellerie est à ce sujet édifiant.

Par ailleurs, la structure des rémunérations individuelles a tendance à se baser sur des critères plus rationnels et plus objectifs, tels que le niveau des postes, la performance, l'expérience, le savoir-faire et le savoir-être, données primordiales dans les métiers du tourisme et de l'hôtellerie. Ces critères portent autant sur les qualités humaines et personnelles (qualité des relations interpersonnelles, motivation, aptitude à la communication, capacité d'encadrement...) que sur les qualités professionnelles et techniques (créativité, compétences, résultat, sens de l'organisation...). À cet égard, force est de relever l'absence de procédures objectives et rationnelles qui, seules, permettent de piloter le système de rémunération et, partant, le système d'appréciation des performances du personnel dans les unités hôtelières.

Notre enquête sur la gestion de l'emploi dans l'hôtellerie marocaine[87] relève que sur les 64 entreprises hôtelières de 4 et de 5 étoiles ayant répondu à notre questionnaire, quatre unités à peine (dont 3 gérées par des chaînes étrangères)

[87] Cette enquête, réalisée entre janvier et juin 1996, avait pour objectif de mettre en lumière les méthodes de gestion de l'emploi et des compétences dans les 165 entreprises hôtelières de 4 et de 5 étoiles existant au Maroc. Notre échantillon représente 69 % de cet ensemble, soit 114 entreprises (dont 78 % sont des unités de 4 étoiles, et 22 % de 5 étoiles) réparties dans les villes d'Agadir, Casablanca, Marrakech, Ouarzazate, Rabat et Tanger. L'enquête a été lancée d'une manière exhaustive par voie postale. Le taux de réponse a été de 56 %. Notons que nous avons mené cette enquête en parallèle avec celle de l'insertion des lauréats de l'Institut supérieur international de tourisme, dans le marché de l'emploi.

gèrent l'emploi et les compétences à partir d'outils tels que le référentiel, la nomenclature et le profil des emplois, ou un système d'appréciation du personnel. Cette lacune porte préjudice au pilotage des ressources humaines et à leurs compétences. Nous considérons que l'une des actions à réaliser pour une mise à niveau des ressources humaines consiste à doter les entreprises hôtelières de procédures et d'outils à même de les aider à rationaliser leurs méthodes de gestion du facteur humain. En effet, la procédure d'évaluation et de classification des emplois est un outil fondamental qui permet non seulement de déterminer la hiérarchisation des salaires en rapport avec l'importance et la hiérarchie des postes de travail dans la structure (et donc de gérer efficacement les rémunérations), en fonction de la contribution de chaque collaborateur dans la réalisation des objectifs de l'entreprise, mais aussi de gérer efficacement les carrières du personnel et de prévoir les besoins en matière de recrutement, de formation et de compétences. En conséquence, cette procédure remplit plusieurs fonctions dont l'importance varie selon les entreprises. Ces fonctions peuvent être résumées dans le tableau suivant :

Tableau 37. Fonctions du système d'évaluation des emplois

Domaines	Rôles	Modalités
Recrutement et affectation	Sélection des candidats	Par adéquation entre le profil du poste et le profil du candidat
Formation	- Détermination des besoins en formation - Définition des programmes de formation	Par analyse des écarts entre les profils des employés et les exigences du poste de travail
Rémunération	- Définition du niveau de rémunération de chaque emploi - Établissement de la hiérarchie des rémunérations	- Valorisation des niveaux de qualification (ex : niveau d'études, expérience acquise par ancienneté...) - Valorisation des niveaux de pénibilité du travail
Promotion Mutation	- Déroulement d'une carrière au sein de l'entreprise - Satisfaction des besoins de mobilité	Par comparaison entre le potentiel des candidats aux promotions et les exigences des postes
Classification des emplois	Établissement de la hiérarchie des emplois (classement indiciaire, relation de subordination)	Par comparaison des exigences des emplois les unes par rapport aux autres

Source : M. Darbelet et J.M. Laugine, Économie d'entreprise, Éditions Foucher, Paris 1988, p. 410.

Il serait utile de doter l'entreprise hôtelière d'une procédure d'évaluation des emplois en matière de gestion des rémunérations, afin de hiérarchiser les postes de travail en fonction de critères tels que l'importance de leurs finalités (c'est-à-dire de l'étendue et de l'impact des résultats attendus de leur fonctionnement) et des aptitudes nécessaires pour les occuper. On arrive ainsi à faire correspondre un niveau de rémunération à chaque type de poste, dans le respect de la hiérarchie des postes établie. Il existe pour ce faire des approches plus ou moins complexes, et qui diffèrent par les critères qu'elles retiennent, tout comme par la pondération qu'elles attribuent à chacun de ces critères. Les plus connues sont présentées dans le tableau ci-après :

Tableau 38. Méthodes d'évaluation des postes de travail

	Méthodes globales	Méthode multicritères par points
Principe	Approche synthétique	Approche analytique
Méthodes	Classement d'un poste de travail par rapport aux autres ou par rapport à des postes de référence	- Détermination des caractéristiques de chaque emploi (facteurs de qualification) - Notation de chaque facteur (en points) - Addition des points pour obtenir une note globale
Avantages	- Simplicité - Rapidité - Faiblesse du coût	- Description détaillée et précise de chaque poste de travail - Objectivité apparente - Approche individuelle de chaque emploi
Difficultés	- Postes non comparables entre eux - Absence de fiches de postes définissant les exigences requises - Imprécision des classements de postes - Risque de subjectivité	- Coût élevé des études - Longueur des études - Difficulté d'établir des échelles d'équivalence (en points) entre des facteurs différents de qualification

Source : M. Darbelet et J.M. Laugine : Économie d'entreprise, op. cit. p. 412.

La méthode Hay Metra de cotation de poste

Cette approche souvent utilisée pour les postes d'encadrement fait appel à l'estimation de trois facteurs :

1. **La compétence** : définie comme la somme globale de toutes les qualités et connaissances (quel que soit leur mode d'acquisition) nécessaires pour occuper un poste d'une façon satisfaisante. Elle comporte trois aspects :

- les connaissances nécessaires dans les domaines des méthodes pratiques de travail, des techniques spécialisées et des disciplines scientifiques ;
- la capacité de direction nécessaire pour intégrer et coordonner les activités soumises à l'autorité hiérarchique ou fonctionnelle du poste ;
- les aptitudes nécessaires en matière de relations humaines, pour motiver autrui.

La compétence est appréciée par trois critères : connaissances, capacités de direction, aptitudes aux relations humaines. Ces critères sont valorisés pour chaque poste suivant une échelle progressive : par exemple, la connaissance est classée en élémentaire, professionnelle élémentaire, professionnelle..., jusqu'à technique ou spécialisée supérieure.

2. **L'initiative créatrice** est le degré d'initiative et de réflexion originale que nécessite le poste pour analyser, évaluer, créer, raisonner, aboutir à des conclusions et les exprimer.

L'initiative créatrice comporte deux aspects :

- le cadre dans lequel se place la réflexion ;
- la nature des problèmes à résoudre.

Elle est appréciée à travers deux critères : le cadre dans lequel se place la réflexion et la nature des problèmes à résoudre. Ceux-ci sont valorisés, pour un poste donné, à travers des échelles d'appréciation ; par exemple l'initiative créatrice est classée en : routine stricte, routine, semi-routine, normalisée, clairement définie, largement définie, définie généralement.

3. **La finalité** est la responsabilité d'une action et de ses conséquences, c'est l'effet mesurable du poste sur les résultats finaux. Elle possède trois dimensions :

- liberté d'action ;
- ampleur du champ d'action (budget sur lequel le poste exerce clairement une influence) ;
- impact plus ou moins direct du poste sur le champ d'action.

Elle est appréciée sur la base de trois critères : liberté d'action, ampleur du champ d'action, impact plus ou moins direct du poste sur son champ d'action. Là encore chacun des critères est valorisé pour un poste déterminé suivant une échelle très précisément définie.

B. Martory et D. Crozet, Gestion des ressources humaines, Nathan, Paris 1988.

B- Des opportunités de carrière moins évidentes

La taille, mais surtout le caractère familial et traditionnel de l'exploitation de l'entreprise hôtelière, ainsi que la finalité de l'organisation qu'elle suppose, ne permettent pas non plus de retenir les jeunes salariés à la recherche de structures où ils peuvent s'exprimer professionnellement et où les opportunités d'évolution et de promotion sont attrayantes. La problématique est à considérer, car si la nature humaine reste la même, les conditions quant à elles ont changé. L'entreprise hôtelière n'a plus à faire aux mêmes hommes. Le salarié n'est plus une "ressource" dont on dispose de manière technocratique, mais un partenaire avec qui l'on doit s'accorder, un acteur stratégique source de création de valeur. Objectivement, le salarié reste fournisseur de son travail, mais il est devenu aussi un client (interne) dont les soucis, les attentes et les préférences doivent êtres pris en considération sous peine d'échec. Ceci donne un sens concret à la nécessité de l'engagement vers un tout autre esprit d'entreprise et de modèle de management des ressources humaines, capable de trouver des réponses à la demande sociale (exigence interne) et de créer chez les salariés un sentiment d'appartenance et d'adhésion aux objectifs des organisations hôtelières qui les emploient.

L'engagement vers ce modèle d'organisation et de management ne signifie pas que l'entreprise hôtelière doit être un médiateur social, ni que doit s'instaurer dans l'entreprise une sorte de paternalisme démagogique aussi néfaste pour l'homme, la société dans son ensemble, que pour l'entreprise elle-même.

Cela veut dire, plutôt, que l'entreprise hôtelière devrait choisir un type d'organisation et des méthodes de gestion qui lui permettent, simultanément, d'atteindre ses objectifs économiques, de valoriser ses ressources humaines et de s'impliquer dans la voie du développement durable du tourisme.

Il ne s'agit pas de substituer des objectifs sociaux aux objectifs économiques de l'entreprise hôtelière. Cette dernière doit d'abord dégager les ressources dont dépendent les investissements productifs et l'emploi.

Cependant, pour atteindre ses objectifs, l'entreprise hôtelière devrait attirer des hommes compétents, les fidéliser ; mais ces hommes ne vont pas s'investir et s'impliquer dans leur travail uniquement pour permettre à l'entreprise, en tant que telle, d'atteindre son objectif spécifique. Chacun d'eux désire que son investissement soit reconnu et soit générateur de satisfactions personnelles, qu'il réponde à ses attentes, qui ne sont pas exclusivement matérielles. La participation et l'implication du salarié dans les objectifs de l'entreprise ne seraient rien si elles ne s'accompagnaient pas, chez celui-ci, d'un sentiment de fierté, de respect, de reconnaissance et d'épanouissement. Chacun attend, de l'entreprise hôtelière qui l'emploie, des égards porteurs d'une signification valorisante.

Il n'y a pas d'opposition entre objectifs économiques et objectifs sociaux. Au contraire, c'est par la recherche d'une permanente convergence et d'une compatibilité entre les deux types d'objectifs que l'on ouvre la voie à une collaboration spontanée et à l'émergence de valeurs citoyennes au sein de l'entreprise hôtelière.

Dès lors, l'avenir du secteur ne dépend pas de sa seule capacité d'innovation économique, mais aussi de sa capacité d'innovation managériale et sociale : c'est là que résident les fondements de l'éclosion d'une stratégie gagnante tournée vers la valorisation des métiers de l'hôtellerie et l'amélioration de l'image de marque du secteur sur le marché du travail. L'essentiel est de dénicher, de capter des profils de main-d'œuvre de qualité et de les fidéliser. La professionnalisation du secteur est donc à ce prix.

C - Une méconnaissance des métiers de l'hôtellerie, source de démotivation des jeunes

Nos divers travaux sur l'insertion des lauréats des écoles hôtelières et de l'Institut supérieur international de tourisme de Tanger, nous ont permis de relever que l'abandon de la profession et les reconversions signalées plus haut sont dues, pour une part, à l'expression de motivations illusoires chez les jeunes cadres et techniciens lors du choix de leur formation, et, de l'autre, à un doute quant à la possibilité de s'accomplir pleinement dans une profession exigeant la disponibilité, la mobilité...

Ce genre de phénomène découle, en amont, de l'inefficacité des systèmes de sélection prédominant lors de l'accès aux établissements de formation touristique et hôtelière et, en aval, des conditions de recrutement par les entreprises de ce secteur. Ces systèmes ne tiennent compte ni des motivations des candidats ni de leurs profils par rapport aux exigences des postes offerts, ni de leur volonté de s'impliquer pleinement dans la profession. De plus, aucune aide n'est apportée aux élèves et étudiants lors de leur formation, en matière de construction de leur projet professionnel, outil pourtant nécessaire à la facilitation de leur insertion professionnelle et à la confirmation de leur motivation.

Le manque de visibilité quant à l'avenir professionnel de ces jeunes ressources, l'absence de coaching durant leurs parcours de formation, et le risque grandissant du chômage, renforcent leur démotivation jusqu'à leur faire acquérir le sentiment de l'inutilité des études.

D - L'absence de repères en gestion de l'emploi et des compétences, un facteur pénalisant

Les raisons évoquées ci-dessus ne sont pas les seules explications de l'insuffisance de qualifications. Celle-ci est due aussi à une absence de gestion préventive de l'emploi et des compétences dans la majeure partie des entreprises hôtelières. Cette lacune ne permet pas à ces entreprises d'appréhender leurs ressources humaines suivant un mode prospectif et anticipatif. Le problème, à ce niveau, réside dans l'incapacité d'anticiper sur les évolutions qui pourraient affecter leurs organisations et dans la difficulté de maîtriser les dysfonctionnements sociaux et les risques qui en découlent en matière d'emploi et de compétences. Hormis pour les chaînes internationales, les ajustements, en vue d'équilibrer les besoins quantitatifs et qualitatifs en personnel, avec les ressources humaines dont disposent les entreprises hôtelières marocaines, n'obéissent souvent à aucun critère de rationalité. Sur cette question, les résultats de notre enquête précitée sur la gestion de l'emploi dans le secteur de l'hôtellerie révèlent que sur 64 entreprises ayant répondu à notre questionnaire, 8 %, soit 5 entreprises seulement, dont 4 sont gérées par des chaînes hôtelières étrangères, recourent à l'approche prévisionnelle de l'emploi et des compétences sur une période de 2 ans. Quant au reste des entreprises, 25 prévoient leurs besoins annuellement, soit 39 %, et 34 autres au coup par coup, soit 53 %.

> La gestion prévisionnelle du personnel est un outil au service de la gestion des ressources humaines. Elle consiste dans la projection, pour le moyen et le long terme, des besoins et des ressources en personnel d'une organisation. Bien qu'elle prenne souvent corps sous forme de modèles cohérents, formalisés et automatisés, la gestion prévisionnelle du personnel est avant tout un mode d'approche logique de la gestion des ressources humaines de l'entreprise. Les recommandations qui en résultent deviennent une base pour les décisions à prendre en vue de l'adéquation des ressources aux besoins futurs.
> Deux caractéristiques socioéconomiques des ressources humaines dans l'organisation justifient, et rendent efficace, le recours à la gestion prévisionnelle : il s'agit de la conjugaison de l'inertie des ressources humaines et de leur flexibilité.
> B. Martory et D. Crozet : Gestion des ressources humaines, Nathan, Paris 1988.

Il va sans dire que cette lacune se répercute négativement sur tous les processus relatifs au pilotage et à la planification du recrutement, à l'organisation du travail, à la gestion des rémunérations, à l'évaluation du personnel, au développement individuel et au développement organisationnel. L'absence d'anticipation diminue en fait la capacité des entreprises hôtelières à maîtriser l'adéquation permanente entre leurs besoins et leurs ressources d'un point de vue quantitatif et qualitatif. Elle rend inefficaces les décisions prises en matière d'articulation des moyens d'adaptation telles le recrutement ou l'organisation du travail.

En outre, l'absence d'une gestion prévisionnelle de l'emploi et des compétences provient d'une méconnaissance de la dimension stratégique que représentent les ressources humaines. En effet, la variable emploi-ressources humaines n'est pas encore intégrée dans le système de décision, ni donc dans la stratégie globale des entreprises hôtelières. Ainsi, les domaines de la gestion du personnel sont très limités et ne visent pas la valorisation et la mobilisation des ressources humaines. Les salariés sont considérés comme une charge à comprimer, plutôt qu'une ressource potentielle à gérer et à développer. D'ailleurs, l'entreprise hôtelière, dans l'esprit d'un grand nombre de dirigeants, est toujours considérée comme un cadre économique dirigé par un entrepreneur combinant à la fois le capital technique et le capital financier dans l'ultime but de maximiser ses gains. Ces derniers constituent la seule motivation de ce type d'entrepreneur dont la vision "economicus" éclipse la reconnaissance de la dimension "d'acteur stratégique" que revêtent les ressources humaines dans la stratégie de l'entreprise moderne. Certes, les caractéristiques du secteur touristique telles que la saisonnalité, la sensibilité aux variations de la mode, des goûts de la clientèle, à la conjoncture politique, économique, et le manque à gagner qui peut en découler, incitent les professionnels à comprimer leurs charges pour diminuer le risque des incertitudes dues aux difficultés qu'ils rencontrent en matière de prévision de leur activité. Cependant, on ne peut imputer aux seules caractéristiques de l'activité touristique tous les maux de l'hôtellerie et du tourisme. Le manque de professionnalisme et la prédominance de la logique "d'économie de cueillette" constituent les causes essentielles de la perte de vitesse du tourisme au Maroc.

En ce qui concerne le recrutement proprement dit, notre enquête a relevé que la définition des postes de travail et des profils des candidats n'est pas une pratique courante dans les établissements hôteliers, excepté dans l'hôtellerie gérée par les chaînes étrangères. À ce sujet, 11 % seulement des entreprises, soit 7 entreprises sur 64, dont 4 gérées par des chaînes étrangères, une par une chaîne nationale et 2 classées 5 étoiles luxe, font appel à ces outils-clefs de l'organisation et de la gestion du personnel. Notre enquête nous autorise à affirmer que la majorité des entreprises approchées ne se préoccupent ni d'inventorier, ni d'évaluer leurs ressources, encore moins de formaliser le contenu de leurs postes de travail. L'inadaptation du personnel existant évoquée à plusieurs reprises découle, en fait, des méthodes de recrutement dans le secteur. Celles-ci ne permettent pas de prémunir les entreprises contre les risques d'inadaptation ni de supprimer ou de réduire les régulations opérées ultérieurement, une fois les salariés embauchés.

Notre enquête relève d'autre part qu'en dehors des hôtels gérés par des chaînes étrangères, le mode de recrutement demeure encore fortement artisanal dans le reste des unités hôtelières. C'est ainsi que :

– 81 % des entreprises enquêtées, soit 52 hôtels sur 64, font appel à des personnes de la famille ou à des connaissances ;

– le recours aux services des cabinets de recrutement est insignifiant, il représente à peine 6 %, soit 4 entreprises (toutes des unités gérées par des chaînes étrangères) sur 64 ;

– le recrutement par voie de presse n'est pratiqué que dans 16 % des cas (10 entreprises hôtelières) ;

– le recours à des candidatures spontanées n'est pratiqué que par 12 % des entreprises enquêtées, soit 8 entreprises sur 64 ;

– les candidatures suscitées auprès du système de formation touristique et hôtelière représentent à peine 14 %, soit 9 entreprises sur 64.

Notre enquête révèle également l'absence, dans la grande majorité des entreprises hôtelières, de structures de gestion des ressources humaines, au profit d'une forte centralisation dans la prise de décision en matière de recrutement du personnel qualifié. C'est ainsi que la décision de recruter est exclusivement du ressort de la direction générale pour 92 % des établissements hôteliers.

D'autre part, en matière de sélection des candidatures, le recours à l'entretien individuel comme procédé de recrutement est une pratique des plus prisées par la totalité des entreprises hôtelières enquêtées (100 %), suivie par l'examen du dossier de candidature (75 %) et l'essai professionnel (62 %). Aucune entreprise hôtelière ne fait appel à des outils d'aide à la décision telle que la graphologie, ou les tests psychotechniques nécessaires à la détection des qualités relatives au savoir-être dont disposeraient les candidats.

Le faible recours aux établissements de formation touristique et hôtelière est le signe, lui, d'une forte tendance à privilégier les candidatures confirmées et expérimentées, en mesure de répondre immédiatement aux besoins des entreprises en personnel qualifié. Ce raisonnement étroit empêche l'entreprise hôtelière de devenir un espace de formation permettant aux jeunes techniciens de confirmer leurs aptitudes professionnelles et de les mettre au service de l'amélioration de la performance globale du secteur. Ce phénomène est l'une des causes de la détérioration de l'image de marque de l'entreprise hôtelière sur le marché du travail, et de l'abandon de la profession par les jeunes techniciens.

En outre, le peu d'intérêt accordé aux services offerts par les cabinets de recrutement témoigne d'un repli sur soi et d'un amateurisme lourds de conséquences quant à l'adéquation des besoins de l'entreprise hôtelière en personnel avec les ressources humaines dont elle dispose réellement, d'une part, et, d'autre part, sur les coûts cachés que peut générer un recrutement mal géré. En effet, le recrutement est un domaine de professionnels dont le but est de garantir la meilleure adéquation possible entre les aptitudes professionnelles des candidats (profil du candidat) et les exigences du poste offert (profil du poste) sur le marché du travail.

L'amateurisme ne permet pas l'adaptabilité nécessaire entre l'élément humain et l'élément poste de travail. Il aboutit plutôt à deux cas de figures pouvant être à la base de dysfonctionnements sociaux. Dans le premier cas, le profil du poste est supérieur au profil de la nouvelle recrue. Ce cas met en relief l'incompétence du titulaire du poste et donne lieu à des conséquences pouvant participer à la détérioration de la productivité de l'entreprise : travail de mauvaise qualité, erreurs dans l'exécution des tâches, mauvaise qualité du service... Dans le deuxième cas, ce sont les compétences et les attentes du titulaire du poste qui peuvent être supérieures aux exigences du poste. Cette inadaptation décourage la nouvelle recrue, la rend inerte, et la pousse éventuellement à changer d'entreprise. Ainsi, par manque de professionnalisme, de personnel spécialisé en matière de ressources humaines, et de recours aux prestations de services des cabinets de recrutement, les entreprises hôtelières perdent souvent l'opportunité de se doter du personnel de qualité leur permettant de rehausser leur image de marque sur le marché du travail, de rentabiliser l'utilisation de la main-d'œuvre et d'éviter, enfin, les coûts cachés que génèrent les procédures de recrutement peu crédibles : sous-productivité, rotation du personnel élevée, mauvais rendement... Pour y parer, les entreprises hôtelières devraient repenser leurs méthodes de recrutement, qui devraient obéir à des règles rationnelles pouvant les amener à s'entourer d'un personnel motivé, qualifié et adapté aux exigences des métiers de l'hôtellerie. L'utilisation de techniques modernes de recrutement et l'instauration de procédés d'insertion et d'intégration de nouveaux collaborateurs, de formation continue, de recyclage et de développement des potentiels des salariés, constitueraient par la même occasion des facteurs de motivation nécessaires à l'élévation du niveau professionnel et à la facilité d'adaptation du personnel aux besoins de l'organisation. La raison d'être de l'utilisation de ces techniques découle du fait que le recrutement est :

– un engagement financier important, étant donné les coûts qu'il génère en amont et en aval. Cet investissement est le plus souvent aléatoire, ses résultats dépendant d'un grand nombre de facteurs comme les compétences et les potentiels de l'intéressé, ou les conditions qui président à son intégration dans l'organisation qui va l'employer ;

– une démarche professionnelle qui permet de cerner les potentiels d'évolution, et plus accessoirement une mission pour détecter les qualifications et les compétences du moment ;

– un moyen de gérer la rareté des bons profils : même avec un chômage de plus en plus important, même en tenant compte de l'extension de la formation touristique et hôtelière, les meilleurs profils demeurent toujours rares.

De plus, les enjeux de la formation, sur les plans de la compétitivité et du développement des compétences, ne sont pas appréciés à leur juste valeur. La formation n'est pas, en fait, incarnée dans les pratiques de gestion des entreprises hôtelières. Malgré les avantages que représente le système des contrats spéciaux de formation[88], le nombre d'hôtels ayant déposé un plan de formation auprès de l'Office de la formation professionnelle et de la promotion du travail (OFPPT) au titre de l'année 1996-1997 ne dépasse pas l'unité sur environ 600 établissements hôteliers existants, toutes catégories confondues. En dehors de cet unique exemple, seuls 8 autres hôtels, dont la moitié environ gérés par des chaînes étrangères, ont réalisé des actions de formation non planifiées.

Quant aux dépenses de formation pour les deux types de formation - planifiée ou non -, elles représentent 2,40 % de la masse salariale fournie par les 9 entreprises concernées. En déduisant les remboursements effectués par l'OFPPT dans le cadre du système des contrats spéciaux, l'effort de formation est à peine supérieur à 1 % de la masse salariale de ces entreprises.

---

[88] Dans le cadre du système des contrats spéciaux, l'OFPPT, sur la base de la présentation d'un plan de formation, rembourse 70 % des dépenses engagées par les entreprises au titre de la formation de leur personnel. Les actions qui n'entrent pas dans ce cadre ne sont remboursées qu'à concurrence de 40 % des dépenses de formation.

Tableau 39. Indicateur relatif aux contrats spéciaux concernant l'hôtellerie.

Entreprises	T.F.P. 96	Eff.	Nbre actions	Effectif bénéficiaires	Dépenses de formation	Remboursement OFPPT
Golf Palace	---	- - -	16	160	355 288,44	142 115,34
Hôtel Hilton	337 749,37	340	01	04	15 920,00	6 368,00
Hôtel Salam	829 529,53	1401	08	258	2 640 000,00	1 056 000,00
Hôtel Tikida	89 201,00	176	01	30	54 600,00	21 840,00
Hôtel Hyatt Regency	382 470,54	360	27	603	316 722,00	221 705,40
Satacoma SA	112 044,61	160	01	01	9 900,00	3 960,00
Hôtel Sheraton Agadir	153 397,00	210	01	15	19 360,00	7 740,00
Hôtel Sheraton Casa	356 193,92	370	07	842	27 100,00	10 840,00
Hôtel Tikida Beach	40 707,00	187	01	02	5 120,00	2 048,00
	2 301 292,97	3204	63	1 915	3 444 010,44	1 472 616,74

Source : Tableau confectionné par nos soins à partir des données de l'OFPPT.
Les dépenses sont exprimées en dirhams marocains.

N'omettons pas de signaler que l'effort à consentir pour développer la formation continue dans le secteur de l'hôtellerie se heurte à plusieurs difficultés, dont voici les plus importantes[89] :

– absence de volonté et d'engagement des hôteliers à faire de l'entreprise hôtelière un espace de formation. Ainsi, la formation est encore considérée comme une charge alors qu'elle constitue le meilleur outil stratégique du développement des compétences et des performances de l'entreprise ;

[89] B. Abdallaoui, M. Hillali et M. Moufid : La formation touristique au Maroc, Commission de l'OMT pour l'Afrique, 1991.

– inexistence de structures chargées d'établir les plans de formation selon les besoins ressentis, et nécessaires à l'équilibre des capacités humaines et des exigences des postes de travail ;

– préférence affichée pour une main-d'œuvre non formée pour des raisons de docilité, de bas salaires ;

– rareté des entreprises hôtelières disposant d'un budget pour promouvoir la formation continue. Les hôteliers privilégient les questions de rentabilité financière au détriment du développement du potentiel humain.

Outre ces difficultés, on peut également ajouter les obstacles d'ordre managérial. À cet égard, nous pouvons citer le peu de prise de conscience sur le rôle de la formation continue et de ses effets positifs quant à l'amélioration de la productivité, de la qualité et du développement des aptitudes professionnelles. La formation, de plus, n'inspire pas confiance aux hôteliers, dans la mesure où elle continue à être considérée comme un facteur favorisant, d'une part, les départs des collaborateurs qui en bénéficient vers des entreprises offrant de meilleures perspectives et, d'autre part, les revendications salariales.

En somme, le grand obstacle réside dans la crainte des chefs d'entreprises hôtelières d'entamer un processus de remise à niveau exigeant un engagement des promoteurs et un niveau de compétence élevé des dirigeants pour gérer le changement. De ce fait, le milieu hôtelier n'est pas encore prêt à remettre en question son mode d'organisation et de fonctionnement, ni son système de gestion, ni son processus de production, et ni, bien entendu, son propre style de management.

II- La régulation sociale par l'ajustement interne

La mondialisation de l'économie et les échéances de l'an 2010, relatives à l'intégration du Maroc dans la zone de libre-échange euro-méditerranéenne, ont eu le mérite, depuis peu, de situer au centre des préoccupations économiques du pays la restructuration des systèmes productifs des entreprises marocaines, la mise à niveau, ainsi que l'implantation de la démarche qualité dans leurs systèmes.

Dans cette nouvelle conjoncture, l'un des objectifs du tourisme au Maroc est de tirer le meilleur parti possible de l'essor des échanges, des flux des investissements et des personnes au niveau international. Pour ce faire, le secteur en question doit améliorer sa compétitivité pour s'adapter à la concurrence et aux exigences de la demande touristique mondiale.

Or, la recherche d'une meilleure compétitivité du secteur de l'hôtellerie et du tourisme exige, non seulement de mettre en place des mesures d'ordre économique, technologique, fiscal et financier, mais aussi une stratégie ambitieuse de développement de son niveau d'encadrement, qui passe inévitablement par un investissement accru en ressources humaines.

Force est de constater que le stock de compétences dans les entreprises touristiques et hôtelières est en-deçà des défis à relever. L'insuffisance de l'encadrement du secteur, l'hypertrophie de la main-d'œuvre sans qualification et l'absence d'une politique de formation continue sont autant de facteurs ayant un impact négatif sur la compétitivité du secteur.

D'un côté, le déséquilibre des ressources et des capacités humaines reflète la faiblesse de qualification et de technicité, phénomènes qui entravent la productivité et nuisent à l'amélioration de la compétitivité structurelle du secteur. De l'autre, ce déséquilibre provoque des conséquences dont les effets apparaissent au niveau des divers dysfonctionnements que connaît l'hôtellerie nationale.

Cette inadéquation met également en évidence la nécessité d'une mise à niveau. Cette dernière devrait être recherchée, entre autres, à travers la restructuration à la fois de l'appareil productif et de l'organisation de l'emploi. La restructuration et la création de l'emploi seront les deux variables contradictoires à gérer avec prudence et méthode, afin de trouver les compromis nécessaires entre objectifs des entreprises et intérêts sociaux des salariés du secteur. À ce sujet, les entreprises hôtelières peuvent utiliser tout un ensemble de solutions, telles que les transferts internes de salariés (surtout lorsqu'il s'agit de chaînes possédant plusieurs unités), la formation interne en périodes creuses ou mauvaises conjonctures..., pour éviter le dégraissage comme moyen privilégié de régulation, tout en maintenant un esprit coopératif et solidaire nécessaire à l'amélioration de la compétitivité et de la qualité.

La compétitivité-prix dépend :

- du coût unitaire conditionné par les gains de productivité ;
- du différentiel d'inflation : celui-ci donne l'avantage au pays qui réalise le taux d'inflation le plus faible. Plus le taux d'inflation est élevé, moins les prix à l'exportation sont attractifs et compétitifs ;
- de la variation du taux de change : la dépréciation de la monnaie permet de diminuer les prix des exportations (politique de dévaluation compétitive) et de renchérir les prix des importations. Cette politique induit un surcroît de la productivité-prix qui devrait favoriser la croissance et donc l'emploi.

Toutefois, les chances de réussite d'une telle politique sont aléatoires. Le souci d'une plus grande productivité, associé à une lutte contre l'inflation, doit donc être primordial.

La compétitivité-prix n'est pas un déterminant suffisant de la compétitivité. C'est la raison pour laquelle il faut plutôt tenir compte de la compétitivité structurelle qui dépend fondamentalement :

- de la spécialisation sur des créneaux porteurs où l'économie nationale dispose d'un avantage en termes de savoir-faire ;
- d'une flexibilité qui assure l'adaptation à la demande mondiale ;
- d'une gamme de produits suffisamment large et cohérente ;
- d'une qualité renommée des produits qui attirent la demande

1- Estimation du déficit structurel

Pour nuancer les correctifs approximatifs et le cas de figure de régulation que nous allons avancer plus loin, il est nécessaire de faire la remarque suivante[90] : le calcul des effectifs doit tenir compte, au niveau de l'entreprise hôtelière, d'un certain nombre de paramètres, tels que la charge de travail (total des taches), les standards de production ou de performance, le taux d'occupation, le nombre de journées effectives de travail (en tenant compte des congés, de l'absentéisme des salariés, de la capacité, de la catégorie de l'établissement, de la saisonnalité, etc.).

Aussi la détermination des effectifs doit-elle être fondée sur des normes de production spécifiques pour chaque groupe de travail, dans chaque département de l'établissement hôtelier. À ce sujet, il y a lieu de considérer trois types de groupes de travail :

– les groupes d'emplois fixes, dans lesquels sont prises en compte les positions ne variant pas en fonction du volume d'affaires. Ce sont généralement les postes d'encadrement et de supervision. Il n'y a, à ce niveau, aucune règle fixe pour calculer les standards de productivité nécessaires à la détermination des effectifs de ce groupe d'emplois. Cependant, la direction de l'établissement hôtelier décidera, en prenant en considération l'importance de l'établissement, de ses objectifs, de son image de marque, de sa localisation et de l'organisation de son travail ;

– les groupes d'emplois semi-variables, dans lesquels sont prises en considération les positions qui ne varient qu'en regard du volume des affaires, souvent relatifs à l'élément saisonnier. Sont concernés certains emplois de niveau de base, et la main-d'œuvre sans qualification. Les standards de productivité pour ce groupe d'emplois sont basés essentiellement sur le niveau d'occupation, le chiffre d'affaires, le nombre de couverts, etc., selon l'élément de saisonnalité et le service concerné par le calcul des effectifs ;

– les groupes d'emplois variables, dans lesquels sont pris en compte les emplois particulièrement sensibles aux volumes d'affaires. Les standards de productivité pour ces derniers groupes sont observés selon la même démarche que les groupes semi-variables, mais les éléments, surtout la charge journalière du travail, y jouent un rôle déterminant.

En principe, les directions mettent sur pied les normes de productivité avec leur staff, après une étude des performances réalisées dans leurs propres établissements. Le calcul des effectifs permettra ainsi de fixer, pour chaque service ou chaque groupe d'emplois, le nombre d'employés nécessaires en basse, en haute, en moyenne saison, ainsi que les budgets main-d'œuvre. Ce calcul permet aussi de contrôler efficacement la gestion des effectifs, et d'éviter les dysfonctionnements et leurs conséquences, à savoir l'alourdissement des coûts et des charges, le gaspillage des ressources en cas de dépassement, la surcharge de

[90] Il est toutefois difficile d'approfondir l'argumentation dans la mesure où les données sur la distribution réelle des services par qualification restent aléatoires.

travail et, par-là même, la mauvaise qualité, les retards, les erreurs et les retombées sur le climat social en cas de manque de personnel.

Pour éviter ce genre de conséquences, on est tenu de prendre en compte la charge de travail, les standards de performance définis pour chaque service en vue d'établir une grille horaire, le temps de travail théorique et le temps de travail effectif. À cet effet, la formule suivante permet de calculer les effectifs nécessaires au bon fonctionnement de chaque groupe de travail :

$$\frac{\text{À} \times T1}{B \times T2}$$

Soit :

À : Charge de travail. Exemple : 350 couverts en moyenne par jour. Le coffee-shop étant ouvert 24 heures sur 24.

B : Standard de production. Exemple, un serveur dans le coffee-shop assure 44 couverts en moyenne par journée de travail de 8 heures.

T1 : Nombre annuel de journées de travail

T2 : Nombre annuel de journées de travail effectif.

Si T1 est égal à 365 jours, T2 est égal à T1 - le nombre de jours d'absence. Admettons que l'absence au travail par année soit calculée comme suit :

Jours de congé hebdomadaires	104 jours
Jours fériés	10 jours
Jours de congé annuel	21 jours
Jours de maladie (à évaluer sur la base statistique)	05 jours
Total	140 jours

Temps effectif de travail : 365 jours - 140 jours = 225 jours.

Effectif réel :

350 X 365/44 X 225 = 12,90 soit 13 serveurs

Ces remarques étant faites, nous allons centrer notre attention sur la qualité du facteur humain à travers la structure de l'emploi et proposer un scénario permettant une adaptation des ressources humaines aux besoins des entreprises hôtelières.

Dans ce cadre, pour échapper au dégraissage des effectifs tout azimut et aux conséquences qui en découlent au niveau social, il est possible de réaliser la mise à niveau de l'emploi dans ce secteur sans heurts, en faisant appel à la mobilité interne[91].

En effet, si l'on se base sur l'hypothèse relative aux normes de l'emploi retenues par le BIT en 1976 pour les pays d'Afrique à tourisme suffisamment

[91] D'autres pistes, telles que la retraite anticipée, peuvent être utiles pour décongestionner les effectifs. Mais encore faudrait-il que les systèmes de retraite soient adéquats pour rendre possible l'exploitation de cette possibilité.

développé et sur la structure réelle de l'emploi dans les années 90, le déséquilibre par niveau de qualification serait de l'ordre de 11 883.

Tableau 40. Ventilation du déficit structurel par niveau hiérarchique[92]

Niveaux de Qualification	Situation de l'emploi en 1993	Situation de l'emploi en 1993	Restructuration (normes du BIT)	Restructuration (normes du BIT)	Déficit structurel	Déficit structurel
	%	Volume	%	Volume	%	Volume
I- Cadres dirigeants	1,0	495	2,0	990	- 1,0	- 495
II- Techniciens supérieurs	3,0	1 485	6,0	2 970	- 3,0	- 1 485
III- Techniciens moyens	10,0	4 951	21,0	10 398	- 11,0	- 5 447
IV- Techniciens de base	37,0	18 320	46,0	22 776	- 9,0	- 4 456
V- Main-d'œuvre sans qualification	49,0	24 261	25,0	12 378	(+ 24,0)	+ 11 883
TOTAL	100,0	49 512	100,	49 512	24,0	+ 11 883

Source : Tableau confectionné par nos soins à partir des données de l'étude du schéma directeur de la formation professionnelle (ministère du Tourisme) et des normes du BIT (op.cit).

Le tableau ci-dessus illustre les écarts entre les effectifs théoriques nécessaires à la bonne marche des unités hôtelières existantes et ceux réellement employés en 1993. À ce sujet, il ressort de ce tableau les points suivants :

– le personnel de direction et d'administration appartenant à la catégorie I ne représente que 1,0 % de l'ensemble des employés. Ainsi pour 100 employés, on trouve environ un cadre dirigeant de la catégorie I, alors qu'en 1976, 2 % des employés appartenaient à ce niveau. Cette faiblesse se répercute négativement sur le management des entreprises hôtelières qui se trouvent pénalisées dans le domaine du» savoir-penser" (la vision à long terme). Elle affecte aussi le fonctionnement des entreprises hôtelières à un moment où le professionnalisme est devenu une exigence absolue ;

– le volume de la catégorie II, qui regroupe les techniciens supérieurs, témoigne d'un manque croissant d'encadrement. Ce manque affecte

[92] Cette ventilation prend en considération le total de l'emploi (permanent et saisonnier) spécifique (38 032) et transverse (11 480). Par contre, elle ne tient pas compte de l'emploi temporaire.

principalement la rentabilité des entreprises hôtelières au niveau de la conduite des hommes, de la maîtrise des coûts, de la commercialisation, de la qualité des prestations de service, etc. ;

– l'encadrement moyen et la catégorie de techniciens de base n'échappent pas à ces mêmes considérations. Leurs parts respectives, par rapport au total des effectifs, n'ont cessé de diminuer, d'où la détérioration de la qualité des prestations de service et de l'organisation du travail ;

– le suremploi, dû essentiellement à l'importance en volume de la catégorie V, qui regroupe le personnel non qualifié.

Ainsi, la structure de l'emploi dans l'hôtellerie marocaine laisse apparaître un besoin de qualification important tant au niveau quantitatif que qualitatif, et un manque de professionnalisme de la main-d'œuvre existante. L'hypertrophie de la main-d'œuvre sans qualification et la pénurie de l'encadrement témoignent de la difficulté du secteur à se doter d'un personnel qualifié.

2- Faire émerger les compétences de l'intérieur

En l'absence d'une main-d'œuvre adaptée sur le marché du travail, et eu égard au temps que nécessite la mise en place de l'adéquation du système de formation aux besoins du secteur, la régulation par la mobilité interne permet de répondre aux besoins de qualification ressentis, d'économiser les coûts que peuvent générer les licenciements du personnel excédentaire et les conflits sociaux (grève, débrayage, sabotage...). Recourir exclusivement au marché du travail externe peut s'avérer coûteux et lourd de conséquences sociales. Pour assurer la paix sociale à l'intérieur des entreprises hôtelières et répondre à leurs besoins en qualifications nouvelles, il est plus opportun de conjuguer à la fois la régulation interne et l'ajustement externe, le but étant de stimuler la motivation des meilleurs salariés présents et de faire appel au marché du travail pour intégrer des profils pointus dont la mission serait de consolider les compétences collectives de l'entreprise.

Dans l'état actuel de l'emploi dans le secteur, les entreprises hôtelières ont la possibilité d'entreprendre des actions régulatrices au niveau interne. Ces actions visent à compenser, au moins partiellement, les déséquilibres en besoin de qualification dans le but d'atténuer le déficit de l'encadrement par une restructuration de l'emploi, moyennant un apport important en matière de formation et de valorisation des ressources humaines existantes. Pour ce faire, le maximum de mobilité devrait être sollicité, de façon à rééquilibrer les différents niveaux entre eux. Cette action présente l'avantage de résorber le sureffectif au niveau V et de combler les déficits catégoriels constatés aux niveaux IV, III, II et I. Le tableau ci-dessous illustre les permutations verticales et le rééquilibrage qui en découlent entre les différents niveaux catégoriels.

Tableau 41. Ajustement possible des effectifs par niveau de qualification

Niveaux de Permutation	V	IV	III	II	I	Total du besoin de restructuration
Volume de l'emploi en 1993 (initial)	24 261	18 320	4 951	1 485	495	----
(-)	11 883	7 427	1 980	495	- -	21 785
(+)		11 883	7 427	1 980	495	
	12 378	22 776	10 398	2 970	990	

Ainsi donc, les mouvements internes (relation surplus-déficit) pour combler le déficit structurel se traduiraient comme suit :

Tableau 42. Ajustement interne pour résorber le déficit catégoriel

Effectif réel en 1993 par niveau	Mouvements internes pour combler le déficit structurel	Effectif après restructuration
Niveau I495	495	990
Niveau II 1 485	1 980	2 970
Niveau III4 951	7 427	10 398
Niveau IV18 320	11 883	22 776
Niveau V 24 261		12 378

Signalons que ce type de réaffectation des ressources humaines devrait s'accompagner d'une mise en œuvre de la mobilité horizontale, c'est-à-dire de la réalisation de transferts à des niveaux hiérarchiques équivalents. L'objectif est d'affecter, après diagnostic et appréciation des potentiels des salariés, les hommes qu'il faut aux postes correspondant à leurs profils et à leurs aptitudes professionnelles.

Par la même occasion, il est impératif de s'assurer que les salariés n'ayant pas bénéficié d'un transfert vers des postes réputés plus qualifiés (promotion interne) ou d'une mutation (transfert horizontal) sont adaptés aux fonctions qu'ils continueront d'occuper. Le but de cette vérification est de prévoir, en cas d'inadéquation, des programmes de formation continue pour relever le niveau de qualification de ces salariés.

Dans tous les cas, la finalité de ces ajustements est de prévenir les risques d'inadaptation et de les transformer, si possible, en opportunités pour le personnel et pour les entreprises considérées. Dans le cas où aucune action ne serait entreprise, le risque d'inadéquation pourrait générer des effets lourds de conséquences, non seulement sur les performances de ces entreprises, mais aussi sur l'évolution du secteur touristique dans son ensemble.

Tableau 42 Bis. Risques et conséquences de l'inadaptation des besoins et des ressources des entreprises hôtelières

Situations	Nature de l'inadéquation	Conséquences
Au niveau des entreprises Hôtelières	1- SURPLUS Effectifs >Besoins	- coûts cachés - alourdissement des coûts et des charges - mauvaise utilisation des potentiels - surcharge
	2 – PÉNURIE Effectifs <Besoins	- gaspillage de matières, erreurs - mauvaises conditions de travail - mauvais climat social
Au niveau des salariés	3 – INCOMPÉTENCE Exigences >Compétence du poste du titulaire	- mauvaise qualité du travail - faible productivité - détérioration de l'image de marque - rotation élevée du personnel
	4 – DÉMOTIVATION Exigences <Compétence du poste et attentes du titulaire	-démotivation, désengagement - inertie - gaspillage des ressources

Source : tableau confectionné par nos soins à partir de la notion de risque d'inadéquation entre les besoins de l'entreprise et ses ressources, développée par L. Mathis, in Gestion prévisionnelle et valorisation des ressources humaines, Editions d'organisation, Paris 1982, p. 38.

Il va sans dire que l'ensemble des actions d'ajustement et de rééquilibrage exige, à l'échelle de chaque unité hôtelière, un diagnostic sérieux de l'existant, une mise en œuvre d'outils et de procédures relatives à la gestion de l'emploi, et des compétences. Ainsi les entreprises du secteur pourront dégager les actions spécifiques à leurs situations pour entreprendre la restructuration en fonction du potentiel humain et de leurs besoins en personnel considérés dans le présent et dans le futur.

Pour ce faire, elles ne peuvent éviter d'intégrer la variable emplois/ressources humaines dans la stratégie des unités hôtelières et d'ouvrir leur système de gestion à la dimension humaine de l'entreprise. Désormais le salarié serait ressenti comme "acteur stratégique"... Ainsi, privilégier, dans le contexte actuel, la rationalité des acteurs, leur volonté, leur intelligence, leur créativité pour améliorer les performances des entreprises et assurer leur adaptabilité, est une vision bien plus porteuse que celle faisant appel à la rationalité des individus considérés séparément dans leurs actions et leurs objectifs. Mais il reste évident que l'adoption de cette vision n'aura de signification et d'efficacité que si elle s'articule étroitement avec la gestion des autres variables-clés (marché-produit, rentabilité-financement) dans la stratégie globale de l'entreprise. Cela permettra de dégager les compromis et les équilibres les plus satisfaisants. L'intérêt d'une telle démarche est de construire un avantage comparatif fondé sur la mobilisation des compétences et la valorisation des potentiels humains pour faire face aux turbulences de l'environnement économique.

Pour mener à bien cette stratégie sociale, il est impératif de mettre en place un plan de développement des ressources humaines. Les entreprises hôtelières devraient considérer ce plan comme un investissement dont les résultats futurs se traduiront par un accroissement de la productivité, une diminution des coûts cachés, une meilleure stabilité du personnel et une amélioration de la flexibilité humaine. Ce plan devrait comporter deux phases.

En premier lieu, la mise en œuvre d'un système d'appréciation du personnel devenu :

– une nécessité économique d'abord, car sans connaissance des aptitudes, des compétences professionnelles du personnel et de ses attitudes face aux objectifs de l'organisation, l'entreprise hôtelière risque de sombrer dans la médiocrité et de perdre sa pérennité ;

– une nécessité organisationnelle, ensuite, car l'évaluation du personnel permet d'anticiper et de prévoir les écarts d'adaptation entre les ressources humaines existantes et les besoins en compétences actuelles et futures ;

– une nécessité humaine, enfin, parce que l'évaluation est une réponse au besoin des collaborateurs de se situer par rapport à leurs réalisations professionnelles, de s'informer sur les objectifs de l'entreprise et de mesurer leurs propres efficacité et performances.

En second lieu, le développement des ressources humaines nécessite l'élaboration d'un plan de développement du potentiel humain, visant à atteindre le meilleur équilibre possible entre les besoins en hommes des structures, les attentes à l'égard du travail et les potentiels et aspirations du personnel.

Dans l'immédiat, une attention particulière doit être apportée au développement et à la valorisation des ressources humaines par l'investissement en formation continue. Cette dernière constitue, si elle est bien réfléchie (et fondée sur les référentiels de compétences), le moyen le plus efficace pour :

– augmenter le stock de la connaissance professionnelle permettant l'amélioration de l'efficacité organisationnelle ;

– prévenir et diminuer les risques d'inadaptation des besoins des entreprises en personnel avec leurs ressources humaines ;

– accompagner le changement organisationnel et structurel imposé par les turbulences de l'environnement économique.

C'est ainsi que la formation constitue le gage pour relever les défis relatifs à l'amélioration de la compétitivité structurelle, à l'adaptabilité face à l'internationalisation de la concurrence et à l'évolution des styles de vie de la clientèle touristique. À cet égard, les entreprises hôtelières sont tenues de privilégier l'investissement en formation continue et d'en faire l'une des variables de leur stratégie. Celle-ci revêt aujourd'hui, pour l'hôtellerie marocaine, un caractère urgent, impératif et prioritaire.

Urgent, car la pénurie de personnel de qualité constitue un obstacle majeur à l'amélioration des performances de l'hôtellerie et, partant, un manque à gagner pour l'économie nationale. En témoignent les écarts existant entre les profils professionnels, intellectuels et humains du personnel hôtelier en place, et les profils exigés par la profession, qui intègrent compétences techniques, dynamisme, capacité d'intégration, aptitude à la communication...

Impératif, car les besoins d'amélioration de la qualité exigent des entreprises qu'elles investissent dans le développement des compétences de leurs ressources humaines et qu'elles comblent leur déficit en personnel qualifié.

Prioritaire, car l'augmentation générale des niveaux de compétence du personnel est une tâche-clé de la survie des entreprises et de leur pérennité, dans un environnement économique mondialisé qui impose une adaptation continuelle et une amélioration permanente de la qualité.

Encore faudrait-il, pour satisfaire à cette stratégie, que les entreprises hôtelières s'ouvrent sur le management des ressources humaines. Ce dernier devient, à l'heure actuelle, celui d'une organisation conçue comme un système ouvert adhérant fortement à l'idée de rationalité économique, mais marquée également par une évolution dans la relation homme/travail. En effet, selon Sandra Michel[93], « les évolutions organisationnelles ont inscrit dans les esprits une certitude : on ne peut plus organiser, prévoir et contrôler le travail humain comme avant... Ceci introduit une notion radicalement nouvelle dans la gestion des ressources humaines, une notion qui se centre sur l'individu, ses compétences,

[93] S. Michel : Conception de l'organisation et gestion des ressources humaines, Cahiers français, op. cit. p. 72.

son projet et son intégration dans l'équipe. Les concepts fondateurs de la gestion s'éloignent de l'organisation pour se tourner davantage vers l'individuel ». C'est ainsi que les modes d'organisation familiale et taylorienne devraient céder la place à une organisation plus systématique et à un management plus réactique, intégrant l'environnement (économique, technologique, socioculturel...) comme donnée fondamentale face à une concurrence de plus en plus farouche.

Dans cette perspective, les entreprises devraient aussi faire preuve d'innovation pour introduire des politiques sociales à même de mobiliser les ressources humaines existantes sur des valeurs motivantes, et d'offrir aux jeunes cadres et techniciens une image attrayante de la profession.

III- Sans changement de paradigme, point de développement des compétences

Le tourisme mondial, et en particulier l'hôtellerie, est marqué par une industrialisation accrue, par une exacerbation de la concurrence et par un renforcement des normes de la qualité qui ont modifié le profil de la main-d'œuvre du secteur. Face à cette réalité, savoir "mettre la main à la pâte" et être un employé spécialisé n'est plus suffisant pour gérer une unité hôtelière, occuper un emploi et satisfaire le client.

Adapter le secteur touristique et hôtelier à ces mutations et tirer le meilleur avantage possible des mouvements de personnes et des flux financiers qu'ils suggèrent (investissements et dépenses touristiques) nécessitent une stratégie ambitieuse au niveau économique, technologique et financier, intégrant un grand effort en matière d'investissement en ressources humaines et en encadrement. En effet, la priorité donnée à l'investissement en ressources humaines et à la gestion des compétences est la résultante d'un contexte économique mondialisé où la qualité du profil de la main-d'œuvre fait de plus en plus la différence tant à l'échelle des entreprises qu'au niveau des pays. La vitesse à laquelle les entreprises hôtelières doivent réagir à la concurrence et aux exigences croissantes de la clientèle fait des ressources humaines et de leurs aptitudes à l'adaptation, la force qui permet un meilleur positionnement sur le marché touristique.

Cette réalité devrait pousser les entreprises touristiques et hôtelières à reconnaître la dimension "d'acteur stratégique" que doit prendre le capital humain, et en faire une éthique, un élément de sa culture, sous peine de disparaître. Le problème est de taille, car l'hôtellerie marocaine se trouve à un carrefour :

– d'un côté, elle devrait améliorer sa compétitivité pour un meilleur positionnement sur le marché touristique international. Pour ce faire, elle doit disposer d'une main-d'œuvre de qualité qui soit en mesure de s'adapter et d'améliorer continuellement ses compétences. Or, la plus grande partie de cette main-d'œuvre n'est pas préparée à relever ces défis ;

– d'un autre côté, l'introduction de nouvelles technologies, les mutations qui sont susceptibles d'affecter la gestion et l'organisation du secteur imposeront à celui-ci un besoin grandissant de compétences, sans lesquelles l'adaptation aux mutations qui caractérisent le tourisme à l'échelon international serait impossible.

Or la profession connaît de plus en plus une sérieuse carence en personnel qualifié. La tendance depuis la fin des années 80 confirme le rejet des métiers de l'hôtellerie par les jeunes techniciens et cadres formés par le système de formation touristique et hôtelier. L'absence d'une gestion des ressources humaines est l'une des tares de la profession et l'une des causes de la détérioration de l'image de marque du produit touristique.

1- Le développement du facteur humain, source de compétitivité

En cette période où la restructuration du secteur touristique et hôtelier est devenue impérative, la gestion de l'emploi et des compétences mérite une attention d'autant plus particulière que les mutations observées dans le secteur touristique et hôtelier exigent désormais de repenser les méthodes de gestion de l'emploi et des compétences.

Compte tenu aujourd'hui de la mondialisation et de ses incidences sur les systèmes productifs, le fonctionnement et l'organisation des entreprises hôtelières marocaines se doivent, elles aussi, de tenir compte de ces mutations, de faire preuve d'imagination et d'innovation afin de s'adapter aux turbulences de leur environnement externe, et de mobiliser les ressources humaines qui les animent.

La plupart des études et des débats sur la crise qui sévit dans l'hôtellerie, depuis la fin des années 80, portent sur la rentabilité et la rationalité des méthodes de gestion de ce secteur-clé relevant du secteur touristique. Cet intérêt est justifié, dans la mesure où le manque à gagner dans cette branche d'activité économique peut se répercuter non pas uniquement sur la seule survie des entreprises hôtelières, mais aussi sur l'économie nationale, étant donné les effets multiplicateurs d'une mauvaise gestion de l'hôtellerie : perte d'entrées de devises, déséquilibre de la balance des paiements, diminution du niveau de création d'emplois, etc.

Cependant, si la recherche de productivité, de rentabilité et d'assainissement a retenu l'attention des différents partenaires économiques concernés, l'impulsion des ressources humaines et l'ouverture des méthodes de gestion sur le facteur humain et le développement des compétences demeurent jusqu'ici négligés, voire même absents dans les stratégies des entreprises hôtelières[94]. Or, ces stratégies sont remises en question. Les diverses pressions que subit l'hôtellerie, les mutations

[94] Dans le rapport concernant la relance du tourisme, la commission du tourisme au sein de la Confédération générale des entreprises marocaine (CGEM) a surtout insisté sur l'adaptation de l'offre touristique, la mise à la disposition des investisseurs (locaux et étrangers) des réserves foncières, la libéralisation totale du transport aérien (chartérisation et ouverture du capital de la Royal Air Maroc (RAM), la réforme de l'Office national marocain du tourisme (ONMT) et la création d'une société mixte (la maison du Maroc), ainsi que sur la "défiscalisation du secteur".

économiques, technologiques, sociologiques et culturelles du marché mondial ne tolèrent guère le type de gestion prédominant actuellement. Pour cela, les entreprises hôtelières devraient chercher l'adaptabilité, l'efficacité et la performance en centrant leurs efforts sur une gestion adéquate de leurs ressources humaines et leurs compétences.

Malgré l'évolution qui s'est dessinée depuis les années soixante-dix, marquant la volonté des pouvoirs publics de doter le pays d'une industrie hôtelière dynamique et imprégnée d'une mentalité libérale, force est de constater que les entreprises hôtelières demeurent archaïques dans leur mode de gestion de la force de travail, et se situent parmi les secteurs qui ont le plus de mal à s'adapter à des formes de gestion modernes. Les entreprises hôtelières n'arrivent pas à se construire une stratégie intégrant les ressources humaines comme élément déterminant de leur compétitivité. L'absence de stratégie sociale et la pression sur la masse salariale sont, malheureusement, les seuls faits marquants d'une politique de gestion encore très artisanale. La taille (PME), le caractère familial et artisanal de l'exploitation des entreprises hôtelières, témoignent de l'âge avancé d'un système de production des services qui s'est maintenu grâce à une exploitation sévère de la main-d'œuvre, à une compression des effectifs, à l'utilisation d'une main-d'œuvre sans qualification, aux avantages consentis par l'État pour encourager le secteur, et à une demande peu exigeante, tournée essentiellement vers le besoin de soleil, de mer et de sable. Avec les mutations de l'industrie hôtelière et touristique, l'évolution des motivations de la clientèle et l'agressivité de la concurrence, ce type de fonctionnement devient improductif. Il se trouve aujourd'hui complètement bousculé par l'émergence d'un nouveau système productif, souvent appelé système flexible de l'organisation du travail, où l'avantage comparatif attractif à faire prévaloir réside non pas dans le coût salarial mais plutôt dans la qualité des ressources humaines. Les schémas 10 et 11 ci-après démontrent bien les différences majeures entre la logique de l'ancien système et celle du nouveau modèle productif. Ce dernier est fondé sur des principes privilégiant l'anticipation, l'innovation, l'optimisation des facteurs de production, la démarche qualité totale, le développement des ressources humaines et le compromis entre les intérêts de l'entreprise et les attentes des salariés. La spécificité de ce nouveau modèle se situe, d'après R. Boyer[95], au niveau de la différenciation des produits, de la réactivité du marché et de la polyvalence des salariés. Le modèle suppose une organisation alternative dont l'objectif est, selon le même auteur, de concilier baisse permanente des coûts, recherche de la qualité comme argument de vente et flexibilité productive interne.

---

[95] R. Boyer et J.P. Durand : L'après fordisme, Editions Syros, Paris 1988, pp. 35-37.

Graphique 11. Les différents principes du système fordiste

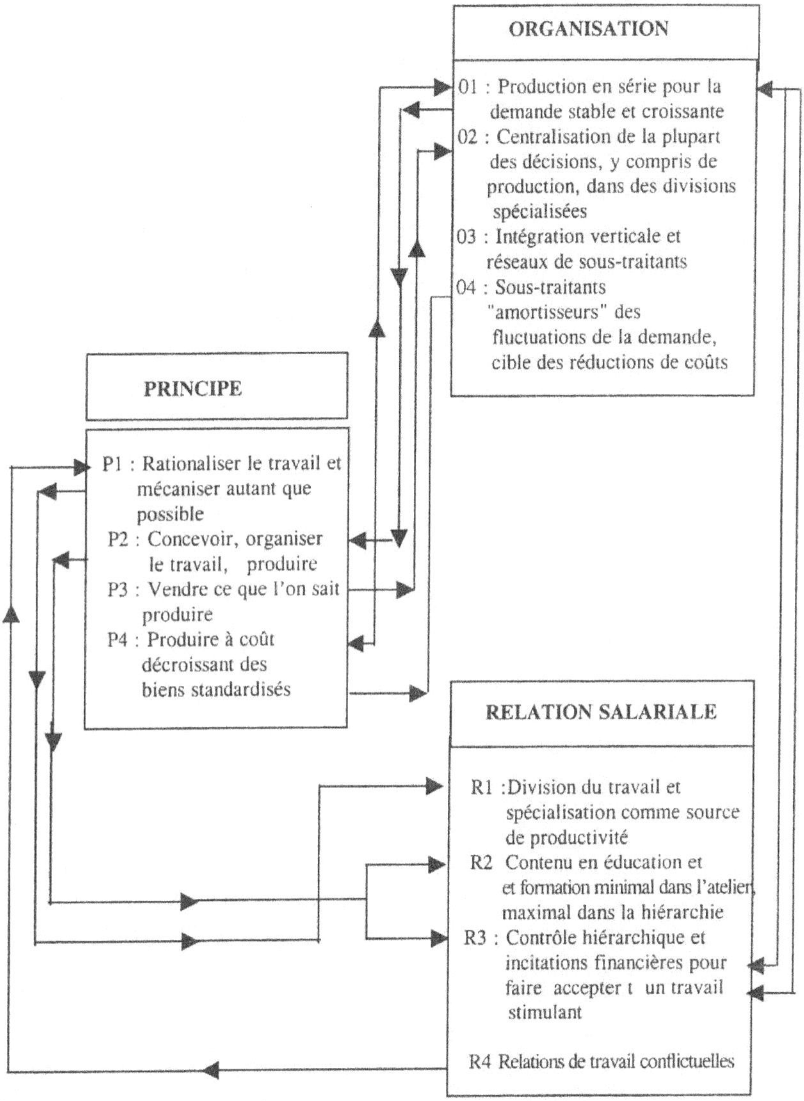

Source : R. Boyer et J.P. Durand.

Graphique 12. Les principes du système productif post-fordiste

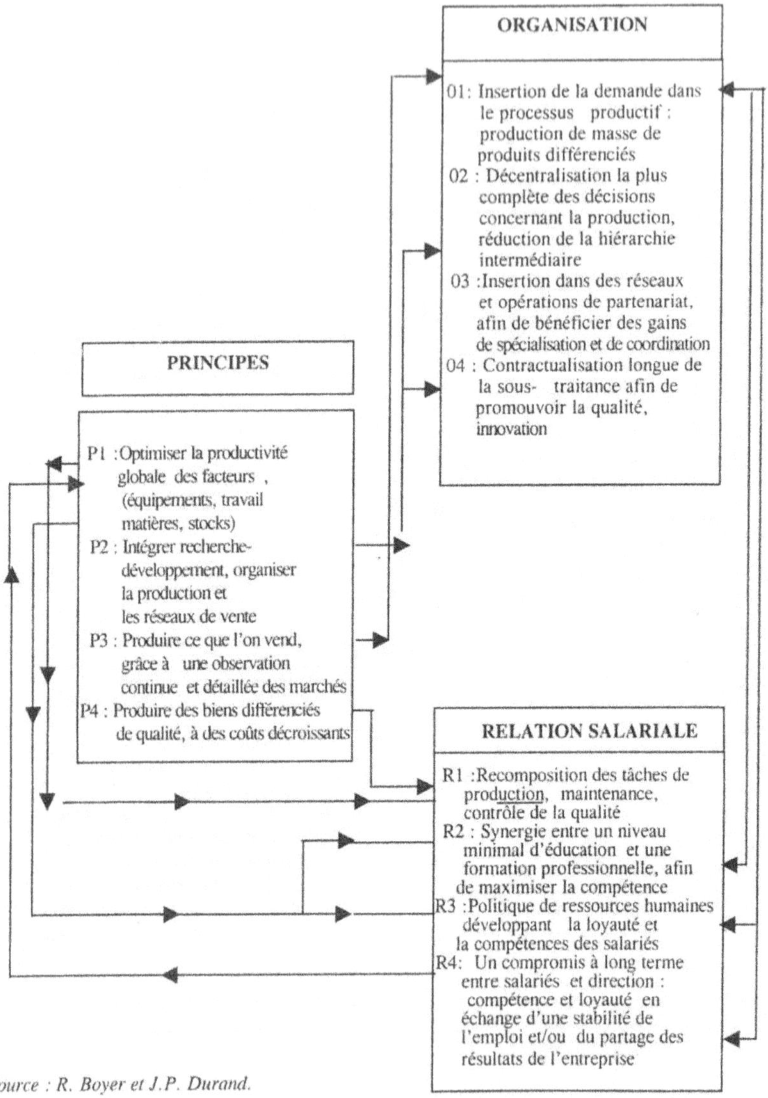

Source : R. Boyer et J.P. Durand.

Les efforts entrepris ces dernières années ont le mérite de poser la question du décollage du tourisme marocain dans le cadre d'une vision dont la finalité est le décollage d'une industrie touristique adaptée à notre époque. Cette vision nécessite l'existence de leaderships, dans toutes les activités intéressées de loin ou de près par le développement touristique, capables de produire les changements nécessaires à l'accomplissement de la vision 2010. Utiliser les méthodes d'hier, même améliorées, au détriment d'une vision globale qui réside, elle, dans le développement des ressources humaines et dans la compatibilité entre les objectifs économiques des entreprises touristiques et hôtelières et les intérêts des salariés, n'est plus la formule du succès pour impulser les adaptations nécessaires à la survie et à la compétitivité du secteur.

Certes, la restructuration du système productif hôtelier dépend de toute une armada de techniques, de méthodes, d'outils..., autant de valeurs froides qui interpellent le cerveau gauche de l'homme au travail. Mais quoique fondamentales, car elles permettent la rationalisation des méthodes de travail, la prévention des dysfonctionnements, la mesure des résultats, des progrès..., ces techniques et ces méthodes restent insuffisantes si elles n'intègrent pas les valeurs humaines nécessaires à la mobilisation du corps social autour du projet d'adaptation du système productif aux mutations des marchés et de la concurrence.

Dans ce contexte, toute stratégie de mise à niveau de l'hôtellerie devrait s'accompagner d'une intégration de la dimension humaine et du rôle que peut jouer l'élément humain dans le développement des performances de l'entreprise hôtelière. La prise en compte de cette dimension est actuellement un impératif qui conditionne la survie de ces entreprises et partant, celui du secteur. D'ailleurs, c'est sur le plan de la qualité des ressources humaines, de leur adaptabilité et de leur créativité que devrait se jouer le devenir des entreprises hôtelières.

C'est pour cette raison que le management des ressources humaines devrait prendre, dans les entreprises hôtelières, une place croissante, à la hauteur des enjeux que sont la compétitivité, la qualité et l'industrialisation du secteur. Le facteur humain ne cesse, en effet, d'être prépondérant dans l'activité touristique, et l'environnement des entreprises hôtelières leur enjoint de dépasser la logique désuète de la gestion des ressources humaines fondée sur l'obéissance pour la remplacer par un management réactif et mobilisateur.

Ce type de management devrait répondre à trois catégories de besoins : économiques d'abord, car de la compétence des ressources humaines naît la performance globale de l'entreprise hôtelière, sociaux ensuite, parce que les salariés du secteur ont besoin de reconnaissance, et enfin sociétaux car le tourisme est un vecteur non seulement de décollage économique, mais aussi de développement humain. La promotion de ce management peut apporter des éléments de réponses à ces besoins dans trois directions principales :

– le développement des ressources humaines et de leur employabilité, la qualité de la vie professionnelle,

– la volonté d'industrialiser et de professionnaliser le secteur,

– le développement de la qualité par la conquête de la confiance de la clientèle et la différenciation d'avec la concurrence pour consolider les acquis et gagner de nouveaux espaces de développement.

Si l'entreprise familiale (largement dominante dans les catégories une et deux étoiles) peut fort bien se contenter de gérer le facteur humain d'une manière artisanale, parce que la nature de son organisation est peu complexe et que les besoins en personnel qualifié sont limités, en revanche, le développement de l'hôtellerie industrielle impose de plus en plus de repenser la fonction de management dont le rôle actuel est d'impulser, d'impliquer, de mobiliser les ressources humaines, de les intégrer dans les objectifs de l'entreprise afin qu'elles contribuent d'une manière efficiente à l'efficacité et à la performance de l'organisation.

N'insister que sur l'aspect technique conduit à mal préparer les salariés aux comportements qu'imposent le contexte actuel et les nouveaux rapports sociaux qui en sont issus. Par contre, pour viser l'excellence, l'utilisation d'un management favorisant la participation, la concertation et la mobilisation des acteurs de l'organisation est l'un des facteurs déterminants de la performance de l'entreprise. La relance de l'activité touristique et hôtelière et la mise à niveau des entreprises qui opèrent dans ce secteur ne donneraient rien si elles ne s'accompagnaient, chez les salariés, du sentiment que leur valeur individuelle en tant qu'acteurs est reconnue. À ce sujet, être acteur, selon Bernard Galambaud, « c'est acquérir des espaces d'initiatives... C'est sortir d'une situation de travail essentiellement produite par autrui (les experts, la direction) pour entrer dans une situation dont il est lui-même, au moins en partie, producteur »[96]. Ce concept d'acteur est à la fois éthique, sociologique et technique. Il définit la conception de l'homme et l'organisation que l'on souhaite privilégier. À notre sens, il ne peut y avoir de développement de l'entreprise hôtelière sans la reconnaissance de la dimension « d'acteur stratégique » des salariés. Faire appel, de nos jours, à la volonté des acteurs, à leur intelligence, à leur créativité et à leur collaboration pour rehausser l'image de l'hôtellerie est une vision plus porteuse que celle sollicitant la rationalité indépendamment de l'implication des collaborateurs.

2- Gérer les ressources humaines et les compétences : un acte de management par excellence

L'intégration d'une politique de gestion des ressources humaines et des compétences ne peut aboutir dans le secteur hôtelier que grâce à une volonté conséquente, qui entend rompre avec toute forme traditionnelle de gestion pour lui substituer des méthodes nouvelles, évolutives, pouvant assurer l'adaptabilité, la compétitivité de l'entreprise hôtelière ainsi que sa pérennité. Ces méthodes

---

[96] Bernard Galambaud : Les pratiques de mobilisation dans l'entreprise, Cahiers français, La Documentation française N° 262, Paris juillet-septembre 1993, p. 54.

nouvelles supposent que les hôteliers prennent le risque de délaisser l'esprit conformiste pour déboucher sur des approches rationnelles, animées par un esprit visionnaire et créatif, seule voie de développement de l'activité hôtelière[97].

L'intuition et l'amateurisme dans le domaine de la gestion hôtelière ne suffisent plus, parce qu'il est impossible aujourd'hui de continuer à diriger les hommes et les organisations comme on pouvait le faire naguère ; il n'est plus possible, non plus, de commander aux événements qu'imposent les mutations sans intégrer l'emploi et les compétences dans la stratégie des entreprises hôtelières. Cette intégration devrait être recherchée par l'instauration d'une culture d'entreprise capable de mobiliser les énergies et les potentiels de l'entreprise hôtelière.

L'adoption de cette approche n'aurait aucun effet si les unités hôtelières ne cherchaient pas à restructurer leur organisation et à identifier leurs faiblesses en termes de capital humain et de besoins en compétences. Pour atteindre cet objectif, la définition d'une stratégie dans le domaine de la gestion de l'emploi et des compétences est incontournable. Elle revient à identifier et à analyser les besoins du secteur dans le présent et le futur, de façon à déterminer des politiques adaptées en matière de recrutement, de promotion, de mobilité, de départ, de formation et de gestion des rémunérations. Ces politiques permettent un meilleur pilotage des ressources humaines et une meilleure adaptabilité de l'organisation et des compétences du personnel.

En effet, la formation pourrait être l'outil facilitant aux salariés la maîtrise de leurs emplois dans le présent et le futur, ainsi que l'implication des collaborateurs dans les objectifs à atteindre et dans la manière dont ils affectent la performance de leurs unités. La formation permet aussi d'introduire le changement nécessaire dans les mentalités et les styles de management aux fins de garantir la pérennité des choix stratégiques de l'entreprise. En même temps, les actions en matière de formation peuvent stimuler la loyauté, le sens des responsabilités, et surtout développer une plus grande conscience, parmi les employés, de leur contribution aux objectifs de leurs entreprises.

Ensuite, le recrutement permettrait aux entreprises hôtelières d'embaucher un personnel de qualité capable de répondre aux exigences des postes et de s'adapter aux transformations futures de leur profession. Pour ce faire, la gestion préventive de l'emploi et des compétences et la mise en place de systèmes d'appréciation du potentiel de l'entreprise, sont des passages obligés. L'entreprise devrait dès lors améliorer son image de marque et rechercher de nouvelles sources de recrutement si elle veut réellement parer aux problèmes de désertion du secteur par les jeunes formés.

---

[97] Contrairement à la conception qui tend à penser que seul le passé peut fournir des faits incontournables, analysables et quantifiables sur lesquels l'entreprise peut bâtir sa stratégie, la conception "visionnante" aura tendance à se projeter dans le futur. L'innovation et la créativité font que les hypothèses "futuristes" sont désormais perçues comme plus fiables que les données du passé. Voir Meryem Le Saget : Le manager intuitif, Editions Dunod, Paris, pp. 71-106.

En parallèle, la gestion des rémunérations est l'un des domaines qui nécessite une régulation économique et sociale nécessaire à la fidélisation du personnel. Nous l'avons déjà signalé, les responsables hôteliers ont tendance à considérer leurs employés comme un poste de dépense, un bien interchangeable et facilement remplaçable, plutôt que comme une ressource potentielle dont ils ont intérêt à encourager la progression. Pour améliorer leur compétitivité, les entreprises hôtelières devront autant que possible éviter d'exagérer les contraintes de la rationalité budgétaire. Il est vrai que dans le secteur de l'hôtellerie, les rémunérations constituent le poste le plus important des engagements financiers des entreprises, mais il y a lieu de tenir compte de deux autres contraintes aussi importantes que le coût de la main-d'œuvre, à savoir la compétitivité externe et l'équité (ou l'équilibre interne). En effet, la négligence de la première a exposé les entreprises hôtelières à deux types de dysfonctionnements graves que nous avons relevés plus haut, à savoir la difficulté à recruter un personnel de qualité (les meilleurs cadres ou techniciens évitent de travailler dans le secteur) et la difficulté à maintenir en place leurs salariés pour subir un taux de rotation acceptable. Quant à l'absence d'équité dans la politique de rémunération, elle est source de dysfonctionnements sociaux tels que la mauvaise qualité du service et les conflits de toute nature, au détriment du client. Pour éviter tous ces problèmes, il est nécessaire d'instaurer des procédures objectives qui, seules, permettraient le pilotage du système de rémunération. Ces procédures devraient tenir compte de la définition et de l'évaluation des postes, du niveau et de la structure de la rémunération des postes, de la performance individuelle, du degré de participation à la performance collective, du potentiel individuel et enfin de l'octroi d'avantages sociaux et de la compensation des nombreuses contraintes qui sont celles de l'hôtellerie.

Pour conclure ce chapitre, il est important de rappeler que, malgré la crise, le tourisme représente actuellement pour le Maroc l'un des secteurs d'activité les plus importants. Il présente des caractéristiques relativement contrastées : créateur d'emplois, pourvoyeur de devises étrangères, il joue certes un rôle non négligeable dans le développement des échanges. Contraint actuellement à la relance, à la rénovation de ses prestations et à l'amélioration de son image de marque auprès de la clientèle et des salariés actuels et futurs, il constitue un pôle d'attraction pour les capitaux et la main-d'œuvre. Mais il reste archaïque dans son mode de gestion de la force de travail et demeure l'un des secteurs qui a du mal à s'adapter à des formes modernes de gestion et de management. Confronté à une grave pénurie de main-d'œuvre qualifiée, le secteur de l'hôtellerie et du tourisme devra faire preuve d'imagination et de créativité, surtout en matière de gestion de l'emploi et des compétences, s'il veut survivre et faire face à une concurrence de plus en plus féroce. À cet égard, l'amélioration de ces performances passe nécessairement par un plus grand professionnalisme de la main-d'œuvre. Or, paradoxalement, au moment où le phénomène de la mondialisation exige du secteur de faire appel à de nouvelles qualifications et compétences, celui-ci semble s'attacher à des techniques de gestion obsolètes et à une culture entrepreneuriale allant à contresens de l'évolution de son environnement économique et social.

Face à cette crise d'adaptation, le secteur de l'hôtellerie et du tourisme se doit de réagir. Confronté à la dure nécessité de s'adapter pour survivre, il lui faut réinventer les conditions d'un nouvel équilibre, fondé sur le développement des ressources humaines, seul susceptible de lui fournir une main-d'œuvre de qualité indispensable à son efficacité et à sa compétitivité. Son avenir est dès lors suspendu à sa capacité d'innovation économique, certes, mais aussi sociale.

Dans ce contexte, les entreprises hôtelières devraient entrer dans une logique de gestion de l'emploi, de développement et de redéploiement des compétences. Cette logique est devenue un enjeu stratégique qui conditionne à la fois le devenir du développement des ressources humaines, leur adaptabilité, leur performance, et, par extension, celui du secteur touristique et hôtelier en particulier, et de l'économie nationale en général.

Face à un environnement en perpétuel changement, et aux exigences d'adaptabilité à la demande touristique internationale, le défi de l'hôtellerie marocaine est intimement lié à l'augmentation des niveaux de qualification du personnel du secteur. Ainsi la mise à niveau des qualifications devrait-elle faire l'objet d'un investissement dans les ressources humaines. La raison d'être de ce dernier repose sur l'acquisition d'une culture entrepreneuriale dont les valeurs essentielles sont centrées à la fois sur le client et sur la valorisation et le développement des compétences des ressources humaines. Ce sont en fait ces dernières qui font aujourd'hui la différence entre "les entreprises fantômes", où les coûts visibles (taux d'occupation faibles, durées de séjour réduites...) et les coûts invisibles (management et gestion inadaptés, coût de la non-qualité...) sont très élevés, et celles, plus performantes et plus compétitives, où les hommes sont des acteurs stratégiques.

Pour survivre dans un environnement extrêmement concurrentiel, les entreprises hôtelières au Maroc sont tenues de faire du développement des compétences de leur personnel l'un des axes prioritaires et stratégiques de leur politique managériale. En effet, l'augmentation générale des niveaux de formation des salariés du secteur est impérative, et ce d'autant plus qu'elle favorise la convergence des intérêts individuels et des besoins économiques tant au niveau micro-économique que macro-économique. Pour garantir leur compétitivité et, en même temps, accroître la réussite de leur personnel, les entreprises hôtelières devront considérer l'adoption des techniques de management des ressources humaines, ainsi que les dépenses de formation, comme un investissement dont l'ampleur conditionne le dynamisme du secteur face à la mondialisation de la concurrence. Si les dysfonctionnements mentionnés plus haut persistent, il en résultera des retards de plus en plus préjudiciables à l'ensemble du développement économique, au sein duquel les mouvements de personnes constituent l'un des éléments dynamiques servant à l'équilibre des comptes de la nation et à l'absorption du chômage. C'est pour cette raison que l'intégration des objectifs de formation et de développement des compétences des ressources humaines dans le système de décision, et donc dans la stratégie globale des entreprises hôtelière, est un impératif essentiel permettant de dégager les compromis et les équilibres les plus satisfaisants pour une promotion saine et sereine de l'activité touristique au Maroc.

CHAPITRE IV.

Les besoins en compétences et en formation à la veille de la Covid

Dans le secteur de l'hôtellerie, la compétence demeure au centre de la relation formation-emploi et de la promotion d'un système productif fondé sur le développement des ressources humaines. L'approche par compétence, dans sa corrélation avec la relation formation-emploi, nous y paraît capitale. Elle constitue dans le contexte actuel une approche précieuse non seulement pour la programmation quantitative des filières de formation, mais aussi pour la nécessaire détermination des besoins qualitatifs en main-d'œuvre dans les entreprises hôtelières, en fonction de leurs objectifs stratégiques et de l'évolution de leurs systèmes productifs. Elle est toute désignée pour servir de base en vue de prévenir les risques de dysfonctionnement que peut générer une inadéquation entre les besoins des entreprises en personnel et les produits du système de formation. À cet égard, l'analyse de la relation formation-emploi en termes d'offre et de demande de qualification implique que l'équilibre entre les deux éléments de la relation soit le fruit de la compatibilité entre la politique de l'emploi résultant des choix faits au niveau de la production compte tenu des mutations technologiques, économiques et sociales, d'une part, et la politique de formation issue des hypothèses de développement du système de formation, d'autre part. Il est en effet trop évident que, quel que soit son effort de modulation de l'avenir, toute planification qui n'intègre pas l'ensemble des dimensions de la relation formation-emploi (environnement économique et technologique, marché du travail...) est menacée d'inefficacité.

En outre, l'approche prospective de la relation formation-emploi que sous-entend la "logique compétence" nous semble constituer un instrument fondamental dans le processus décisionnel, en particulier pour la définition des objectifs globaux et des grandes orientations de la politique de formation hôtelière. Parce qu'elle est particulièrement apte à clarifier les relations entre formation et besoins du système productif en qualifications et en compétences, cette approche peut représenter un instrument de partenariat entre les divers acteurs impliqués en amont et en aval dans l'acte de former et de développer les ressources humaines. Cette implication des divers partenaires dans le processus de planification de la main-d'œuvre et de la formation est imposée, plus que jamais, par le besoin d'amélioration de la compétitivité du secteur hôtelier et par le besoin pressant d'un développement durable.

I- Cadre et objet de la détermination des besoins en main-d'œuvre et en formation

1- Sans anticipation, pas de maîtrise des besoins de compétences

Dans un contexte économique changeant, l'effort de maîtriser les besoins en main-d'œuvre au niveau macroéconomique est étroitement lié à la capacité des entreprises à gérer l'emploi et les compétences et à mettre en place des dispositifs de professionnalisation de leurs salariés actuels et potentiels. Cette nécessaire relation entre la gestion prospective de l'emploi et des compétences et la planification des besoins en main-d'œuvre au niveau macro-économique est d'une grande utilité pour le processus décisionnel. Elle permet aux différentes parties d'appréhender de façon opérationnelle la part qu'il convient de réserver, dans la satisfaction des besoins de compétences, aux ajustements internes (recrutement interne) et externes (recrutement externe). Elle est également dictée à la fois par la crise de l'emploi et par la recherche de compétitivité, ces deux données amenant la professionnalisation des salariés à devenir un objectif stratégique pour le développement de la performance des entreprises, de même qu'elle stimule l'amélioration de l'insertion des lauréats du système de formation et l'employabilité des salariés en exercice.

Aujourd'hui, le monde de l'hôtellerie entre dans une économie du savoir où la clef de la compétitivité, de l'innovation et de la rentabilité des investissements dépend, de façon croissante, de la combinaison du travail, du capital et du savoir. « L'efficacité marginale du savoir devient supérieure à l'efficacité marginale des facteurs de production : capital ou travail. L'utilisation accrue de la connaissance est devenue compétitive »[98]. Par conséquent, ce que l'on demande (de plus en plus) aux salariés de chaque unité hôtelière, quelle que soit leur catégorie socioprofessionnelle, c'est de mettre en œuvre leurs qualifications, leurs compétences et leurs potentiels au service d'une entreprise qui évolue, hélas, dans un environnement incertain.

Cette incertitude prend pour l'industrie hôtelière une double forme :

– liée à la spécificité du secteur, il y a l'incertitude qui constitue un trait marquant de l'activité hôtelière en affectant profondément la gestion des ressources humaines, directement ou indirectement. En effet, le secteur est d'abord soumis aux variations de la mode, aux changements des goûts de la

---

[98] R. Le Duff, A. Maisseu (A) : Le service ou la nouvelle révolution industrielle, in Encyclopédie de gestion, Editions Economica, Paris 1989, p. 98.

clientèle et aux rapports de force entre T.O. et hôteliers, les uns ou les autres pouvant détourner le choix du consommateur. En outre, complètement assujettie aux variations du climat, l'industrie hôtelière est également fortement influencée par la conjoncture économique et politique. Le moindre incident politique (l'attentat de Marrakech en août 1994, celui de Casablanca en avril 2003, les deux guerres de l'Iraq, en 1991 et 2003, les événements du 11 septembre...) a des conséquences considérables sur l'activité et les résultats globaux du secteur. Et puis, la consommation de tourisme n'étant pas une consommation de première nécessité, elle peut facilement être retardée, modifiée, supprimée, selon le budget de vacances du consommateur. D'où le grand souci de l'hôtellerie indépendante, des chaînes nationales ou internationales, de faire naître continuellement le besoin de vacances et de loisirs, de découvrir de nouveaux produits susceptibles d'attirer le consommateur potentiel, d'élargir et de diversifier la clientèle afin de maintenir leur activité, de la régulariser, voire de la développer. C'est ainsi que l'une des grandes questions pour les unités hôtelières est en effet d'assurer un taux stable de remplissage des chambres (autour de 70 %) afin de rentabiliser les équipements.

– le deuxième type d'incertitude découle de l'environnement économique au niveau global. En effet, l'incertitude environnementale devient une caractéristique des économies et des entreprises, tous secteurs confondus. Le retour à un contexte de croissance constante, durable et prévisible, est peu probable.

Etant donné les effets de ces deux types d'incertitude sur l'exploitation de l'hôtellerie et sur la gestion des ressources humaines, les pouvoirs publics et les décideurs, au niveau des entreprises hôtelières marocaines, se trouvent condamnés à miser sur l'adaptation des produits du système de formation aux exigences de l'emploi hôtelier, de même que sur le développement du professionnalisme des salariés du secteur. L'enjeu est lourd de conséquences, car le secteur a besoin de disposer de profils dont les qualifications, les compétences et les potentiels lui permettraient de se hisser au rang d'industrie à part entière, de faire face à la concurrence et de confirmer sa vocation théorique de réservoir (ou de centrale) d'emplois. Le professionnalisme à promouvoir, à la fois dans l'administration de tutelle et dans le secteur hôtelier marocain, se définit de façon particulière par sa capacité à faire face à l'incertitude par le biais d'une démarche prospective et stratégique dans le domaine de l'emploi et des compétences. Dans cette mesure, ce professionnalisme doit posséder la capacité d'anticipation indispensable, reposant, tant au niveau micro que macroéconomique, sur la veille sur les métiers que doit assurer le Maroc.

Cette anticipation est d'abord technologique et organisationnelle. La question cruciale est alors de savoir quels seront demain les types de compétences requises, compte tenu des évolutions touchant le marché, la concurrence et l'organisation. Elle est ensuite humaine. Dans ce cas, le problème à résoudre est de savoir quels sont les types de profils qui répondront aux besoins futurs des entreprises hôtelières. La réflexion se situe dans une perspective stratégique répondant à une question fondamentale et décisive : avec qui et dans quelles conditions le secteur va-t-il travailler demain ?

Au demeurant, l'anticipation qualitative au niveau macroéconomique est en étroite relation avec les prévisions des besoins microéconomiques du secteur. Cette anticipation exige de la part de chacune des unités hôtelières la maîtrise des facteurs internes et externes de l'évolution des emplois, et ce grâce à l'analyse :

– des facteurs technologiques, économiques et sociaux qui pourraient avoir à moyen terme une incidence déterminante sur le contenu de ces emplois ;

– des principales conséquences de ces facteurs sur les métiers et sur les hommes : nouveaux métiers, disparition de certains métiers, déqualification.

2- Le processus de détermination des besoins en emplois et en formation

La démarche présentée dans le schéma ci-dessous indique comment s'opère dans le temps la détermination des besoins en emplois et en formation. Cette démarche s'appuie sur deux approches

Graphique N.16 : Détermination des besoins en ressources humaines et en formation

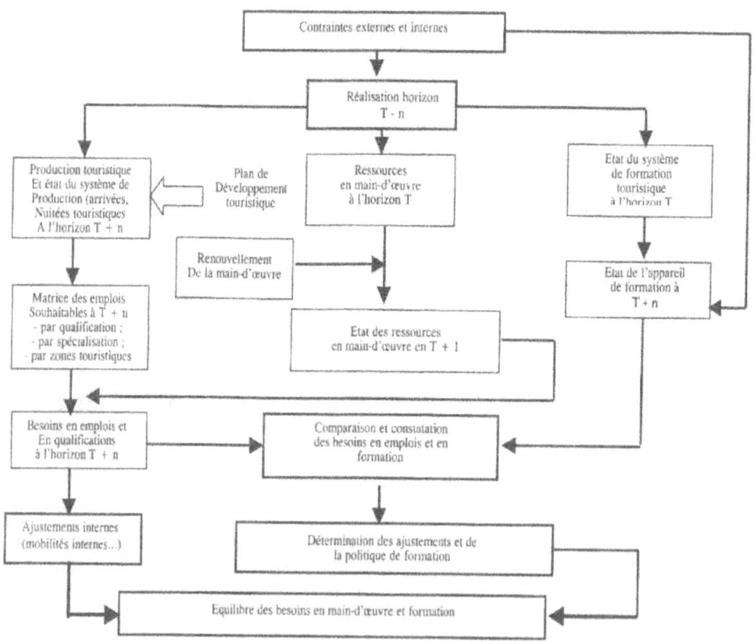

A- L’approche quantitative

Cette approche englobe :

a. L’analyse des ressources quantitatives disponibles et de leur évolution

Elle s’effectue à travers :

– l’analyse de la situation existante de l’emploi ; elle consiste à dresser un inventaire des ressources humaines en termes de structure d’emploi dans le secteur. Ce bilan a pour but d’obtenir, d’une part, l’information concernant l’état actuel de l’emploi tel qu’il existe, et de permettre, d’autre part, d’évaluer quantitativement les écarts par rapport aux normes, et ce à plusieurs niveaux. Enfin, cette analyse sert de base à l’établissement d’une matrice des emplois par qualifications, niveaux hiérarchiques, spécialités, régions touristiques et catégories d’hôtels ;

– des projections, selon l’horizon de temps dans lequel on se place, de l’effet des phénomènes "naturels" (départs à la retraite, démissions...) sur la main-d’œuvre aujourd’hui disponible du secteur. La mesure des causes de ces phénomènes nécessite la détermination de coefficients d’attribution rendant compte des variations d’effectifs à l’échéance envisagée et permettant la détermination des besoins de remplacement ou de renouvellement.

Dans ce cadre, on est conduit à s’intéresser à la situation démographique des établissements hôteliers (analyse de l’emploi par tranche d’âge), à évaluer les départs (retraite, démission) et par-là à définir les besoins de remplacement. Cependant, en ce qui concerne les phénomènes d’abandon de la profession et de départs à l’étranger qui caractérisent l’hôtellerie marocaine, leur estimation, en l’absence d’un système fiable, demeure délicate à établir, et leurs effets sur la variation des effectifs restent difficiles à maîtriser.

b. La détermination des besoins en emplois additionnels

Celle-ci dépend d’un certain nombre de facteurs prévisionnels fondamentaux qu’on peut résumer comme suit :

– les prévisions en matière de croissance du secteur touristique dans son ensemble. Ces prévisions sont liées au rythme de croissance des arrivées et des nuitées touristiques, à l’évolution des marchés émetteurs, à la conjoncture économique et politique, etc. ;

– le volume ou programme d’investissements reflétant la capacité hôtelière à mettre en exploitation (capacité additionnelle) et l’expansion du parc hôtelier ;

– l’évolution des marchés émetteurs, la conjoncture économique ainsi que l’évolution technologique et organisationnelle et son impact sur la structure de l’emploi, etc.

Pour les besoins de l’estimation, il est nécessaire de procéder à un inventaire des différents types de projets hôteliers : les projets hôteliers en cours de réalisation, les projets hôteliers agréés à bénéficier des avantages étatiques et les projets hôteliers étudiés et agréés par le Comité technique de coordination des projets touristiques (ministère du Tourisme).

En ayant présents à l'esprit les éléments précédemment relevés, on projette un état des emplois à créer dont il serait souhaitable de disposer pour le fonctionnement des unités hôtelières à créer ou à transformer.

À ce stade, la prévision des besoins en main-d'œuvre repose sur :

– l'utilisation du ratio "emploi/chambre" et des coefficients de répartition des emplois par catégorie d'hôtels, par qualification et par spécialité Ce ratio, rappelons-le, suppose qu'à chaque variation du parc hôtelier correspond une variation des effectifs dans le secteur. Il constitue l'indicateur de base permettant de mesurer la densité des effectifs à employer dans le secteur et d'obtenir une meilleure probabilité concernant les disponibilités et les besoins futurs en personnel. Cependant, son niveau reste tributaire des facteurs volontaristes des entreprises (choix organisationnels, technologiques, stratégiques, marché/produit) et des facteurs imposés par l'environnement économique (ouverture des marchés, concurrence, évolution des besoins et motivations de la clientèle, conjoncture économique et politique).

– Les coefficients de répartition des emplois, qui traduisent la ventilation future des effectifs par catégorie hiérarchique, par spécialité, par catégorie d'hôtels. Là aussi, les seules clefs de répartitions valables restent celles du Bureau international du travail.

Il est à préciser que dans le contexte actuel, caractérisé par l'incertitude et la turbulence de l'environnement économique, les démarches classiques de prévision et de planification de l'emploi et de la formation ne suffisent plus. La relation emploi-formation n'est pas une relation statique. À ce sujet, G. Le Boterf avance que « Le temps des bilans formation/emploi est maintenant dépassé »[99]. Ces bilans supposent, selon cet auteur, une sorte de situation idéale où une régulation quantitative parfaite se produirait entre des sorties du système de formation et des entrées en activité. Par conséquent, il importe de s'orienter davantage vers l'analyse de l'articulation qualitative entre les compétences professionnelles et les systèmes productifs capables d'utiliser l'ensemble des compétences développées dans la population par des systèmes éducatifs et de formation flexibles et adaptables en fonction des besoins économiques et sociaux anticipés.

Si les techniques quantitatives de prévision de main-d'œuvre ne doivent pas être remises en question définitivement, il est à constater néanmoins qu'elles ne suffisent guère à anticiper le futur dans le domaine de l'emploi et des compétences. Pertinentes et efficaces dans une période de croissance soutenue et dans un environnement stable, elles ne peuvent demeurer crédibles face à la pluralité des avenirs possibles. En effet, « les tentatives de raisonnement prévisionnel en termes d'ajustement ou d'adéquation formation-emploi se sont révélées infructueuses, non seulement en termes quantitatifs mais aussi en termes qualitatifs. On commence à bien connaître le cercle vicieux où les décideurs de

---

[99] G. Le Boterf : Le schéma directeur des emplois et des ressources humaines, Les Editions d'Organisation, Paris 1988, p. 50.

formation ne savent pas à quels emplois ils doivent préparer tandis que les employeurs sont incapables de définir de quelles formations ils auront besoin dans l'avenir »[100]. Les techniques de prévisions citées plus haut ne sont pas adaptées à des systèmes sociaux ouverts sur l'extérieur et confrontés à des situations dont la complexité est croissante[101]. Se fixer des objectifs déterminés une fois pour toutes, par rapport auxquels vont se greffer un ensemble de moyens et de ressources, repose sur une conception mécaniste du développement économique et social.

Les modèles économétriques accordent plus d'importance aux tendances et aux flux qu'aux acteurs eux-mêmes. Or, l'intensification et l'amplification de l'incertitude économique dépendent de la qualité des acteurs, et de leurs capacités. C'est pour cette raison qu'il est primordial d'enrichir la démarche prévisionnelle par une démarche prospective, c'est-à-dire par une réflexion anticipant les futurs plausibles. Le but recherché à travers cette dernière est non pas de "prédire" l'avenir, mais de maximiser les chances de réussite des décisions prises et des actions à entreprendre pour gérer les besoins en matière d'emploi et de compétences. Sur ce point, G. Le Boterf indique que « la démarche prospective cherche non seulement à repérer des tendances ou des "régularités statistiques", mais à identifier les espaces et les centres de décision autonomes. Elle vise à libérer le décideur des pesanteurs du passé. Elle contribue à faciliter son travail d'anticipation. Elle aide à délimiter et utiliser au mieux les marges de manœuvre possibles »[102]. Contrairement à la planification (ou la prévision) qui incite à penser que seul le passé peut fournir des faits incontestables, analysables, quantifiables, sur lesquels on peut bâtir une stratégie satisfaisante, la prospective est fondée sur le principe que l'on se projette dans le futur, ce qui permet de mesurer la distance à parcourir, les forces et les faiblesses, ainsi que les obstacles à éviter pour atteindre les objectifs. En effet, dans une économie mondialisée, la compétitivité, la réactivité et l'adaptabilité permanente face à l'environnement et aux besoins changeants du marché sont les seuls moyens de survivre. Par conséquent, l'imprévisible devient une donnée incontournable et la capacité de corriger le prévu, de réagir, est plus importante que toute prévision. Pour contenir l'imprévisible, les modèles mécanistes de prévision concernant les relations formation-emploi ne peuvent pas prendre en considération la complexité des environnements auxquels doivent faire face l'économie nationale et les entreprises en général. C'est bien pour cela que le fait de s'en tenir à la régulation spontanée entre l'offre et la demande d'emploi et la formation, au traitement épisodique des problèmes dans ces domaines, ne peut conduire qu'à des situations

---

[100] C. DUBAR : Mutations technologiques et formation : discours, réalités, paradoxes, in Education permanente, N° 81, Paris 1995, p. 63. Si cette citation s'applique à la réalité française, elle est d'une actualité pertinente pour le cas du Maroc.

[101] Voir J. Rajot et A. Bergmann : Comportement organisationnel et théories des organisations (surtout le chapitre 2 consacré aux théories de la contingence et au systèmes socio-Technique), Editions Vuibert, Paris 1995, pp. 81-139.

[102] G. Le Boterf : Le schéma directeur des emplois et des ressources humaines, op. cit. p. 52.

plus graves générant "un sous-développement humain" plus accentué. Il en découle que la capacité d'anticipation dans le domaine de l'emploi, des compétences et de la formation est essentielle aussi bien au niveau national qu'au niveau de l'entreprise. Une économie et une entreprise qui sauront mettre en œuvre, avant les autres, une réaction stratégique adaptée en matière d'emploi et de compétence, bénéficieront d'un important avantage compétitif par rapport à leurs concurrents.

Par ailleurs, raisonner actuellement en termes de relation formation-emploi à partir du principe de correspondance entre les qualifications requises pour des emplois déterminés (qualification de l'emploi) et les qualifications des individus formés pour les occuper (qualification individuelle) n'est plus opératoire. Les changements économiques, technologiques et organisationnels qui affectent les systèmes productifs et qui génèrent un besoin de compétence de plus en plus accru, exigent d'appréhender la problématique de l'adéquation formation-emploi sur la base d'un renouvellement de l'analyse qualitative prévisionnelle. Cette analyse conduit à décrire la relation formation-emploi comme quelque chose de non rigide. Elle incite à se détacher de l'impératif de la qualification et valorise au contraire la compétence et le professionnalisme, seules qualités pouvant assurer l'employabilité des formés, l'employabilité qui suppose que l'ensemble des emplois se trouvent reliés par un réseau de transversalité permettant aux individus d'être capables de passer d'un emploi à un autre, aux sans-emploi de retrouver un emploi, et aux jeunes en cours de formation de modifier l'orientation donnée à leurs études.

B- L'approche qualitative

La projection des besoins en emplois et en compétences dépend, au niveau qualitatif de :

a. l'état du système productif du secteur, au sens large du terme, et de son évolution durant l'horizon de temps dans lequel on se place. Cet état détermine les besoins en emplois et en compétences nécessaires à la mise en œuvre de la production hôtelière que l'on souhaite réaliser à l'échéance envisagée. À ce sujet, l'état des structures de production dans le secteur, les incidences des changements de technologie et des structures (mise à niveau pouvant toucher l'organisation des entreprises hôtelières, leur management...), entraînent des incidences sur l'emploi et les compétences et conditionnent non seulement la quantité mais aussi la qualité des personnes déjà en poste et de celles que l'on veut former et insérer dans le monde du travail. Ces incidences peuvent donner lieu à des conséquences sur l'emploi (création ou disparition) et sur les compétences des hommes (profils plus pointus, nouveaux savoirs, nouveaux comportements)...

À titre d'exemple, les chaînes hôtelières étrangères implantées au Maroc exigent, lors du recrutement de leur encadrement, en sus des aptitudes traditionnelles (sens des responsabilités, de l'initiative, de la décision, de l'implication personnelle), un savoir-être nouveau (comportement et valeurs) en rapport avec la pratique hôtelière dans le pays, qui inclut notamment l'adaptabilité, le goût pour la mobilité, le goût pour la qualité, la capacité d'écoute, la capacité à communiquer (externe et interne, pour faire passer ses idées et gagner le respect des clients potentiels comme de ses subordonnés), le travail en équipe...

b. l'identification des emplois-clefs pour l'avenir du secteur. Les nouvelles dimensions du système de production hôtelier ont pour corollaire le développement de la fonction de gestion à tous les secteurs et niveaux de l'entreprise hôtelière. Elles ont donné lieu à un développement de l'aspect managérial privilégiant les emplois et les fonctions de gestion et investissant la perspective technique prédominante.

À ce sujet, l'optique et l'approche dominantes dans le milieu hôtelier au Maroc mettent volontiers en avant la spécificité prononcée de l'activité hôtelière, en refusant de manière plus ou moins affirmée de lui reconnaître certains points communs avec d'autres secteurs économiques, notamment au niveau des pratiques managériales, des techniques de recrutement, de l'investissement en formation et des besoins de développement des ressources humaines. Cette attitude de repli sur soi s'explique par une forte pénurie de managers et de cadres visionnaires et innovateurs. Certes, les managers en place ont le mérite de réussir tant bien que mal le lancement de l'activité touristique. Cependant, leur style, qui tend à s'exercer dans un horizon à court terme et à accorder plus d'importance au quotidien et aux symboles, est aujourd'hui dépassé. En effet, dans le contexte actuel, une part importante du travail des managers est de faire sentir leur présence, dans le sens positif du terme, et d'être en contact avec les opérations. Mais un manager adoptant une perspective d'entreprise doit être tout autant concerné par une vision globale, stratégique, lui donnant les moyens de développer son entreprise à moyen et à long terme.

Il découle des remarques précédentes que ce sont ces "nouvelles générations" d'emplois et de compétences que l'entreprise hôtelière marocaine devrait promouvoir. Le défi à relever par ces dernières est de "dénicher" les profils correspondants. Par conséquent, l'appareil de formation doit faire preuve d'innovation dans ce domaine pour préparer ces profils devenus incontournables.

c. L'analyse qualitative des potentiels disponibles au sein des entreprises hôtelières en termes de points forts à consolider et de handicaps à surmonter, au niveau de la technicité, du comportement et des valeurs...

d. L'analyse de la relation formation-emploi en termes d'adéquation par rapport aux besoins prévisibles du secteur servant à réaménager et/ou à créer de nouvelles filières susceptibles d'aider les entreprises hôtelières à surmonter leurs handicaps de compétences.

C- La synthèse des approches quantitative et qualitative

Cette synthèse permet, d'une part, de préciser les besoins de l'hôtellerie en main-d'œuvre en fonction des objectifs que l'on souhaite réaliser à l'échéance envisagée, et d'autre part, de définir les orientations en matière de politique de formation pour préparer en quantité et en qualité les ressources humaines nécessaires au fonctionnement du secteur, par types d'emplois et par niveaux de qualifications. La qualité de la politique de formation et la quantité des effectifs à former qui découlent de ce processus permettent aux entreprises de prévoir l'ajustement de leurs besoins en main-d'œuvre et en qualification en faisant appel aux produits de l'appareil de formation.

Il faut cependant signaler que l'ajustement ne s'opère pas uniquement par appel au marché du travail, ni par, notamment, le recrutement des produits du système de formation touristique et hôtelière, mais aussi par l'ajustement interne. La préférence, entre les deux types de régulation, dépend de l'état du marché du travail, de la disponibilité des compétences recherchées (compétences similaires ou compétences nouvelles), de la stratégie des entreprises en matière de management (valorisation, formation, développement de l'employabilité...).

Rappelons, à ce propos, que dans notre scénario[103] concernant le processus visant à éponger le déficit actuel en main-d'œuvre par rapport aux normes catégorielles du BIT, nous nous sommes appuyés sur l'ajustement interne qui exige à la fois le recours à la mobilité et à la formation continue. Ce type d'ajustement, nous l'avons soulevé, requiert que les entreprises hôtelières prennent en charge la transformation de la main-d'œuvre pour l'adapter à leurs besoins en compétences à la fois au niveau quantitatif et qualitatif. Par conséquent, la faisabilité de cette solution passe obligatoirement par l'investissement dans les ressources humaines, afin de les rendre adaptables aux exigences des emplois qu'elles occupent. Cela dit, le recours à l'ajustement externe reste primordial dans la mesure où les conditions actuelles de l'exploitation hôtelière réduisent de plus en plus les possibilités d'acquérir par la seule expérience sur le tas les qualifications et les compétences. Selon les emplois, un niveau donné de formation initiale est de plus en plus nécessaire.

II- Estimation des besoins en emplois pour 2000-2010

Pour éviter les risques d'inadaptation entre les formations, les qualifications et les emplois hôteliers, l'approche de la détermination des besoins de formation en fonction des besoins en personnel, approche que nous adoptons, semble la plus appropriée. En effet, même avec un taux de chômage important, même en tenant compte de l'extension des formations, les ressources humaines de qualité dont a besoin le secteur restent rares. Eu égard à ce phénomène, l'approche adoptée cherche à répondre aux questions relatives au couple formation-emploi : combien d'effectifs doit-on former pour chaque filière et pour chaque niveau de formation ? Au-delà de la quantification des besoins, elle permet, grâce à l'anticipation qu'elle suppose, une veille sur les emplois au plan qualitatif. L'anticipation concerne à la fois les types de compétences requises compte tenu

103 Voir chapitre III.

de l'évolution du système productif hôtelier et les profils que l'on devrait former pour répondre aux exigences des entreprises du secteur.

1- Considération générale

La détermination des besoins reste liée à la connaissance approfondie de l'état actuel de la main-d'œuvre et de son évolution durant l'horizon de la prévision. Cette connaissance doit déboucher sur la détermination précise des inadéquations entre les besoins et les ressources humaines du secteur. Elle est par ailleurs en rapport avec la connaissance des prévisions de croissance du secteur, projet par projet, région par région, afin de déterminer les besoins prévisionnels.

L'évolution même de l'emploi dans l'hôtellerie et ses tendances dépendent intimement des changements qui affectent le dynamisme de l'activité touristique en général, des structures et des techniques de l'hôtellerie en particulier, et des effets de la conjoncture. Le caractère positif de cette évolution est clairement conditionné par la relance de l'activité touristique.

À ce sujet, le constat dégagé de l'étude de la stratégie d'aménagement touristique révèle que le recul de l'activité touristique au Maroc est principalement dû à une dégradation de la capacité concurrentielle de l'offre : produits mal adaptés, services et équipements moyens, prestations mal "modernisées", environnement général médiocre, prix peu compétitifs et publicité inefficace. La correction de ces points faibles, si elle est conduite énergiquement et en étroite coordination avec les opérateurs des divers domaines (transports aériens, transports maritimes, hôteliers, agences, guides, collectivités locales, etc.), devrait permettre une reconquête des parts de marchés perdues, une reprise de l'activité touristique, et par conséquent une dynamisation du marché de l'emploi. Cette tendance, qui exigerait une croissance du patrimoine, la création de nouvelles unités hôtelières, l'équipement de sites nouveaux, nécessitera une restructuration de l'appareil productif du secteur et des emplois.

Si nous insistons sur ces conditions, c'est que l'évolution de l'environnement, les transformations que génère la technologie, la concurrence acharnée, la consolidation du caractère transnational du tourisme international[104], les changements de la demande, ainsi que le tournant que commence à prendre l'hôtellerie marocaine[105], laissent présager que toutes les compétences et

[104] Voir B. Abdalloui : Mondialisation et besoins de compétences : le cas de l'hôtellerie marocaine, Actes de la 4e université d'été de l'ARFORGHE, sur le thème : « Quel management face à la mondialisation », Tunis, 10, 11 et 12 septembre 1998, pp. 189.

[105] Les faits marquants de ce tournant résident :

- dans la vague de privatisations qui a touché, en 1996, dix-huit établissements hôteliers parmi les 37 hôtels privatisables ;
- dans les problèmes de cessation de paiement qui concernent les plus importantes chaînes hôtelières nationales, à savoir les chaînes SALAM et PLM ;
- dans l'accroissement du nombre d'hôtels gérés et/ou achetés par des chaînes étrangères telles que ACCOR, Le Méridien, FRAM (français), TUI (allemand) IBEROTEL, tryp hotels (espagnol),

qualifications requises jusqu'alors dans la profession vont subir des transformations radicales. Ainsi, la destruction et la transformation des emplois sans qualifications et/ou peu qualifiés, et la création de nouveaux emplois demandant des compétences nouvelles, seront le fait marquant qui préside au tournant pris par l'hôtellerie marocaine. Il va sans dire que les répercussions sur l'emploi, les qualifications, les compétences et la formation seront considérables.

Le dénominateur commun à ces changements structurels, technologiques et organisationnels, est qu'ils ont pour principale conséquence l'introduction au sein de l'hôtellerie d'une division du travail plus sophistiquée. Cette dernière donne lieu à un vaste élargissement des possibilités d'emploi dans la profession, qui ne se limitent plus à la "cuisine-service-réception". Cette tendance favorise l'émergence des fonctions liées à la gestion et au management, à tous les niveaux de l'entreprise hôtelière, surtout de celles dont l'ambition est à la fois de sortir des pratiques artisanales et d'évoluer vers une industrialisation de leur exploitation. En conséquence, le bouleversement de la démographie de la population active dans l'hôtellerie sera marqué par une nette tendance à l'accroissement des besoins en qualification et en compétences dans les domaines informatique, gestion, maîtrise des techniques culinaires, etc., d'une part, et par une diminution notable de la main-d'œuvre sans qualification et peu qualifiée, d'autre part.

En outre, pour être crédible, la méthode de détermination des besoins en formation en fonction des besoins en main-d'œuvre nécessite la réalisation d'investigations détaillées sur :

– les structures quantitatives et qualitatives de l'emploi en hôtellerie, les niveaux de formation de la main-d'œuvre, la répartition des lauréats du système de formation à travers le marché de l'emploi, les niveaux et les filières de formation les plus demandés ;

– le fonctionnement du marché du travail et notamment les critères de recrutement, les niveaux de salaires, les conditions de travail et l'appréciation du système de formation par les hôteliers ;

– les tendances qualitatives et quantitatives du marché de l'emploi et notamment les prévisions de recrutement, ainsi que l'estimation des besoins futurs des entreprises hôtelières existantes, et celles qui sont susceptibles d'être créées, par niveaux de qualification, par spécialités et par régions touristiques.

En outre, il est primordial de faire un diagnostic ponctuel du système de formation touristique et hôtelier pour apprécier les réponses quantitatives et qualitatives qu'il apporte aux besoins immédiats et prévisibles du secteur en qualification et en compétence. Techniquement, le diagnostic se fait à partir :

– d'études sur le suivi de l'insertion des lauréats du système au moyen d'enquêtes sur le terrain. Ces dernières permettent de dégager le taux d'insertion

---

Amanresorts (indonésien) ;- et dans l'intérêt manifesté pour le secteur de l'hôtellerie par la multinationale DAEWOO, devenue propriétaire de l'hôtel Hilton de Rabat. Voir à ce sujet S. Chakir : La privatisation au Maroc, mise en œuvre et spécificité du processus : cas de l'hôtellerie, Mémoire de 2ème cycle de l'ISIT, 1997.

des produits du système comme indicateur de qualité renseignant sur le degré de satisfaction des utilisateurs de la formation ;

– des études d'affluences aux établissements de formation dont l'objectif est de mesurer, d'une part, la demande de formation exprimée par les apprenants, et d'autre part, le niveau de satisfaction de cette demande par le système de formation touristique et hôtelière dans toutes ses composantes ;

– de l'auto-évaluation du système dont l'objectif est de connaître le "feed-back" concernant la qualité des formations dispensées par l'appareil de formation à travers la perception des formés et le degré de satisfaction des professionnels.

Ces types d'études peuvent être élargis à la motivation des apprenants, pour éviter que le système de formation touristique et hôtelier ne soit cantonné dans une simple entreprise de récupération de jeunes rejetés par le système d'éducation nationale, ou n'ayant pas de motivations précises quant à leur projet de formation. Confrontées aux résultats des investigations sur l'emploi, aux besoins de qualification et de compétences précitées, ces études permettent de déterminer les lacunes, les dysfonctionnements, les faiblesses de l'appareil de formation, et par conséquent de définir les ajustements et les réaménagements des programmes et des filières de formation pour les adapter à l'évolution des exigences des métiers de l'hôtellerie.

Pour garantir la fiabilité des résultats de ces investigations et rendre compréhensibles les objectifs et les plans d'action qui en découlent, il est nécessaire d'impliquer aussi bien les professionnels du tourisme dans le processus de détermination des besoins en main-d'œuvre et la fixation des objectifs en matière de formation, que les formateurs et le corps enseignant, pour harmoniser les objectifs et coordonner les actions à entreprendre pour parvenir à répondre de façon adéquate aux exigences du secteur. L'absence d'adhésion des acteurs concernés par le processus donne lieu non seulement à la fixation d'objectifs et d'orientations basées sur des données imprécises, mais aussi à des blocages de la part de ceux qui n'ont pas été associés à la prise de décision.

2- Les hypothèses de travail

Dans le cadre du contrat programme 2000-2010, la fédération du tourisme de la CGEM, en étroite collaboration avec le gouvernement marocain, a élaboré une stratégie dont les principaux résultats attendus peuvent s'énoncer comme suit :

– création de 80 000 chambres additionnelles, faisant ainsi passer la capacité hôtelière de 35 000 à 115 000 chambres, soit un rythme de croissance annuel moyen de 10 % ;

– accueil de 10 millions de touristes, dont 70 % seraient hébergés dans les hôtels classés ;

– promotion de l'investissement dans le secteur pour atteindre 30 milliards de Dh sur la période 2000-2008 ;

– création de 600 000 emplois directs et indirects à l'horizon 2010 ;

– positionnement offensif sur le balnéaire, repositionnement du produit culturel classique et développement de nouveaux concepts ;

– valorisation des produits pour lesquels le Maroc a un avantage comparatif face aux pays concurrents ;

– restructuration du dispositif de promotion et renforcement des actions promotionnelles par produit et par région touristique ;

– mise en place d'un cadre fiscal incitatif et allégé ;

– libération du transport aérien.

Les investissements prévus pour la réalisation de ce programme portent à la fois sur la rénovation du parc hôtelier et sur la création de nouvelles unités hôtelières. À cet effet, le montant global prévu est de 30 milliards de Dh sur toute la période (2000-2010), dont près de 28 milliards destinés à la création de nouveaux établissements hôteliers et 2 milliards à la rénovation de l'existant.

Tableau 43. Modèle réduit de simulation (vision 2010)

	2000	2005	2010
Arrivées de touristes	2 600 000	5 000 000	10 000 000
Nuitées (lits vendus)	14 300 000	25 900 000	50 000 000
Évolution de la capacité hôtelière classée (en chambres)	35 000	69 000	115 000
Cumul investissements de capacité par tranche de 5 ans (en millions Dh)	- - - -	16 800	12 000
Cumul investissements de rénovation par tranche de 5 ans (en millions Dh)		1 300	600

Source : Contrat programme 2000-2010,
« Le tourisme : une vision, un défi, une volonté ».

Selon l'Accord cadre cité plus haut, les investissements prévus et la capacité hôtelière qui en est attendu généreront 612 000 emplois directs et indirects, soit 8,5 emplois par chambre créée.

Tableau 44. Projection de la création des emplois directs et indirects pour l'ensemble du secteur touristique à l'horizon 2010

Projection de la capacité hôtelière en chambres	80 000
Total des emplois directs et indirects	612 000
Emplois directs	72 000
Emplois indirects	540 000

Source : Contrat Programme 2000.

Selon la même source, le volume des emplois directs et indirects à créer est ventilé par année comme suit :

Tableau 45. Projection de la création des emplois directs et indirects par an à l'horizon 2010

Années	Emplois directs	Emplois indirects	Cumul des emplois
2002	6 000	45 000	51 000
2003	6 000	45 000	51 000
2004	6 000	45 000	51 000
2005	8 000	60 000	68 000
2006	8 000	60 000	68 000
2007	8 000	60 000	68 000
2008	10 000	75 000	85 000
2009	10 000	75 000	85 000
2010	10 000	75 000	85 000
Cumul sur 2000-2010	72 000	540 000	612 000

Source : Tableau confectionné par nous-mêmes à partir du modèle de simulation (contrat programme 2000).

Ces prévisions appellent un certain nombre de remarques. En effet, il nous semble que la grandeur du ratio d'emplois directs (emploi/chambre), qui est de 1, et celle de l'emploi direct et indirect (8,5 emplois par chambre), avancées dans le contrat programme, sont à relativiser. En effet, l'introduction de nouvelles technologies comme les applications informatiques dans la gestion hôtelière, les nouvelles méthodes de préparation des aliments, les nouveaux équipements de cuisine ou les nouveaux procédés de cuisine, vont avoir de plus en plus d'incidences sur la structure et le contenu de l'emploi, sur les modes de gestion de la main-d'œuvre et sur les compétences du personnel du secteur. Cette évolution a tendance à reconfigurer les normes de l'emploi et de la productivité, et à exiger des entreprises touristiques et hôtelières de rechercher de nouveaux profils dont les compétences ne se limitent pas uniquement aux aspects traditionnels des métiers de l'hôtellerie.

Partant de cette remarque essentielle, nous développons dans les lignes qui suivent quelques hypothèses sur l'estimation de l'emploi susceptible d'être généré à l'horizon 2010.

Concernant d'abord le volume des investissements hôteliers, qui se traduiraient par la création d'une capacité additionnelle de 80 000 chambres ventilées par catégorie d'hôtel classé, nous estimons que le ratio emploi/chambre restera autour de 0,85 % 1.

Quant à la création d'emplois, elle devrait découler, en principe, de la ventilation de la capacité hôtelière additionnelle par projets hôteliers ayant bénéficié des avantages étatiques, et/ou de projets qui ont été étudiés par le comité de coordination des projets touristiques, et enfin de ceux qui seraient mis en service durant la période 2000-2010. Cependant, en l'absence de ces précisions, nous fixerons la ventilation des emplois additionnels à partir de deux scénarios :

– le premier tient compte du poids de chacune des catégories d'hébergement dans le total du parc hôtelier créé entre 1985 et 1998, et de la moyenne des réalisations en matière de capacité additionnelle constatée dans les plans de développement économiques antérieurs, soit 55 %. Ces derniers ont l'habitude de supposer implicitement que les réalisations, en matière de création de chambres et d'emplois, seraient entièrement atteintes. Or, la réalité a mis en évidence que la moyenne des réalisations ne dépasse pas 55 %.

– le deuxième supposera que toute la capacité en lits prévue sera réalisée de 2000 à 2010.

S'agissant de la périodicité choisie, elle est motivée par le fait que l'évolution du secteur dénote une certaine stabilité quant au poids de chacune des catégories d'hôtels et à la structure de l'hôtellerie classée. Cette structure est caractérisée également par l'importance de l'hôtellerie haut de gamme.

Tableau 46. Évolution de la capacité de l'hôtellerie classée en lits

Année	5*	4*	3*	2*	1*	VVT	R.T	Total	Var.A.(1)
1985	10 406	21 520	7 099	5 754	3 695	12 475	5 137	66 086	-------
1986	10 530	24 965	7 383	5 806	3 747	12 613	5 234	70 278	4 192
1987	10 530	26 841	7 867	6 007	3 845	12 613	5 418	73 121	2 843
1988	10 574	27 681	8 825	6 245	3 869	12 733	5 716	75 643	2 522
1989	13 055	28 936	9 510	6 355	3 886	13 857	6 197	81 796	6 153
1990	13 055	30 500	10 157	6 629	4 061	16 589	7 587	88 578	6 782
1991	13 655	32 898	11 174	6 961	4 061	16 589	7 599	92 937	4 359
1992	13 655	34 240	11 484	7 311	4 393	15 768	7 757	94 608	1 671
1993	14 200	33 799	11 776	7 389	4 704	11 415	5 598	88 881	-5 727
1994	14 284	34 123	12 081	7 584	4 868	11 415	5 598	89 953	1 072
1995	13 571	27 036	17 157	8 269	4 648	13 951	5 879	90 511	558
1996	13 650	26 423	17 525	7 552	5 269	15 431	5 231	91 081	570
1997	13 650	25 926	17 751	7 486	5 029	15 431	5 231	90 504	-577
1998	13 650	26 183	17 895	7 733	5 083	15 431	5 325	91 300	796
AGHT(2)	3 244	4 663	10 796	1 979	1 388	2 956	188	25 214	25 214 (3)
2/3 (4)	13 %	18,0 %	43,0 %	8,0 %	5,0 %	12,0 %	1,0 %	- - -	

Il est important de souligner que la tendance de la structure du parc hôtelier, l'évolution régionale de la capacité d'accueil et du type de produits offerts par le Maroc, ne risque pas d'être bousculée à moyen terme. Le greffon de la restructuration et de la mise à niveau n'arrive pas à être accepté comme axe prioritaire de la stratégie des acteurs du secteur.

Celui-ci se démarque par l'absence d'une prise de conscience relative à l'urgence et à la nécessité d'entamer une mise à niveau avantageuse susceptible de le relancer et de le repositionner dans le jeu concurrentiel. Par conséquent, nous pensons qu'il est peu probable que la structure de l'hôtellerie et de l'emploi soit radicalement bouleversée dans les cinq années à venir. Au mieux, l'hôtellerie pourrait, durant cette période, entreprendre une régulation de la structure de l'emploi par rapport aux normes du BIT de 1976. À long terme, si une restructuration est mise en chantier, elle déclencherait une tendance à l'accroissement du besoin de qualifications et de compétences (gestion, informatique, maîtrise des techniques culinaires...) qui transformerait fortement la structure de l'emploi par niveau et par service. La tendance s'orienterait vers la consolidation de l'encadrement supérieur, de l'encadrement moyen et des emplois qualifiés de base au détriment des emplois sans qualification et peu qualifiés.

Partant de ces hypothèses et des normes d'emplois par chambre (normes théoriques du ministère du Tourisme), nous pouvons dégager le volume d'emplois à créer pour l'horizon 2000-2010 par catégorie d'hôtels :

Tableau 47. Répartition des chambres et des emplois additionnels par catégorie d'hébergement

Catégorie d'hôtels	Estimation de la P.C. par catégorie en %	Nombre de chambres	Normes d'emplois (ministère du Tourisme)	Volume d'emplois
5*	13,0	10 400	1,20	12 480
4*	18,0	14 400	0,90	12 960
3*	43,0	34 400	0,70	24 080
2*	08,0	6 400	0,50	3 200
1*	05,0	4 000	0,40	1 600
V.V.T.	12,0	9 600	0,90	8 640
R.T.	1,0	800	0,70	560
Total	100,0	80 000		63 520

2- Détermination des besoins probables en emplois

En tenant compte des deux scénarios retenus, la ventilation de l'emploi par catégorie d'hôtels se présenterait comme suit :

Tableau 48. Scénarios 1 et 2 de la ventilation des effectifs à employer pour encadrer la capacité additionnelle par catégorie d'hébergement

Catégorie d'hôtels	Nbre de chambres théoriques		Normes officielles d'emplois	Besoin théorique en emplois	
	H. 55 %	H. 100 %		H. 55 %	H. 100 %
5*	5 720	10 400	1,20	6 864	12 480
4*	7 920	14 400	0,90	7 128	12 960
3*	18 920	34 400	0,70	13 244	24 080
2*	3 520	6 400	0,50	1 760	3 200
1*	2 200	4 000	0,40	880	1 600
V.V.T.	5 280	9 600	0,90	4 752	8 640
R.T.	440	800	0,70	308	560
Total	44 000	80 000		34 936	63 520

D'après les normes du ministère du Tourisme.

À partir des clefs de répartition par niveaux hiérarchiques et par services (ou spécialités) définies par le BIT pour les pays africains à tourisme développé, nous obtenons les structures d'emplois additionnels suivantes :

Tableau 49. Ventilation des effectifs à employer pour encadrer la capacité additionnelle par niveau hiérarchique

Niveaux hiérarchiques	Clefs de répartition BIT en %	Besoin théorique en emplois	
		H. 55 %	H. 100 %
Cadres dirigeants	2,0	699	1 271
Techniciens supérieurs	6,0	2 096	3 812
Techniciens moyens	21,0	7 337	13 339
Techniciens de base	46,0	16 070	29 219
Apprentis, main-d'œuvre sans qualification	25,0	8 734	15 880
	100,0	34 936	63 520

D'après les normes du BIT.

À partir des normes de répartition par services, déterminées par le BIT (tableau ci-après), on peut dégager la ventilation de l'emploi additionnel selon les deux hypothèses retenues plus haut (voir tableau ci-dessous).

Tableau 50. Ventilation des effectifs à employer par service ou spécialité pour encadrer la capacité additionnelle en chambres selon les normes du BIT.

Services		Effectifs	
	Normes en %	scenario. 55 %	scenario 100 %
Direction, administration et comptabilité	7	2 446	4 446
Réception, front office	9	3 144	5 717
Etage, lingerie, buanderie	23	8 035	14 610
Restaurants, bars	30	10 481	19 056
Cuisine	15	5 240	9 528
Économat	03	1 048	048
Entretien	13	4 542	8 257
Total	**100**	34 936	63 520

D'après les normes du BIT.

Il est à préciser qu'il est difficile pour le Maroc d'atteindre les objectifs définis par l'accord cadre précité. Le scénario 2 serait plus proche de la réalité. En effet, l'activité du secteur connaît un handicap majeur, qui rend la rationalisation plus difficile que dans les autres branches de l'activité économique : il est très sensible à la conjoncture. La progression de ses performances sur le long terme n'est pas dépourvue d'irrégularités saillantes d'une année sur l'autre. Il a beaucoup de mal à établir des prévisions d'activité, même à court terme, l'incertitude étant l'un de ses traits marquants. Il est complètement assujetti aux changements des besoins et des motivations du touriste devenu "paradoxal" et qui n'appartient plus à une catégorie figée. Tout touriste est multi-consommateur suivant les instants, les périodes, les envies. Une même personne peut cacher deux ou trois touristes différents. Pour les entreprises du secteur, le défi est de réussir à traiter chaque client comme un marché à lui tout seul : le sur-mesure au prix du prêt-à-porter. Le touriste peut changer brusquement de décision : changement d'horaire de départ, de programme, de destination... Les professionnels du tourisme au Maroc doivent savoir s'adapter à ces changements constants. Pour eux, savoir répondre aux nouvelles motivations des touristes est un défi à relever. Cela nécessite de décliner dans la réalité la vision de l'accord cadre sous forme de programmes et de politiques concrètes permettant de repenser les problèmes de management, de stratégie, d'organisation, de marketing... et de mettre en place des outils opérationnels dans le but d'atteindre des objectifs réalisables et partagés par tous les acteurs.

En outre, le moindre incident politique a des conséquences considérables sur l'activité et les résultats du secteur touristique, des résultats qui peuvent être positifs ou négatifs, et se produire sur le sol national ou à l'échelon international. Les attentats, les guerres... peuvent inciter le touriste à changer de destination, à voyager dans son propre pays. De plus, la consommation de tourisme n'étant pas une consommation de première nécessité, elle peut facilement être retardée, modifiée ou supprimée. Le grand problème pour une destination est de constamment stimuler le besoin de vacances, la découverte de nouvelles ressources susceptibles d'attirer un nouveau public, d'élargir et de diversifier la clientèle, afin de maintenir son activité, de pouvoir la proposer de façon régulière, et enfin d'ajuster ses objectifs en tenant compte des éléments pouvant possiblement perturber le cours des choses.

À ces données contraignantes s'ajoutent les handicaps qui caractérisent le secteur du tourisme au Maroc, des handicaps qui limitent les chances de développement d'une industrie touristique à court, voire à moyen terme : produits et prestations inadaptés, services et équipements moyens, environnement général mutilant, stratégie commerciale inefficace, mauvaise gestion et absence de professionnalisme... On ne peut, dans la situation actuelle du tourisme marocain, ignorer cette réalité. Négliger la nécessité d'une mise à niveau de l'existant reviendrait à faire preuve d'un optimisme non fondé quant aux chances de croissance du secteur.

Ces deux facteurs (parmi d'autres) gênent par conséquent toute politique de planification touristique et d'emploi dans le secteur. Ils créent une incertitude non seulement pour la croissance de l'industrie touristique, mais aussi dans les prévisions relatives aux arrivées touristiques, aux projets de création d'unités et à l'emploi dans le secteur. Ce sont là des raisons qui poussent, dans le cas du Maroc, à la prudence, à la vigilance, quand il s'agit de prévisions, et qui nous incitent à relativiser les objectifs définis par l'accord cadre 2000-2010.

II- Estimation des besoins en formation 1999-2010 : les réponses de l'appareil de formation

Jusqu'au milieu des années 1980, seul l'appareil de formation sous tutelle du ministère du Tourisme formait aux métiers de l'hôtellerie, de la restauration et du tourisme. Depuis, ce ministère a commencé à perdre le monopole de ce type de formation.

En effet, deux autres partenaires vont s'intéresser de plus en plus à la formation touristique et hôtelière.

Avec le développement de l'enseignement et de la formation dans le secteur privé, plusieurs écoles et instituts ont ouvert des filières et des spécialités de formation touristique et hôtelière. Et puis, l'importance de l'OFPPT et sa mission en matière de formation professionnelle ont incité cet organisme à étendre sa vocation en créant des filières pour former des techniciens dans les domaines du tourisme et de l'hôtellerie.

Pour comprendre ce changement, il est utile de s'intéresser d'abord à l'histoire de la formation dans le domaine du tourisme, à son évolution depuis la création de la première école hôtelière en 1952, et de déterminer ensuite les effectifs aptes à être formés pour répondre aux besoins prévisibles de l'hôtellerie.

1- Structure et capacité d'accueil du système de formation touristique et hôtelière

A- Le réseau des établissements sous tutelle du ministère du Tourisme

Rappelons d'abord que dans les métiers de service comme l'hôtellerie, la qualification et la compétence des ressources humaines sont des facteurs déterminants de la qualité du produit et de la performance. La qualification et la compétence détenues par les individus dépendent, dans une grande mesure, de la qualité des formations effectuées dans l'ensemble des systèmes de l'appareil de formation :

– formation initiale, continue, et de l'enseignement technique à tous les niveaux, y compris le supérieur ;

– formation interprofessionnelle, c'est-à-dire prise en charge et contrôlée par le milieu hôtelier ;

– formation interne aux entreprises hôtelières.

Ces qualifications et ces compétences ne sont profitables que s'il existe des opportunités réelles d'insertion des jeunes formés dans les entreprises, où ils pourront développer leur carrière professionnelle et améliorer leur situation financière et sociale.

Cette remarque étant faite, il convient de noter que le Maroc est l'un des rares pays de l'Afrique et du Monde arabe qui a pu et a su développer un appareil de formation touristique et hôtelière. L'étude de la Commission économique pour l'Afrique (CEA)[106], quoiqu'ancienne, permet de situer l'effort du Maroc en matière de formation de techniciens et de cadres pour l'encadrement du secteur. De fait, cette étude relève que sur le continent africain, 21 pays possèdent 38 centres de formation, dont 22 se trouvent dans 5 pays. Le nombre total de pays sans structures de formation s'élève, sur les 50 pays membres de la CEA, à 29. En outre, 4 pays seulement, dont le Maroc, forment des cadres supérieurs, les autres forment des techniciens de base ou des techniciens moyens. L'Afrique du Nord abrite l'essentiel des moyens de formation. Le déséquilibre n'est pas dû seulement au degré de développement touristique des divers pays du continent,

[106] Commission économique pour l'Afrique : Conférence des ministres africains du Tourisme, Kinshasa (Zaïre), novembre 1987.

mais surtout aux équipements, aux moyens matériels et à l'absence de ressources humaines d'encadrement du système de formation.

Par ailleurs, sur les 36 centres de formation identifiés par la CEA, on en relève 32 du niveau de l'enseignement secondaire, et 4 du niveau universitaire. Sur l'ensemble des centres, on en dénombre 15 dont la formation est hôtelière, et 21 dont la formation est mixte et concerne à la fois l'hôtellerie et le tourisme.

En outre, 65 % de ces centres dispensent une formation s'étalant sur deux à quatre ans, et 35 % sur un an et moins. En ce qui concerne les disciplines enseignées, 6 centres enseignent des cours de management, 15 des cours pour guides et agence de voyages, et les 15 restants des cours de réception, restauration-bar, cuisine et housekeeping.

En Tunisie, selon N. Sittouhoum[107], il existe sept institutions de formation touristique et hôtelière :

– cinq écoles hôtelières formant des techniciens de base, implantées dans les principales villes touristiques : Hammamet, Nabeul, Sousse, Monastir, Jerba ;

– un institut de formation de techniciens supérieurs, installé à Tunis, qui forme en cuisine-pâtisserie et restaurant-bar, en agences de voyage et en gestion hôtelière.

– une filière en 3e cycle (DESS) à l'Institut des Hautes études commerciales à Tunis, formant des cadres supérieurs en gestion hôtelière et touristique.

Au Maroc, le développement du système de formation touristique et hôtelière est dicté par trois facteurs essentiels :

– le besoin en main-d'œuvre qualifiée nécessaire à l'encadrement du système productif touristique et hôtelier ;

– la nécessité de professionnaliser le secteur pour en développer la productivité et en améliorer la compétitivité ;

– la résorption du chômage par le biais des potentiels de création d'emplois que représente le secteur.

Si le tourisme a commencé au Maroc vers les années vingt, la formation touristique et hôtelière n'y a débuté, par contre, qu'en 1952, avec la création de l'école hôtelière de la ville de Rabat.

En réalité, le développement proprement dit d'un système de formation n'a démarré qu'avec la prise de conscience de l'importance du tourisme en tant qu'instrument privilégié à effet multiplicateur pour le développement économique national et régional, et de ses incidences sur l'emploi et les revenus.

Cette prise de conscience s'est concrétisée à partir de 1965 non seulement par la création d'un département ministériel chargé de gérer le développement du tourisme, mais également par celle d'un système de formation de techniciens et de cadres en mesure de répondre aux besoins du secteur en matière de main-

[107] N. Sittouhoum : Le tourisme en Tunisie, éditions Cérès, Tunis 1994, p. 62. Ce livre est publié en langue arabe.

d'œuvre qualifiée. En effet, selon le décret du 13 juin 19902[108], la mission de l'administration du tourisme en matière de formation professionnelle et des cadres propres au secteur est :
– d'assurer la formation et le perfectionnement des cadres et du personnel de l'ensemble du secteur public et privé du tourisme ;
– de suivre, en relation avec les départements ministériels concernés, la formation touristique assurée par tout organisme agréé à cet effet, et de procéder à la création et à la gestion d'établissements de formation dans le domaine touristique.

Carte N.1 Capacité d'accueil des E.F.H.T, tous niveaux confondus

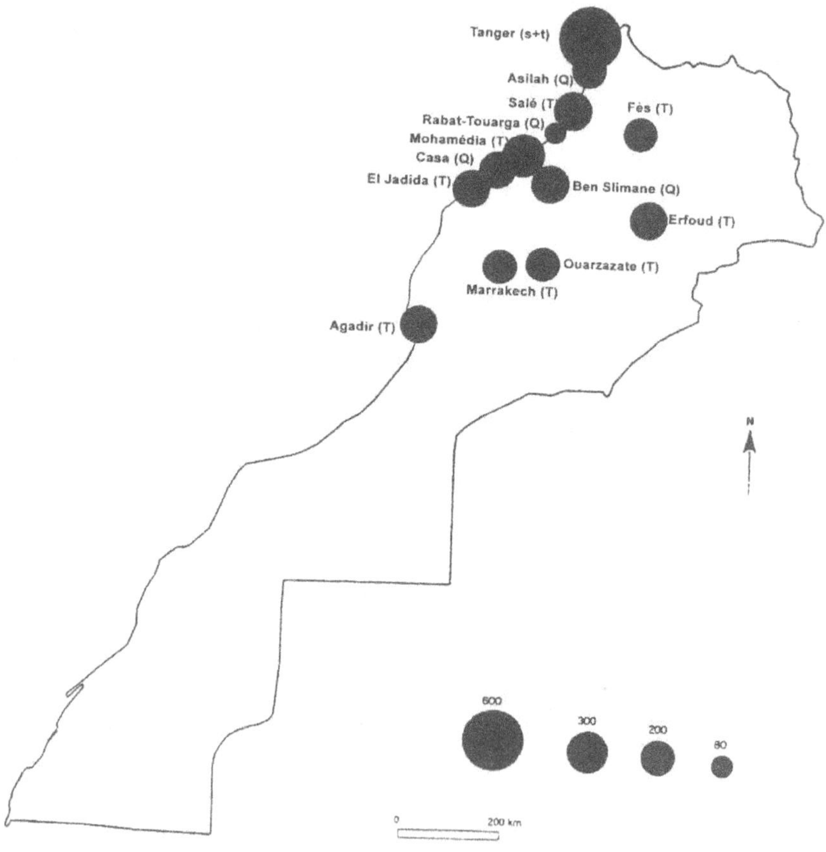

[108] Voir A. Daoudi : L'organisation et la réglementation du tourisme au Maroc, Editions M.K. Benani Editeur, Casablanca, p. 48.

La charge de cette mission est confiée aujourd'hui à la Direction de la Formation et de la coopération, qui s'est définie en 1998 des objectifs pour promouvoir la qualité de la formation dans le secteur. Ces objectifs sont, selon le répertoire du ministère du Tourisme, les suivants[109] :

– la contribution à l'éclosion d'un système de formation hôtelière et touristique performant, répondant aux standards internationaux et en phase avec les besoins du secteur ;

– l'adaptation des programmes et méthodes de formation aux exigences du marché ;

– l'appui aux organisations professionnelles pour l'éclosion et le développement de programmes de perfectionnement ;

– l'organisation de cycles de perfectionnement et de programmes de formation continue au profit de la main-d'œuvre du secteur.

Pour ce faire, cette direction s'est subdivisée en quatre sous-structures :

– une division des Activités pédagogiques, composée du service des Activités pédagogiques et du service de l'Inspection pédagogique. Les tâches essentielles de cette division sont l'évaluation et l'amélioration de la formation ;

– une division des Établissements de formation touristique et hôtelière, composée du service des Projets éducatifs et du service de Contrôle des établissements de formation. Cette division a pour mission principale la réalisation de projets éducatifs (construction, extensions, rénovations), à en assurer le contrôle et le suivi, ainsi que le contrôle de la gestion des institutions de formation existantes ;

– une division de la Coopération dont les tâches principales sont le développement, le maintien et le suivi de toute activité de coopération dans les domaines touchant au tourisme ;

– une division administrative et financière.

Par ailleurs, le réseau de l'appareil de formation touristique et hôtelière sous tutelle du ministère du Tourisme assure des formations de :

a. Niveau technicien de base dans quatre Centres de qualification professionnelle hôtelière et touristique (CQPHT). Ces centres forment des techniciens qualifiés de base dans les secteurs cuisine, restaurant et étages. La durée de la formation est de deux ans, dont une année de tronc commun, suivie d'une année de spécialisation. Ces centres sont accessibles sur concours aux jeunes âgés de 25 ans au maximum et ayant le niveau de 9ème année fondamentale, 1ere AS ou 2e AS.

Ces centres ont formé, depuis leur création, 4 723 lauréats[110]. L'effectif de ces derniers est multiplié par plus de deux depuis 1972. En moyenne, 200 lauréats en

---

[109] Répertoire du ministère du Tourisme 1998, Editions RAI/Média C.O.P.E., Rabat, p. 37.

[110] Ce chiffre inclut 2 098 lauréats formés par le Centre de Ben Guérir, fermé depuis 1972, et 164 autres formés au Centre de Ouarzazate, transformé depuis 1987 en Institut de technologie hôtelière et touristique

sortent chaque année depuis 1985-1986, enregistrant ainsi une croissance de 400 % par rapport à la période 1980-1985.

b. Niveau technicien dans huit Instituts de technologie hôtelière et touristique (ITHT), dont la vocation est de former de futurs techniciens moyens en hôtellerie, spécialisés en cuisine, restauration, réception et, dans certains cas, en étages. La durée de la formation est de deux ans. Ces instituts sont accessibles par voie de concours aux jeunes âgés de 25 ans maximum et ayant le niveau de septième année secondaire. La formation dispensée dans ces institutions comprend un ensemble de disciplines d'enseignement général, essentiellement axées sur les langues, le droit, la comptabilité, l'économie, l'histoire, la géographie..., de même qu'un enseignement technique portant sur les technologies hôtelières, la restauration et l'hébergement, et enfin un enseignement pratique comprenant des travaux de groupes, des démonstrations, et des stages dans les hôtels au Maroc et accessoirement à l'étranger.

De 1952 à 1994, ces établissements ont formé 6 406 lauréats. Ce chiffre intègre les 1 006 lauréats formés par l'école de Rabat (transformée en siège de la direction de la Formation et de la coopération) et les 1 075 issus de l'école d'Agadir (920 lauréats) et de l'école de Mohammedia (155), reconverties en établissements de formation de techniciens spécialisés (bac + 2). Depuis 1975-1976, le nombre des lauréats de ces écoles a été multiplié par plus de sept, enregistrant ainsi une moyenne d'environ 270 annuellement.

c. Niveau de technicien spécialisé : l'ITHT de Mohammedia et celui d'Agadir ont changé d'orientation, respectivement en 1994 et 1998, pour former des techniciens spécialisés (niveau bac + 2) dans les arts culinaires, de table et service, en tourisme (en marketing, en accueil/animation touristique, en technique de gestion des agences de voyage) et en hôtellerie (techniques de gestion des services alimentaires et de restauration, techniques de gestion hôtelière). Ce changement de mission pour les deux établissements a été opéré dans le cadre de la coopération franco-marocaine et canadienne (PRICAM)[111]. Deux autres projets sont en cours de réalisation au bénéfice des ITHT de Marrakech. L'un est du même type que dans les deux instituts évoqués précédemment, en coopération avec l'Union européenne[112]. Le deuxième, lancé avec la coopération du PRICAM, vise à développer l'engineering en matière de formation continue, à créer un centre d'accueil et de formation continue, ainsi qu'un observatoire des besoins de la profession[113].

---

111 Le montant du projet d'Agadir consistant à développer de nouvelles formations par l'instauration et la mise en place du niveau bac + 2 est de 704 000 $ canadiens, un montant qui équivaut à 4 928 000 Dh

112 Le montant alloué à ce projet est de 10 540 344 Dh. Il concerne l'assistance technique pour le démarrage de la formation (alternée) de techniciens spécialisés en hôtellerie et tourisme de l'ISTHA de Marrackech et le développement de la formation de technicien de l'ITHT de Saïdia.

113 Le montant de ce projet est de 418 870 $ CA (environ 3 000 000 de Dh).

Au total, neuf filières ont été créées depuis 1995-1996, dont quatre sont déjà opérationnelles et quatre autres le sont depuis l'an 2000.

Ces instituts sont accessibles par voie de concours ouvert aux jeunes âgés de 25 ans au plus, pour l'ISIT, et de 24 ans, au plus également, pour les autres établissements. Le niveau exigé pour les deux est le baccalauréat économique, technique ou commercial, ou le diplôme de technicien en hôtellerie pour les filières de gestion hôtelière, et le baccalauréat toutes séries pour les autres filières. La formation dispensée dans ces institutions comprend des disciplines :

– d'enseignement général, essentiellement axées sur les langues, la gestion, la géographie touristique, les arts appliqués...

– d'enseignement technique portant sur les technologies hôtelières de la restauration, de l'hébergement, de l'hygiène, de l'œnologie et du service ;

– d'enseignement comprenant des travaux pratiques au sein des établissements et dans les entreprises hôtelières sous forme de stages de courte et de longue durée. La spécialisation débute en 2ème année. La durée de formation est de deux ans.

À ces niveaux s'ajoute celui auquel permet d'accéder l'Institut supérieur international de tourisme de Tanger, créé en 1972 (d'une capacité actuelle de 460 places) pour former dans les domaines de l'accueil (l'accompagnement), des techniques d'agences de voyage (techniques de production et de vente) et de gestion hôtelière. Cet institut a bénéficié au début des années 90 de la coopération de l'OMT qui l'a choisi pour en faire l'un de ses Centres internationaux de formation supérieure. Malheureusement, cette coopération n'a pas pu être concrétisée, pour des raisons relatives aux statuts, aux structures et surtout à l'autonomie administrative et financière de cette institution.

Cet établissement a pu former 1 847 lauréats depuis sa création en 1972. Ce chiffre peut se ventiler comme suit :

Tableau 51. Ventilation des lauréats du premier cycle de l'ISIT par filière

PREMIER CYCLE					
Année	**Aménagement**[114]	Techniques de production et de vente	Accueil	Gestion hôtelière (2)	Total
1973-74		23	04	09	36
1974-75	02	06	04	08	20
1975-76	08	06	10	11	35
1976-77	03	07	04	15	29
1977-78	06	05	06	09	26
1978-79	03	12	01	08	24
1979-80	07	13	04	11	35
1980-81	08	12	02	14	36
1981-82	09	19	11	10	49
1982-83	17	24	20	08	69
1983-84	09	18	16	16	59
1984-85	09	25	19	15	68
1985-86		40	36	21	97
1986-87		33	25	19	77
1987-88		51	35	21	107
1988-89		46	25	28	99
1989-90		60	24	21	105
1990-91		72	31	30	133
1991-92		87	19	43	149
1992-93		84	20	19	123
1993-94		129	22	42	193
1994-95		83	13	54	150
1995-96		82	10	36	128
Total	81	937	361	468	1 847

Source : Tableau confectionné par nous-mêmes à partir des données de la DFC, ministère du Tourisme.

À la lecture de ce tableau, on peut remarquer le peu d'importance accordée à la formation en gestion hôtelière par rapport aux techniques d'agences de voyages, et ce malgré la faible création d'emplois par ces dernières (de petites entreprises dans leur majorité). Le nombre d'emplois dans ces entreprises ne

[114] Cette filière a été fermée en 1984

dépasse pas en moyenne 10 par unité, soit un total d'environ 3 000 emplois tous types d'agences confondus : réceptif, billetterie...

Il existait jusqu'en 1994 une section pédagogique rattachée à l'ISIT, mais installée à l'institut d'Agadir, dont la vocation était la formation de formateurs en prestations de service et restaurant, en production, et en prestation de service et étages. Cette section a été fermée à un moment où la formation des formateurs était devenue une nécessité, en matière de formation initiale, mais aussi de formation continue pour accompagner les besoins des entreprises hôtelières. En tout état de cause, cette section a pu former en moyenne 14 formateurs par an, soit 176 entre 1980 et 1994.

c. Niveau cadre supérieur à l'ISIT : le 2e cycle dans cet établissement a pour objectif de former des cadres en administration et gestion des entreprises touristiques et hôtelières. La durée des études y est de deux ans. Ce cycle est accessible par voie de concours, ouvert aux jeunes âgés de 25 ans titulaires du diplôme de 1er cycle du même institut ou d'un DEUG en économie. La formation dispensée comprend des disciplines de gestion et d'économie appliquées au tourisme et à l'hôtellerie (management, économie touristique, finance, marketing, F&B, gestion des ressources humaines, informatique...), les langues, un stage en fin de 1ère année et un mémoire à la fin du cycle portant sur l'un des domaines de la gestion touristique et hôtelière. Ce cycle a pu former 519 lauréats entre 1984 et 1996. Le nombre de ces derniers a été multiplié par plus de 12 depuis la création de ce niveau.

e) L'apport du Maroc en matière de formation dans le cadre de la coopération régionale

Enfin, dans le cadre de la coopération régionale, en matière de formation touristique et hôtelière, le Maroc, par le biais du ministère du Tourisme, joue un rôle de première importance. En effet, pour permettre aux pays africains et arabes ne disposant pas de moyens financiers et/ou humains pour mettre en place un réseau de formation dans le domaine du tourisme et de l'hôtellerie de faire face à des besoins de plus en plus importants en main-d'œuvre qualifiée[115], le Maroc a assuré, entre 1952 et 1991, la formation de 225 lauréats, de niveaux qualification et technicien, répartis comme suit :

[115] Déjà lors de la Conférence des ministres africains du Tourisme, tenue au Zaïre (Kinshasa) en novembre 1987, la CEA relevait l'importance du problème du déficit de main-d'œuvre qualifiée dans les secteurs touristiques en Afrique, et mettait en exergue la nécessité du développement de la coopération entre pays africains en matière de formation dans ce domaine.

Tableau 52. Ventilation des lauréats étrangers : niveaux technicien et qualification (1952-1991)

Pays	Niveau de technicien moyen	Niveau qualification	Total
Sénégal	51	07	58
Mauritanie	23	01	24
Centrafrique	15	00	15
Tunisie	19	00	19
Gabon	17	00	17
Iles Comores	09	00	09
Niger	13	00	13
Algérie	09	00	09
Zaïre	03	00	03
Tchad	03	00	03
Côte d'Ivoire	05	01	06
Mali	11	00	11
Irak	09	00	09
Egypte	05	00	05
Congo	05	01	06
Syrie	02	00	02
Guinée	04	00	04
Cameroun	02	00	02
Ile Maurice	03	00	03
Jordanie	03	00	03
Djibouti	00	03	03
Burkina	01	00	01
Total pays africains et arabes	212	13	225
France	33	02	35
Total général	245	15	260

Source : DFC, ministère du Tourisme.

L'importance du rôle du Maroc en matière de coopération dans le domaine de la formation apparaît davantage au niveau du cycle supérieur. Le tableau ci-dessous relève cet état de fait.

Tableau 53. Répartition des lauréats étrangers formés au sein de l'ISIT par nationalité (1972-1998)

Nationalité	1er cycle		Total	2e cycle		Total	Total
Sexe	Garçons	Filles	1er cycle			2e cycle	Général
Algérie	07	05	12	07	02	09	21
Angola	06	03	09	03	01	04	13
Bénin	02	01	03				03
Burkina Faso	05	03	08	02	01	03	11
Cameroun	04	02	06	03	02	05	11
Cap vert	01	02	03				03
Centrafrique	11	02	13	01	01	02	15
Comores	03	12	15	01	03	04	19
Congo		01	01	01		01	02
Côte d'ivoire	04	03	07				07
Djibouti	01	01	02	01		01	03
Egypte	02		02	02			02
Gabon	07	03	10	01		01	11
Gambie				01		01	01
Ghana				01		01	01
Guinée	02		02	03		03	05
Guinée-Bissau	01	02	03	01		01	04
Kenya	01	01	02	01		01	03
Mali	02	03	05				05
Maurice	01		01				01
Mauritanie	07	01	08	02		02	10
Niger	03	02	05	01	01	02	07
Ruanda	01		01	01		01	02
Sénégal	14	28	42	04	14	18	60
Soudan	01		01				01
Tanzanie	02		02	01		01	03
Tchad	06	02	08	05	01	06	14
Tunisie	20		20	05	02	07	27
Zaïre	05	03	08	01		01	09
Total Afrique	***119***	***80***	***199***	***44***	***31***	***75***	***274***
Bulgarie	02		02				02
France	03	05	08	01		01	09
Turquie				01		01	01
Total Europe	***05***	***05***	***10***	***01***	***01***	***02***	***12***
Iraq	01		01				01
Liban	04	01	05				05
Syrie	03	01	04	01		01	05
Palestine	04		04	01		01	05
Total Moyen-Orient	***12***	***02***	***14***	***02***		***02***	***16***
Inde	01		01	01	01	02	03
Viêt-Nam				01		01	01
Total Asie	***01***		***01***	***02***	***01***	***03***	***04***
Haïti				01		01	01
Total Amérique						01	01
Total Général	***136***	***88***	***224***	***49***	***32***	***83***	***307***

Source : ISIT

Carte N 2. Lauréats des E.F.P.H.T depuis leurs créations, tous niveaux confondus.

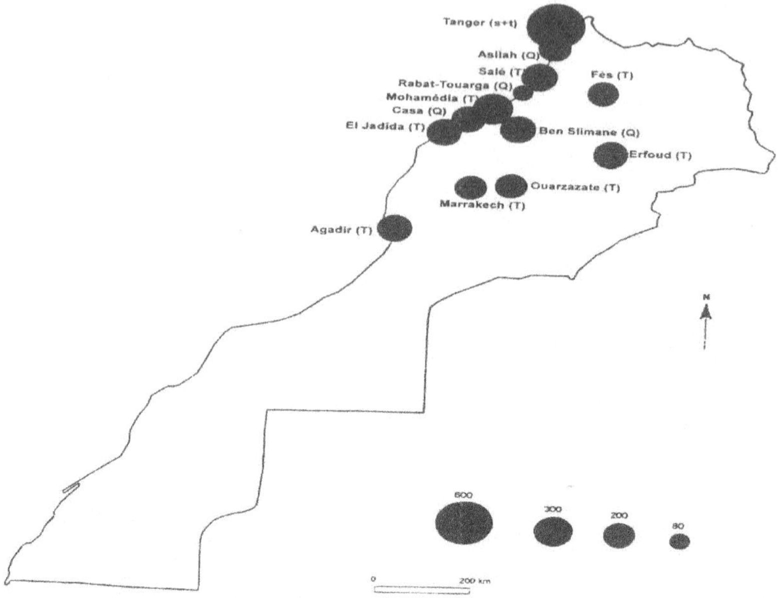

Ces chiffres montrent bien l'évolution du système de formation touristique et hôtelière sous tutelle du ministère du Tourisme, marquant ainsi l'effort du Maroc en termes de formation professionnelle et des cadres. Cette évolution est caractérisée, en sus des phases de création et de consolidation qui s'étalent de 1950 et 1970, par deux autres grandes phases :

– Une phase de maturité dans les années 80. À l'époque, le système répondait au seul besoin de maîtriser des techniques opératoires spécifiques à l'hôtellerie. Les attentes du secteur n'étaient pas aussi exigeantes que de nos jours. Quant aux motivations de la clientèle, elles étaient surtout focalisées sur la possibilité de détente (soleil, mer et sable), bien moins que sur la qualité des prestations de services. La concurrence était moins rude et le client était encore, si l'on peut s'exprimer ainsi, un "amateur" ne disposant pas de choix lui permettant de sélectionner ses destinations selon le critère qualité-prix. Dans ces conditions, les jeunes lauréats de l'époque semblaient plus déterminés à faire carrière, et plus disposés à accepter les conditions de travail plus contraignantes alors du secteur.

– Une phase de déclin à partir du milieu des années 90, où l'appareil de formation s'est déconnecté petit à petit de la réalité du système productif hôtelier. Deux phénomènes interdépendants ont participé à cette "déroute". Tout d'abord, l'initiative de l'OFPPT, dès le début des années 1990, d'intégrer le segment de la formation touristique et hôtelière dans son réseau, a créé une démobilisation et une démotivation des acteurs du système sous tutelle du ministère du Tourisme. Le système de formation touristique et hôtelière a accompagné cette démotivation d'un repli sur soi qui a mis en évidence l'aggravation de son incapacité à s'adapter aux exigences dictées par l'évolution du système productif hôtelier. S'en est suivi un éloignement vis-à-vis du milieu professionnel et de ses besoins de compétences, à un moment où la demande de qualification était devenu une source d'amélioration de la qualité et d'un réel avantage compétitif dans le secteur. Au niveau qualitatif, ce décalage apparaît dans :

– le retard mis par la formation hôtelière à s'adapter aux nouvelles réalités structurelles d'un secteur devenu une industrie à part entière, utilisant les méthodes les plus sophistiquées en matière d'organisation, de gestion et de management ;

– le retard dans l'adaptation aux nouvelles réalités socio-économiques de la demande des nouvelles clientèles, qui exigent non seulement de nouveaux produits touristiques, mais un nouveau comportement du personnel où la communication, le relationnel, la disponibilité... prennent de plus en plus d'importance qu'auparavant ;

– le retard considérable dans l'adaptation aux nouvelles réalités technologiques (nouveaux équipements de toute sorte, en particulier dans la production culinaire et les techniques de réservation et d'information[116]) ;

---

[116] Plusieurs d'experts prévoient que les pays touristiques qui ne maîtriseront pas les techniques de réservation et d'information, et qui ne seront pas présents sur les grands réseaux télématiques, seront progressivement écartés du marché.

– le retard pris dans la formation d'une élite du tourisme marocain, capable d'industrialiser la gestion et le fonctionnement du secteur.

On tend à associer l'amélioration de la formation touristique et hôtelière à de gros efforts d'investissement et à des changements d'opérateurs, alors qu'une capitalisation d'expériences et de compétences, conjuguée à une réforme du système de formation, permettraient d'apporter des améliorations qualitatives substantielles.

Au-delà des intentions affichées, des créations d'écoles et d'instituts, de la "boulimie" de projets, on constate, du fait de l'absence d'un projet de réforme fédérateur impliquant tous les acteurs concernés, du fait aussi de l'urgence et de la complexité des problèmes, une perte de sens, une dérive des finalités qui peut aller jusqu'à la "formation-alibi" et à la "formations-parking". L'enclenchement de cette dérive est arrivé à un moment où il était nécessaire d'adapter le système de formation aux mutations de l'activité touristique et hôtelière et aux exigences du marché du travail.

L'erreur serait de croire que l'empilage des projets et le changement de tutelle permettraient d'attaquer de front les problèmes de l'emploi et de la vitalité des entreprises hôtelières marocaines face à la concurrence internationale. À ce sujet, une recherche des convergences reste à mener pour créer une motivation partagée, pour réussir à doter le secteur de l'hôtellerie d'une main-d'œuvre de qualité. Sinon tout obstacle, tout dysfonctionnement dans ce domaine, se répercuterait négativement non seulement sur l'emploi et l'insertion des jeunes, mais aussi sur la rentabilité des unités hôtelières, sur la compétitivité de leur secteur, et finalement sur le développement économique à l'échelle nationale.

En outre, la structuration du système par niveau opérée durant la décennie 90 dénote une confusion quant aux emplois types auxquels la formation est destinée. En effet, malgré l'effort de restructuration du système de ces dernières années, la délimitation des niveaux reste entachée d'une confusion de taille en ce qui concerne les emplois cibles auxquels doit répondre la formation (chevauchement entre les différents niveaux et cycles de formation). Cet état de fait est dû à un manque de visibilité tenant aux définitions de la formation, à l'imprécision de ses objectifs et de ses contenus par niveau. Par conséquent, ce phénomène n'a pas aidé à distinguer nettement les qualifications et les compétences correspondant à chaque niveau, tout en affaiblissant l'adéquation avec les besoins du marché du travail, ce qui a entraîné une détérioration de l'image de marque de la formation hôtelière.

Il fallait, pour réussir la restructuration du système et la réalisation des projets évoqués plus haut, procéder à un repositionnement de chaque niveau et de chaque filière de formation à partir de la spécificité des emplois types qui devraient être l'instrument de base dans la conception des formations correspondantes. La délimitation du champ d'activité des opérations et des compétences inhérentes à l'exercice de ces emplois permettrait de faciliter leur traduction en niveaux et en filières de formation correspondant aux besoins de l'hôtellerie.

À titre d'exemple, si elle est bien maîtrisée dans sa philosophie et sa démarche (outils, pédagogie et compétences des intervenants formateurs)[117], l'approche par compétences proposée dans le cadre du projet PRICAM pour l'institut d'Agadir permettrait de répondre à cet objectif et d'accompagner les besoins de l'hôtellerie en main-d'œuvre.

Dans cette optique, l'implantation de la formation alternée à l'institut de Marrakech, dans le cadre du projet financé par l'intermédiaire de la coopération avec l'Union européenne, serait une formidable opportunité pour faire évoluer de l'intérieur le système de formation touristique et hôtelière, et d'aller vers des organisations plus qualifiantes dans les entreprises du secteur. C'est là, à notre avis, une réponse adaptée à trois types de dysfonctionnements majeurs de la relation formation/emploi : le repli sur lui-même du système de formation touristique et hôtelière, son inadéquation par rapport aux évolutions du secteur et la difficulté à susciter de la "professionnalité". Pour que ce projet puisse être bénéfique aux différents acteurs (écoles, entreprises touristiques et hôtelières, et apprenants), il est fondamental d'y impliquer la profession en amont et en aval dans l'acte de formation. Pour ce faire, il est nécessaire de cibler les entreprises hôtelières les plus crédibles et les plus disposées à s'associer pleinement dans le fonctionnement de la formation alternée. De la sorte, la démarche à adopter serait claire et comprise dans sa philosophie, ses objectifs et ses finalités par les différents acteurs.

En outre, sous peine d'instaurer des chevauchements entre les différents niveaux et cycles de la formation actuelle[118] et de se tromper de cible, il serait indispensable, d'abord, de tenir compte du dynamisme du secteur (prévisions en matière d'arrivées touristiques, création d'unités hôtelières additionnelles, normes d'emplois...) afin d'y éviter les dépassements des besoins en main-d'œuvre, les ajustements et les régulations ultérieures. Après cela, il s'agirait de rechercher le dosage le plus adéquat dans le montage de chaque projet ou chaque restructuration entre :

– l'aspect théorique et l'aspect technique d'une part, et le temps d'apprentissage au sein des entreprises hôtelières d'autre part ;
– les aspects théorique et pratique (interventions de professionnels) ;
– le temps consacré aux cours et le travail personnel ;

---

[117] L'un des problèmes cruciaux à résoudre réside dans le manque de formateurs pouvant accompagner le développement de ce genre de projets. Les formateurs qui encadrent le niveau de techniciens ne sont pas en mesure aujourd'hui de prendre en charge la formation des techniciens spécialisés. Pour y parvenir, il faudrait à la fois former et perfectionner le corps des formateurs existants et chercher à consolider les ressources humaines de chacun des établissements concernés par le recrutement de nouveaux profils adaptés et capables d'encadrer la formation supérieure.

[118] Le double emploi et les chevauchements entre le cycle de techniciens spécialisés à l'institut d'Agadir, le contenu du projet du cycle qui sera implanté à Marrakech et les objectifs du premier cycle de l'ISIT, est flagrant. À notre avis, l'insertion des lauréats de ces trois établissements serait aléatoire dans la mesure où les possibilités offertes par le secteur risquent de ne pas absorber l'ensemble des formés de ces écoles.

– le travail individuel et le travail collectif.

Par ailleurs, la création du cycle de techniciens spécialisés (bac + 2) à Agadir et à Marrakech exigeait un repositionnement de la formation dispensée par le 1er cycle de l'ISIT, au risque de produire un double emploi entre les formations et une confusion dans leurs finalités et leurs objectifs.

Depuis sa création en 1972, cet institut ne cesse d'éprouver le besoin croissant de s'ériger en établissement public doté de la personnalité juridique. Les méfaits de la centralisation de fait se manifestent clairement à travers les opportunités manquées de partenariat avec des universités et organismes étrangers[119], et influencent négativement le rôle qui échoit à cet établissement, son impact international en tant que seul centre de formation de l'OMT[120], ainsi que sa gestion financière et humaine.

Il nous semble que parmi les actions à entreprendre pour restructurer la formation dans cet établissement, on peut citer la révision des statuts de l'ISIT et leur adaptation aux défis que doit relever la qualité de la formation. Bien que les arguments en faveur de cette thèse soient nombreux, on peut les ramener à deux idées centrales, à savoir que l'autonomie de cet établissement lui permettrait de s'ouvrir sur l'environnement tant national qu'international (développement de réseaux de partenariat...) et d'améliorer la réactivité, l'adaptabilité de l'institution par rapport aux changements qui affectent le secteur, la gestion et la qualité de la formation, et de reconquérir sa notoriété.

En ce qui concerne le repositionnement de l'ISIT, le ministère du Tourisme projette de transformer les 2 cycles existant dans cet établissement en trois cycles (Licence professionnelle, Master professionnel et doctorat : LMD, selon les dispositions de la loi 01.00 portant organisation de l'enseignement supérieur et de la formation des cadres. L'objectif est fondé sur le besoin de former des cadres intermédiaires et supérieurs, dans le domaine de management de l'hôtellerie et du tourisme, capables, par leur professionnalisme, d'accompagner la dynamique émergente du tourisme. En outre, pour pallier au relatif isolement dans lequel il se trouve et lui donner les moyens de reconquérir sa notoriété au niveau national et international, un projet sur l'autonomie de cet établissement est en cours de finalisation. Ces intentions sont louables, mais leur concrétisation tarde à venir. Par conséquent, la formation à l'ISIT s'éloigne de plus en plus des objectifs auxquels il est destiné.

---

119 A cause du problème de l'autonomie exigée par les organismes universitaires étrangers, l'ISIT est passé "à côté" de plusieurs occasions de partenariat. Citons à titre d'exemple le projet de partenariat avec l'université Cornell/Schooll of Hotel Administration, et celui avec l'University of central Florida (Orlando), qui ont achoppé sur le statut de l'ISIT. Voir l'article de M. Bakkali et A. Belyassia : L'ISIT à la croisée des chemins, in Libération du 3 janvier 1997.

120 L'accord convenu avec l'OMT le 14/7/87 bute aussi sur le fait que l'ISIT ne dispose pas de personnalité morale, contrairement aux autres centres de formation de cette organisation internationale.

B- L'appareil de formation sous tutelle de l'OFPPT

Actuellement, trois établissements de formation touristique et hôtelière, d'une capacité totale de 1 130 places environ et situés l'un à Casablanca, l'autre à Marrakech, et le dernier à Agadir, fonctionnent sous la tutelle de l'OFPPT. Ils ont pour vocation de former des techniciens et des techniciens spécialisés dans des spécialités similaires à celles des établissements de formation gérés par le ministère du Tourisme, et dans des filières nouvelles telles que la boulangerie, la pâtisserie, la chocolaterie et la confiserie. À partir de la rentrée 2005-2006, l'OFPPT est devenu pratiquement le seul acteur public en matière de formation touristique et hôtelière. Son monopole s'étendrait pour absorber définitivement le réseau de formation encore sous tutelle du ministère du tourisme. Les raisons souvent évoquées pour justifier cette tendance au monopole sont la recherche de l'homogénéisation de l'appareil de formation, l'amélioration de l'efficacité et des performances du système, la standardisation de ses méthodes de gestion et l'unité des politiques de formation. Quelles que soient les intentions présidant à ce transfert, et en l'absence d'une évaluation objective qui motiverait sérieusement cette opération de "démantèlement-absorption", il est à craindre que cette dernière ne concoure à vider la formation touristique et hôtelière de sa substance. Le domaine du tourisme et de l'hôtellerie se différencie nettement des autres domaines d'intervention où l'OFPPT a fait ses preuves. En effet, « la formation en tourisme est loin d'être un simple fait de maîtrise d'une technique, d'une langue ou d'une accumulation de connaissances. Il ne fait pas de doute que c'est un domaine où l'aptitude morale, la capacité d'adaptation, l'esprit de créativité, le mobile de la motivation et le sens des relations humaines jouent un rôle primordial »[121]. À juste titre, M. Hillali relève que « contrairement à l'instruction scolaire, à l'enseignement universitaire ou à l'apprentissage professionnel dans les secteurs de l'agriculture, de l'industrie ou de la technologie, la formation touristique à la dure et noble tâche à la fois de préparer les hommes et les femmes à être au service des autres, sans être leurs serviteurs » 1. Offrir des prestations touristiques de qualité ne dépend pas seulement d'un savoir-faire et de la maîtrise de techniques pures et simples, elle dépend surtout d'un savoir-être et d'un savoir cognitif développé. Alors que l'enjeu de la formation est lié à l'aptitude de celle-ci à répondre aux besoins réels du secteur, les retombées du monopole de l'OFPPT risqueraient de ne pas se traduire par les progrès attendus sur la qualité de la formation et sur le degré de compétitivité des entreprises touristiques et hôtelières.

Vouloir obtenir le monopole en transférant un organisme à un autre au lieu de capitaliser les expériences risque aussi d'isoler l'Institut supérieur international du tourisme qui s'alimente en partie du vivier de lauréats de l'ensemble du système de formation touristique et hôtelière. Son existence et sa renommée sont

[121] M. Hillali : Le tourisme vu du Sud : essai sur la problématique du tourisme dans les pays en développement, éditions Presse Universitaire du Québec, Québec 2003, P. 119.

intimement liées à la synergie de l'ensemble du système. Avec les transferts des établissements de formation touristique et hôtelière à la rentrée scolaire 2004-2005, cet institut joue sa survie, à moins d'un repositionnement stratégique sur le marché de la formation, d'une restructuration et d'une remise à niveau sérieuses, à même de clarifier la finalité de cet établissement et de recréer les complémentarités nécessaires à la formation aux qualifications réelles du secteur.

Pour éviter le dérapage que peut provoquer un tel changement il aurait été judicieux de corriger les dysfonctionnements générés par les tendances qui cherchent à

– croître plutôt que de consolider l'existant et à le mettre à niveau, afin d'éviter à terme des surplus de lauréats, et donc d'aggraver le chômage. Le secteur n'a pas encore atteint un niveau d'industrialisation capable d'absorber le nombre de stagiaires que le système compte former ;

– copier et transposer des expériences plutôt que de chercher les moyens de leur adaptabilité pour la réussite de la greffe du transplant ;

– standardiser au lieu de tenir compte de la particularité et la spécificité de la formation dans le secteur, développer qualitativement un système dont le mal ne provient pas du simple rattachement au ministère de tutelle. Ne serait-il pas nécessaire de privilégier les causes de l'inadaptation du système pour corriger les défaillances, de mobiliser les acteurs concernés autour d'un projet fédérateur en capitalisant leurs expériences pour mieux adapter et développer un système en phase avec les besoins du secteur et avec l'évolution des métiers du secteur ?

Le vrai problème à résoudre, c'est la restructuration du système de formation touristique et hôtelière, tout en tenant compte des caractéristiques de l'environnement du secteur et de la diversité des acteurs impliqués pour l'optimiser en fonction des intérêts et des attentes en jeu. Ces attentes[122] concernent :

– les étudiants et les élèves/futurs employés dont l'objectif est de chercher une formation de qualité susceptible de répondre à leurs ambitions de développer une carrière professionnelle à long terme.

– les entreprises touristiques et hôtelières/les employeurs et consommateurs directs des compétences acquises par les étudiants et élèves dans le but de faire face à leurs besoins en matière de main-d'œuvre susceptible de leur conférer un avantage concurrentiel ;

– les enseignants et formateurs qui ont besoins de ressources, d'outils de travail, d'autonomie, de mécanisme de sélection et d'évaluation des apprenants, de formation continue leur permettant de cerner le fonctionnement des entreprises et les besoins en compétences des entreprises touristiques et hôtelières pour adapter continuellement leur pédagogie et leur enseignement aux exigences du secteur.

---

[122] Voir Initiation à la méthode TEQUAL : pour la qualité de l'éducation et de la formation touristiques, sous la direction de E. Faos-Solà, op, cit. pp. 23-25.

Graphique N 17. Acteurs impliqués dans l'élaboration de l'offre de l'éducation touristique[123]

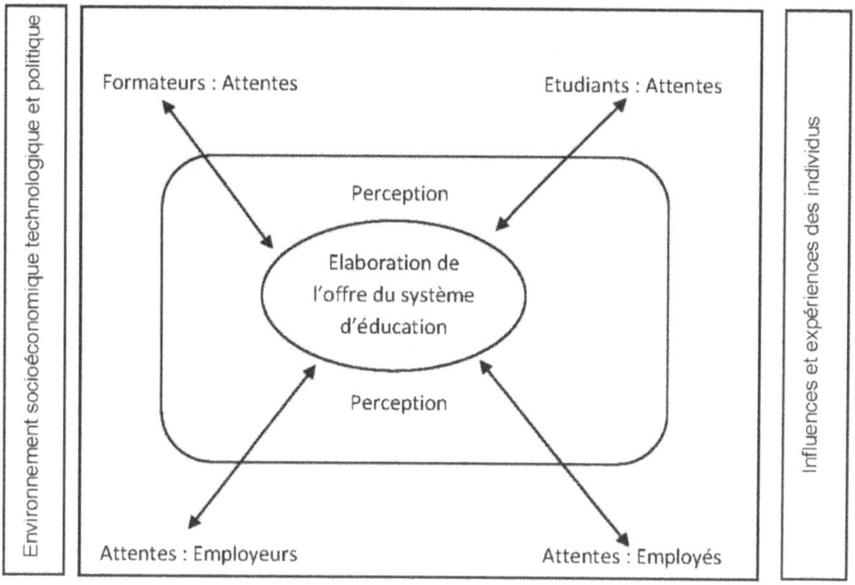

Source : Haywood et Maki

C- La formation touristique et hôtelière privée

Le fait nouveau dans le paysage de la formation professionnelle et des cadres, c'est le développement assez récent d'un secteur privé de la formation touristique et hôtelière dans diverses villes du royaume, surtout à Casablanca. Avec 28 établissements spécialisés et/ou disposant d'une filière de formation touristique et hôtelière d'une capacité dépassant les 1 000 places pédagogiques, la formation touristique et hôtelière dans le privé est essentiellement orientée vers la gestion et le management (touristique et hôtelier). Cependant, rares sont les établissements qui dispensent cette formation sur la base de cycles complets. Dans la plupart des cas, le tourisme et l'hôtellerie ne sont enseignés que dans le cadre de l'année consacrée aux spécialités. Ce fait est dû probablement aux coûts du matériel pédagogique et d'apprentissage pratique, des coûts trop lourds pour que l'on crée des cycles de formation purement touristique et hôtelière (hôtel-restaurant d'application...).

Parmi tous les opérateurs privés, on constate que dans le domaine de l'hôtellerie et de la restauration, seul l'Institut marocain d'hôtellerie (I.M.H.) de

[123] Haywood et Maki : Exigences d'organisation et pratiques des ressources humaines, in Initiation à la méthode TEQUAL : pour la qualité de l'éducation et de la formation touristiques, sous la direction de E. Faos-Solà, op. cit., p. 24.

Settat, formant des techniciens spécialisés en hôtellerie, et l'école ALIMA de Casablanca, formant des techniciens dans les domaines de la restauration, de la pâtisserie et la confiserie, disposent des infrastructures nécessaires à l'apprentissage pratique. La formation dans le premier établissement s'effectue dans un complexe touristique servant de milieu de formation pratique dans les domaines de la gestion hôtelière, de l'accueil, de l'hébergement et de la restauration. Quant à l'enseignement pratique dans la deuxième école, il s'effectue dans un restaurant et au sein d'un laboratoire de pâtisserie.

2- Les effectifs probables à former par niveau à l'horizon 2000-2010

En tenant compte des éléments évoqués plus haut, la répartition des personnes à former entre les niveaux de formation s'établirait comme suit :

Tableau 54. Correspondance formation-emploi

Niveaux	**Formation**	**Emplois**	**Observations**
I	Formations supérieures *Diplôme de 2ème cycle de l'ISIT *Diplômes écoles privées, de bac plus 4, filière management touristique *Diplômes de 2e cycle et 3e cycle des écoles étrangères : filières tourisme et hôtellerie	Assimilés cadres supérieurs, pouvant avec l'expérience et le développement de leurs compétences occuper des postes de chefs de départements, de grandes unités et de chaînes hôtelières	Ces emplois sont ouverts aux personnes qui sauront articuler les deux systèmes de savoir : celui des métiers de l'hôtellerie et celui de la gestion et du management de haut niveau.
II	Formations supérieures (bac + 2) *Diplôme de 1er cycle ISIT *Diplôme de technicien spécialisé : -ITHT (ministère du Tourisme) -ISTA (OFPPT) -Diplôme des écoles privées -B. T.H. des écoles étrangères	Assimilés techniciens supérieurs pouvant, l'expérience et la maîtrise de leur métier aidant, prétendre à occuper des postes de chefs de services	Ces emplois, selon les spécialités, sont ouverts aux personnes ayant une maîtrise des techniques et de la technologie hôtelières, et possédant les qualités personnelles nécessaires à l'exercice de ce genre de profession.
III	Formations de techniciens : *Diplôme des ITHT (ministère du Tourisme) *Diplôme des ITA (OFPPT)	Assimilés techniciens moyens pouvant à terme occuper des responsabilités d'encadrement technique dans leurs domaines de spécialité	La technicité est la voie de la confirmation dans ce genre d'emplois. Le développement de la carrière des personnes occupant ces emplois est conditionné par la mise en situation professionnelle de leurs potentiels.
IV	Formations niveau qualification : *Diplôme des ITHT (ministère du Tourisme) *Diplôme des ITA (OFPPT)	Techniciens de base pouvant, avec l'enrichissement de leurs expériences, à terme accéder à des postes d'encadrement technique	La technicité est prépondérante pour occuper ce type de poste.

Source : tableau réalisé par nos soins.

En considérant, d'une part, que tout emploi qualifié serait occupé par les lauréats du système de formation touristique et hôtelière[124], et en soustrayant, d'autre part, les emplois non qualifiés et les emplois dont la vocation n'est pas spécialement hôtelière, notamment les poste de l'entretien et de la maintenance[125], les besoins probables en formation du secteur à l'horizon 2010, selon les scénarios retenus, se présenteraient comme suit :

Tableau 55. Ventilation des effectifs probables à former par le système de formation touristique et hôtelière pour encadrer la capacité additionnelle par niveau hiérarchique

Niveaux hiérarchiques	Clefs de répartition BIT en %	H. 55 %	H. 100 %
Cadres dirigeants	2,0	699	1 271
Techniciens supérieurs	4,0	1 397	2 541
Techniciens moyens	17,0	5 939	10 798
Techniciens de base	42,0	14 673	26 678
Effectifs à former	***65,0***[126]	***22 708***	***41 288***
Niveau spécialités entretien	10,0[127]	3 494	6 352
Niveau main-d'œuvre sans qualification	25,0	8 734	15 880
Total	100,0	34 936	63 520

Les effectifs relatifs aux besoins en formation pour encadrer la capacité additionnelle à l'horizon 2010 étant précisés, il s'agit maintenant d'établir le parallèle avec le nombre de lauréats que produirait le système de formation touristique et hôtelière à cette échéance. En effet, nos extrapolations à partir des données de ces dernières années et des projets qui sont en cours de réalisation pour ouvrir d'autres filières nous ont permis de déterminer les effectifs probables à former au cours de cette période, suivant les niveaux de formation, comme suit :

124 Bien que les formations ne correspondent pas à des couples niveaux-filières concrets, nous retenons cette optique des rédacteurs du plan.

125 Ce type de formation « maintenance hôtelière » n'existe qu'à l'Institut de technologie appliquée de Tétouan, sous tutelle de l'Office de formation professionnelle et de la promotion du travail.

126 La part relative des techniciens spécialisés en « entretien » est déduite de ces clefs, car les écoles et instituts de formation touristique ne forment pas pour ce genre d'emplois.

127 Part des techniciens, niveaux II, III et IV, spécialisés dans l'entretien.

Tableau 56. Effectifs probables des lauréats du système de formation sous tutelle du ministère du Tourisme à l'horizon 1999-2004[128]

Niveaux de formation	Effectifs à former	Totaux des effectifs par niveau
II- **Niveau supérieur (bac +4)**	370	370
A- II *Filière hôtellerie*		
- Gestion hôtelière[129]	550	
- Gestion de la restauration[130]	360	900
B- Filière tourisme		
- Accueil/animation	285	
- Techniques d'agences de voyage et marketing touristique	810	1 095
III- Niveau technicien		
- Restauration	1 050	
- Cuisine	1 350	3 300
- Hébergement	900	
IV- Niveau qualification		
- Restauration/réception	500	
- Cuisine	480	1 130
- Etage	150	
Totaux	6 805	6 805

3- Les déséquilibres prévisibles entre les besoins de l'hôtellerie et les effectifs à former à l'échéance 2004

En confrontant les besoins de l'hôtellerie en main-d'œuvre qualifiée et les effectifs à former dans les filières hôtelières par l'appareil de formation, nous obtenons les écarts suivants par niveau hiérarchique :

[128] Les données de ce tableau sont calculées à partir de la moyenne des sorties du système de formation par niveau et par filière, constatées depuis 1995. Elles tiennent également compte des formations supprimées, des filières nouvellement ouvertes et de celles à créer d'ici l'an 2005.

[129] Cette filière forme pour des emplois fonctionnels. Elle comprend les options de gestion hôtelière proprement dite, le marketing hôtelier et le management hôtelier.

[130] La gestion de la restauration concerne les emplois opérationnels. Elle inclut les options relatives aux techniques de gestion des services alimentaires et de restauration, les arts culinaires, les arts de table et du service.

Tableau 57. Écarts entre les besoins en main-d'œuvre qualifiée et les effectifs à former par l'appareil de formation sous tutelle du ministère du Tourisme dans les filières hôtelières selon les scénarios retenus[131]

Niveau hiérarchique	Besoins probables en main-d'œuvre qualifiée		Effectifs probables à former	Besoins probables en main-d'œuvre qualifiée	
	H. 55 %	H. 100 %		H. 55 %	H. 100 %
Niveau I Cadres dirigeants	699	1 271	700	----	- 571
Niveau II Techniciens supérieurs	1 397	2 541	1 800 (1)	+ 403	- 741
Niveau III Techniciens moyens	5 939	10 798	6 600	+ 661	- 4 198
Niveau IV Techniciens de base	14 673	26 678	2 300	- 12 373	- 24 378
Totaux filières hôtelières	22 708	41 288	11 400	- - -	- - -
DÉFICIT				*- 12 373*	*- 29 888*
SURPLUS				*+ 1 064*	

Il ressort de la comparaison entre les besoins de l'hôtellerie, dans leur projection à l'horizon 2010, et l'importance du nombre de lauréats qui seraient formés par le système de formation touristique et hôtelière, que la création des 80 000 chambres projetée entre 2000 et 2010 pourrait générer un déficit catégoriel (et donc un besoin de formation) à tous les niveaux de qualification. Pour éviter ces écarts ou tout au moins les réduire, l'augmentation de la capacité d'accueil du système de formation devrait augmenter, et la chaîne des établissements mériterait d'être renforcée. À ce sujet, les experts estiment qu'il faut quasiment tripler la capacité des établissements de formation dont l'objectif est de produire 6 000 lauréats à l'horizon 2004, puis 8 000 par an entre 2005 et 2007 et 10 000 annuellement, enfin, entre 2007 et 2010.

Cependant, il nous semble que le secteur de l'hôtellerie a besoin de plus de temps pour réaliser ses objectifs et atteindre les résultats escomptés par la "vision 2010". Les incidences des conjonctures politiques qui bousculent toute

[131] Les données du tableau 54 ne tiennent pas compte des lauréats des filières touristiques dont le nombre est de 1 095. Ces derniers sont considérés comme des lauréats destinés à travailler dans les agences de voyages (responsables des transferts, chefs de comptoir, chefs des forfaits, promoteurs des ventes, organisateurs de congrès, publicistes, agents de comptoir, agents de réservation billettistes, agents de réservation, guides accompagnateurs) et dans le public (employés dans les offices du tourisme, les syndicats d'initiative, inspecteurs du tourisme..). Ces données font aussi abstraction des emplois des services "entretien" et de la main-d'œuvre sans qualification

prévision et qui nécessitent un ajustement continuel des objectifs et des efforts, exigent de relativiser l'optimisme qui caractérise les anticipations sur l'évolution du tourisme au Maroc. Le développement de cette dernière demande davantage d'efforts à tous les acteurs de la chaîne touristique pour asseoir les fondements d'une industrie hôtelière compétitive, capable de générer et de maintenir des bénéfices supérieurs à ceux de l'environnement de référence, même dans le cadre de circonstances changeantes. « Ce n'est qu'en parvenant à un certain niveau de compétitivité que l'on peut préserver les revenus, l'emploi et l'environnement, maximaliser le bien-être des agents du développement touristique »[132]. Il s'agit de remettre à niveau les structures et le management et de professionnaliser les métiers de l'hôtellerie, quitte à passer par une période de transition qui permettrait de consolider les chances du Maroc d'enclencher un développement durable de l'activité touristique et hôtelière.

Pour toutes ces raisons, le premier scénario nous semble le plus plausible, le plus proche de la réalité. Il laisse présager un surplus global d'environ 1 064 personnes (dont 403 auraient le niveau de technicien supérieur et 661 le niveau de technicien moyen) et un déficit de 12 373 techniciens de base.

Si l'on tient compte des très nombreux lauréats qui seraient formées dans le cadre de l'accord cadre par le dispositif de l'appareil de formation sous tutelle de l'OFPPT, qui seraient environ 2 500 (soit 1 100 techniciens supérieurs et 1 400 techniciens moyens et de base)[133], ainsi que des futurs diplômés du secteur privé, les surplus relevés plus haut relatifs aux niveaux II et III iraient en s'aggravant. Par contre, l'apport de l'OFPPT en matière de formation de techniciens de base ne peut qu'aider à réduire la pénurie dans cette catégorie. L'action de cet organisme serait également capitale pour aider le secteur à résoudre le déficit qui caractérise la ventilation des emplois par catégorie socioprofessionnelle et la faiblesse de qualification du personnel existant, moyennant un effort en matière de formation continue.

Dans tous les cas de figure, il convient de promouvoir un système compétitif de formation hôtelière à partir d'une évaluation objective de l'offre actuelle de formation en introduisant une gestion qualitative fondée sur l'identification des besoins et des attentes des acteurs du système (employeurs, élèves et formateurs) que l'on déclinera en priorités liées à leur importance, au contexte global, à l'efficience des investissements d'amélioration et à la cohérence des objectifs du secteur (économiques, financiers, commerciaux, technologique et humains) et des

---

[132] C. Cooper, E. Fayos-Solà, D. Hawkins, S. Spivack : Initiation à la méthode TEDQUAL, pour la qualité de l'éducation et de la formation touristique, OMT, Madrid 1997, p. 11.

[133] L'OFPPT dispose de 3 établissements à :

– Agadir pour la formation de techniciens spécialisés (bac + 2) en gestion hôtelière. L'effectif à admettre dans cet établissement est de 290 stagiaires ;

– Marrakech et Casablanca pour former des techniciens moyens en restauration, cuisine, boulangerie, pâtisserie, chocolaterie et confiserie, et des techniciens de base en cuisine et restauration. Les effectifs à admettre pour le cas de l'établissement de Casablanca sont de 244 et pour celui de Marrakech de 116 stagiaires.

résultats attendus. Ce n'est qu'en parvenant à introduire une gestion visant à améliorer la compétitivité du système de formation que l'on peut[134] :

– adapter les compétences offertes par le processus d'éducation aux attentes et aux besoins réels de la demande (clients internes et externes) ;

– offrir un système de formation touristique "just in time", c'est-à-dire au bon moment : une formation trop précoce ou trop tardive peut déboucher sur des résultats négatifs ;

– offrir l'efficacité individuelle et collective, moyennant la convergence des objectifs de formation du secteur ;

– transmettre aux demandeurs de systèmes d'éducation les résultats qu'ils sont réellement en droit d'espérer, sans soulever de fausses attentes qu'on aurait ensuite du mal à satisfaire ;

– garantir une efficience maximum, grâce à l'optimisation des ressources ;

– réaliser régulièrement des audits de qualité permettant de corriger et de mettre continuellement à jour les contenus pédagogiques.

Pour conclure ce chapitre, il est à noter que notre approche précédente ne donne qu'une vue générale sur les déséquilibres entre les prévisions des besoins en main-d'œuvre qualifiée et les réponses probables de l'appareil de formation hôtelière. Cette analyse quantitative ne suffit pas à définir la nature qualitative de ces besoins pour pallier les risques que ferait encourir à l'hôtellerie, et au pays, l'existence de surplus ou de déficits de main-d'œuvre qualifiée dans le secteur.

En effet, pour gérer ces risques et éviter de former de futurs chômeurs, il est nécessaire de réguler le système de formation par rapport aux besoins du secteur. L'un des moyens de régulation qui peut être utilisé réside dans la définition d'un champ d'élasticité des entrées (élèves et étudiants) dans l'appareil de formation, apprécié par le rythme de création d'unités hôtelières, la variation de l'activité hôtelière, l'influence des facteurs tant technologiques qu'économiques sur les besoins en formation et en emplois. Ce type de régulation peut se faire dans le sens, d'une part, de la diminution des effectifs ou de la fermeture, à chaque fois que le besoin s'en fait sentir, des filières dont les produits sont peu demandés par le marché du travail hôtelier, et, d'autre part, de l'ouverture ou de la consolidation des filières les plus prisées par la profession. Le manque d'intérêt pour ce genre d'ajustement continu et planifié ne peut qu'engendrer des effets négatifs lourds de conséquences pour les entreprises (cas de pénurie), les apprenants, le système et le pays tout entier (cas de surplus).

Ainsi, en cas de déficit catégoriel, les conséquences, quelle qu'en soit la cause, seraient matériellement et financièrement graves pour les entreprises hôtelières qui ont besoin d'un personnel qualifié suffisamment disponible sur le marché du travail pour améliorer leur compétitivité. Ces conséquences pourraient se répercuter sur l'apport économique de l'hôtellerie au niveau de la balance des paiements, des recettes fiscales et de l'aménagement du territoire à un moment où

[134] C. Cooper, E. Fayos-Solà, D. Hawkins, S. Spivack, Initiation à la méthode TEDQUAL, pour la qualité de l'éducation et de la formation touristique, op.cit, p. 13

la montée en compétences dans l'hôtellerie, en vue d'en accroître la compétitivité, est devenue un enjeu stratégique pour la survie du secteur.

Dans le cas des surplus, les conséquences sont psychologiquement et socialement graves pour les apprenants qui se trouveraient fragilisés, avec pour seul destin le chômage, d'une part, et d'autre part l'exclusion de la possibilité de s'épanouir socialement et économiquement.

Quant au système de formation, il perdrait de sa crédibilité aux yeux des jeunes désireux de se former et de s'insérer dans le monde du travail, son rendement se détériorerait, ainsi que, par contrecoup, l'image des métiers du tourisme dans l'esprit de la jeunesse.

Pour le pays, les surplus seraient, financièrement et économiquement, une lourde charge de plus (gaspillage des ressources financières et humaines) à un moment où l'employabilité des jeunes est devenue un défi à relever par les pouvoirs publics et un pari sur l'investissement dans la jeunesse pour un développement durable du Maroc.

Pour éviter la dérive des objectifs tracés en vue de développer la formation touristique et hôtelière, qui peut aller jusqu'à la "formation-alibi" et autre "formation-parking", il est fondamental :

– de coordonner les plans de développement de la formation touristique et hôtelière sous tutelle des deux institutions impliquées dans ce domaine, à savoir le ministère du Tourisme et le ministère de l'Emploi, dans le but d'éviter la démultiplication hasardeuse des formations et, en conséquence, le gaspillage des ressources ainsi que la dispersion des efforts et des objectifs ;

– de systématiser les études préalables avant l'approbation des projets de création de filières et/ou d'options ;

– d'éviter la création de filières de formation "clef en main". Les expériences citées plus haut dénotent de très importantes défaillances en matière de conception et de réalisation, défaillances dues à la transposition de modèles de formation sans adaptation aucune au milieu, ni à l'environnement, ni au contexte propre à la réalité marocaine ;

– de créer au sein de l'administration chargée de la formation touristique et hôtelière un observatoire de veille sur l'emploi et les compétences afin de prévenir les besoins de l'hôtellerie en main-d'œuvre en tenant compte des incidences de l'évolution des facteurs technologiques, économiques et sociaux sur l'emploi tant quantitativement que qualitativement, et de concevoir et de mettre en pratique, en temps réel, les aménagements et les adaptations des filières de formation qui s'imposent.

Enfin, il est à signaler que l'efficience de l'approche que nous défendons dépend de l'intégration d'autres paramètres. Pour que cette approche puisse donner des résultats crédibles, il est nécessaire notamment qu'elle soit :

– inscrite dans le cadre d'une stratégie globale de la formation dans le pays. Les enjeux sont, ici, de faire face au chômage, d'accroître l'employabilité des personnes et de favoriser la montée en compétence en vue d'accompagner les changements organisationnels et technologiques dans le tissu industriel ;

– partie intégrante des objectifs de la politique touristique à promouvoir afin d'aider à industrialiser le secteur de l'hôtellerie et de le doter des compétences nécessaires à son fonctionnement.

C'est la raison pour laquelle la détermination des besoins en emplois, en formation et en compétences, dans le secteur de l'hôtellerie, dépasse le cadre des études partielles et fragmentaires pour toucher à la politique économique et sociale du pays. Si les audits, les rapports et les études réalisés au sujet des besoins en formation et en compétences dans le secteur de l'hôtellerie sont percutants, il n'en demeure pas moins que la stratégie et les choix des objectifs de la formation ne doivent pas se fonder sur les simples avis et conclusions des experts nationaux ou internationaux, mais reposer sur une analyse rigoureuse des besoins du pays en la matière. La raison d'être de ce travail découle du besoin de développement des ressources humaines en tant qu'acteurs stratégiques dans le processus de développement durable vivement souhaité pour le pays.

CHAPITRE V.

Prospective du marché du travail et enjeux du développement des compétences

L'objectif de ce chapitre ne consiste pas à faire une analyse du marché du travail dans ce secteur, mais de poser les jalons de ce que pourraient être à la fois l'emploi et les besoins en compétences dans l'hôtellerie dans l'avenir. Cependant, il nous paraît essentiel de préciser ce que l'on entend par marché du travail. Traditionnellement, ce dernier est présenté comme le lieu où la confrontation d'une offre et d'une demande de travail indépendantes permet de déterminer un taux de salaire et un niveau d'emploi d'équilibre. Le développement des recherches en économie du travail invite à adopter une autre définition du marché du travail[1]. Par ce concept nous entendons désigner l'ensemble des mécanismes d'affectation des travailleurs aux emplois salariés. Ces derniers constituent le support institutionnel de l'échange opéré lors de la conclusion du contrat de travail. Il se caractérise par une série de variables telles que la stabilité, les possibilités de carrière, les conditions de travail et le contrôle exercé sur ce travail, individuellement ou collectivement. Certes, toute analyse exige de déterminer le nombre de variables retenues[2], la variable salaire n'est pas la seule à être prise en considération par les parties en présence.

L'emploi se distingue donc du poste de travail, qui est la place occupée par le salarié dans le processus productif à un instant donné. Un même salarié peut changer de poste de travail sans pour autant changer d'emploi.

Par ailleurs, dans les structures socioéconomiques marocaines, la négociation individuelle des contrats de travail est marquée par le résultat de la confrontation souvent latente entre les forces sociales en présence, que celle-ci se déroule dans le cadre de négociations organisées ou non. Pour des raisons politiques et socioéconomiques, les dirigeants des entreprises marocaines ont une action déterminante sur le fonctionnement du marché du travail. En ce sens, il est possible de parler de la primauté de la demande de travail sur l'offre. Dans le cadre de ce processus, les autorités publiques penchent souvent vers la position des employeurs. Quant aux salariés, leur résistance est encore peu influente pour leur permettre de jouer un rôle important et de faire basculer, selon la nature des forces politiques au pouvoir et la conjoncture, les rapports de force en leur faveur et modifier en conséquence les stratégies des employeurs.

En outre, il apparaît essentiel de souligner aussi que le marché du travail n'est pas directement relié au cœur du processus de développement économique d'un système de production capitaliste : l'accumulation du capital. À ce sujet D. Gambier et M. Vernières constatent que « Cette relation est assurée par trois processus, en quelque sorte intermédiaires, ceux qui assurent[135] :

– la détermination de la nature des emplois (division du travail, contenu des tâches) ;

– le niveau et la hiérarchie des salaires (répartition des revenus) ;

– la formation des salariés ».

Graphique N° 18. Place du marché dans l'analyse économique

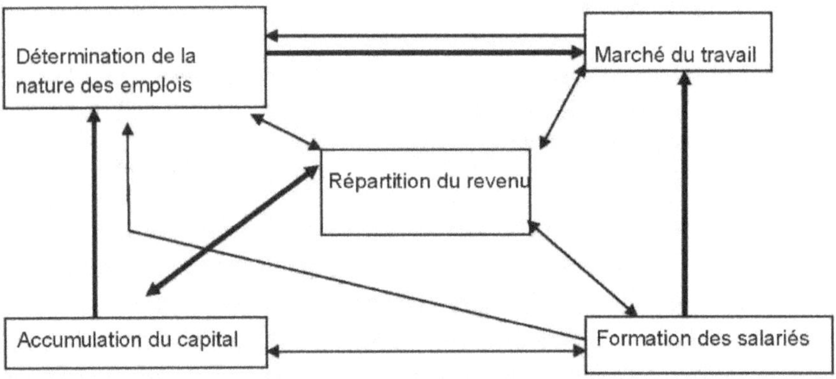

Source : D. Gambier et M. Vernières

Le schéma des auteurs précités, que nous reproduisons ici, n'indique pas seulement le rôle d'écran joué par les trois processus relevés ci-dessus, à savoir la détermination de la nature des emplois, le niveau et la hiérarchie des salaires et la formation des salariés. Mais plutôt, par le sens et l'intensité des flèches, il suggère les principales liaisons existant entre ces processus et le marché du travail. Ce sont ces relations qui jouent un rôle essentiel dans l'évolution du marché du travail.

Mettre l'accent sur ces liaisons est important pour la politique de l'emploi. En effet, toute mesure portant sur l'un des processus, action sur les rémunérations ou la formation par exemple, se révélera inefficace du point de vue de l'emploi si des initiatives complémentaires ne sont pas prises concernant les deux autres domaines. Ainsi donc, les traits gras utilisés traduisent l'hypothèse du rôle déterminant de la nature des emplois et des modalités et contenus de formation. La flèche plus fine tracée entre le marché du travail et la répartition rappelle que,

135 D. Gambier et M. Vernières : Le marché du travail, Editions Economica, Paris 1991, p. 6.

contrairement au mode traditionnel, l'évolution du salaire n'est plus la variable exclusive.

L'analyse qui suit vise à mettre en exergue le fait que la formation de la main-d'œuvre et le développement de ses compétences représentent des éléments essentiels du fonctionnement du marché du travail dans le domaine de l'hôtellerie, et plus généralement de la compétitivité du secteur. Il faut rappeler que, par formation, il s'agit d'entendre la production de compétences effectuée par le système composé de l'ensemble des formations : initiale et continue. Ces deux sous-ensembles du système de formation ne doivent pas être dissociés lors de l'étude du fonctionnement du marché du travail car les enjeux sont les mêmes. Leur interdépendance est indispensable à la maîtrise des risques du chômage et du gaspillage des ressources humaines, à la capitalisation des compétences et au développement des performances de l'hôtellerie. La prise en compte de la formation dans son ensemble, tant externe qu'interne aux entreprises hôtelières, s'impose donc pour juger de la capacité du marché du travail à opérer rapidement les ajustements nécessaires en fonction des besoins en main-d'œuvre et en compétences.

I- La professionnalisation des métiers de l'hôtellerie, un défi qui reste à relever

Le marché de l'emploi dans le secteur de l'hôtellerie est caractérisé par un archaïsme mutilant. Cette caractéristique apparaît à plusieurs niveaux concernant de près ou de loin le marché de l'emploi, la gestion des ressources humaines et les compétences.

Au niveau des salaires et de la précarité de l'emploi : la précarité de l'emploi et la pression sur la masse des salaires sont les composantes dominantes d'un mode de gestion de la force de travail encore très artisanal. À ce sujet, les salaires qui sont plus bas que dans d'autres secteurs, font que le marché de travail n'est pas attractif.

Sur le plan de la technicité et des conditions de travail : le sous-développement du marché du travail hôtelier est mis en évidence aussi par le bas niveau de technicité, caractéristique, de certains emplois de base, et par des conditions de travail très difficiles (le fait de travailler à contretemps des rythmes ordinaires, la longueur de la journée de travail, la fatigue physique, les contraintes psychologiques dues au déploiement d'efforts de patience, de maîtrise de soi, d'égalité d'humeur, face aux exigences des clients et à leurs fantaisies, aux récriminations, aux vexations et aux reproches de la clientèle) qui rendent les métiers de l'hôtellerie peu attrayants et peu valorisants.

Au niveau de l'utilisation des ressources humaines : l'archaïsme se situe également au niveau du management des ressources humaines. En effet, cet archaïsme met en exergue l'absence d'une gestion prévisionnelle de l'emploi et des compétences, une déficience en matière de planification du recrutement et des modes de sélection, une rareté de l'investissement en formation du personnel et une carence notable dans le domaine de la gestion des carrières et du développement du potentiel humain.

Cet archaïsme a pour corollaire une professionnalisation très réduite, faisant obstacle au développement de l'hôtellerie et à celui des ressources humaines utilisées par le secteur. Le sous-développement de ces dernières est le résultat d'un trop faible investissement financier dans le développement du potentiel humain. À ce sujet, il est à signaler que l'hôtellerie n'est pas faite que d'édifices et d'équipements. De même, le développement de ce secteur, axé sur les services à la personne (le touriste), dépendra, en très grande partie, de l'intention et de la capacité d'investir dans la formation et la professionnalisation des ressources humaines. En retardant la professionnalisation, l'élévation des compétences des salariés, et en limitant l'accès de ceux qui ont une formation spécialisée dans le domaine hôtelier (les lauréats du système de formation touristique et hôtelière) à des emplois exigeant un personnel qualifié, on hypothèque lourdement l'avenir du secteur et sa possibilité de devenir compétitif et concurrentiel.

Graphique N° 19. Le cercle vicieux du sous-développement des ressources humaines

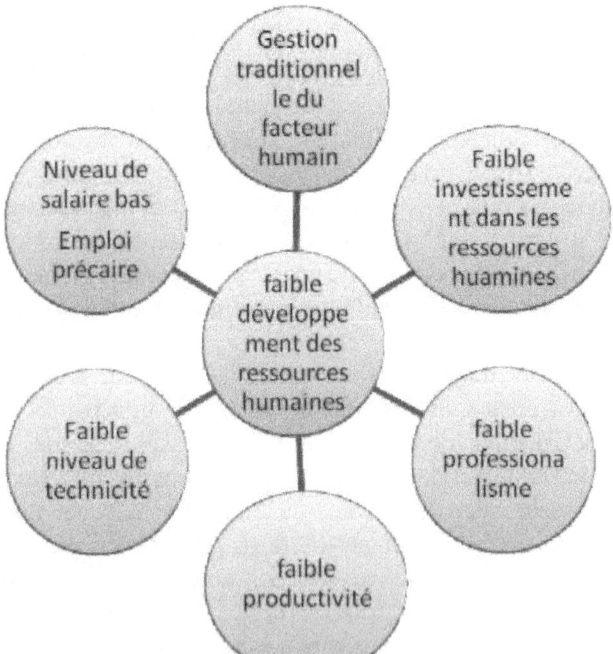

Source : schéma confectionné par nous-mêmes.

1 - Modèle prospectif d'analyse du marché de travail en hôtellerie : les faits porteurs d'avenir

On peut schématiser ce modèle prospectif d'analyse de la manière suivante :

☹ TENDANCE LOURDE

↓

- *Impact post COVID 19 : Baisse de l'activité touristique, crise financière des entreprises hôtelières*
- L'exploitation de l'hôtellerie est archaïque
- La productivité est médiocre
- Main-d'œuvre de faible niveau de qualifications et de compétences
- Structure de l'emploi à faible degré de technicité

=

ECONOMIE DE CUEILLETTE

↓

SOUS-TENDANCES

- Bas salaires
- Mode de management des ressources humaines défaillant
- Emplois précaires et peu attractifs

ELEMENTS STRUCTURANTS

↓

- Secteur à faible intégration technologique
- Secteur axé essentiellement sur la compétitivité-prix
- *Précarité de l'emploi et pression sur la masse salariale sont les composantes essentielles de la politique du personnel*

↓

FAITS PROSPECTIFS DU PRESENT

- *Conjoncture actuelle favorisant la tendance lourde (crise, endettement des entreprises…)*
- *Faible adoption des nouvelles technologies*
- Faible investissement dans les ressources humaines
- Faible performance

↓

ELEMENTS DESTRUCTURANTS

- Les éléments pouvant réduire la tendance lourde et améliorer le professionnalisme
- L'impératif de relancer l'activité touristique
- L'amélioration de la compétitivité structurelle du secteur
- Effort d'adaptation et de repositionnement du système de formation

↓

☺ **FAITS PORTEURS D'AVENIR**

☛La rupture avec la tendance dépendra :

- De la capitalisation les acquis des deux visions 2010 et 2020 du processus post-COVID relatif à l'appui et à la restructuration et à la mise à niveau globale du secteur et de son environnement.
- De la promotion des destinations de niches délaissées, une reconquête innovante des marchés
- L'inclusion des nouvelles technologies pour la modernisation du système productif hôtelier
- de l'utilisation des modes modernes de gestion des ressources humaines et de management.

Un certain nombre de variables ressortent du tableau ci-dessus et dont les effets sont les suivants :

A- La tendance lourde

Elle représente la structure et la culture prédominantes dans le secteur jusqu'à la veille de la pandémie COVID 19. Cette tendance risque d'être celle qui perdure si tous les partenaires impliqués, directement ou indirectement, dans la politique touristique ne prennent pas conscience du manque à gagner et des conséquences négatives qu'elle entraîne sur la balance des paiements, les recettes de l'Etat ainsi que sur l'emploi. L'enjeu est de taille, dans la mesure où l'échec de la relance et par ricochet le déclin de l'activité de ce secteur peut générer une perte sèche en matière d'emploi, une accentuation de la dévalorisation des professions hôtelières et un accroissement du différentiel de compétitivité avec les pays concurrents. Dans tous les cas de figures, à moyen terme, l'hôtellerie demeurerait un secteur de travail où la main-d'œuvre est à faible niveau de qualification et de compétence, avec un degré de technicité de l'emploi déficient. Cette tendance, qui se caractérise aussi par une productivité très insuffisante, est déterminée en fonction de données du passé portant sur le marché du travail dans ce secteur.

Il faut signaler que cette tendance est intimement liée à la crise que connaît le secteur depuis 1986, et dont l'ampleur a été aggravée par la guerre du Golfe et l'attentat de Marrakech et par l'intensité de la gravité de la pandémie COVID 19. Ces situations de crise sont de nature à la fois conjoncturelle (produit peu innovant et commercialement peu diversifié, promotion peu performante, hôtellerie asphyxié par les effet de crises, taux de retour des touristes et taux d'occupation faibles) et structurelle : parc hôtelier concentré sur quelques villes, gestion artisanale des entreprises touristiques et hôtelières, culture d'entreprise inadaptée par rapport à l'évolution de l'industrie hôtelière, système de formation ne répondant pas encore aux besoins de la profession hôtelière avec une implication très timide des professionnels, administration encore peu efficace...

B- Les sous-tendances

Ces dernières résument les effets spécifiques de la tendance lourde. Ces principaux effets sont particulièrement :

– les bas salaires payés par ce secteur : la faiblesse des salaires témoigne d'un retard de modernisation technologique et de la subsistance d'un mode d'organisation archaïque. Ils reflètent un retard dans la formation, dans la qualification des salariés du secteur et dans la perspective d'évolution de carrière ;

– la précarité des conditions de travail ;

– les modes rudimentaires d'organisation, les méthodes de travail traditionnelles, l'exploitation archaïque des unités hôtelières, la déficience du management des ressources humaines ;

– le faible investissement dans les ressources humaines du secteur ;

– le repli du secteur sur des méthodes de gestion en déphasage avec les évolutions de l'hôtellerie, méthodes caractérisées par la négligence dans la gestion du facteur humain, et par la méconnaissance des enjeux du recrutement, de la formation et des besoins de développement des compétences sur la productivité.

C- Les éléments structurants

Ils regroupent les variables qui vont contribuer au renforcement de la tendance lourde à court terme. Le faible degré d'intégration technologique va retarder la modernisation du système productif de l'hôtellerie marocaine et, par ricochet, favoriser le maintien de la tendance lourde. Le bradage des prix et la pression sur les salaires pour maintenir l'activité hôtelière sont aussi des phénomènes qui vont déterminer la trajectoire de la situation de l'hôtellerie à court terme. Ces sous-tendances vont accentuer un processus d'adaptation désordonné, dans lequel chaque opérateur hôtelier chercherait sa solution individuellement, en s'adaptant au contexte, plutôt défavorable, sans chercher à le modifier. Produit de la tendance lourde, ce type de réaction génère des politiques et des actions qui laissent planer le doute quant à la capacité du secteur à améliorer de façon globale son positionnement dans le jeu concurrentiel.

D- Les faits prospectifs du présent

Ce sont des éléments négatifs ou positifs pouvant favoriser l'ancrage ou le tarissement des effets de la tendance lourde précitée. On peut penser que l'évolution de la conjoncture politique internationale depuis l'an 2000 et les effets de la crise sanitaire pourraient réduire la dynamique et la vitesse du développement et, de ce fait, consolider l'emprise de la tendance lourde. À moyen terme, cette conjoncture, conjuguée à une détermination chancelante des professionnels vis-à-vis de la mise à niveau et de la structuration de leur secteur, pourrait réduire les chances d'une industrialisation de l'hôtellerie et d'une professionnalisation de la main-d'œuvre. Il peut en découler des difficultés pour le secteur à faire preuve d'imagination et de créativité, nécessaires pour reconquérir le capital de confiance dont jouit la destination marocaine, se consacrer à la relance de l'activité hôtelière afin de rattraper les retards engendrés par la crise sanitaire, et conquérir de nouveaux marchés jusqu'alors peu explorés.

Ces faits prospectifs du présent pourraient contribuer à accentuer le sous-développement du marché du travail, à retarder l'éclosion d'une véritable politique de gestion des ressources humaines, et donc à nuire à la promotion de l'esprit d'entreprise qualifiante dans le domaine de l'hôtellerie.

E- Les éléments déstructurants

Ces éléments sont des variables endogènes et/ou exogènes pouvant provoquer une rupture dans l'évolution de la tendance lourde. La mondialisation de la concurrence, en tant qu'élément exogène, a mis en exergue la nécessité de mettre à niveau le système productif, de développer les compétences des salariés actuels et futurs, et d'améliorer la compétitivité du secteur. Le poids des conjonctures dans le passé (proche ou lointain) a démontré, à plusieurs reprises, la difficulté à se fier à des programmes de développement figés dans le temps, et l'importance d'ajuster ses objectifs en tenant compte de la mouvance de l'environnement touristique : changement de mode, nouvelles motivations..., conjoncture économique dans les marchés émetteurs, conflits internationaux, crises sanitaires, etc.

Face à ces faits, la réactivité du secteur prévue dans le cadre des visions 2010, 2020 et les plans de relance prévus à cet égard, pour faire face aux effets de la crise sanitaire ne pourrait à moyen terme que réduire l'ampleur de la tendance lourde et atténuer un peu ses principaux effets. Bousculés par le poids de la crise, à la fois structurelle et conjoncturelle, les plans de relance auraient du mal à faire face à la force d'inertie de la tendance lourde et ne pourraient avoir un impact qu'à long terme, à condition de restructurer et de repositionner l'existant. Par conséquent, en termes de faits porteurs d'avenir pour le marché du travail, les ressources humaines resteraient sous-utilisées et la tendance lourde se maintiendrait à court et à moyen terme.

Sur ce point, les visions évoquées plus haut, les plans de relances adjacents ainsi que les observations et les recommandations de différentes institutions[136], vont dans le sens d'une éventuelle réduction de la tendance lourde dans la mesure où les différentes critiques et recommandations visent la mise en place d'un pilotage idoine, la digitalisation du système productif touristique, d'introduire une démarche inclusive quant à la vision touristique, la démarcation du produit marocain par rapport à la concurrence en développant des produit de niches porteurs, la mise en place d'un cadre fiscal réformé, allégé et incitatif, la valorisation des produits pour lesquels le Maroc a un avantage comparatif, le renforcement des actions promotionnelles par produit et par région, l'augmentation de la capacité d'hébergement touristique, ainsi que des mesures incitatives pour financer les nouvelles unités hôtelières et la rénovation du parc hôtelier existant (prêts attractifs et fonds de rénovation).

Si ces objectifs sont conjugués avec la mise en place d'un plan d'urgence pour pallier les effets négatifs de l'actuelle conjoncture de l'environnement touristique international, ils permettraient, en principe, de relancer l'activité touristique, d'encourager l'investissement, de rendre meilleure la situation financière des entreprises hôtelières, de leur donner, à moyen terme, la possibilité d'entamer une relance sereine, une modernisation de leurs systèmes productifs et d'investir dans les ressources humaines. Ce qui aura pour effet l'amélioration de la qualité de

---

[136] Ces recommandations concernent la gouvernance du secteur, la digitalisation, l'opérationnalisation de la charte du tourisme durable, l'approche promotionnelle pour cibler de nouvelles niches (tourisme rural, éco-tourisme, Etc.), la qualité de la formation et la territorialisation pour un développement inclusive du tourisme. Voir, le conseil Economique, social et Environnemental. Op.cit

leurs services et par ricochet leur performances générant ainsi des effets macroéconomique positifs.

Cette relance prévisionnelle génèrerait une croissance de l'emploi et un besoin de compétences que le Maroc pourrait combler en mettant en place, d'une part, un système de veille relatif au pilotage du système de formation, à sa qualité et à ses relations avec les besoins du secteur et d'autre part en développant la formation continue dans le but d'améliorer la qualification du personnel existant et son adaptation aux nouvelles exigence de l'hôtellerie moderne.

À ce sujet, le développement qualitatif de la formation initiale et l'ancrage de la formation dans la culture des entreprises hôtelières pourraient engendrer à terme une professionnalisation des travailleurs, et, de ce fait, générer des effets d'entraînement positifs sur les conditions du travail dans ce secteur. Étant mieux formés et étant rassurés sur leurs compétences, ces travailleurs pourraient négocier de meilleures conditions de travail et adopter des attitudes et des valeurs favorables à la productivité et à la compétitivité de leurs entreprises. Ces éléments, ainsi que la restructuration du secteur, donneraient probablement lieu à l'émergence d'une nouvelle "génération" de travailleurs et de managers dans le domaine de l'hôtellerie. Malheureusement, ces éléments déstructurants ne pourraient vraiment agir qu'à long terme.

Enfin, parmi les éléments déstructurants, l'on peut citer la consolidation de l'implantation de chaînes hôtelières étrangères. Les effets de ces éléments, s'ils ne sont pas balayés par les conséquences de la conjoncture politique internationale et s'ils se confirment dans le temps, pourraient :

– donner lieu à l'organisation des entreprises du secteur en réseaux permettant d'accroître les chances du Maroc dans le domaine

De la professionnalisation de son hôtellerie et du développement de ses compétences sur le plan structurel, organisationnel, technologique, managérial et humain ;

– constituer une carte importante pour la crédibilité de la destination marocaine,

Ramener de l'expertise en matière de gestion et faciliter l'intégration du Maroc dans les circuits de distribution internationaux ;

– être un moyen d'entrer dans une dynamique de progrès et d'industrialisation par le biais de l'effet de chaînes.

Grâce à la concurrence que ces chaînes exerceraient sur les entreprises hôtelières indépendantes, elles imposeraient leur modèle de gestion, aussi bien au niveau des modes de management et de gestion des ressources humaines qu'au niveau de la qualité. Elles provoqueraient probablement une réaction des entreprises hôtelières nationales, allant dans le sens d'une transformation profonde, tant au niveau de la structure de ces dernières, qu'à celui de leur mode de management des ressources humaines.

2- Professionnalisme des ressources humaines : résistance au changement contre refonte du système touristique

A- L'évolution de l'hôtellerie et du tourisme en scénarios

Pour apporter un éclairage sur l'évolution du marché du travail en hôtellerie, nous intégrons la variable "ressources humaines" dans les scénarios tendanciels relatifs à l'évolution post-COVID et l'inclure comme l'un des facteurs clefs de la professionnalisation du secteur et, partant, de l'industrialisation de l'hôtellerie. Pour ce faire, nous distinguons quatre scénarios prévisibles tendanciels que pourrait connaître l'évolution du tourisme et de l'hôtellerie au Maroc.

Le premier scénario tendanciel correspond à ce que nous avons appelé plus haut "tendance lourde", où la politique touristique, aux niveaux macro et micro-économique, ne serait pas en mesure de produire des effets permettant une relance touristique inclusive. L'extrapolation vers l'avenir de cette tendance conduit infailliblement vers des difficultés pour reconquérir les marchés traditionnels conquis par la destination Maroc et pour trouver l'élan amorcé depuis 2000. À ce titre, et bien qu'elle ait aussi été le résultat de beaucoup d'efforts de différents acteurs, cette politique ne peut pas constituer la base d'une nouvelle stratégie, car elle conduit vers une dégradation économique pour les entreprises et à une diminution de l'apport post COVID de ce secteur, à l'économie nationale. Même si cette tendance est la plus probable à court terme, elle est négative de par ses effets négatifs à moyen et long termes car elle ne conduirait pas à la stabilité, mais à une rupture d'équilibre : sans croissance, sans investissements importants et sans rénovation des produits, il est illusoire d'espérer même la préservation des parts de marché antérieurs à la crise sanitaire. En l'absence de politique de sauvetage du secteur et sans une volonté ferme pour repenser le modèle du tourisme marocain, les effets de la crise pourraient déboucher sur une baisse systématique des flux touristiques, et donc vers une baisse des recettes en devises, une diminution des apports fiscaux et une faible contribution du tourisme à l'emploi.

Le deuxième scénario tend vers la relance de l'activité touristique par la reconquête des parts de marché perdues. À court terme, pour améliorer sa position concurrentielle, le Maroc devrait à la fois faire des efforts importants en matière de réhabilitation de l'offre touristique, de promotion et commercialisation à travers les outils que procurent la nouvelle technologie, de gouvernance, de qualification du capital humain et d'adaptation du secteur aux normes de qualité. Ce scénario semblerait acceptable pour une stratégie à court et à moyen terme. Il est le seul qui permette d'espérer une reprise rapide de l'activité, car il est peu dépendant de grandes infrastructures préalables qui impliqueraient des délais de réalisation longs et une participation massive des autres Départements Ministériels. C'est incontestablement le scénario préférable à court terme, le seul qui permette d'escompter des succès assez rapides pour restaurer la rentabilité des entreprises touristiques et leur permettre de rassembler ainsi les ressources financières nécessaires pour la réalisation d'un développement ultérieur plus ambitieux.

Quant au scénario 3, il est fondé sur la promotion de produits touristiques complémentaires permettant de cibler de nouveaux segments de la demande dont la dimension est de plus en plus importante dans les pays émetteurs du Nord : vacances actives, sportives, remise en forme, randonnées et découvertes, désert et aventure. Ce scénario tente de compléter les objectifs à atteindre par le scénario 2 en proposant une combinaison des produits traditionnels rénovés (le balnéaire et le tourisme culturel) et des produits nouveaux (le tourisme de montagne, le tourisme de désert...) qui permettent au Maroc de se positionner dans des créneaux porteurs, et par voie de conséquence, de diminuer les disparités en matière de développement touristique régional. De par les résultats escomptés, ce scénario est probablement le plus judicieux pour le moyen et le long terme. Son point faible réside dans le peu d'effet généré à court terme. Il nécessiterait une autre approche pour repenser le modèle du tourisme actuel, de le doter d'une gouvernance performante, de l'adapter à un touriste « tout digital » et dont les motivations sont acquises au développement du tourisme écologique et durable. Il nécessite un management innovant orienté vers la performance, le développement des compétences et le progrès (méthodes et outils telle que les nouvelles technologies). Ce scénario implique le risque d'une détérioration de l'activité touristique pendant les années à venir, avec la menace que le bas niveau atteint ne devienne un obstacle important à la refonte du modèle touristique du pays.

Enfin, le scénario 4 envisage la mise en valeur volontariste de produits nouveaux dans des espaces très répandus mais fort peu exploités "touristiquement". Ces espaces recèlent un potentiel très important qui pourrait, à long terme, être mis en valeur de façon intensive. Cette mise en valeur est possible, mais elle est considérée comme une hypothèse risquée et ce pour deux raisons : la première est due aux craintes de voir un accroissement de l'offre, et une demande, pour les créneaux à développer (tourisme d'aventure etc.), moins élastique que prévu. La deuxième raison réside dans la lourdeur des investissements (le tourisme est dévoreur de capitaux privés et publics) que va demander ce scénario pour mettre en valeur des régions dépourvues d'infrastructures et où certaines ressources élémentaires sont rares. Ces deux raisons essentielles font de scénario risqué dans sa réalisation à court terme mais possible à long terme.

B- Les tendances de l'évolution du marché du travail en hôtellerie

Partant des scénarios prévisibles relatifs à l'évolution de l'activité touristique au Maroc, d'une part, et, d'autre part, de la force de la tendance lourde que nous avons relevée en matière de marché du travail en hôtellerie et de développement des ressources humaines, nous ne pouvons que constater la difficulté qu'éprouve le secteur à rompre avec les méthodes et les pratiques découlant de la tendance soulevée plus haut. En tenant compte de la force d'inertie (tendance lourde), il est possible que celle-ci soit prépondérante dans les années à venir. À moyen et long terme, d'autres hypothèses sont possibles. Ces dernières se greffent, d'une part, sur le changement de paradigme du management en hôtellerie, d'autre part sur le degré de professionnalisme des travailleurs de ce secteur et enfin, sur la croissance de ce marché au plan de la création d'emplois nouveaux. En fonction de ces éléments, on peut avancer des probabilités sur le degré de professionnalisation, en corrélation avec la croissance de l'emploi en hôtellerie, et ce selon les hypothèses suivantes :

Hypothèse 1 : Dans cette hypothèse (correspondant au scénario 1), la tendance lourde est amplifiée par les effets de la crise sanitaire qui caractérisent l'économie touristique marocaine : à un faible management des ressources humaines et à une faible professionnalisation correspond une faible croissance du marché de l'emploi, c'est la situation actuelle qui perdure.

Cette hypothèse suppose la permanence de la difficulté à surmonter les effets générés par les répercussions de la crise sanitaire sur le tissu industriel touristique et une faible réactivité de ce dernier vis-à-vis du marché. Une réactivité chancelante de la part des opérateurs touristiques et institutions publiques impliquées dans la chose touristique se manifesterait par un désintérêt plus marquant de la part de la clientèle internationale et par une détérioration plus profonde de la compétitivité du secteur face à la concurrence. Cette situation pourrait se répercuter négativement sur le marché du travail hôtelier, où la pression sur les salaires serait la politique prépondérante pour maintenir l'activité des entreprises hôtelières. Par conséquent, la professionnalisation de la main-d'œuvre serait davantage réduite, ce qui aurait pour corollaire une structure d'emploi à faible degré de qualification. Il va sans dire que la permanence de cette situation ne peut qu'aggraver les performances du tourisme et en particulier l'hôtellerie et retarder son décollage.

Graphique N° 21. Les causes de la faiblesse de la position concurrentielle du Maroc

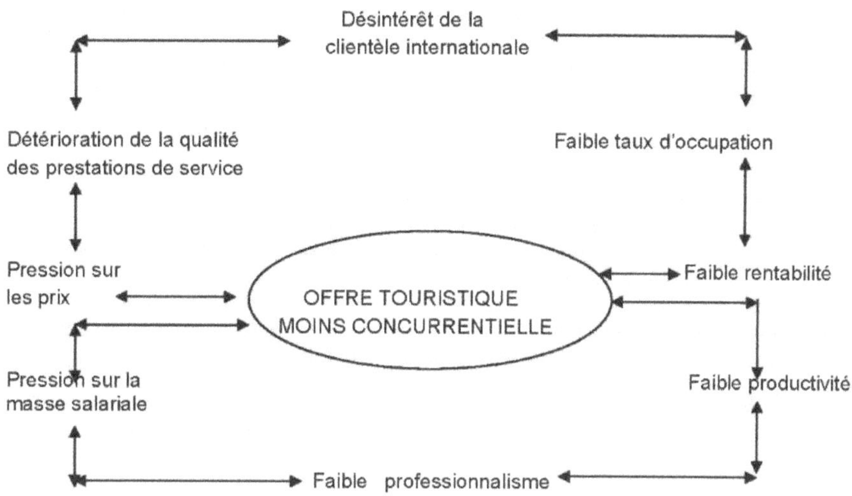

Schéma confectionné par nous-mêmes

Hypothèse 2 : Dans cette deuxième hypothèse (correspondant au scénario 2), on assisterait à une forte relance de l'activité touristique qui aurait pour principale conséquence une croissance importante de la demande de travailleurs pour ce secteur, mais sans rupture avec les méthodes de gestion de la force de travail. Au niveau de l'investissement et de l'utilisation des ressources humaines, ces dernières resteraient faibles. Par conséquent, la précarité de l'organisation structurelle des entreprises hôtelières, le peu d'implication, l'absence de créativité, les bas salaires et les mauvaises conditions de travail demeureraient le lot des politiques de gestion de l'emploi et du personnel dans le secteur.

Hypothèse 3 : cette hypothèse, correspondant au scénario 3), suppose un niveau élevé de professionnalisme, couplé à une faible croissance du marché de travail. Avec cette hypothèse, on peut penser que la restructuration du système productif hôtelier et la mise à niveau des ressources humaines imposées par les contrainte d'un marché mondialisé et la nécessité de restructurer l'offre touristique marocaine pour l'adapter aux nouvelles donnes de l'environnement international conduiraient à :

– l'élimination des éléments les moins performants (dégraissage des effectifs, meilleure utilisation des ressources humaines : méthodes de recrutement et de sélection, appréciation du personnel, formation...), favorisant ainsi l'élévation des compétences et le professionnalisme des travailleurs de ce secteur ;

– La consolidation et l'ouverture tout azimut à l'implantation de chaînes hôtelières étrangères qui participeraient au processus de transfert de technologie et de savoir-faire hôtelier. Ce phénomène pourrait favoriser, outre l'industrialisation de l'hôtellerie, des modes de gestion de l'emploi et des ressources humaines plus rationalisés, bien éloignés des formes actuelles d'exploitation de la main-d'œuvre.

Le défi de doter le pays d'un nouveau modèle du tourisme dû à de nouvelles valeurs et motivation des touristes, la digitalisation du système touristique international, le souci de l'écologie et à l'exaspération de la concurrence mondiale, est supposée ici être un élément en faveur de l'investissement dans les ressources humaines et de l'émergence d'un management conséquent en matière de gestion du facteur humain.

Hypothèse 4 :

Cette hypothèse (correspondant au scénario 4 d'URBAPLAN) présume une forte croissance du nombre d'emplois dans le secteur, due au développement de régions touristiques nouvelles. Elle suppose aussi que la survie de l'hôtellerie marocaine passerait par l'éclosion de la concentration des entreprises et le développement de chaînes hôtelières nationales, intégrées et/ou volontaires. Cette croissance serait couplée avec une forte professionnalisation de la main-d'œuvre et du management hôtelier. La jonction de ces deux croissances provoquerait la naissance d'une véritable industrie hôtelière axée sur le caractère professionnel et sur une intégration à la fois de la variable ressources humaines/emploi dans les stratégies des entreprises hôtelières et du management moderne dans les politiques d'exploitation des établissements hôteliers.

La première hypothèse a peu de chance de se produire dans le futur car elle correspond à une aggravation de la situation financière des entreprises hôtelières, à une perte d'emplois pour les salariés du secteur et à un manque à gagner pour l'économie marocaine. Elle conduirait au déclin d'un secteur vital pour l'économie, pour les finances du pays, pour l'emploi et pour la répartition des revenus.

La quatrième hypothèse est trop risquée, étant donné les investissements qu'elle demande et les efforts à fournir pour promouvoir des régions potentiellement touristiques mais économiquement pauvres en infrastructures et en équipements de base. Cependant, à long terme, la probabilité de la réalisation de cette hypothèse reste possible. Elle pourrait se produire si le Maroc réussissait à la fois la relance de l'activité touristique (2ème hypothèse) et la mise à niveau du secteur (3ème hypothèse). Ces deux dernières hypothèses supposent que seules les entreprises qui moderniseront leur système productif et investiront dans leurs ressources humaines pourront survivre face aux exigences de la demande et à la concurrence. En fait, les deux hypothèses réunies (2ème et 3ème) représentent une phase de transition nécessaire à l'industrialisation de l'hôtellerie. Quant à la quatrième hypothèse, elle renvoie à une phase de consolidation de la modernisation des méthodes de gestion et de professionnalisation du marché du travail en hôtellerie. Elle nécessite une volonté sérieusement partagée pour réussir la transition vers un modèle d'entreprise économiquement performant, socialement citoyen et sociétalement responsable. Par conséquent, la longue marche menant du sous-développement à la professionnalisation demandera des efforts en matière de restructuration et d'adaptation du secteur touristique et hôtelier à l'environnement économique international, de mise à niveau des structures de l'entreprise hôtelière et de ses ressources humaines.

La troisième hypothèse implique une rupture entre l'avant et l'après-crise. Après celle-ci, l'hôtellerie repartira sur de nouvelles bases. Elle misera fortement sur le développement des ressources humaines et valorisera de ce fait la gestion de l'emploi et des compétences. On assistera, de cette façon, à une nouvelle structuration de l'emploi où l'accroissement des qualifications et des compétences seraient déterminantes. Cette mutation donnera lieu à une division du travail hôtelier sophistiquée, en faveur des emplois de gestion et de management jusqu'à maintenant peu mis en valeur.

La lente régression de la tendance lourde signalée plus haut se fera uniquement par le biais d'une politique cherchant l'amélioration de la compétitivité et la professionnalisation des travailleurs du secteur. L'érosion de cette tendance exigera d'importants investissements au plan de la mise à niveau du système productif hôtelier, de l'élévation des compétences des ressources humaines, de la promotion de la qualité et de l'amélioration des rapports sociaux au sein des entreprises hôtelières. L'adaptation de l'hôtellerie marocaine à son environnement passe, entre autres, par l'intégration de l'emploi et des ressources humaines dans la stratégie globale des entreprises hôtelières. Cette intégration permettra à ces dernières de maintenir, voire de développer leur compétitivité et leur réactivité face à la concurrence, et d'accroître leur part du marché. La dégradation de la tendance lourde exigera également une remise en cause des attitudes et des comportements actuels ainsi qu'une prise de conscience réelle de la sous-capitalisation des compétences et de la faiblesse des qualifications.

II- Les moyens de gagner la bataille de la professionnalisation des métiers de l'hôtellerie

1- La remise à niveau comme préalable

La réduction de la pesanteur de la tendance lourde soulevée ci-dessus et le développement des ressources humaines sont intimement liés à l'engagement du secteur dans le processus de la mise à niveau du système productif hôtelier. De cette mise à niveau dépend la survie de l'hôtellerie marocaine. Celle-ci passe impérativement, comme le montre le schéma ci-dessous, par l'amélioration de la compétitivité du secteur.

Graphique N° 22. Les axes d'interventions dans le processus de restructuration

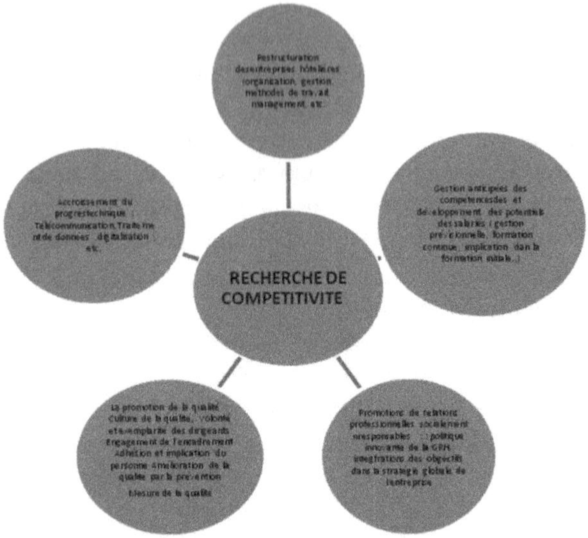

Schéma confectionné par nous-mêmes

Il ressort de notre schéma que l'amélioration de la compétitivité de ce secteur stratégique économiquement et socialement (flux financiers, effets d'entraînements exercés sur les autres branches de l'économie, source d'emploi, de revenus, de formation et de transfert de technologie) ne peut se réaliser que sous certaines conditions, que nous développons dans les lignes qui suivent.

A- L'appropriation des nouvelles technologies

L'introduction des nouvelles technologies dans l'hôtellerie (comme dans les autres secteurs d'activité économique) est en passe de devenir l'un des avantages concurrentiels le plus important. Elle permet aux entreprises hôtelières d'exploiter de nouvelles opportunités, d'être en phase avec les nouvelles motivations de la clientèle, de maîtriser les coûts, d'avoir une meilleure visibilité et traçabilité sur les réservations, la prospection de la clientèle, ainsi que d'améliorer leur efficacité opérationnelle.

Il est à noter qu'en ces temps, l'intelligence artificielle, qui s'est développée pour atteindre tous les secteurs d'activités humaines et envahit les foyers des consommateurs à travers les assistants vocaux ou les objets connectés, est en train de révolutionner les modes de production, les rapports sociaux, ainsi que la manière de penser, d'agir et de se comporter des consommateurs. C'est un outil qui permettrait au secteur du tourisme marocain d'améliorer sa position concurrentielle sur le marché international et de moderniser son système d'exploitation et d'être en phase avec les nouvelles tendances des motivations des touristes. En effet, il permet d'améliorer l'expérience client, prédire l'activité saisonnière ou encore garder le point de contact en amont, pendant et après le séjour de la clientèle. En effet, l'activité touristique reposant sur l'excellence opérationnelle en particulier dans les établissements d'hébergement, l'expérience proposée à la clientèle ou encore le rapport qualité/prix devient un terrain propice pour le développement d'innovations1

Pour le secteur, le défi est de taille. Les styles de vie de la clientèle touristique, de par le monde, mettent en exergue que le touriste a des motivations fortes et il est à la recherche de nouvelles expériences. Les recommandations personnalisées, la réalité "virtualisée" et la tarification en temps réel font partie des trois piliers des attentes de la clientèle touristique. À titre d'exemple, les chambres d'hôtels intelligentes, des chatbots ou encore des robots concierges se multiplient pour faciliter le choix d'établissement ou encore conseiller les clients de façon personnalisée. C'est aussi une autre manière de consommer grâce à un processus de réservation plus transparent, des tarifs ajustés en temps réel et une offre de service sur-mesure.

En outre, face à la diversification de la vaste gamme de produits sur les marchés, les nouvelles technologies offrent un avantage de taille aux clients en leur permettant de faire des choix judicieux et adaptés à leurs besoins, motivations et revenus. Ainsi donc, la transition vers l'économie numérique ouvre des perspectives aux entreprises touristiques de toutes tailles, comme l'accès à de nouveaux marchés et la possibilité de proposer de nouveaux services touristiques aux consommateurs dans le monde entier ou encore d'améliorer la compétitivité, les performances et la productivité. Elle permet aux PME en particulier de mieux connaître le marché, d'atteindre une certaine échelle avec des ressources limitées et d'accéder aux marchés et aux réseaux de connaissances mondiaux pour un coût relativement bas.

Ce fait marquant démontre avec acuité que la variable technologique (système électronique d'information, de réservation, etc.) détermine désormais la capacité du secteur à réagir face à la concurrence mondialisée et la complexité de l'accès au marché touristique international. Dans le même temps, les nouvelles technologies ainsi que les méthodes modernes de commercialisation et de gestion numérisée laissent présager un besoins important en formation et en compétences[137].

---

[137] À ce sujet, Aude Ducroquet et Philippe Viallon : Tourisme et Innovations :entre adaptations et (R) évolutions in la revue mondes du tourisme, 2017, voir Guy Raffor : impact des nouvelles technologie de l'information et de la communication dans le secteur du tourisme, mars 2002, http://WWW.raffour-interactif.fr

Le *yield management*

Le *yield management* est un système de gestion simultanée des tarifs et de la capacité disponible qui a pour objectif la maximisation du profit en fonction de l'offre et la demande. Il consiste à faire varier les prix en fonction du comportement de la demande des consommateurs. Elle est utilisée depuis plusieurs années, notamment par les professionnels du tourisme et des transports. Avec l'apparition du numérique, des innovations technologiques et du traitement des données de masse (Big Data), cette pratique est devenue indispensable car elle permet faire varier le prix d'une prestation ou d'un produit en fonction du comportement de la demande des consommateurs. Pour déterminer le niveau des prix, les professionnels s'appuient sur différents paramètres de la demande. Il existe deux paramètres principaux, quel que soit le secteur d'activité du professionnel : d'une part, la désirabilité du moment de la prestation qui consiste à faire payer plus cher sur les périodes les plus demandées, et inversement, et d'autre part, le moment de la réservation qui correspond à la disponibilité effective de la prestation : moins il reste de "stock disponible" de la prestation, plus celle-ci sera chère

Dans ce contexte, l'hôtellerie marocaine gagnerait, dans le cadre du programme de relance de l'activité touristique post-COVID, à bénéficier et à utiliser efficacement les fonds pour rehausser le niveau technologique de son système productif. Il faut dire aussi que la pénétration technologique en hôtellerie est liée à la politique qui contribuera à sa diffusion. En conséquence, il est capital non seulement de stimuler le besoin du secteur en matière de technologie, mais aussi de créer un environnement favorable au redéploiement rapide de l'activité touristique et hôtelière. S'appuyant sur les acquis et les failles du secteur mis en exergue par la crise sanitaire, la politique à promouvoir devrait corriger les principales faiblesses du secteur touristique et hôtelier. Pour favoriser l'adaptation au prix, comme à la qualité de la concurrence, et stimuler l'investissement dans le secteur, cette politique devrait s'appuyer sur :

– la réalisation d'un certain alignement du poids et de la structure de la fiscalité par rapport aux pays concurrents, et l'adoption d'un système moins lourd pour favoriser l'investissement, la création d'emplois et l'accroissement du niveau de la demande de travail[138] ;

– la création d'une synergie dans l'action entre les différents acteurs concernés par l'activité touristique ;

– une démarche commerciale fondée sur la notion de produits et non de destination, afin de mieux segmenter et cibler la clientèle ;

[138] L'emploi est une affaire de croissance économique. C'est la raison pour laquelle une politique active de l'emploi (réduction de la fiscalité, exonération d'impôts..., amélioration de la formation et de la qualification des actifs), conjuguée avec une croissance forte du PIB, supérieure à l'augmentation de la productivité, peut créer le nombre nécessaire d'emplois. Les effets multiplicateurs du tourisme et l'amélioration de sa part dans le PIB peuvent aider à l'amélioration de la situation de l'emploi et de l'employabilité.

– la créativité, afin de positionner le Maroc par la diversification des produits offerts ;

– la digitalisation des systèmes d'exploitation des entreprises touristiques et hôtelière ;

– la restructuration et la rénovation du système de formation, en tenant compte des besoins et des compétences générées par l'évolution du secteur, afin d'en améliorer les performances, ainsi que l'employabilité des formés, etc.

L'ouverture de l'économie marocaine est un atout qui permettrait également aux investisseurs marocains de promouvoir la création de chaînes hôtelières, en association avec leurs homologues étrangers (entreprises en joint-venture). Ce type d'association faciliterait le transfert de la technologie et du savoir-faire nécessaires à l'industrialisation du secteur et à la prospection de marchés porteurs. Ce partenariat mènerait l'hôtellerie nationale à offrir sur les marchés des produits cohérents et homogènes, à toucher une clientèle différenciée mais ciblée, et/ou de développer le système de franchise hôtelière qui permet d'associer initiative individuelle et effet de chaîne. Le développement des alliances, depuis ces quatre dernières années, avec des groupes internationaux (contrats ou acquisition d'unités hôtelières), visant à intégrer l'hôtellerie marocaine dans le circuit de commercialisation internationale, est le signe avant-coureur d'un début d'industrialisation du secteur.

B- L'amélioration des qualifications et le développement des compétences

À ce sujet, force est de constater que le stock des compétences dans les entreprises hôtelières est en-deçà des défis à relever. L'insuffisance de l'encadrement du secteur, l'hypertrophie de la main-d'œuvre sans qualification, la rareté de plans de formation, sont autant de facteurs ayant des retombées négatives sur la compétitivité. La vision trop étroite consistant à considérer les ressources humaines comme étant une charge à comprimer et l'entreprise comme une simple unité de production et non comme un espace de formation, ne permet plus, dans le contexte de la mondialisation, de faire face aux turbulences de l'environnement économique et des transformations des marchés. D'ailleurs, c'est sur les plans du management des ressources humaines et des compétences que se jouera vraisemblablement la réussite de l'adaptabilité à la demande touristique mondiale.

Le secteur a intérêt à saisir l'opportunité que représente "l'investissement-formation", la valorisation humaine et le développement de relations de type client/fournisseur internes aux entreprises. La raison d'être de cet investissement immatériel découle d'une culture entrepreneuriale dont les valeurs sont centrées désormais sur la mobilisation, la responsabilisation, l'implication et les compétences actuelles et potentielles des collaborateurs. L'hôtellerie est donc dans l'obligation de privilégier ce domaine pour rendre plus attractifs les métiers du secteur, et professionnaliser ses salariés. Dans ce domaine, il existe des programmes à l'échelle nationale pour développer et renforcer les compétences des entreprises que l'hôtellerie n'utilise que peu ou pas du tout[139].

Parmi ces programmes inutilisés, l'on peut citer en premier lieu celui des Groupements interprofessionnels d'aide au conseil (GIAC) : l'un des moyens mis à la disposition de l'hôtellerie et qui reste à explorer réside dans la création d'un tel groupement, dont l'objectif est d'aider les entreprises hôtelières à déterminer une stratégie globale ainsi que les moyens opérationnels pour améliorer leur compétitivité. Mécanisme complémentaire au système des contrats spéciaux de formation (CSF), ces groupements visent le renforcement des compétences des ressources humaines des entreprises marocaines, notamment des PME et des PMI. Ce mécanisme, qui s'inscrit dans le cadre global d'appui au secteur privé financé par la Banque mondiale, a pour objet l'identification et l'expression de la demande en formation continue. En ce sens, les GIAC sont un outil de sensibilisation des entreprises à l'importance de la formation continue comme facteur de productivité et de compétitivité. Ils ont pour mission de :

– renforcer les compétences des entreprises marocaines en tant que moyen d'amélioration de leur compétitivité ;

– favoriser l'émergence de la demande de formation en incitant les entreprises à une meilleure maîtrise de leurs besoins en compétences ;

– piloter l'offre publique et privée de formation continue par la demande.

Les missions assignées aux GIAC sont au nombre de trois. La première consiste à informer et guider toutes les entreprises adhérentes sur l'identification de leurs besoins en formation. La seconde permet de leur apporter l'aide indispensable pour l'élaboration de leurs demandes de financement. Enfin, la dernière s'occupe de rembourser les frais de l'étude stratégique jusqu'à concurrence de 80 %, et ce sur la base d'un contrat entre l'entreprise et le GIAC, dans la limite de 100 000 Dh, en conservant 10 % pour son fonctionnement. Les GIAC sont aussi chargés de la gestion d'un Fonds interprofessionnel d'aide au conseil.

Le deuxième programme, peu exploité par l'hôtellerie, est celui des contrats spéciaux. Ce programme, qui mérite d'être adopté par les professionnels de l'hôtellerie, a pour finalité d'aider les entreprises à mettre en œuvre des programmes de formation continue et de financer les actions d'ingénierie de formation, de formation planifiée et non planifiée. Il distingue trois types d'action :

– Les actions d'ingénierie de formation : elles concernent toutes les actions de diagnostic des besoins en formation et d'élaboration des plans de formation pour répondre à des besoins en compétences des entreprises. Il s'agit aussi de toutes les

[139] La Fédération nationale de l'industrie hôtelière (FNIH) compte promouvoir la formation continue à partir d'une étude d'ingénierie réalisée par le secteur dans le cadre du programme Méda I auprès de 60 hôtels de différentes régions du Maroc. Le plan de formation décliné à partir de cette étude prévoit 22 actions pour l'année 2003-2004, dont le coût s'élèverait à 3,3 millions de Dh sous forme de remboursements dans le cadre des Contrats spéciaux de formation (CSF).

actions qui concernent des bilans de compétences, à condition qu'elles soient programmées dans l'optique d'un plan de formation. Ce sont, enfin, toutes les actions programmées au profit des entreprises ayant réalisé une étude financière par les Groupements interprofessionnels d'aide et au conseil. Ces différentes actions d'ingénierie peuvent être effectuées soit par l'entreprise elle-même, si elle dispose de moyens en ressources humaines expertes, soit par le biais d'une assistance privée (cabinets, bureaux d'études, organismes spécialisés...).

– Les actions de formation planifiées concernent des cycles de formation, des séminaires, des stages techniques, qui sont programmés dans le cadre d'un plan de formation annuel selon une démarche d'ingénierie.

– Les actions de formation non planifiées réalisées en dehors d'un plan de formation.

Accroître les compétences individuelles et collectives en hôtellerie implique un bon niveau d'intégration de la formation dans le processus de gestion de l'emploi et des compétences. Cette greffe ne peut fonctionner que dans le cas de l'émergence d'une entreprise hôtelière apprenante dont le projet est l'organisation d'un système permettant la progression et le développement collectif des compétences, le but étant d'améliorer l'image de marque de l'hôtellerie sur le marché de l'emploi en offrant un travail valorisé et formateur et de construire un professionnalisme pérennisé.

C- La restructuration du système productif hôtelier

En effet, en raison des mutations de l'industrie hôtelière mondiale, de l'évolution des motivations de la clientèle et de l'agressivité de la concurrence, ce système de production est aujourd'hui bousculé par l'émergence d'un nouveau système productif postfordiste. La logique de ce dernier est fondée non sur l'avantage comparatif généré par le différentiel des coûts salariaux, mais plutôt sur la capacité du management à optimiser la productivité globale des facteurs, à rationaliser les méthodes organisationnelles, à construire des projets et à définir des objectifs partagés par l'ensemble des acteurs au sein de l'entreprise. La réussite de la transition vers ce nouveau système productif dépend de la manière et de la volonté par lesquelles les entreprises hôtelières comptent faire face aux exigences de ce changement. À ce sujet, les obstacles les plus décisifs dans l'adoption de ce nouveau modèle économique ne seraient pas d'ordre technique et financier, mais plutôt d'ordre managérial et culturel (au sens de l'entreprise)[140]. La forte influence des valeurs et comportements tayloriens et/ou empiriques en matière de gestion et d'organisation seraient les obstacles les plus difficiles à dépasser[141]. Tout dépendra de la conscience qu'ont les entrepreneurs des défis à relever, de leur engagement et de leur exemplarité dans le bannissement de la

---

[140] Un **modèle économique** est l'architecture à travers laquelle une entreprise crée, délivre et capte de la valeur. Il désigne l'organisation interne, ainsi que les liens et relations avec des entités extérieures.

[141] Voir Robert Boyer et J.P. Durand : L'après-fordisme, Editions Syros, Paris 1998.

logique de la conduite des organisations par l'obéissance et dans l'introduction d'un management réactique et mobilisateur.

D. La carte de la qualité comme crédo d'amélioration de la compétitivité

S'adapter à la mondialisation dépend désormais des aptitudes du secteur à réagir face à une concurrence de plus en plus farouche. À ce sujet, les mutations qui ont marqué l'évolution du tourisme et de l'hôtellerie, au niveau international, font que la position de chacun des pays touristiques est conditionnée par sa capacité à réagir aux exigences qualitatives du marché mondial. Les réclamations des clients mécontents ou insatisfaits..., l'incapacité des entreprises hôtelières à s'adapter aux motivations de la clientèle..., le vieillissement des installations... et le manque de diversification des produits sont autant de facteurs de non-qualité qui ont altéré l'image de marque de l'hôtellerie nationale et conduit à la perte de sa compétitivité.

Face à cette situation et eu égard à l'importance des revenus que peut générer la professionnalisation et l'industrialisation de l'hôtellerie et à son potentiel en matière de création d'emploi, l'amélioration de la compétitivité par l'adoption des techniques de management de la qualité s'impose. Dans une activité hyper concurrentielle, peu de choses font la différence, et le seul domaine capable d'influencer le choix et la fidélisation du client réside dans la qualité.

> Les enjeux de la qualité du service, selon la 3ème Conférence européenne des syndicats du tourisme :
>
> - un tourisme de qualité constitue la seule réponse pour les destinations touristiques qui veulent promouvoir un tourisme durable. Ces destinations doivent développer des standards et des normes de qualité, normes qui, communément reconnues, constitueront des éléments objectifs à partir desquels des mesures et des contrôles seront possibles ;
> - le tourisme repose sur la qualité des prestations offertes à tous les niveaux de la gamme des produits touristiques ;
> - cette qualité dans le tourisme présuppose la qualification du personnel, elle ne dépend pas seulement des infrastructures mais également du service rendu par le personnel ;
> - la qualité donnée aux clients dépend des conditions de travail et de la qualification du personnel en contact avec les touristes.
>
> Voir : L. Bergery : Qualité globale et tourisme, Ed. Economica, Paris 2002, pp. 36-37

À l'heure de la mondialisation du tourisme, caractérisée par une concurrence féroce, par la complexité des motivations de la clientèle touristique et par l'impossibilité d'opérer une différenciation au travers de la politique des prix, les entreprises hôtelières marocaines devront donc construire leur mise à niveau et leur adaptation en exerçant leur compétitivité prioritairement sur le terrain de la qualité. Les défis à relever à l'"horizon 2010" et la conjoncture actuelle devront inciter les professionnels à s'interroger sur la maîtrise et l'amélioration de leurs prestations et sur les méthodes susceptibles de les aider à monter des projets fédérateurs capables de transformer l'hôtellerie en une industrie "industrialisante". Par conséquent, pour devenir des entreprises gagnantes, elles doivent entreprendre leur bataille à la fois sur le front externe pour faire face à la concurrence et pour moderniser leur système de production, et sur le front interne pour faire adhérer l'ensemble du personnel et intégrer des types de management adaptés aux défis à relever. Dans ce contexte, le dénominateur commun de la relance et du décollage, c'est la qualité. Aussi, le management à développer est-il celui de la compétence et non de la complaisance, c'est-à-dire un management qui devrait favoriser l'action, l'adhésion, la productivité, la diminution des coûts, l'amélioration des conditions du travail, le dialogue, la concertation, la valorisation des compétences, la reconnaissance des valeurs des individus et des groupes de travail.

E- L'amélioration des relations professionnelles au sein des entreprises hôtelières.

Pour éviter l'inertie dans les relations professionnelles (appelées aussi industrielles ou sociales), les entreprises hôtelières se doivent d'instaurer des politiques sociales capables de les aider dans le processus du développement de la loyauté et de la fidélisation de leurs salariés. La promotion de ce genre de politique est d'actualité pour réaliser le juste milieu entre les objectifs généraux des entreprises de ce secteur et ceux de leur personnel, tant au niveau individuel que collectif. Elle est fondamentale dans la mesure où elle est susceptible d'aider les entreprises hôtelières à créer l'équilibre entre leurs objectifs économiques et les intérêts sociaux de leur personnel.

À ce sujet, il va sans dire que le domaine de la législation sociale est un minimum à respecter, puisque, en principe :

– elle impose des limites légales aux actions prises au sein de l'entreprise. Le domaine de la gestion ne s'étend ici qu'entre les limites des droits et des obligations imposées par la réglementation sociale ;

– elle fournit une base de travail aux unités qui n'ont, souvent, ni les moyens financiers, ni les moyens humains de faire autre chose que de l'administration pure et simple du personnel. Dans ce cas, la législation sociale n'est qu'un minimum vital de la gestion des relations professionnelles, caractérisée par des généralités ne tenant pas compte des spécificités et particularités de chaque entreprise. Au-delà de ce seuil, il existe de vastes domaines de choix potentiels qui peuvent éclairer les entreprises hôtelières en matière de promotion de relations professionnelles efficaces.

Ainsi, il est fondamental que l'application des textes juridiques réglementant le milieu du travail soit respectée. Cela déboucherait sur un changement de comportement managérial. Ce dernier conduirait, d'une part, à l'amélioration des relations industrielles et amorcerait la recherche d'éléments favorisant l'instauration d'un climat social serein. D'autre part, il donnerait lieu à un comportement professionnel positif du personnel, allant dans le sens de l'amélioration de l'efficacité et de la performance des entreprises hôtelières. Cependant, l'amélioration des relations sociales, quoique indispensable, ne peut à elle seule aboutir à une gestion de qualité des ressources humaines, et ce pour trois raisons essentielles que nous évoquons ci-dessous.

La première de ces raisons réside dans le domaine restreint et normatif des règles du droit social (toute situation est ou n'est pas caractérisée par un texte juridique), ainsi que dans la complexité de leur adaptation permanente aux exigences de l'évolution de l'environnement économique, technologique et social.

La deuxième raison, selon B. Martory et D. Crozet[142], découle du fait que la loi ne fixe le plus souvent que des seuils minima : au-delà de ces seuils, il existe de vastes domaines de choix potentiels qui peuvent être éclairés de façon rationnelle. De plus, selon les mêmes auteurs, l'expérience montre que les choix les plus heureux en matière de gestion du personnel sont souvent ceux qui anticipent sur la loi.

Quant à la troisième raison, elle découle du fait que les rapports sociaux à l'intérieur des entreprises mettent en relation deux ensembles de partenaires antagonistes aux rapports difficiles à gérer, et imprégnés de problèmes idéologiques qui freinent la recherche de compromis, souvent nécessaire au dépassement des situations de blocage et d'inertie. Ces rapports font que les relations sociales qui prévalent encore aujourd'hui ont été historiquement construites, organisées, à partir d'une culture du conflit social et à partir du postulat que les intérêts des salariés et ceux des employeurs étant antagonistes, seul l'affrontement, et par conséquent le rapport de forces, pouvait faire pencher la balance d'un côté ou de l'autre des belligérants.

Pour faire face aux changements qui se sont produits dans son environnement, dans la manière de produire, de gérer l'intelligence et le savoir technologique, l'entreprise hôtelière (comme les autres) est amenée à assurer sa pérennité en mettant en place une politique de relations sociales à même de stimuler l'adhésion et l'implication des partenaires sociaux dans ses objectifs, et de réduire les antagonismes entre les acteurs. L'évolution des rapports sociaux à l'intérieur des organisations fait que la politique de gestion des ressources humaines n'est plus conduite unilatéralement par les dirigeants des entreprises, mais en liaison avec les représentants du personnel. Les antagonismes ainsi que la logique d'affrontement passent de plus en plus par la négociation et la concertation, qui permettent de diminuer l'incompatibilité des intérêts économiques de l'entreprise et des attentes des salariés. C'est ainsi que face aux aléas économiques et à la

142 B. Martory et D. Crozet : Gestion des ressources humaines. op. cit., p.8

nécessaire adaptabilité et flexibilité, l'entreprise, quel que soit le secteur, devrait devenir un lieu de négociation et d'application de politiques sociales. Cette perspective nécessite que l'entreprise soit en mesure de prévenir les risques de conflits sociaux, de détecter les points de friction, de prédire leur évolution probable et de déterminer leurs conséquences sur son activité.

Dans le contexte actuel, la législation sociale ne constitue qu'un minimum vital pour gérer les relations professionnelles. L'efficience dans ce domaine devrait être recherchée à travers des choix qui anticipent la loi, qui font de la prévention un moyen privilégié pour diminuer le risque de conflictualité et ses conséquences sur la productivité et le climat social. Pour ce faire, trois axes nous semblent permettre d'asseoir la prévention et l'anticipation dans ce domaine :

– la compréhension du système social : l'effort devrait se focaliser sur les enjeux, les forces en présence, les groupes d'appartenance, les représentations sociales, etc. ;

– la mise en place des démarches et des outils permettant de remonter l'information et de développer la communication et l'esprit de transparence ;

– le développement d'un management de proximité et l'engagement des directions dans l'instauration d'un climat social serein ;

– l'engagement de tous les acteurs pour garantir l'enracinement d'un dialogue social constructif.

Cependant, si l'entreprise doit s'orienter vers une vision contractuelle des rapports sociaux, il n'en demeure pas moins que les syndicats doivent adapter leurs principes et leurs idéologies par rapport aux mutations et aux changements générés par l'évolution du système de production industriel (capitaliste) depuis la chute du Mur de Berlin. Il va sans dire que ces mutations ont fait exploser le système traditionnel de relations sociales. À défaut d'une "révolution" culturelle des institutions syndicales et du management, le secteur de l'hôtellerie serait condamné à sombrer dans l'incapacité de produire les effets multiplicateurs nécessaires au développement économique et social, et de relever les défis relatifs à l'amélioration de sa compétitivité face à la concurrence internationale.

La mise à niveau des entreprises hôtelières est donc fondamentale pour l'industrialisation du secteur et la professionnalisation des métiers de l'hôtellerie, mais ce qui l'est encore plus, c'est l'environnement macro-économique (le cadre administratif et juridique, l'infrastructure, le système de formation). Cet environnement devrait évoluer pour être au service du développement du secteur touristique et hôtelier. En effet, le développement du tourisme et de l'hôtellerie réside dans le fait que l'activité touristique demande une implication de l'ensemble des services de l'administration. Cette caractéristique du tourisme exige une synergie dans les actions à entreprendre pour favoriser le développement de ce secteur. Comme pour les autres secteurs, la lourdeur et les incohérences de l'administration ont constitué l'un des freins à la croissance de l'économie touristique marocaine. Ce manque de synergie à fait dire au Conseil Économique, social et Environnemental (CESE)[143] que :

– le pilotage de la mise en œuvre de la stratégie nationale (2010 et 2020) a fait défaut et que le Conseil National du Tourisme (CNT), devant assurer le suivi de l'exécution des deux visions et de ses mesures d'accompagnement, n'a pas été créé ;

– les Agences de Développement Touristiques (ADT) chargées de la mise en œuvre des stratégies territoriales n'ont également pas été créées. En outre, la mise en œuvre et le suivi des contrats programmes régionaux (CPR), ont pâti d'un manque d'efficacité manifeste. De plus, le cadre de coordination stratégique et opérationnel prévu entre les acteurs publics en charge des relations étrangères pour l'accompagnement de la promotion du Maroc n'a pas été formalisé.

– le dispositif de promotion et de commercialisation du secteur est obsolète.

– l'absence de leadership au sein du Ministère du Tourisme susceptible de mobiliser les acteurs publics et privé concernés par le tourisme pour définir les actions à mettre en place, pour la mise à niveau des compétences du secteur, pour relier l'offre de formation à la demande et pour l'instauration de normes de qualité régissant le système de formation.

À cela il faut ajouter l'insuffisance des compétences collectives du personnel employé par le Ministère de tutelle. En effet, les ressources humaines du ce Ministère sont caractérisées par :

– l'absence de compétences stratégiques pouvant amorcer les innovations et prendre en charge les changements nécessaires au développement du secteur ;

– un nombre insignifiant de leaders potentiels susceptibles de mobiliser et d'encadrer le personnel du Ministère et des services extérieurs.

Au vu de l'ampleur des transformations que doivent entreprendre professionnels et administrations, force est de reconnaître que les efforts à fournir pour faire décoller l'activité touristique et hôtelière sont énormes et sans commune mesure avec tout ce qui a été entrepris jusqu'à maintenant. Il nous semble que le tourisme et l'hôtellerie sont actuellement dans une phase critique. La relance et le redécollage de ce secteur nécessitent des mesures à la fois au niveau macro et micro-économique à la hauteur des défis à relever. Ces mesures devraient cibler la mise en œuvre d'une stratégie concernant le système tourisme dans sa globalité et des plans d'actions. Cette stratégie ne peut se faire que dans le cadre d'un partenariat de qualité entre les différents acteurs économiques impliqués dans l'activité. Elle nécessite une volonté claire et précise du ministère de tutelle, ainsi que, de la part des professionnels, un management engagé et exemplaire du patrimoine touristique et hôtelier.

D'ailleurs, la présence de nouvelles chaînes hôtelières étrangères (qu'il faudrait développer) est probablement le signe d'une transition vers une industrialisation, indispensable, du secteur, et une professionnalisation de

[143] CESE, Le tourisme, levier de développement durable et d'intégration, op.cit, p. 15-17

l'hôtellerie. Le secteur, tel qu'il est aujourd'hui, ne peut prétendre à la survie et à la pérennité sans un partenariat capable de promouvoir les regroupements, la franchise, la pénétration technologique et le transfert de savoir-faire.

Le système productif hôtelier artisanal et familial, qui se trouve actuellement bousculé par les nouvelles technologies et la mondialisation de la concurrence, est appelé à s'adapter aux exigences de la demande touristique mondiale, ou il sera condamné à sombrer. Pour gagner la bataille de la mondialisation, l'hôtellerie est obligée de miser sur la qualité, l'offre de gammes de produits suffisamment larges et cohérentes, et sur le développement des compétences des ressources humaines qu'elle emploie ou qu'elle compte acquérir dans le futur.

2- L'articulation formation/emploi : l'obligation de synergie

A- Hôtellerie et enjeux stratégiques de la formation

Nul ne peut nier les efforts réalisés dans le domaine de la formation et le volume des ressources humaines et financières pour faire face aux besoins de l'hôtellerie et du tourisme en matière de qualifications et de compétences.

La formation apparaît comme le moyen privilégié pour professionnaliser le secteur et améliorer sa compétitivité, car elle a pour double finalité l'employabilité des jeunes lauréats du système de formation et la montée en compétence de l'hôtellerie, condition sine qua non pour accroître sa productivité et consolider sa position concurrentielle.

Sur le plan quantitatif, la formation professionnelle a accompli des avancées importantes, en particulier grâce aux efforts d'investissement et de restructuration du système accomplis depuis les années 2000. Cependant, une analyse sérieuse des actions et des projets engagés met en exergue des résultats très insuffisants et des dysfonctionnements lourds de conséquences tant au niveau quantitatif que qualitatif, résidant dans le gaspillage des ressources employées. En effet, plusieurs études, plusieurs audits et projets réalisés et financés dans le cadre des partenariats avec des organismes internationaux (BIT, PNUD, PRICAM...), n'ont pas donné les résultats escomptés pour sortir la formation hôtelière de sa crise. Aussi, si les objectifs et les résultats attendus ont été clairement détaillés par le contrat programme de la vision 2020[144] pour doter le secteur des compétences permettant d'atteindre le niveau de qualité de service exigé par la demande internationale, force est de constater que les mesures préconisées à la charge du ministère de tutelle n'ont pas été implémentées. La recomposition de l'ossature du dispositif

[144] Le contrat programme de la Vision 2020 avait détaillé, en matière de formation aux métiers de tourisme, des mesures à mettre en œuvre par le Ministère. Il s'agit plus particulièrement de mettre en œuvre les moyens nécessaires pour doter le secteur des compétences qui permettront d'atteindre le niveau de qualité de service exigé par la demande internationale, de faire émerger dans chaque territoire touristique une école de référence dans la formation au tourisme en partenariat avec le secteur privé, et de promouvoir la mise en place des conventions collectives sectorielles et le respect de la législation sociale.

de formation sous tutelle du Ministère du tourisme entamée en 2021 est faite, surtout pour une question de coûts[145]. Ainsi sur les seize établissements publics de formation rattachés à ce département dix sont transférés à l'Éducation nationale pour former des Bacs professionnels. À cela s'ajoute une « anarchie » criante quant à l'accréditation de filières de formation dans le public et le privé. Ces dernières sont délivrées sans qu'il ait à la fois d'études sérieuses sur leur faisabilité pédagogique et de rigueur quant aux normes nécessaires à la mise en place de programmes de formation, qui en principe devraient tenir compte des besoins réels en compétences du secteur.

Par ailleurs, la diversité des acteurs au niveau du pilotage de la formation touristique et hôtelière (Ministère chargé du tourisme, l'OFPPT, les universités, le privé) au niveau de l'exécution de la politique publique, la complexité du modèle de financement et la dispersion des centres de décision d'affectation des ressources a rendu les tâches de planification, de coordination et de suivi de l'exécution, difficiles et souvent inefficaces. Les rôles et les responsabilités qui ne sont pas clairement définis constituent de leur côté une source importante de difficultés, de conflits, et d'inefficacité de la gouvernance du système, se soldant par une faible coordination entre les acteurs existants et l'absence de régulation de l'offre de formation3.

En outre, chacun des modes de formation (résidentiel, alterné, apprentissage) est confronté à d'innombrables difficultés qui limitent substantiellement son rendement. Ainsi, le mode résidentiel ne permet pas une formation en situation de travail. Tandis que les deux autres modes qui le permettent effectivement pâtissent de la faible implication des professionnels en raison de leur faible motivation, au manque d'encadrement dans les entreprises accueillantes et à l'absence d'actions d'évaluation permettant le renouvellement et la mise à niveau de ces modes.

Au demeurant, on peut légitimement avancer que la formation n'a pas encore atteint le seuil de maturité nécessaire à sa véritable intégration dans la croissance économique du secteur hôtelier, faute d'une vision stratégique et d'une méthodologie de gestion des projets, articulant de la meilleure manière le développement de l'hôtellerie et la formation par une recherche d'optimisation des ressources intellectuelles.

Les efforts de restructuration, de repositionnement, le montage de projets, d'implication des différents acteurs et partenaires se font jusqu'alors isolément ou séparément, alors que, pour obtenir le plein effet, il aurait été nécessaire de les rendre interactifs et synergiques afin de diminuer le risque de médiocrité des actions engagées et d'améliorer les programmes d'adaptation du système aux besoins professionnels du secteur.

---

[145] Selon les dire de la ministre chargée du tourisme, les lauréats des écoles relevant de son département sont formés sept fois plus cher que ceux issus des autres établissements de formation professionnelle.

[3] Voir Conseil Supérieur de l'Education, de la Formation et la Recherche Scientifique, formation professionnelle initiale, clefs pour la refondation. Rapport N° 4/2019, p.

Sans une simultanéité et une globalité dans l'approche des réponses formatives, il faut s'attendre à des décalages d'appréciations et de réactions entre le ministère de tutelle, les hôteliers, les formateurs, l'appareil de formation, les jeunes apprenants et la société, au sujet des aberrations dans les stratégies politiques et plans d'actions adoptés.

Le minimum vital opérationnel, en matière de formation hôtelière, exige, outre l'enthousiasme, une ouverture sur le milieu professionnel et sur son évolution, un partenariat avec le secteur, des procédures interactives, une prise en compte de l'existant, mais surtout la mobilisation, la motivation, l'adhésion, l'engagement de tous les acteurs dans le projet de mise à niveau et de repositionnement de chaque niveau de formation en tenant compte des évolutions prévisibles tant quantitatives que qualitatives.

Une recherche des convergences reste à faire sur le terrain, afin de créer un projet et une motivation partagés, pour la réussite des vrais enjeux de la formation hôtelière :

– l'insertion et le développement de l'employabilité des jeunes diplômés ;

– le plein emploi des intelligences ;

– la montée en compétences des entreprises hôtelières en vue d'accroître leur compétitivité ;

– l'adaptation du secteur hôtelier par le développement des ressources humaines ;

– le développement de la créativité et de la réactivité du secteur vis-à-vis de la concurrence ;

– l'acquisition d'une véritable culture d'entreprise hôtelière, adaptée aux besoins de l'époque.

En outre, comme tout type de formation, la formation hôtelière a besoin, en permanence, de s'ajuster à une complexité socioéconomique mouvante, si le Maroc veut valoriser l'Homme en tant que ferment du développement durable. Cette valorisation nécessite la reconsidération des modalités de régulation entre l'économique, l'éducatif et les ressources humaines. L'environnement du secteur de l'hôtellerie exige désormais que travail, marché, insertion des lauréats et développement professionnel soient articulés les uns aux autres et que la compétence en soit l'une des clefs de jonction.

L'erreur serait de croire qu'une compétence strictement technique, une pratique dans les domaines de la formation et de la pédagogie, ou l'empilage de projets et de mesures administratives permettraient cet ajustement. Rien d'efficace ne peut se faire dans le domaine de l'hôtellerie sans l'observation fine de la dynamique du milieu et la recherche des moyens efficients pour adapter la formation et la mettre au service de l'activité hôtelière, dans l'objectif de faire réellement de l'hôtellerie un secteur à effets d'entraînements multiples, bénéfiques pour la croissance et le développement économique et social.

B- Mettre la formation au service du développement du professionnalisme

La difficulté que rencontre l'hôtellerie marocaine pour décoller et s'industrialiser, la mondialisation de la concurrence dans le domaine du tourisme international, et le faible niveau de compétences des ressources humaines des entreprises hôtelières, ont eu l'intérêt de situer les systèmes de production et de formation au centre des débats. Ces débats sont corroborés par le fait qu'en termes de formation, de qualifications et de compétences, les ressources humaines du secteur touristique et hôtelier au Maroc semblent désavantagées, notamment vis-à-vis de leurs principaux concurrents. Ce constat ressort de nos précédents chapitres, où nous avons relevé que :

– les fonctions d'encadrement et de maîtrise, chaînons essentiels de la maîtrise, de la transmission du savoir et du savoir-faire technique et professionnel, sont peu représentées dans la structure de l'emploi en hôtellerie ;

– les effectifs hypertrophiques de la main-d'œuvre sans qualification pénalisent les entreprises hôtelières en matière de compétitivité ;

– l'emploi et les ressources humaines ne sont pas encore intégrés dans la politique des entreprises hôtelières, ce qui a pour conséquences l'utilisation d'une main-d'œuvre à faible technicité et le maintien d'une structure d'emploi à faible qualification.

De même, l'efficacité du système de formation touristique et hôtelière est en-deçà des résultats escomptés. Il est vrai que ce système, qui ne comptait en 1969 que deux écoles, s'est considérablement développé et structuré depuis. Cependant, ce développement extrêmement rapide a entraîné une crise de croissance du système, précisément au moment où les entreprises hôtelières devaient entamer leur mutation et abandonner leur système productif traditionnel et leurs savoir-faire artisanal (qui avaient servi de modèle aux écoles) pour adopter des méthodes de gestion de type industriel.

Ce décalage apparaît aujourd'hui dans le retard :

– pris par l'enseignement hôtelier pour adapter sa formation aux nouvelles réalités structurelles et organisationnelles d'une profession devenue une industrie à part entière, utilisant des méthodes industrielles d'organisation et de gestion. Le résultat en est une difficulté à fournir au secteur des profils capable de provoquer et d'accompagner les mutations de l'hôtellerie ;

– remarqué au niveau de l'adaptation aux nouvelles réalités socioéconomiques de la demande, qui exige non seulement de nouveaux produits, mais un nouveau comportement du personnel, où la communication, le relationnel, la disponibilité... prennent beaucoup plus d'importance que par le passé ;

– considérable relatif à l'adaptation aux nouvelles réalités technologiques (nouveaux équipements, en particulier culinaire et la digitalisation des exploitations hôtelière). Ce retard est lié d'une façon générale aux insuffisances en savoir-faire pratique ;

– enregistré dans la formation d'une nouvelle génération de leaders de l'hôtellerie capables, par leur qualification, leur dynamisme, leur comportement, leur adaptabilité de :

– prendre en charge des domaines de gestion jusqu'à lors totalement négligés : marketing, ressources humaines, le digital, etc. ;

– conduire la réflexion sur les évolutions et l'adaptation du secteur, et suggérer les orientations qui s'imposent ;

– être à l'écoute du monde extérieur, de relier l'hôtellerie marocaine au contexte international, et de rabattre vers le secteur toutes données relatives au marché mondial du tourisme.

Cette inadaptation émane d'une coupure très nette entre le système de formation et le milieu professionnel. Elle reflète l'absence de passerelle à l'égard du monde de travail dans l'hôtellerie et se concrétise par une mauvaise articulation avec le milieu hôtelier. En effet, chacun des systèmes fonctionne différemment et indépendamment de l'autre, et met en œuvre des logiques différentes qu'on peut décrire sommairement de la manière suivante :

– la logique de production hôtelière : c'est celle de l'entreprise et de ceux qui occupent des situations de travail en son sein. C'est une logique de l'action dont les critères sont l'efficacité, la productivité, la rentabilité ;

– logique de transmission, quant à elle, est caractéristique de l'enseignement et de la formation initiale ; il ne s'agit plus de production, ni de rendement, mais essentiellement de transmission de la connaissance et du savoir. Cette logique est centrée spécialement sur l'acquisition de connaissances validées par un niveau de diplôme. Elle induit que l'acquisition de savoirs constitués suffit pour occuper un poste de travail. Toutefois, elle ne permet pas à l'apprenant de se constituer un savoir "expérientiel" susceptible de le rendre plus opérationnel.

Étant donné l'absence de rapprochement des deux systèmes, les savoirs sont ramenés à une dimension strictement disciplinaire, déconnectée le plus souvent de leurs conditions d'obtention (recherche appliquée), et de leurs conditions d'application (production) : c'est ce que l'on exprime en les qualifiant de "théoriques".

L'absence de synergie entre les dits systèmes ne permet pas aux formés de se familiariser avec la réalité professionnelle du secteur, d'avoir une ébauche d'expérience en milieu hôtelier, de découvrir l'environnement interne de l'entreprise et d'opter en conséquence pour une orientation future susceptible de leur convenir. Il découle de cet état de fait que, dans la réalité concrète du monde de la formation hôtelière, les actions ont lieu en dehors de l'entreprise hôtelière. La logique de transmission (didactique), déconnectée de la logique de production (productique), génère un problème d'adaptation aux besoins de l'hôtellerie nationale, et crée nécessairement une impasse pour le développement de compétences.

À cause des exigences engendrées par la compétitivité hors-prix, les entreprises hôtelières sont condamnées à faire davantage appel à une main-d'œuvre plus adaptable et en mesure d'améliorer continuellement leurs compétences. Relever ses défis nécessite, de la part de l'hôtellerie, de disposer de compétences lui permettant une meilleure adaptabilité face à une concurrence de plus en plus agressive. Pour ce faire, le rapprochement des systèmes didactique et productique constitue l'une des priorités sur laquelle on doit fonder la démarche qualité nécessaire à la chasse au gaspillage en matière de formation.

En effet, la distinction entre la formation et le travail productif ne se réduit pas à l'opposition simpliste entre théorie et pratique. Pourtant, l'un et l'autre mettent en œuvre des logiques différentes, des normes de fonctionnement et des objectifs dissemblables ; ils se déroulent dans des lieux distincts, et ce ne sont pas les mêmes personnes qui en sont les acteurs. Le schéma ci-après représente les trois logiques dont la résultante seule est susceptible de constituer une opportunité, de faire évoluer de l'intérieur le système de formation et d'aller vers des organisations plus qualifiantes.

Graphique N° 53. La logique de formation

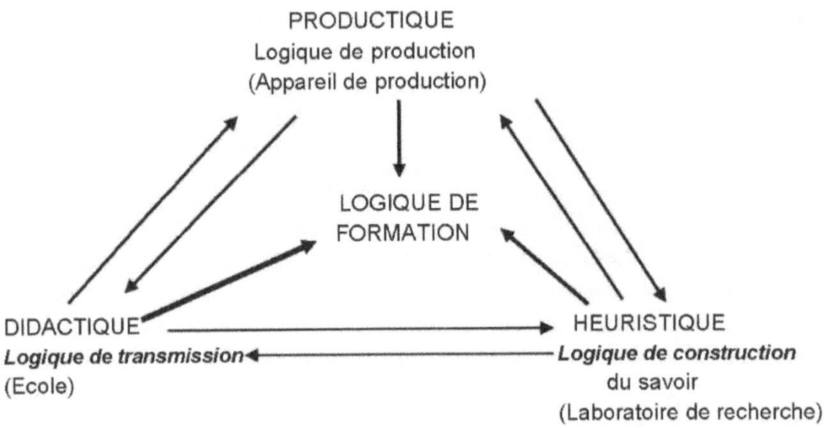

Il ressort de ce schéma que dans la réalité la plus banale, le travailleur produit, l'enseignant enseigne, le chercheur cherche. Chacun manipule sa propre logique indépendamment de celles des autres. Pourtant, la meilleure efficacité de chacun, dans le cadre de la formation, ne pourrait résulter que d'une synergie. La démarche de la formation alternée, comme l'une des dimensions porteuses, implique essentiellement la didactique et la productique, et ce grâce à la dualité que sous-entend l'alternance :

– dualité des lieux : l'école et l'entreprise ;
– dualité des temps : temps d'étude, temps au sein de l'entreprise ;
– dualité des contenus d'enseignement : théorique et pratique ;
– dualité des acteurs pédagogiques : le formateur et le tuteur.

Par ailleurs, la nécessité de l'alternance entre la didactique et la productique dans le domaine de l'hôtellerie résulte de l'incapacité pour l'une de se substituer à l'autre. Il y a, en effet, des choses que l'on n'acquiert à l'école qu'avec l'aide de l'entreprise hôtelière, quelle que soit la qualité des formations pratiques qui y sont dispensées. À l'inverse, il y a des choses qui ne s'apprennent dans l'entreprise hôtelière qu'avec l'aide de l'école, quel que soit le souci de modélisation du tuteur. En matière de formation hôtelière, la dualité du lieu et de responsabilité s'avère constructive pour la qualification de l'apprenant.

En outre, une compétence professionnelle en hôtellerie ne se réduit pas à un ensemble certifié des savoirs acquis ; encore faut-il qu'existe et que soit reconnue la capacité de les mettre en œuvre dans des situations professionnelles plus ou moins variées. En ce sens, un diplôme ne s'assimile à une compétence que s'il est utilisé par les employeurs du secteur comme un signe efficace pour organiser le travail de leur entreprise et pour gérer le recrutement et la carrière de leur personnel. La construction d'une compétence fait ainsi intervenir conjointement un processus de formation et un processus de reconnaissance des compétences. L'alternance intègre ces deux dimensions ; plus exactement, on pourrait dire qu'il n'y a pas que le jeune en formation qui se trouve en alternance : le tuteur, le chef d'unité, l'hôtelier y apprennent aussi à nommer et à reconnaître les savoirs et les compétences qui leur sont utiles, et à repérer la validité pour eux de tel ou tel diplôme. Ces formations sont pour eux l'occasion de modifier, de façon performante, leur organisation du travail.

Par la synergie qu'elle pourrait instaurer entre le système de formation touristique et hôtelière, et le système productif hôtelier, l'alternance pourrait produire un double mouvement d'intégration d'ordre cognitif et d'ordre social : intégration d'une part des savoirs à l'activité productive hôtelière qui s'appuie sur la reconnaissance de connaissances particulières dont le support est la pratique en condition de travail réel, et intégration, d'autre part, des formés à un collectif de travail qui s'appuie sur la reconnaissance du caractère évolutif des modes d'organisation du travail dont les supports sont les salariés, à la fois concepteurs et exécutants de leur propre activité. L'alternance est ainsi très directement liée au développement de nouvelles formes de productivité faisant appel à plus de professionnalisme, y compris pour les emplois hôteliers d'exécution faiblement qualifiés.

C- La formation alternée : espoir et responsabilité partagée pour développer le professionnalisme.

Au Maroc, l'intérêt croissant porté à la formation alternée dans plusieurs secteurs économiques est le signe d'une conscience relative :

– aux limites inhérentes à la pédagogie traditionnelle du système de formation, phénomène rendu plus visible par la complexité des transformations technologiques et économiques, et par l'accentuation du chômage des jeunes diplômés ;

– au rôle de l'entreprise en tant qu'espace de formation nécessaire au développement des potentiels des jeunes formés et leur insertion dans le système productif.

En effet, des expériences pilotes ont été lancées dans les secteurs de l'industrie, de l'agriculture, du tourisme et des pêches maritimes pour concevoir et tester des pratiques de l'alternance sur la base de la loi publiée au Bulletin Officiel le 7 novembre 1996, et qui est entrée en vigueur en 1997[146]. À l'époque, le nombre de stagiaires qui ont bénéficié de ce mode de formation au titre de l'année 1997-1998 est comme suit :

Tableau N° 58. La formation professionnelle alternée

Département formateur	Effectif global	Qualification	Technicien	Technicien spécialisé	Total Stagiaires	Nbre de filières
OFPPT	1 151	231	593	327	2 302	44
Tourisme	424	--	244	180	848	10
Agriculture	2 078	1 179	583	316	4 156	29
TOTAL	3 653	1 410	1 420	823	7 306	83

Source : Formation professionnelle alternée, bilan et perspectives, direction de l'Enseignement professionnel, ministère du Développement social, de la solidarité, de l'emploi et de la formation professionnelle.

Il ressort de ce tableau que la formation professionnelle alternée, tous départements de formation confondus, a concerné 3 653 stagiaires et 65 établissements. Ces stagiaires sont répartis entre l'agriculture qui représente 57 % du total, l'OFPPT 31 % et le tourisme 12 %. Il semble, selon une enquête réalisée pour le compte du ministère évoqué plus haut, par A. Akesbi et D. El Kanabi[147], que le nombre de stagiaires en formation alternée en 1998-99 est multiplié par plus de 2 fois par rapport à l'année précédente, atteignant ainsi 7 833. Ces stagiaires sont répartis entre l'OFPPT, qui représente 42,36 % de l'ensemble, l'agriculture 31,41 %, le tourisme 19,29 % et les pêches maritimes, 6,94 %.

Eu égard à l'importance de ce mode de formation, et aux efforts réalisés par les autres départements de formation, on constate que les effectifs de stagiaires en formation alternée dans le domaine de l'hôtellerie et du tourisme ont été très faibles, d'une part, et que, d'autre part, cette pratique est fortement concentrée

---

146 Voir : Ministère du Développement social, de la solidarité, de l'emploi et de la formation professionnelle (département de la Formation professionnelle) : Formation professionnelle alternée : bilan et perspectives, Rabat, juillet 1998, et : Le cadre juridique instituant la formation professionnelle alternée, Rabat, juillet 1998.

147 A. Akesbi et D. El Kanabi : La formation professionnelle alternée et la capacité d'accueil des entreprises, ministère du Développement social, de la solidarité, de l'emploi et de la formation professionnelle, Rabat, juin 1999, p. 8.

sur les villes d'Agadir et de Mohammedia, et à un degré moindre sur Marrakech et Ouarzazate.

En outre, l'esprit, la méthode, la gestion et la rigueur qu'exige ce mode de formation ne sont absolument pas respectés par ces quelques établissements. En effet, les principes de la facilitation de l'apprenant dans l'entreprise hôtelière, la conduite et la réalisation de l'alternance, ne sont pas respectés. Parler de l'alternance ne signifie absolument pas l'envoi du stagiaire à un hôtel quelques heures ou quelques jours dans la semaine. Sur la base d'objectifs définis et négociés à chaque phase de l'alternance, cette méthode de formation exige notamment d'aider l'apprenant à [148] :

– développer d'une part, le questionnement et l'observation en entreprise, et, d'autre part, des capacités professionnelles transversales à l'activité réalisée ;

– être acteur dans la démarche d'alternance ;

– s'intégrer dans l'entreprise, milieu d'expérimentation et de mobilisation des acquis et des connaissances théoriques dans une situation de travail ;

– transférer les acquis de l'établissement de formation vers l'entreprise.

Dans ce processus, le tutorat et l'accompagnement de l'apprenant en entreprise et dans la réalisation de son projet professionnel sont d'une extrême importance. Ce postulat permet de garantir la valeur formatrice de la situation de travail proposée au stagiaire. Quant à l'accompagnement avant et après la formation, il contribue à consolider le projet professionnel de l'apprenant.

Ces remarques étant faites, il faut signaler que la greffe de la formation alternée dans le secteur de l'hôtellerie trouve des difficultés et des résistances à s'implanter. Ces résistances, nous l'avons déjà évoqué, sont dues principalement à l'absence d'une stratégie sociale intégrant les ressources humaines, comme acteurs stratégiques pour le développement de l'entreprise hôtelière, au mode de gestion du facteur humain se limitant au rapport travail-salaire. Or, pour faire face aux défis à relever par l'hôtellerie, la formation alternée présente un triple espoir :

– elle constitue, pour les jeunes ayant le projet d'être formés et de faire carrière dans l'hôtellerie, un moyen d'accéder à la qualification et à une transition maîtrisée entre la formation et l'emploi ;

– pour les entreprises hôtelières, elle représente une ressource de compétences professionnelles particulièrement indispensables à la performance de leur organisation et à l'amélioration de leur compétitivité ;

– elle permet de construire, entre les systèmes productif et éducatif, un réseau de relations qui s'avèrent aujourd'hui indispensables, parce que les deux logiques, la productique et la didactique, ne peuvent plus fonctionner indépendamment et séparément.

Par ailleurs, l'augmentation générale des niveaux de formation est un impératif vers la réalisation duquel convergent intérêts individuels des salariés du secteur,

---

[148] Voir à ce sujet : Ministère du Travail et des affaires sociales, direction du Travail, de l'emploi et de la formation professionnelle de Bretagne : Guide méthodologique de l'alternance, Editions la Documentation française, Paris 1997.

demande sociale et besoins économiques des entreprises hôtelières. La compétitivité de ces dernières et la réussite des individus se conjuguent pour faire admettre les dépenses de la généralisation de l'alternance comme un investissement, dont l'ampleur conditionne le dynamisme du secteur touristique et hôtelier.

L'alternance dans l'acte de formation fait que cet investissement devrait être mis en œuvre conjointement par le système de formation et par les entreprise touristiques et hôtelières, dans un esprit de responsabilité partagée allant jusqu'au partenariat. Elle devrait assurer une place centrale au système productif hôtelier en tant qu'espace de formation incontournable pour le développement des qualifications et des compétences des jeunes formés.

Ce cadre de partenariat devrait, tout d'abord, s'inscrire dans une dimension prospective. La meilleure adéquation possible entre les formations touristiques et hôtelières, d'une part, les évolutions économiques et technologiques du secteur, d'autre part, implique que soient mieux connus les besoins de qualification et de formation à moyen terme. La maîtrise de ces derniers nécessite de déployer des efforts de prospection et d'anticipation sur le contenu des emplois de l'hôtellerie, tout en tenant compte des changements prévisibles en matière technologique et économique et de leurs incidences sur l'état des systèmes productifs des entreprises hôtelières. C'est ainsi que la planification et la programmation des profils de formation adaptés à la réalité économique de ces entreprises sont conditionnées par la détermination des besoins du secteur en ressources humaines et en compétences par emploi type et par filière.

Il devrait, ensuite, permettre la construction et la diffusion d'une véritable culture d'entreprise dans le cursus de formation. C'est cette dernière qui, favorisant l'insertion professionnelle et sociale, permettrait de réussir l'adaptabilité des jeunes formés à l'état actuel des qualifications et des emplois, et de développer leurs potentialités pour affronter les exigences du marché du travail.

Enfin, le partenariat implique un état d'esprit et des règles de comportements nécessaires à la réussite de la greffe de la formation alternée dans le système de formation touristique et hôtelière. Parmi les principes fondamentaux dont l'adoption est indispensable à l'adaptation de la formation à l'emploi et au développement des compétences, l'on peut surtout mentionner :

– l'implication de l'entreprise hôtelière dans l'acte de formation, car ce n'est plus l'école qui forme à tous les niveaux de l'apprentissage ;

– l'intégration de la formation dans le système de décision et donc dans la stratégie globale des entreprises hôtelières ;

– que l'adhésion de tous les partenaires concernés par l'hôtellerie, en amont et en aval, est fondamentale : la concertation, la communication et l'implication contribuent largement à relever les défis relatifs au développement des compétences des ressources humaines du secteur. En tout état de cause, face à une hôtellerie en perpétuel changement, et à défaut de former correctement aux métiers de l'hôtellerie de demain, il faut éviter de continuer à former aux emplois d'hier ou pour des techniques déjà obsolètes.

Conscient de ces défaillances, le Maroc a mis en place en 2016 une stratégie dont l'objectif est de pallier les déficits qualitatifs et quantitatifs du système de formation professionnelle dans sa globalité, en faisant de la formation alternée un des piliers fondamentaux tant de la valorisation du capital humain que de l'amélioration de la compétitivité des entreprises marocaines. Le résultat attendu en 2021 est de porter à 50 % le nombre de stagiaires de la formation professionnelle suivant une formation en milieu professionnel (formation par l'apprentissage ou formation en alternance tout secteur confondu), comme le montre le graphique.

Graphique N. 22

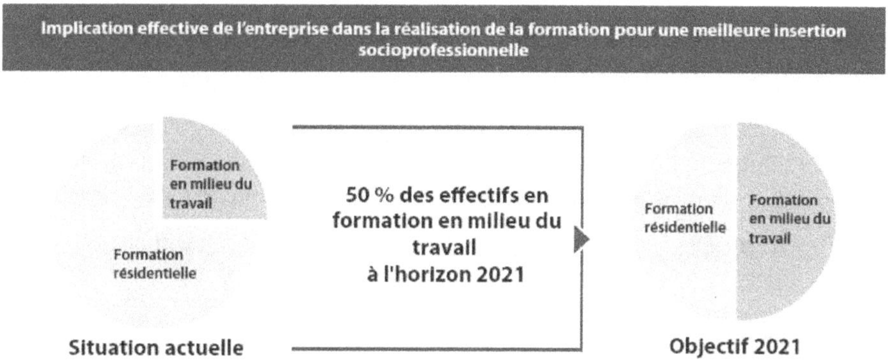

Tableau N. 58 : Prévision du nombre d'élève dans les différents

	2014-2015	2015-2016	2016-2017	2017-2018	2018-2019	2019-2020	2020-2021	2021-2022
Résidentiel	282 707	288 422	293 793	298 766	305 097	311 094	318 251	320 088
Alterné	99 113	105 877	122 795	138 106	156 623	176 704	199 779	226 387
Apprentissage	34 763	44 498	48 139	55 334	62 611	75 089	91 554	117 710
Total	416 583	438 797	464 727	492 206	524 331	562 887	609 583	664 184

Source : MENFP : stratégie de la formation professionnelle 2021

Dans cette stratégie, le secteur de l'hôtellerie a intérêt à s'impliquer sérieusement dans ce mode de formation car elle est à la fois reconnue comme une méthode efficace d'acquisition de compétences professionnelles adaptées aux besoins réels des entreprises hôtelières. L'engagement de ses dernières dans l'acte de former et de participer aux coûts de la formation génèrent un retour sur investissement, meilleurs que celui de la formation professionnelle traditionnelle. Quant à l'Etat, il y trouve de bonnes raisons d'encourager et d'accompagner la participation des employeurs aux systèmes d'alternance et d'apprentissage. Le but étant de se doter d'un système permettant d'accompagner le secteur en matière de formation répondant à ses besoins en main-d'œuvre susceptible d'accroître ses performances. S'agissant des jeunes formés à cette méthode de formation, les revenus plus faibles perçus pendant la période de formation sont considérés comme un investissement qui doit être compensé par des avantages ultérieurs (emploi et carrière) acquis au fil du temps. Quant aux avantages de ce mode de formation pour les employeurs, il convient de ne pas tenir compte uniquement des bénéfices directs (contribution productive des apprenants) mais aussi des bénéfices indirects résultant de l'économie de coûts lorsqu'une entreprise ne forme pas elle-même mais embauche une main- d'œuvre spécialisée sur le marché du travail. Leur participation à ce type de formation est rentable à terme tant au niveau de la productivité qu'au niveau des niveaux de salaires attribués aux formés. La figure ci-dessous illustre l'évolution des niveaux de salaire et de productivité des apprenants pendant leur apprentissage. Elle montre qu'au départ, les niveaux de salaire sont supérieurs à la productivité ; mais à mesure que la productivité des apprentis augmente, l'investissement initial de l'employeur dans la formation est compensé par des salaires relativement moins élevés. La figure ci-après indique qu'il existe des avantages financiers pour les employeurs non seulement pendant la période d'apprentissage, mais également après.

Graphique N. 23 -Coûts-avantages de l'apprentissage en entreprise

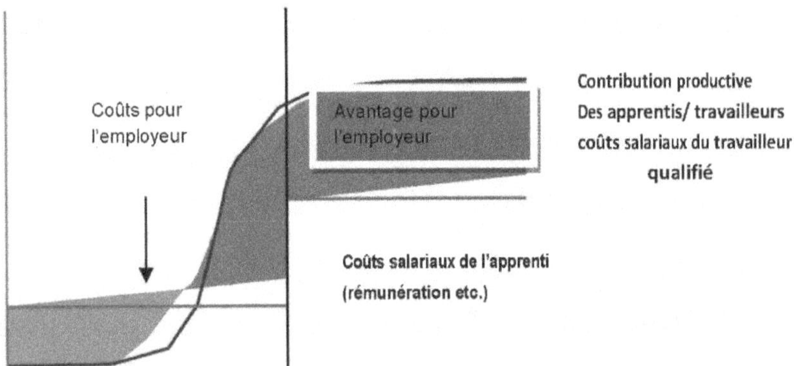

Source : MENFP : stratégie de la formation professionnelle 2021

III- La marque employeur au cœur de la performance du secteur touristique et hôtelier

Dans les années 2000 et 2010, nous l'avons vu, le Maroc, s'est doté de ses visions en matière de développement touristique, dans le but de relancer ce secteur, vital pour l'économie du pays, après une période de stagnation (période d'ajustement structurel, privatisation, diverses crises). Vingt ans après, le résultat de ces efforts est satisfaisant, mais demeure en deçà des attentes notamment dans le domaine de l'innovation sociale et de la gestion de l'emploi et des compétences. En effet, la manière de « penser » le développement du secteur est apparemment concluante, mais la façon d'agir et de se comporter des acteurs professionnels de l'hôtellerie sont en décalage vis-à-vis du management des ressources humaines, et du management tout court. Car, leurs méthodes restent réfractaires aux méthodes et techniques du management pour relever les défis de l'industrialisation du secteur.

Malgré les cohortes de lauréats formés par le système de formation, d'une part, et l'intégration d'une partie parmi eux dans les entreprises hôtelières existantes, la capitalisation des compétences reste faible. Les premiers ont du mal à implanter des méthodes innovantes socialement dans la gestion des unités qu'ils encadrent. Quant aux autres, ils constituent un gâchis économique et social, dans la mesure où la plupart des entreprises hôtelières n'arrivent pas à dénicher les meilleures compétences, à les recruter, à les fidéliser et à transformer leur perception négative intériorisée sur l'image de l'hôtellerie.

En effet, toute politique de développement du secteur ne peut aboutir sans la reconsidération du rôle des ressources humaines dans le processus de promotion non seulement de l'activité touristique, mais aussi d'une hôtellerie, économiquement et socialement performante. Par conséquent, deux grands défis sont à relever par le Maroc.

– Le premier concerne l'adoption d'un management des ressources humaines innovant axé sur la dimension d'acteur stratégique que représente le capital humain. C'est là, une des conditions qui permettrait de rehausser la notoriété de la destination marocaine et de faire face à une concurrence de plus en plus accrue mondialement.

– Le deuxième concerne la promotion de la marque employeur pour que les entreprises hôtelières puissent faire face à un marché du travail en pleine mutation et en manque de compétences.

Les objectifs principaux de ce qui suit sont :

– Mettre en exergue, le paradigme social prédominant dans le secteur en matière de la place et du rôle du capital humain.

– Démontrer que l'idée courante dans le secteur qui confine la réussite de l'entreprise touristique et hôtelière, à ses capacités de faire du chiffre et de réaliser des résultats probants est une vision trop étroite dans le contexte actuel. Par conséquent, allier la performance économique et financière et la performance sociale n'est-il pas un gage de la performance globale du secteur ?

– Explorer les aspects relatifs au positionnement à adopter dans le domaine du management des ressources pour en faire une variable stratégique, un vecteur de performance dans le secteur.

– Mettre en évidence l'importance de l'innovation sociale en matière de gestion, devenue nécessaire pour que les entreprises du secteur touristique puissent attirer, accompagner et fidéliser les bonnes compétences en créant leur propre marque employeur. L'objectif pour elles est de rendre leurs marques attrayantes en tant qu'employeur potentiel pour faire face à un marché du travail en pleine mutation, en manque de compétences et mal perçus par les jeunes

Il ne s'agit nullement de reprendre la problématique relative à l'inadéquation formation professionnelle/emploi dans le secteur. Toutefois cette problématique est de taille. Cependant on constate une anarchie dans la création de filières de formation dans le public, le privé et dans les universités. Cette orientation nous semble erronée et dangereuse dans la mesure où le secteur ne peut absorber toutes les cohortes de lauréats de ces établissements. Par manque de prévision fiable, Il existe à la fois une hypertrophie de personnes formées et une inadaptation qualitative flagrante entre la formation de ces personnes et les besoins du secteur. En sus, la civilisation numérique du 21ème siècle a impacté les métiers du tourisme ainsi que les besoins en compétences dans le secteur creusant l'écart entre les besoins du secteur en compétences et les produits du système de formation touristique et hôtelière.

1- Le tourisme en déficit de compétitivité

Mondialement, le tourisme est connu par son importante contribution à la création de richesses et à la diminution du chômage et de la pauvreté. Au Maroc aussi, ce secteur revêt dans le contexte de la mondialisation de l'économie, une importance fondamentale. Il est connu par ses incidences économiques (effets d'entraînement exercés sur les autres branches de l'économie, transfert de technologie, aménagement du territoire), et sociales (source d'emplois, de revenus, de formation)[149]. En effet, le compte satellite du tourisme pour l'année 2016 fait ressortir une augmentation du Produit Intérieur Brut (PIB) dégagé par l'activité du secteur du tourisme, de l'ordre de 5 % au lieu de 2,8 % en 2015. Ainsi, le PIB du tourisme s'est, au total, accru de 5 % se chiffrant à 66,9 milliards de dirhams en 2016 après 63,7 milliards en 2015. Comme le relève le

[149] La demande touristique globale représentant environ 11,4 % du PIB. Lesecteur est également un excellent pourvoyeur en emplois 515 000 emplois directs en 2016 soit près de 5 % de l'emploi dans l'ensemble de l'économie. Les recettes générées par les non-résidents ayant séjourné au Maroc se sont situées en 2016 (hors transport international) à près de 63,2 milliards de dirhams. Ces recettes en devises représentent près de 19 % des exportations des biens et services et le solde de la balance des voyages a couvert 27 % du déficit de la balance commerciale en 2016.

tableau N° 1, la contribution du tourisme au PIB national, en baisse continue depuis 2010, a connu une légère hausse pour se situer à 6,6 % en 2016 après 6,5 % en 2015.

Selon la même source, la production du secteur a été de 100,8 milliards de dirhams en 2016 au lieu de 96,1 milliards en 2015 avec un taux d'accroissement de 4,9 %. Comme le démontre le tableau n° 2, la valeur ajoutée est passée de 50,2 milliards en 2015 à 52,9 milliards dirhams en 2016 avec une croissance de 5,3 % par rapport à l'année antérieure.

Malgré les performances somme toute, quantitatives réalisées par le secteur depuis l'année 2000, il ne reste pas moins que le secteur affiche un essoufflement et il peine à dépasser le cap des 10 millions de touristes.

Cet essoufflement est dû à son incapacité d'industrialiser son organisation, de moderniser les structures, le management des entreprises touristiques et hôtelières ainsi que leurs méthodes et outils de gestion du capital humain.

Si le dynamisme et l'amélioration de la compétitivité de ce secteur, nécessitent de repenser la politique touristique au Maroc (diagnostic, stratégie, objectifs et plans d'action), il n'est pas moins vrai qu'actuellement le management des ressources humaines devrait être réellement au cœur de la problématique relative à la performance du secteur.

A- Le dérapage compétitif

En matière de tourisme, la compétitivité renvoie à plusieurs aspects différents, à savoir :

– La position d'un pays donné en tant que destination touristique vis-à-vis de ses concurrents ;

– Les questions de prix et de coût du séjour pour le visiteur ;

– La productivité et la rentabilité à l'intérieur du secteur ;

– L'aptitude du secteur à innover et à renouveler ses produits et services en faisant prévaloir la qualité – qui doit être au moins aussi bonne que celle de l'offre des concurrents les plus sérieux, etc.

À ce sujet, le Forum Économique Mondial a établi en 2016 un indice permettant d'évaluer la compétitivité de chaque pays dans le domaine des voyages et du tourisme « *The Travel & Tourism Competitiveness Index* (TTCI) »[150]. Cet indice mesure, d'une manière synthétique, les facteurs et les déterminants de la compétitivité du secteur dans 136 pays, ainsi que l'efficacité des politiques permettant de maintenir et d'accroître l'attractivité de ce secteur au niveau international.

La réputation et l'amélioration de la compétitivité touristique d'un pays évoluent, en effet, au gré de multiples actions politiques, réglementaires, humaines et environnementales. Ces actions prises en compte dans le cadre de

---

[150] Forum Economique Mondial, The T&T Competitiveness Index 2017 framework, https://www.weforum.org/reports/the-travel-tourism-competitiveness-report-2017

l'indice global se composent de 14 piliers structurés en 4 grandes catégories à savoir l'environnement des affaires, la politique du voyage et du tourisme, l'infrastructure et les ressources naturelles et culturelles.

Graphique N 24. The T&T Competitiveness Index 2017 framework.

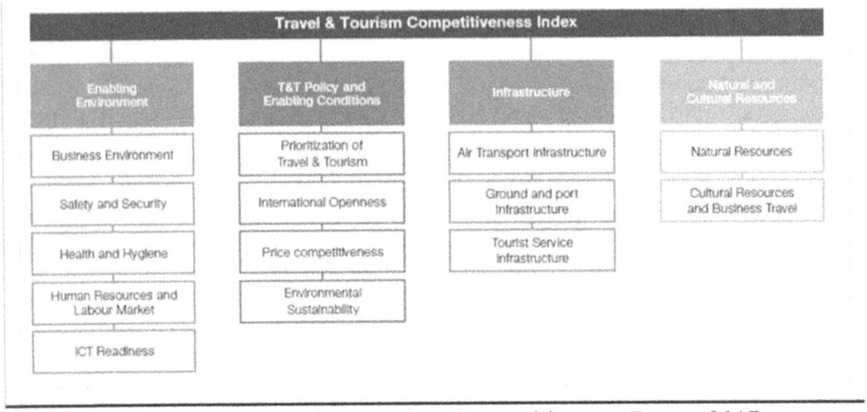

Sources : The Travel & Tourism Competitiveness Report 2017.

Parmi les 136 pays analysés, le Maroc est classé à la 65ème place avec un score de 3,8. Ce résultat s'explique en particulier par le mauvais positionnement enregistré au niveau :

– Des infrastructures, notamment celles relatives au transport terrestre ;
– De sûreté et de sécurité ;
– Du système de santé et d'hygiène ;
– De la qualité des ressources naturelles, culturelles et humaines ;
– De l'usage des TIC dans les affaires.

Par ailleurs, le Maroc affiché en particulier de très faibles résultats quant à l'inefficience de ses ressources humaines, à l'inefficacité de son système de formation, au déficit de compétence, à la rigidité du marché du travail. Ainsi, le schéma suivant relève la position du Maroc dans les différents piliers de l'analyse cités ci-dessus.

Graphique N 25. Classement de la compétitivité du Maroc selon les 14 piliers définis par le Forum Économique Mondial

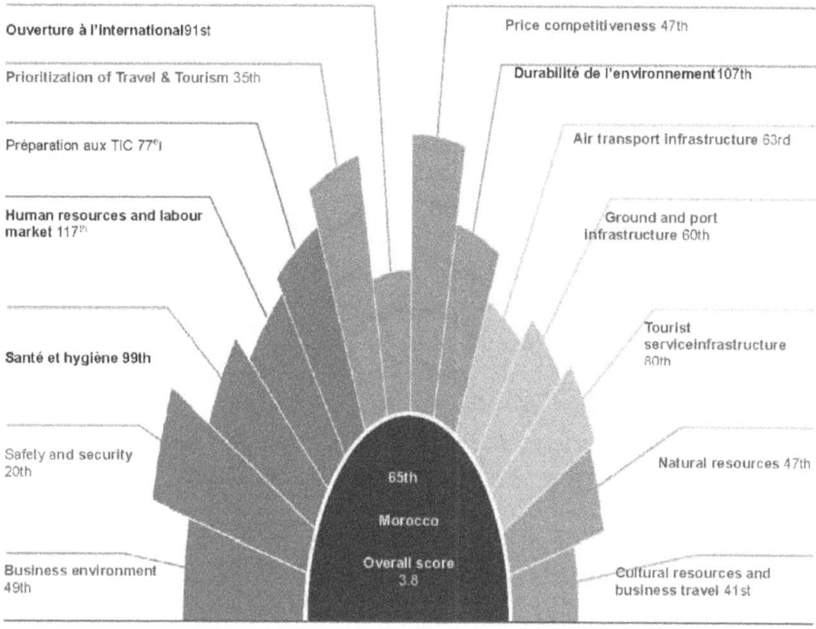

Source : The Travel & Tourism Competitiveness Report 2017

Selon le même rapport, la république de Chypre, la Croatie, la Turquie et la Tunisie occupent des positions plus avantageuses que le Maroc dans le jeu de la concurrence. Comparé aux pays concurrents, la Maroc se trouve, comme le montre le tableau ci-après, dans une position concurrentielle moins confortable derrière ces pays.

Tableau N 59. Comparaison de la position du Maroc face à ses pays **concurrents.**

Pays	Classement général/sur 136 pays	Classement RH et marché de l'emploi/sur 136 pays	Sous classement qualification	Sous classement : marché du travail
Maroc	65e	117e	96e	129e
Turquie	44e	94e	63	126
Croatie	32e	85e	87	97
Chypre	52e	35e	46	42
Tunisie	87e	113e	64	136

Source : Tableau confectionné par nous-mêmes à partir des données citées plus

B- S’adapter ou « sombrer »

Il faut rappeler que depuis les années 2000 le tourisme au Maroc a changé de cap en repensant son aménagement touristique en se dotant d’un nouveau schéma institutionnel et d’une forte dynamique d’investissement. Cependant le management des entreprises touristiques et hôtelières et en particulier le management du capital humain reste le parent pauvre du secteur. Or pour atteindre la performance de ce secteur, le management des ressources humaines mérite une attention particulière, d’autant plus que les mutations observées dans l’industrie touristique depuis les vingt dernières années exigent désormais d’innover les stratégies, les styles, les méthodes et les outils de gestion du capital humain.

Compte tenu aujourd’hui de la mondialisation avancée de l’activité touristique et hôtelière, de l’impact des nouvelles technologies sur le management du secteur, le tissu économique hôtelier marocain se doit, lui aussi :

– De tenir compte de ces mutations, faire preuve d’imagination et d’innovation pour se tailler une place parmi les destinations leaders ;

– De réorienter sa vision vers un management des ressources humaines innovant axé sur la dimension d’acteur stratégique que représente le capital humain.

Parler du tourisme en termes de visions est une première au Maroc. Au moins on ne navigue plus à vue, et ce malgré les résultats mitigés et les incohérences au niveau des plans d’action et leurs réalisations. Cependant, les deux visions 2010 et 2020 avaient pour souci de privilégier une stratégie fondée sur les couples produit/marché et finance/investissement au détriment d’une autre variable aussi stratégique qui consiste à développer non pas l’emploi mais surtout les compétences. Ce souci est justifié dans la mesure où le manque à gagner dans ce secteur peut se répercuter non seulement sur la seule performance des entreprises touristiques et hôtelières mais aussi sur l’économie nationale et ses agrégats : perte d’entrée de devises et d’opportunité de création d’emplois, etc. Toutefois, dans l’ère de la mondialisation, toute stratégie à la fois macroéconomique et microéconomique qui n’intègre pas ou peu le capital humain ne pourrait pas libérer le potentiel que représentent les salariés présents et futurs du secteur.

Autrement, sans la valorisation des ressources humaines et le développement de leurs compétences, point de développement. En effet, malgré les bonnes intentions des pouvoir publics qui consistent à doter le pays d’une industrie touristique et hôtelière, compétitive et imprégnée d’une culture libérale adaptée aux mutations qui caractérisent le tourisme du 21 siècle, force est de constater que la gestion de l’activité touristique est d’un autre âge. Les professionnels considèrent encore et toujours leurs entreprises comme un cadre économique dirigé par un entrepreneur combinant à la fois le capital technique et financier et le travail des hommes dans le seul but de maximiser ses gains en jouant sur des paramètres commerciaux et financiers (taux d’occupation, rentabilité...). En effet, le gain constitue pour le principal l’unique motivation des entrepreneurs hôteliers et éclipse toutes les autres finalités de l’entreprise moderne.

La prédominance de cette vision trop étroite rend tous les efforts vides de leurs contenus s'ils ne mettent pas la dimension humaine au cœur de la problématique de la performance du secteur touristique et hôtelier. Cette dimension nécessite une restructuration du secteur centrée sur les hommes, leurs besoins et leurs potentiels nés du fait de leur participation à la création de richesses collectives. Ce sont là des principes fondamentaux qui devraient permettre aux entreprises du secteur d'atteindre leurs objectifs, aux ressources humaines de satisfaire leurs besoins, libérer leur créativité inhibée par les méthodes mercantiles de gestion et enracinées dans la nature des structures existantes.

2- Le capital humain, richesse fondamentale du secteur

A- La responsabilité sociale, un gage de réussite de l'entreprise hôtelière

Les finalités de l'entreprise en phase avec les mutations actuelles tiennent compte non seulement des intérêts économiques mais aussi des réalités sociologiques de la communauté au travail et elles doivent être en accord avec les valeurs sociétales. Aujourd'hui la performance sociale des entreprises quel que soit leur secteur, est déterminée par la RSE c'est-à-dire la responsabilité sociale des entreprises. Elle vise entre autres à apprécier le comportement social des cadres, des encadrant et des dirigeants de l'entreprise. Cette pratique permet également d'évaluer la performance des salariés et de trouver des facteurs d'amélioration compatibles avec la performance à atteindre par l'entreprise.

Graphique N 26. Les finalités de l'entreprise d'aujourd'hui

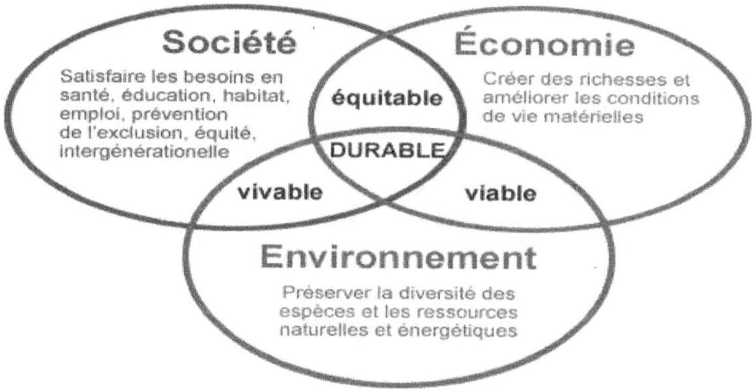

Même si l'approche de la RSE (Responsabilité Sociale de l'Entreprise) reste volontariste, son intégration dans les préoccupations des entreprises touristiques et hôtelières est un gage de réussite pour toutes les parties prenantes (Reynaud et

Dontenwill, 2005)[151]. Cette conception des parties prenantes redéfinit la notion de performance économique et remet en cause la primauté financière qui caractérise le secteur du tourisme. La performance devient ainsi globale et intègre les dimensions sociale et sociétale.

Graphique N 27. La RSE au cœur de la performance de l'entreprise

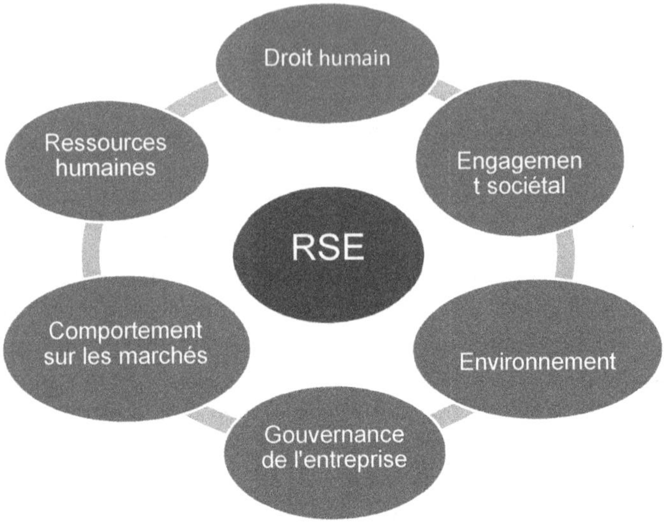

Ainsi, donc le management du capital humain est une responsabilité sociale devenue impérative, et un gage pour atteindre la performance globale du secteur[152]. Le schéma ci-après démontre que la performance globale élargit le champ pris en compte dans la stratégie et les processus de décision des entreprises. D'ailleurs, c'est sur le plan capital humain que se jouerait de plus en plus la compétition entre les entreprises touristiques et hôtelières : les gagnantes et les plus perdantes à termes. Force est de constater que le peu de structures, les mieux gérées et les plus performantes, sont celles qui essaient continuellement de trouver une synthèse entre une gestion focalisée sur leurs objectifs économiques et les besoins de leurs collaborateurs sur la base de valeurs citoyennes permettant d'impulser, de valoriser et de libérer les potentiels de leurs ressources humaines

---

151 Voir, Reynaud E. et Dontenwill E. (2005), « Le rôle de l'approche par les parties prenantes dans l'initiation d'une politique de développement durable », *XIVe Conférence Internationale de Management Stratégique*, Angers, 33 pages.

152 La performance économique est une condition nécessaire à la survie de l'entreprise. Sur cette base, la performance globale élargit le champ pris en compte dans la stratégie et les processus de décision de l'entreprise. Voir Agence de l'Environnement et de la Maîtrise de l'Énergie, www.ademe.fr/expertises.

Graphique N 28. Le champ de la performance globale

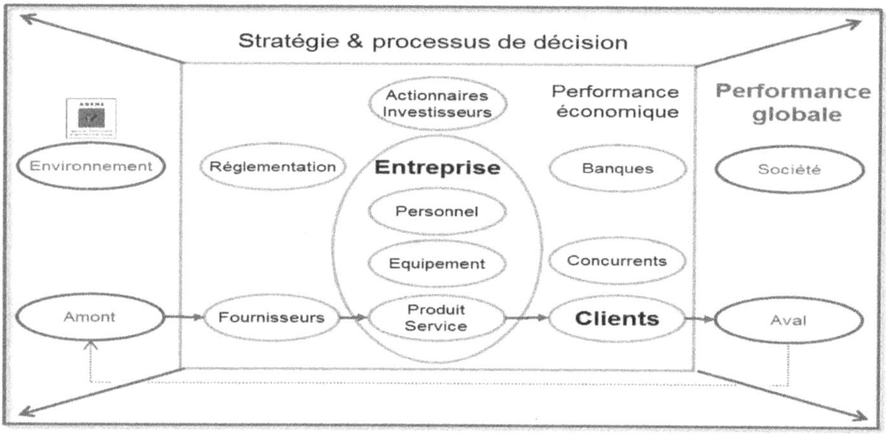

En somme, c'est l'investissement dans ses ressources humaines qui conditionnera la quête d'un leadership sur la scène touristique tant attendu. En effet, le capital humain devrait prendre une place croissante dans le secteur à la mesure des enjeux que sont la compétitivité, l'innovation sociale et le développement d'une industrie touristique digne de ce nom. Parce que le capital humain ne cesse d'être prépondérant dans l'activité touristique parce que l'environnement des entreprises du secteur exige de dépasser la logique de conduite des femmes et hommes par l'obéissance à celle d'un management responsable.

Si l'entreprise familiale (fort dominante dans les agences de voyage, l'hôtellerie une, deux étoiles, les maisons d'hôtes...) peut fort bien se contenter de gérer le capital humain d'une manière « traditionnelle », parce que la nature de leurs organisations est peu complexe, et que les besoins en compétences sont limités, il n'en va pas de même pour le développement de structures de type industriel recherché par les visions 2000 et 2010. Développer ces dernières structures rend de plus en plus nécessaire de repenser leur organisation et leur fonctionnement d'une part et d'autre part de rehausser le niveau du management des ressources humaines. Ces dernières devraient être considérées comme le partenaire stratégique des responsables de ligne. Les collaborateurs ne devraient plus être (seulement) considérer comme un facteur-coûts mais comme une composante importante de la réussite de l'entreprise. Le management des ressources humaines revêt donc une importance stratégique au même titre que la taille de l'entreprise, la part de marché, le niveau technologique des produits, la maîtrise des coûts, etc. Dans le contexte de la globalisation, l'avantage concurrentiel repose sur les compétences accumulées à la fois au niveau technologique, industriel et humain. À ce sujet, l'équipe de strategor considère que ces compétences sont l'un des facteurs-clefs pour l'accès à un marché potentiellement global (il s'agit ici du marché touristique)[153]. Elles sont aussi une source majeure de l'avantage concurrentiel qui offre une supériorité perçue et valorisée par le client final. Enfin, elles constituent également les compétences clefs à la base d'un leadership à l'international. Il est à noter que la civilisation numérique du 21ème siècle a révolutionné le paysage du tourisme international. L'évolution des technologies, au premier rang desquelles Internet, impose aux professionnels du tourisme d'adapter en profondeur leurs méthodes commerciales et de gestion. Le recours à Internet pour réserver une ou plusieurs composantes du voyage (hébergement, transport...) continue de s'amplifier. Les nouvelles technologies facilitent l'introduction de méthodes de gestion plus fines : optimisation du chiffre d'affaires par la mise en place du yield management, segmentation de clientèles, offres dernière minute, réservations anticipées, cross-selling (vente d'un produit ou d'un service additionnel au moment de la réservation ou plus tard). Au niveau de la clientèle « les technologies de l'information et de la communication (TIC) jouent un rôle déterminant. Les usages numériques se multiplient et suscitent de nouvelles pratiques, de nouveaux besoins et de nouveaux modes de consommation »[154]. C'est ainsi que la civilisation numérique du XXIe siècle se démarque par rapport à celle du siècle dernier par son mode de pensée, d'agir et de se comporter économiquement socialement, culturellement généré par le progrès technologique résultat d'innombrable innovations.

Dans un contexte où tout devient digitalisé, les acteurs « physiques » du tourisme souffrent de la désintermédiation rendue possible par l'essor d'internet. Pour une raison d'attractivité et de lisibilité les professionnels du secteur, publics ou privés, se voient obligés de présenter leur offre sur Internet soit à travers leur site internet soit en se référençant par le biais d'un intermédiaire.

Toutes les multinationales ont bien compris que leur principal défi ne résidait plus à dépasser leurs concurrents mais à faire mieux que les plates-formes Internet qui les mettent en danger.

---

[153] Strategor, Politique générale de l'entreprise, Editions Dunod, 1997, Paris, p. 158

[154] Le Paih, Le Tourisme : un secteur transformé par le numérique, https://www.journaldunet.com/account/laurianne-le-paih-13306.)

Tableau N 60. Le différentiel entre les principales caractéristiques civilisationelles les du XXe et XXIe siècle.

	La civilisation du XXe siècle	La civilisation numérique du XXIe siècle
Langage	Langage écrit et oral réfléchi et construit	Langage numérique : Court, instantané, visuel, émotionnel (Sms, tweets, smiley, like, etc.)
Culture	Fondée sur la tradition Segmentée par discipline	Fondée sur l'innovation Holistique et éphémère
Valeurs	Reconnaissance par l'expérience Ancienneté, diplôme, statuts : « I learn, I do »	Reconnaissance par la disruption, originalité Réalisations, expériences personnelles et professionnelles, expertise : « I test, I learn »
Acteurs	L'État, la société civile et les organisations (publiques, privées et ONG)	Apparition de nouveaux entrants les « plates- formes » (Airbnb, Alibaba, Uber, etc.)
Règles	Efficacité : Répondre aux besoins Innovation secrète	Rapidité Trouver nouveaux usages, Innovation collaborative
Pouvoirs	Fondé sur la hiérarchie Structures pyramidales et matricielles	Fondé sur les communautés Structures aplaties et en réseaux

En effet, tous les domaines d'activités sont impactés par ce nouveau type de concurrence. À titre d'exemple, Airbnb qui dépasse la capitalisation d'Accor sans posséder d'hôtel, a poussé Accor à changer sa stratégie et son mode d'organisation plus agile et centré sur les remontées clients.

Dans ce cadre, les compétences technologiques et industrielles sont conjuguées avec les compétences organisationnelles et managériales. Le rôle du management est ici primordial dans la mesure où la priorité de ses activités est centrée non seulement sur la répartition des ressources financières, mais aussi sur :

– La canalisation des ressources humaines. En effet la gestion des compétences répond à un souci de type « emploi/ressources ». Les problématiques clés qui se posent dans ce domaine et les objectifs de performance et opérationnels peuvent être définis de la façon suivante (voir schéma ci-dessous).

– La mise en place de structures appropriées et utilisées comme champ de libéralisation des potentiels humains ;

– L'appropriation de la culture du progrès ;

– Le développement d'une culture d'entreprise socialement citoyenne.

Tableau N 61. Gestion des compétences. Problématiques et objectifs opérationnels

Comment développer et maintenir les compétences ?	Les objectifs de performance opérationnels correspondants
• Commentent retenir le capital de compétences nécessaires à la maîtrise du cœur du métier ? • Comment mobiliser les différents acteurs pour développer l'employabilité et la reconversion des compétences ? • Comment concevoir et répondre aux exigences du court terme et satisfaire les besoins futurs ? • Comment assurer les changements d'organisation, l'évolution technologique, le renouvellement des produits sans risque de déperdition du capital compétence ? • Quels types de compétences faut-il développer pour les emplois futurs alors que les activités sont encore mal définies ? • Comment favoriser l'éclosion des compétences adaptéesaux besoins des organisations transverses, en rendant possibl eune mobilité inter-métiers et une grande flexibilité ?	• Optimiser la gestion opérationnelle des ressources humaines (flux, charge). • Anticiper les filières métiers. • Anticiper l'évolution qui en résulte pour les compétences. • Adapter les compétences existantes, • Hiérarchiser les métiers (noyaux–tâches à forte valeur ajoutée, fonctions pouvant être sous-traitées). • Maintenir un équilibre savoir-faire et « savoir-faire faire » • Maintenir les bonnes compétences /polyvalences • Assurer la cohérence entre stratégie d'entreprise et gestion prévisionnelle des compétences. • Capitaliser les coûts d'adaptation.

B- Le capital humain au cœur de la performance du secteur

L'industrie touristique et hôtelière est une industrie de services où les ressources humaines en tant qu'acteur stratégique prennent une place particulière. En effet, les métiers du tourisme et de l'hôtellerie sont des activités où les relations humaines sont primordiales. La qualité du service passe d'abord par la qualité des rapports humains. Ainsi, cette nature spécifique au tourisme et à l'hôtellerie fait que le capital humain joue un rôle d'extrême importance en matière de performances du secteur. D'ailleurs dans le contexte de la mondialisation, les entreprises gagnantes doivent leur compétitivité non seulement à leur aptitude à fournir des prestations de service de qualité, de leur choix stratégique (innovation anticipation, et réactivité), mais aussi à la qualité de leurs ressources humaines.

Elles doivent également leur pérennité à la mise en œuvre d'un management fondé entre autres, sur l'innovation sociale et sur l'intégration de la variable emploi/ressources humaines dans leur stratégie globale. Leurs attentes au niveau managérial dépassent aujourd'hui le savoir « mettre la main à la pâte » pour donner lieu à des exigences plus pertinentes, plus innovatrices tant au niveau du savoir-faire (les compétences liées à la connaissances du métier, à l'environnement professionnel général, aux savoir-faire procéduraux Savoir-faire se rattachant aux nouvelles technologies...), du savoir-être (compétences comportementales et valeurs) et du savoir-penser (vision à long terme) à même de garantir le développement de l'organisation et la mobilisation des ressources humaines.

Il ressort de ce qui précède, qu'il est opportun d'ouvrir le management des entreprises du secteur, sur le capital humain. Pour ce faire, il faudrait moderniser les processus RH pour que les ressources humaines puissent générer un avantage concurrentiel susceptible de créer de la valeur à la fois pour les entreprises du secteur et pour l'économie nationale. Cette conception nécessite de :

– Rehausser l'image de la fonction RH aux yeux des collaborateurs en lui donnant un statut valorisant. Cela nécessite une volonté entrepreneuriale qui facilite la professionnalisation de la fonction ressources humaines et de la rendre à la fois plus structurée, outillée, spécialisée et autonome.

– De purifier les structures des entreprises touristiques et hôtelières, sclérosées par la rigidité de leurs méthodes de management qui entraînent des relations se bornant à l'échange travail-salaire. Car pour faire du tourisme une industrie à part entière, il est indispensable de le doter de structures adaptées en phase à la fois avec les objectifs recherchés et avec les exigences économiques, technologiques, sociales et sociétales générées par les transformations du tourisme mondial.

– De créer les moyens susceptibles de développer la maturité professionnelle des salariés du secteur et de les impliquer dans les objectifs de leurs entreprises. On notera ici que la nature des structures existantes a tendance à enfermer les salariés dans leurs fonctions, à leur faire perdre par voie de conséquence la capacité de cerner à la fois les objectifs de leurs entreprises et de les percevoir comme compatibles avec leurs propres intérêts.

– De considérer la fonction ressources humaines comme pouvant être porteuse d'une contribution spécifique (au même titre que la Finance, la Comptabilité, etc.). Ainsi, en analysant les ressorts du business de l'entreprise, la DRH serait en mesure de définir et d'aligner les moyens nécessaires (stratégie, processus, organisation et compétences nécessaires) à la réalisation des objectifs de performance recherchée par l'entreprise du secteur. Afin de garantir ce passage d'un rôle de support traditionnel à un rôle de contributeur, à un HR Business Partner l'objectif sera de focaliser et de mettre en adéquation la fonction RH avec les résultats de l'entreprise et non plus seulement avec ses activités. La finalité est d'intégrer et faire valoir la composante humaine et organisationnelle dans les décisions stratégiques et opérationnelles de l'entreprise» 1. Face à un environnement socio-économique en perpétuelle mutation, les aspects sociaux, humains et organisationnels du business s'imposent progressivement comme une source essentielle de l'avantage compétitif de l'entreprise. Fort de ce constat, le Business Partner RH doit se saisir de ces nouveaux défis pour s'imposer comme un interlocuteur indispensable dans la chaîne de création de valeur.

Il est bien évident, qu'une telle conception ne peut aboutir dans le domaine touristique et hôtelier qu'avec :

– Une volonté conséquente qui entend rompre avec toute forme traditionnelle de gestion, pour lui substituer des méthodes nouvelles et évolutives, pouvant assurer l'adaptabilité, la compétitivité. Cette dernière devrait être placée au cœur de la préoccupation des entreprises du secteur. L'acuité de la concurrence et la montée de l'incertitude impliquent, pour elles, un impératif de compétitivité globale, c'est-à-dire coût et hors coût. Ce changement de paradigme suppose que les professionnels du secteur prennent le risque de délaisser l'esprit conformiste, pour déboucher sur des approches rationnelles animées par un esprit d'innovation orienté par une vision privilégiant non seulement la performance économique mais aussi la performance sociale. L'intuition, la gouvernance à vue dans le domaine de gestion des entreprises du secteur n'est plus à l'ordre du jour. Il est devenu obsolète, parce qu'il est impossible de continuer à gérer le capital humain comme on le faisait naguère, impossible aussi de manager les événements qu'imposent les mutations sans l'intégration de la gestion des ressources humaines dans la politique générale des entreprises du secteur. Cette intégration devrait être recherchée à travers l'identification d'une culture entrepreneuriale en phase avec une économie touristique mondialisée.

– La recherche du meilleur fonctionnement des unités touristiques et hôtelières pour remédier aux coûts cachés que génère un management défaillant. Pour ce faire, il est nécessaire que la formation continue devienne un véritable investissement, un levier de développement des compétences des salariés du secteur. Le consensus actuel sur ce domaine est encore mou, parce que considéré comme un facteur générateur de coût. Il est temps de considérer la formation comme une contribution au développement du capital humain du secteur, et par ricochet, un levier de l'amélioration de la performance du tourisme national. À ce sujet, la formation passe par la gestion de l'emploi et des compétences devenue un enjeu stratégique qui conditionne à la fois le développement des ressources humaines, leur adaptabilité, l'amélioration de leur performance et par là celle du secteur et de l'économie nationale en générale. Face à un environnement touristique en perpétuel changement, le gage de l'essor du tourisme et l'hôtellerie est intimement lié à l'augmentation des niveaux de qualification du personnel du secteur. La raison d'être de cet investissement découle d'un nouveau paradigme entrepreneurial dont les valeurs essentielles sont centrées à la fois sur le client et sur la valorisation des compétences des salariés. Ce sont en fait, ces derniers qui font la différence entre une entreprise « fantôme » où les coûts visibles (taux d'occupations faibles, durées de séjours réduites...) et invisibles (déficits de compétences, management inadapté, coût de non qualité...) sont très élevés ; et une organisation performante et compétitive ou le capital humain constitue un acteur stratégique[155].

C- Le nouveau défi : Devenir un employeur de référence

Le marché de l'emploi dans le secteur du tourisme et en particulier l'hôtellerie est caractérisé par un archaïsme mutilant. Cette caractéristique apparaît à plusieurs niveaux concernant de près ou de loin le marché de l'emploi, la gestion des ressources humaines et les compétences, que l'on peut résumer comme suit :

Au niveau des salaires et la précarité de l'emploi : la précarité de l'emploi et la pression sur la masse des salaires sont les composantes prédominantes d'un

155 Abdallaoui, B. Mondialisation et besoins de compétences dans le secteur touristique marocain, op. Cit

mode de gestion de la force de travail, encore très artisanal. À ce sujet les salaires qui sont insuffisants font que le marché de travail ne soit pas attractif. Il est à noter que cette pratique est l'une des sources de découragement et de départ des jeunes. Celle-ci ne permet pas de fidéliser le personnel qualifié. Au contraire, elle incite surtout les jeunes cadres et techniciens motivés par des conditions de travail attrayantes à se convertir dans d'autres secteurs ou à quitter le pays. Aussi, les opportunités de carrière sont moins évidentes : la taille et le caractère familial et traditionnel de l'exploitation des entreprises du secteur ne permettent pas de retenir les jeunes salariés à la recherche d'un cadre de travail où ils peuvent s'exprimer professionnellement.

Sur le plan de la technicité et des conditions de travail : l'inefficience du marché de travail hôtelier est mis en évidence aussi par le bas niveau de technicité caractéristique de certains emplois de base et aux conditions de travail très pénibles et ingrates (le fait de travailler à contretemps des rythmes ordinaires, la longueur de la journée de travail, la fatigue physique, les contraintes psychologiques dues au déploiement des efforts de patience, de maîtrise de soi, d'égalité d'humeur face aux exigences des clients et de leurs fantaisies, des récriminations, des vexations et des reproches de la clientèle) qui rendent les métiers de l'hôtellerie peu attractifs, et moins valorisants.

Au niveau de l'utilisation des ressources humaines : l'archaïsme se situe également au niveau du management des ressources humaines. En effet cet archaïsme met en exergue l'absence d'une gestion prévisionnelle de l'emploi et des compétences, une déficience en matière de la planification du recrutement et des modes de sélection, une rareté de l'investissement en formation du personnel, une carence dans le domaine de gestion de carrières et de développement du potentiel humain.

Cet archaïsme a pour corollaire une professionnalisation très réduite, faisant obstacle au développement de l'hôtellerie et à celui des ressources humaines utilisées par le secteur. Le sous-développement de ces dernières est le résultat d'un trop faible investissement financier dans le développement du potentiel humain. Il est à signaler que l'hôtellerie n'est pas faite que d'édifices et d'équipements. À ce sujet, le développement de ce secteur, axé sur les services à la personne (le touriste) dépendra, en très grande partie, de l'intention et de la capacité d'investir dans la formation et la professionnalisation des ressources humaines. En retardant, la professionnalisation, l'élévation des compétences des salariés et en limitant l'accès de ceux qui ont une formation spécialisée dans le domaine hôtelier (les lauréats du système de formation touristique et hôtelière) à des emplois exigeants un personnel qualifié, on hypothèque lourdement l'avenir du secteur et sa possibilité d'être compétitif et concurrentiel.

À ce sujet, les entreprises du secteur ont tout intérêt à investir dans leurs propres marques employeurs (*Employer Branding)* en adaptant leurs politiques au contexte de la globalisation et à un marché de l'emploi où les compétences sont devenues rares. Aussi, l'entrée des jeunes de la génération Y sur le marché du travail occasionne de vrais bouleversements. Avec eux, en effet, c'est une nouvelle culture qui déferle dans le milieu professionnel. Nés avec Internet, ils vivent sur Facebook, sont des pros des blogs... et partagent un même état d'esprit.

Les entreprises touristiques et hôtelières devraient procéder à des ajustements pour développer avec eux la meilleure synergie possible dans l'organisation du travail et dans leur processus de positionnement sur le marché touristique mondial. Pour faciliter la transmission des savoirs et faire face au départ des vétérans du secteur, les entreprises vont devoir gérer différemment les carrières de ces nouveaux travailleurs aux valeurs si différentes. Elles doivent répondre à leur besoin de reconnaissance, de challenge, de développement mais aussi de mobilité. Car, si les « y » commencent à s'ennuyer en interne, on ne peut pas les retenir...

Pour mieux attirer, fidéliser et manager ce jeune capital humain, l'approche du marketing social est d'une utilité nodale pour les entreprises du secteur. En effet l'approche du marketing social défend l'image de l'entreprise et son « offre employeur » auprès de l'opinion dans un contexte global : celui de son existence en tant qu'acteur économique et social. Il s'agit donc de développer une « marque employeur » attractive, de définir et mettre en œuvre une stratégie en termes d'intégration et de fidélisation, ainsi qu'en termes de communication interne et sociale.

La démarche concerne à la fois les publics internes de la marque, les salariés, afin d'augmenter l'implication et la fidélisation, mais aussi les publics externes, les partenaires et les futurs recrutés, surtout sur les marchés de l'emploi où les attentes sont profondément modifiées. Pour cela, la grande partie de la démarche est consacrée à connaître et comprendre le public cible.

Il faut signaler que le marketing social ou marketing RH est une forme de marketing à part entière. Il ne se limite pas à la gestion d'une marque employeur : il va au-delà du recrutement et de la communication. Issu de la recherche commerciale, le marketing social défend l'image de l'entreprise et son « offre employeur » auprès de l'opinion dans un contexte global : celui de son existence en tant qu'acteur économique et social. Ainsi donc, l'éclosion d'une image de marque employeur positive devient une exigence absolue et un enjeu majeur pour que les ressources humaines soient le vecteur d'un avantage compétitif durable.

Schéma N 29. Objectifs de l'élaboration d'une image de marque employeur[156]

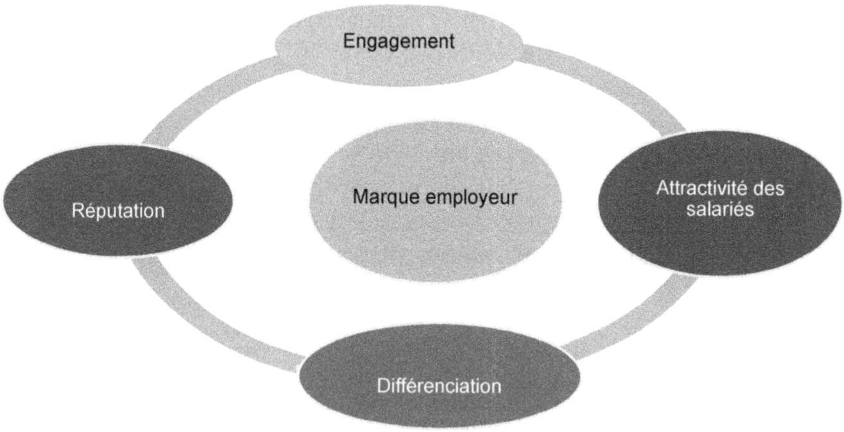

Comme le démontre le schéma ci-dessus, les objectifs de l'élaboration d'une image de marque employeur est fondée sur les quatre variables suivantes :

– L'attractivité qui nécessite la mise en place d'une politique attrayante pour dénicher, attirer et recruter les meilleures compétences et arrêter l'hémorragie engendrée par la mauvaise image de l'hôtellerie et du tourisme sur le marché du travail ;

– La réputation dont l'objectif est de transformer la perception, ou l'opinion négative intériorisée par les lauréats sur les métiers de l'hôtellerie et du tourisme ;

– L'engagement des salariés qui consiste à motiver, fidéliser et impliquer les R.H. dans le processus de création de valeur ;

– La différenciation qui permet de se démarquer pour se différencier par rapport aux concurrents.

Les enjeux consistent à gérer la rareté des compétences, à réduire les risques d'inadaptation des besoins en personnel et en compétences, à dénicher et captiver les meilleures compétences et enfin à développer le professionnalisme dans le secteur.

Aujourd'hui, « les collaborateurs attendent un retour des organisations. Pourquoi ? Parce que les organisations ont développé de nouvelles attentes de leurs collaborateurs. Lesquelles ? Ces organisations ont promis une vie meilleure, elles suggèrent des produits plus adaptés aux attentes. Face à ces discours, les collaborateurs qui ont investi les organisations attendent un retour sur investissement. Ce retour peut prendre plusieurs aspects : une reconnaissance

[156] Cyril Bladier, Marque employeur et marketing RH, Editions Dunod, Paris, 2016

financière, une reconnaissance personnelle, un soutien au développement de l'employabilité... »[157].

En fonction de leurs moyens, de leurs politiques RH et de leur développement, les entreprises touristiques et hôtelières pourraient déterminer leurs stratégies de marketing RH en se basant sur l'identification des atouts concurrentiels et leur mise en valeur. Il leur faudrait donc déterminer leur plan marketing RH. L'élaboration de ce dernier nécessite une analyse des forces et des faiblesses de l'entreprise, ainsi que les risques qu'elle peut éviter et les opportunités qu'elle peut en tirer. Pour cela, l'entreprise se basera sur les outils RH dont elle dispose et en fera une exploitation avec les outils marketing.

Tableau N 62. Outils RH et leurs exploitations en marketing.

Outils	Internes	Externes
Quantitatifs	Baromètre interne, audits / bilan social, absentéisme, répartition de la masse salariale, SIRH, turn-over...	Sondages sur le marché de l'emploi, étude de la concurrence et veille concurrentielle...
Qualitatifs	Enquêtes de satisfaction, entretien annuel, plan de formation...	Étude sur l'image de marque, impact des campagnes de publicité...

Cet effort devenu incontournable sert à renforcer la notoriété du secteur auprès des candidats à potentiel élevé. Parce que l'environnement économique, sociétal, ou encore technologique évolue à grande vitesse, les entreprises touristiques et hôtelières devraient, plus que jamais, adopter une attitude proactive. Seule condition pour recruter les talents dont elles ont besoin aujourd'hui : anticiper les compétences individuelles et collectives dont elles auront besoin, attirer et fidéliser les collaborateurs, en particulier les jeunes talents. Il est à noter que ces derniers souhaitent trouver des emplois valorisants assortis d'objectifs clairs. Ils souhaitent comprendre ce qu'on leur demande, être entendus, et disposer d'une relation individualisée et de solutions de développement de carrières rapides. Ils sont hyper connectés et savent souvent ce qui se passe chez le voisin. Ils recherchent donc un leadership ouvert et participatif. Ils ne font pas un cas de conscience du fait de quitter une entreprise qui ne leur offre pas les conditions d'épanouissement attendues, lorsqu'ils ont des compétences très prisées sur le marché de l'emploi. Chaque génération transforme le paysage culturel, laisse des traces perceptibles et définit sa propre identité. Par cohorte générationnelle, on

[157] Le Cadre, I., Thiam E. H., et Torrealba G., 2007. Marketing social Comment faire adhérer les collaborateurs à une politique de segmentation basée sur la différenciation de l'offre, mythe ou réalité ? Université Paris – Dauphine, MBA Management des ressources humaines, Paris.

entend un groupe d'individus partageant les mêmes tranches de vie sur une vingtaine d'années, depuis l'enfance à l'âge adulte, et qui se distingue des autres générations par des caractéristiques semblables. Les jeunes gens qui ont grandi avec l'internet perçoivent le travail comme une expression de leur identité. Le choix de la profession et de l'employeur est considéré comme une décision prise en toute connaissance de cause. Pour la génération Y, le choix de l'employeur est notablement influencé (outre par les considérations purement rationnelles) par des aspects liés aux sentiments, aux valeurs et aux traits de la personnalité. C'est une génération qui casse les codes, elle a un besoin de reconnaissance particulièrement marqué et un rapport différent à l'autorité. Plusieurs études (entre autres Friedli *et al.*, 2008) démontrent que la majorité accorde une grande importance à la réalisation de soi (opportunités de développement, satisfaction au travail, tâches intéressantes, sécurité de l'emploi, image de la marque employeur). Conséquence : à l'ère numérique, le concept de marque employeur est tenu de s'aligner sur les attentes de la génération Y et de ses subdivisions. Il y a là un terrain d'innovation à défricher, si le secteur voudrait créer les ingrédients nécessaires au développement d'un leadership sur la scène touristique mondiale.

En conclusion de ce point, il nous semble que la survie de l'hôtellerie marocaine, face à une concurrence de plus en plus mondialisée, dépend de la réactivité de cette branche économiquement et socialement stratégique : création d'emplois, flux financiers, effets d'entraînement exercés sur les autres branches de l'économie, aménagement du territoire, sources de revenus, de formation et de transfert de savoir-faire. En effet, la survie et le décollage de cette activité dépendent de la capacité du secteur à améliorer sa compétitivité structurelle par la professionnalisation des salariés actuels et futurs. La faisabilité d'un tel objectif est assujettie à la place que devrait prendre le volet emploi/ressources humaines dans les stratégies et les démarches de gestion des entreprises. En effet, les activités du tourisme, en l'occurrence l'hôtellerie, ne sont plus ce qu'elles étaient. Elles incorporent une part de plus en plus croissante d'intelligence pour faire face aux exigences de la compétitivité. Cette dernière exige un professionnalisme accru des salariés pour s'adapter à des situations professionnelles complexes et évolutives. Par conséquent, toute politique visant le décollage de l'activité hôtelière et l'amélioration de la compétitivité du secteur ne peut aboutir qu'en intégrant l'investissement dans l'intelligence des ressources humaines. La raison d'être de cet investissement découle, selon G. Le Boterf, du fait que « le différentiel de compétitivité ne dépend plus seulement de la bonne gestion du capital financier ou technologique de l'entreprise. Le management du capital des ressources humaines y prend une place prépondérante. Ce sont les services et l'intelligence qui font la différence entre les entreprises, les contraintes de coût et les exigences de qualité devenant proches sous l'effet de l'automatisation. La capacité d'innovation ne réside plus prioritairement dans le potentiel industriel ou dans les dépenses de recherche-développement, mais dans l'investissement dans les intelligences rares que sont les compétences. Il faut savoir dépenser intelligemment en intelligence. Les entreprises à savoir-faire stabilisé sont appelées à disparaître »[158].

Cependant (nous l'avons déjà démontré), les difficultés de recrutement des profils de qualité et d'accumulation de compétences (par la fidélisation des salariés qualifiés) tiennent en hôtellerie à des causes structurelles. Le problème d'attractivité est dû à une question d'image, de conditions de travail et de salaire. Ces difficultés tiennent aussi à l'incapacité des entreprises hôtelières de définir leurs vrais besoins en personnel, de façon à ce que le système de formation puisse les satisfaire.

Dans ce contexte, le management des compétences et la logique qu'il sous-entend semblent une des réponses plausibles, pour résoudre la faible attractivité qu'exercent les métiers de l'hôtellerie et leur image sur le marché de l'emploi. Il devient un moyen précieux pour en faire un réel avantage compétitif. La transition vers une logique de compétence est porteuse de professionnalisme, de performances pour les entreprises hôtelières, une logique axée sur le plein emploi des intelligences et sur l'employabilité des personnes. La démarche et les outils que sous-entend le management des compétences est aussi un moyen privilégié qui permettrait aux entreprises hôtelières de gérer la rareté des compétences, car même avec un chômage important, même en tenant compte de l'augmentation de demandeurs d'emplois de plus en plus diplômés, les bons candidats sont rares. Cette aide faciliterait aux entreprises hôtelières la familiarisation avec la veille sur l'emploi et les compétences par l'instauration d'une gestion anticipative à la fois au niveau technologique et organisationnel, ainsi que sur le plan humain. Cette veille introduirait la promotion de la formation comme moyen servant à l'adaptation quantitative et qualitative touchant les effectifs, le contenu des emplois, les compétences et les qualités humaines.

À défaut d'introduire l'approche par compétences avec rigueur, dans le système d'organisation hôtelière, les objectifs stratégiques tels que le décollage, la professionnalisation de la main-d'œuvre, et, partant, la compétitivité du secteur, ne sauraient être partagés et les salariés ne sauraient être impliqués.

Ainsi, les enjeux du management des compétences sont extraordinairement importants tant au niveau économique (compétitivité, adaptation aux mutations de l'environnement économique...) que social (montée en compétences, employabilité, valorisation professionnelle). Pour améliorer l'image de marque de l'hôtellerie sur le marché du travail et attirer les meilleurs profils et les fidéliser afin d'améliorer la compétitivité du secteur, le maximum d'efficience doit être introduit dans le management des hommes et l'utilisation des compétences.

Il est à noter que la mise en place d'une gestion des compétences ne se décrète pas. Cette dernière ne peut constituer une réponse à une situation de crise et d'urgence. C'est un objectif à long terme, entraînant une évolution des mentalités et des processus de développement d'une organisation gagnante, qui exige un

---

[158] G. Le Boterf : Compétence et navigation professionnelle, Editions d'Organisation, Paris 1999, p. 19.

choix clair se concrétisant par un mode d'organisation adaptable, et par une gestion des ressources humaines valorisant la synergie des compétences individuelles et collectives. Cet objectif implique également un bon niveau d'intégration de la formation avec les processus de gestion prévisionnelle des emplois et des compétences.

Enfin, dans un environnement touristique extrêmement concurrentiel, les entreprises touristique et hôtelière au Maroc sont tenues d'innover socialement en faisant du marketing social l'un des axes prioritaires et stratégiques de leur politique managériale. Cela signifie un changement conséquent dans les politiques comme dans les pratiques de GRH. Le défi à relever est de taille, car elles comprennent des niveaux d'action liés à la vision, et à la stratégie des entreprises touristiques hôtelières avec des problématiques spécifiques qu'il convient de gérer de façon cohérente. Les entreprises en mesure de relever ces différents défis disposeront incontestablement à l'avenir d'un avantage compétitif majeur. Ce changement de paradigme serait nécessaire pour rendre l'industrie touristique une industrie industrialisante qui aura pour ramification la valorisation du capital humain et un impact grandissant quant à la croissance et au développement économique et social du pays.

Conclusion

La montée du chômage au Maroc fait de l'emploi un problème économique et social crucial pour les pouvoir publics. Le chômage est également l'un des phénomènes les plus saillants et qui touche toutes les composantes de la société marocaine, y compris les jeunes diplômés. En raison de ses effets multiplicateurs sur l'emploi et sur le reste des branches économiques, le secteur touristique et hôtelier apparaît comme un secteur prometteur à privilégier pour atténuer l'ampleur du chômage, insérer les jeunes diplômés et développer les ressources humaines.

Notre point de vue, qui se fonde sur la nécessité d'une vision intégrée de l'emploi dans ses aspects économiques, de la qualification et des compétences, part du postulat que l'amorce du professionnalisme et de la performance globale de l'activité hôtelière au Maroc passe fondamentalement par la nécessité de mener de pair la relance du secteur et le développement de sa compétitivité structurelle en favorisant la valorisation des ressources humaines.

En effet, si la situation de l'emploi touristique et hôtelier dépend principalement de l'accroissement de l'investissement dans ce secteur, elle ne saurait se produire d'une façon durable sans que les équilibres économiques et financiers des entreprises au niveau sectoriel ne soient en priorité établis.

Cependant, les facteurs économiques de l'emploi dans le secteur ne sont point suffisants pour assurer une adaptation à un niveau satisfaisant de l'offre de travail par les entreprises et de la demande de travail par ceux qui sont à la recherche d'un emploi.

Nos hypothèses nous ont amené, tout au long de notre travail, à souligner avec force que la formation et le développement des compétences des hommes sont indispensables non seulement pour satisfaire aux besoins des entreprises touristiques et hôtelières en personnel qualifié, mais aussi pour s'adapter aux mutations technologiques, pour développer l'employabilité de la force de travail et l'insertion professionnelle des jeunes lauréats de l'appareil de formation. Elles nous ont permis également de mettre en relief l'importance pour l'avenir de l'économie marocaine, en général, et en particulier pour l'économie touristique, d'un système de formation efficient et d'un vigoureux effort de formation continue de la part de nos entreprises.

Étant donné l'acuité du chômage et le besoin d'un développement économique, nous avons cherché à évaluer la contribution du tourisme, en tant que marché du travail, à l'économie marocaine. Pour ce faire, nous sommes partis de l'évolution considérable des mouvements de personnes, à l'échelon international, pour démontrer que le tourisme international est un secteur de croissance et une source importante de création d'emplois.

Cette analyse est parvenue à montrer que la volonté politique des pouvoirs publics se heurte à la faiblesse structurelle de l'économie touristique, la pénurie de main-d'œuvre qualifiée, l'inadaptation de la formation aux besoins du secteur. Ces faits constituent des freins vis-à-vis du décollage du tourisme et de l'hôtellerie. De ce fait, ces entraves ne permettent pas à l'heure actuelle au secteur de faire jouer convenablement et efficacement ses effets multiplicateurs en matière de développement et de création d'emplois, et ce malgré les dotations en ressources touristiques naturelles et culturelles particulièrement importantes dont dispose le Maroc.

Dans ce cadre, nos diverses investigations (enquêtes, interviews, nos expériences sur le terrain) nous ont permis de relever les caractéristiques contrastées de l'hôtellerie (objet de notre recherche) : créatrice d'emploi, pourvoyeuse de devises étrangères, mais peu imprégnée des techniques et des méthodes modernes de management. Contraint aujourd'hui à la rénovation de son immobilier et de ses prestations, le parc hôtelier constituerait, dans le cas d'une relance éventuelle, un pôle d'attraction pour les capitaux et la main-d'œuvre, mais en même temps, malgré l'exception d'une infime partie d'établissements hôteliers, elle reste archaïque dans son mode de gestion des ressources humaines.

Ce mode de fonctionnement est fondé essentiellement sur l'utilisation d'une main-d'œuvre formée essentiellement sur le tas, sur la compression des effectifs du personnel qualifié et de l'encadrement, et sur la pression sur la masse des salaires. Il en découle un écart manifestement important entre l'existant et les besoins en termes de main-d'œuvre compétente, d'encadrement de qualité, de formation et de développement du potentiel du personnel en activité. À ce sujet, le stock des compétences dans les entreprises hôtelières est en deçà des normes et des défis à relever. L'insuffisance de l'encadrement du secteur, l'hypertrophie de la main-d'œuvre sans qualification, le peu d'investissements en formation sont autant de facteurs ayant un impact négatif sur la compétitivité du secteur et sur ses performances.

Ces éléments conjugués montrent bien qu'il existe bel et bien des liens de causalité entre le mode de production de l'hôtellerie marocaine (organisation, division du travail, management et rapport sociaux) et la perte de vitesse du tourisme marocain et de l'hôtellerie en matière de compétitivité et de réactivité face à la concurrence internationale. Ce déclin a pour corollaire la reconversion des jeunes lauréats du système de formation touristique et hôtelière du fait que le poids de la contrainte concurrentielle est supporté pour l'essentiel, et de plus en plus, par le personnel. Même sur le terrain relatif à la compétitivité-prix, l'hôtellerie semble mal positionnée par rapport aux prix des pays directement concurrents qui ont adopté des comportements de marges plus offensifs.

Eu égard à ces divers éléments, les perspectives à terme ne laissent guère apparaître une amélioration qualitative sensible de la situation, si l'on ne considère pas le capital humain comme un facteur-clé pour la réussite stratégique de l'hôtellerie. Les scénarios et les tendances prévisibles que nous avons développés au sujet de l'évolution technologique en hôtellerie, l'agressivité de la concurrence et la domination du marché par des chaînes hôtelières à l'échelle mondiale, ainsi que le besoin de la relance et du développement de l'hôtellerie dans notre pays, laissent présager que la majorité des salariés dans le secteur est mal préparée pour l'environnement de l'emploi hôtelier de demain.

Les efforts à entreprendre et à perpétuer sont considérables, au vu de la situation actuelle de l'hôtellerie et au regard des défis à relever pour réussir la co-organisation de la coupe du monde de football prévue pour 2030. Ils concernent l'accroissement du progrès technologique, les outils de production, l'organisation du travail, le management dans l'ensemble des unités hôtelières. À court terme, ces dernières devraient être en mesure de s'adapter, de manière à reconquérir non seulement les marchés traditionnels, mais aussi la clientèle de niches. À moyen et long terme, elles devraient faire preuve de créativité et de réactivité pour intéresser une clientèle potentiellement importante de par l'évolution des flux touristiques à l'échelle mondiale. Pour ce faire, elles devraient disposer des compétences leur permettant d'améliorer leur compétitivité et de se doter de compétences capables de réussir les changements organisationnels, technologiques et managériaux à entreprendre.

Considérant ces tendances prévisibles, mais réalistes, le maintien des salariés actuels dans leurs emplois actuels et la création de nouveaux emplois dans le secteur exige d'ores et déjà une adaptabilité croissante de la main-d'œuvre existante et l'emploi d'un personnel en mesure d'améliorer constamment ses compétences. Voilà qui nécessite un effort accru en matière d'investissements en ressources humaines, et une adaptation du système de formation touristique et hôtelière aux exigences actuelles et futures de la profession.

Par ailleurs, l'objectif a été, tout au long de ce travail, d'analyser la réalité de l'hôtellerie marocaine pour parvenir à cerner les incidences du développement des compétences et des qualifications sur l'amélioration de sa compétitivité et sa professionnalisation.

Partant des faits marquants tels que la mondialisation, la poussée de la multinationalisation de l'hôtellerie et le progrès de la technologie hôtelière, tout comme leurs effets sur les besoins en formation, en qualification et en compétence, il s'est avéré pour que l'hôtellerie marocaine puisse jouer le rôle qui lui échoit et gagner les paris de son repositionnement, il lui est nécessaire de promouvoir la compétitivité structurelle comme déterminant de la compétitivité. Celle-ci dépend de la capacité des hôteliers à mettre en valeur des facteurs qualitatifs, tant au niveau de l'adaptabilité du système productif aux nouvelles technologies, que de l'offre, à la demande mondiale, que des stratégies organisationnelles et du management des ressources humaines. Le repositionnement dont il s'agit ici ne peut se passer d'un changement dans les mentalités, d'une rationalité dans les méthodes de gestion, d'une mise à niveau en matière de ressources humaines et d'une synergie entre le système de production (les entreprises hôtelières) et l'appareil de formation.

Dans le contexte de la globalisation, l'avantage concurrentiel, au niveau de l'hôtellerie (comme dans d'autres secteurs), repose sur les compétences accumulées (technologiques, industrielles, organisationnelles et managériales). Ces compétences jouent le rôle de facteurs-clefs d'accès à un marché potentiel global, et constituent par la même occasion une source majeure d'avantage concurrentiel, qui permet à la fois une supériorité perçue et valorisée par la clientèle.

Étant donné l'importance des objectifs à atteindre dans le cadre des deux visions (2010 et 2020) et la volonté d'ouverture du Maroc vers l'extérieur, il nous semble que l'une des opportunités à saisir par les professionnels réside dans la création de réseaux sous leurs diverses formes avec leurs homologues étrangers. Ce type de partenariat présente l'intérêt de créer des chaînes de valeurs, l'avantage de pouvoir bénéficier d'un transfert de compétences, pouvant être pour l'hôtellerie, un moyen d'entrer dans une dynamique de progrès1.

D'ailleurs, entre le moment du premier jet de la rédaction de ce livre et sa publication, le secteur a connu une grande mutation que ce soit dans sa forme aussi bien que dans son contenu grâce au dynamisme insufflé par la vision 2010. La philosophie que sous-entend cette dernière devrait être consolidée afin qu'elle soit un projet de développement touristique partagé.

En outre, le prix à payer pour garantir la survie des entreprises hôtelières et promouvoir la création d'emplois dans ce secteur est de ne plus se limiter aux objectifs de rentabilité à court terme et aux apports quantitatifs que peut générer cette activité. L'un des terrains à défricher consiste en la mise à contribution des ressources humaines dans l'amélioration de la performance globale des unités hôtelières.

En effet, vu la mondialisation, l'ouverture de l'économie marocaine et les mutations qui affectent l'industrie internationale du tourisme dans ses structures et sa technicité, l'élévation et le développement des compétences de la main-d'œuvre, ainsi que la professionnalisation du management hôtelier, sont devenus des exigences absolues pour la promotion de la performance globale dans le secteur de l'hôtellerie. Ces exigences font qu'actuellement la gestion de l'emploi et des compétences est devenue un enjeu stratégique conditionnant à la fois le devenir du développement des ressources humaines, leur adaptabilité, l'amélioration de leur performance et, partant, celle de l'hôtellerie en particulier et de l'économie nationale en général. Par conséquent, face à un environnement en perpétuel changement, et aux exigences dictées par l'adaptabilité à la demande touristique internationale, le gage de l'amélioration de la compétitivité de l'hôtellerie marocaine est intimement lié à l'augmentation des niveaux de qualifications et de compétences du personnel du secteur.

Ainsi, la mise à niveau de ces dernières devrait faire l'objet d'un investissement en amont (systèmes de formation) et en aval (entreprises) dans les ressources humaines du secteur. La raison d'être de cet investissement s'explique par l'accélération du progrès technique dans le secteur et par les évolutions rapides du marché. Les turbulences environnementales font que les ressources humaines, les qualifications, les compétences et les potentiels du personnel du secteur sont au centre des équilibres à rechercher par les entreprises hôtelières pour développer leurs avantages concurrentiels. Pour ce faire, une culture centrée sur le management des ressources humaines reste à promouvoir dans le secteur, si les entreprises hôtelières veulent faire du capital humain le ferment de leur professionnalisme et une source majeure de leur avantage concurrentiel. Conjuguées à la qualité organisationnelle et managériale, le développement des compétences des ressources humaines en hôtellerie constituent les facteurs-clefs d'accès à un marché mondial porteur, et une source majeure d'amélioration de l'avantage concurrentiel des entreprises du secteur.

C'est en fait ce capital, jusque-là négligé par nos entreprises hôtelières, qui a fait des entreprises un ensemble d'organisations "fantômes" où les coûts visibles (taux d'occupation faible, durées de séjours réduites, etc.) et invisibles (management et gestion inadaptés, coût de non-qualité, etc.) sont très élevés, et de la performance une denrée rare dans le secteur.

Pour survivre dans un environnement extrêmement concurrentiel, les entreprises hôtelières aux Maroc sont tenues de faire du développement des compétences et de la valorisation des ressources humaines l'un des axes prioritaires et stratégiques de leur politique managériale, car l'augmentation générale des niveaux de formation des salariés du secteur est un impératif qui permet la convergence des intérêts individuels et des besoins économiques, tant au niveau microéconomique que macroéconomique. La compétitivité des entreprises du secteur et l'amélioration de la qualité de vie personnelle, professionnelle et sociale de leur personnel se conjuguent pour faire admettre l'adoption des techniques de management des ressources humaines, ainsi que les dépenses de formation, comme des investissements dont l'ampleur conditionne le dynamisme du secteur face à la mondialisation de la concurrence.

Par ailleurs, ce serait une grave erreur que de continuer à croire que le coût salarial est le seul déterminant dans cette bataille de la compétitivité, dans le domaine de l'hôtellerie. C'est plutôt le rapport salaire-productivité et les compétences accumulées qui devraient être au centre des préoccupations des entreprises hôtelières et des pouvoirs publics.

Si cette maladie de coûts persiste exagérément, l'hôtellerie ne pourra pas améliorer son image de marque en tant qu'employeur. Pour capitaliser les compétences, fidéliser le personnel et attirer les jeunes lauréats du système de formation, le secteur doit innover en matière de management des ressources humaines pour rendre les emplois hôteliers plus attractifs et plus valorisants et professionnaliser la main-d'œuvre. À ce sujet, les innovations en matière de management, d'organisation, de gestion, de produit et de marketing pourraient concourir à une industrialisation de l'activité hôtelière, qui autoriserait une plus grande rationalisation et une meilleure attractivité des emplois.

Enfin, une synergie est à rechercher dans la relation entre les systèmes productifs et de formation afin de diminuer en aval le risque de chômage, d'améliorer l'insertion des jeunes et de développer en amont les compétences, les valeurs, et les comportements nécessaires à la professionnalisation de la main-d'œuvre et à l'émergence d'une culture pouvant être à la base de la modernisation du secteur de l'hôtellerie et à l'amélioration de son rôle dans un processus de développement durable. Cette synergie ne peut se réaliser dans les faits qu'à travers un mariage fécond entre les deux systèmes précités, faisant d'eux des espaces de développement de compétences complémentaires.

Il va sans dire que cet objectif ne pourra être réalisable que :

– dans le cadre d'une politique d'ensemble, cohérente et homogène, et d'un partenariat "engagé" entre les différents milieux intéressés de près ou de loin par la professionnalisation de l'activité hôtelière (entreprises, pouvoirs publics, associations professionnelles, système de formation) ;

– par la volonté entrepreneuriale d'intégrer la variable emploi-ressources humaines et formation dans le système de décision, et donc dans la stratégie globale des entreprises du secteur. Cette volonté permettrait de dégager les compromis et les équilibres les plus satisfaisants pour promouvoir la performance globale (des entreprises) et individuelle (des salariés), l'adaptabilité de leur main-d'œuvre et l'amélioration de leur compétitivité ;

– par le déploiement d'un effort de prospection et d'anticipation sur les besoins en personnel qualifié, sur la structure et le contenu des emplois de l'hôtellerie afin de prévoir, avec toute l'efficience qui s'impose, les moyens de régulation et d 'adaptation des ressources humaines, tant à leur entrée du système de formation qu'à leur utilisation par les entreprises du secteur (recrutement, formation, reconversion...). Cet effort devrait inciter les pouvoirs publics à mettre en place un observatoire pour l'emploi en hôtellerie. Cet instrument serait une base fondamentale d'interventions en matière de politique de l'emploi à travers l'observation des situations de travail dans le secteur, la construction d'une banque de données, la mise au point et la diffusion des méthodes d'analyses des emplois dans leur évolution, la mise en œuvre d'un répertoire des emplois-types de l'hôtellerie. Il permettrait, à travers les prévisions et l'analyse du marché du travail en hôtellerie, de prévenir, de diminuer les risques, les conséquences de l'inadaptation à la fois quantitative et qualitative entre la demande et l'offre d'emplois.

Les efforts à déployer pour industrialiser l'hôtellerie, amorcer une veille à la fois technologique et économique, développer les compétences et professionnaliser les métiers du secteur, sont considérables. Peut-on espérer que les exigences de professionnalisation et de la montée en compétence rencontrent les aspirations de développement de l'employabilité et de carrière du personnel hôtelier ? Faisant, également, en sorte que la stratégie et les objectifs de la vision 2010 soient les plus harmonieux possibles, où le secteur puisse trouver la voie du professionnalisme et où les jeunes lauréats du système de formation touristique et hôtelière puissent utiliser aux mieux leurs compétences en bénéficiant des meilleures orientations et des formations les plus adaptées

Notons que si les dysfonctionnements persistent (insuffisance de l'encadrement du secteur, pénurie de main-d'œuvre qualifiée, hypertrophie du personnel sans qualification, absence de formation continue, inadaptation de la formation initiale, bas salaire, mauvaise image du secteur sur le marché du travail), il en résultera des retards de plus en plus préjudiciables non seulement au décollage d'une industrie hôtelière au Maroc, mais aussi au développement socioéconomique du pays. L'avenir du secteur est dès lors suspendu à sa capacité d'innovation économique, certes mais aussi managériale et sociale. C'est là où résident les fondements de l'éclosion d'une stratégie gagnante. L'objectif de cette dernière est non seulement d'accéder à un marché où la demande est quasi-exponentielle, mais surtout de bâtir le socle d'un développement humain.

Références bibliographiques

1. OUVRAGES

1°/ Ouvrages généraux sur le tourisme international comprenant des données sur l'emploi, la formation, les qualifications.

Aisner, P., et Plüss, C. La ruée vers le soleil - le tourisme à destination du tiers monde. Editions L'Harmattan, Paris 1983.

Alaoui, M.H., et Khettouch. M. La gestion moderne dans l'administration publique : le cas du tourisme. Experdata Editions, Rabat 1996.

Amalou, P. Barioulet, H et Vellas F. Tourisme éthique et développement, Editions L'Harmattan, Paris 2001.

Amare, M.F. Économie- l'enjeu touristique et hôtelier. Editions Lanore, Paris 1989.

Asher, F. Sociétés transnationales et identités culturelles, UNESCO, 1987.

Baretj, R., et Defert, P. Aspects économiques du tourisme. Éditions Berget - Levrault, Paris 1972.

Bélanger, Ch.E. Développement et tourisme au Maroc. Edition L'Harmattan, Montréal, 1996.

Belkamel, M. Le développement du tourisme au Maroc. Editions Maghrébines, Casablanca, 1980.

Besseney, J. Blot, Ph., et PH., Mazzeti, Le restaurant théorie et pratique. Edition Lanore, Paris 1989

Benichou, M. Les métiers de l'hôtellerie et du tourisme. Editions Voltat, Paris, 1980.

Bonneau, M. Les formations dans les domaines de l'hôtellerie- restauration et du tourisme. Bilan actuel et proposition. Angers, Université d'Angers, 1984.

Boyer, M. Le tourisme. Editions Seuil, Paris 1972.

Bourseau, M. L'équipement hôtelier, Editions Flammarion, Paris, 1980.

Bourseau, M. La gestion hôtelière. Editions Flammarion, Paris, 1983.

Brygoo, A. Politique de recrutement : le cas de l'hôtellerie. Centre d'Etudes de l'Emploi, Collection dossier de recherche N° 52, Paris 1990.

Cathelat, B. Socio-styles système. Editions D'organisation, Paris 1990.

Cazes, G. Les nouvelles colonies de vacances, Tome I. Le tourisme international à la conquête du tiers monde, Editions L'Harmattan. Paris 1989.
Cazes, G. Le tourisme international mirage ou stratégie d'avenir, Editions Hatier, Paris 1989.
Chapis, G. Le service de la réception « des structures et des hommes ». Editions J. Lanore, Paris 1986.
Daoudi, A. L'organisation et la réglementation du tourisme au Maroc. Editions M.K. Bennani Editeur, Casablanca, 1994.
Dumazedier. J. Vers une civilisation du loisir. Édition Seuil. Paris 1962.
Dumazedier. J. La révolution culturelle du temps libre. Éditions Méridiens Klincksieck. Paris 1988.
Durand, H., Gouirand, P., et Spindler, J. Economie et politique du tourisme, Editions Librairie Générale de Droit et de Jurisprudence, Paris 1994.
Fabre, P. Tourisme international et projets touristiques dans les pays en voie de développement, Ministère de la coopération, Paris 1980.
Gautier, M. L'industrie hôtelière. Editions PUF, collection « Que Sais-je ? »
Gay-Parra, G. La pratique du tourisme, Editions Economica, Paris 1985.
Girodin, P. Géographie de l'hôtellerie et du tourisme ? Editions Lanore, Paris 1988.
Guibilato, G. Economie touristique. Éditions Delta et Spes, Lausanne, 1983.
Hazeberoucq, J.M. Management des projets de tourisme et de loisirs, Édition Gaëtan Morin, Naves 1999.
Khadt, E. Tourisme passeport pour le développement ? Editions Economica, Paris, 1980.
Kosossey, M., et Majonchi, D. Réussir en hôtellerie et en restauration. Tomes I, II et III. Éditions Réussir, Paris 1986.
Krippendrof, J. Les vacances et après ? Pour une nouvelle compréhension des loisirs et des voyages. Editions L'Harmattan, Paris, 1987.
Lanfant, M.F. Les théories du loisir. Editions PUF. Paris 1972.
Lanquar, R. Le tourisme international, Editions PUF, Collection « Que sais- je ? », Paris 1981.
Lanquar, R. Le marketing touristique. Editions PUF, collection « Que sais-je ? », Paris 1981.
Lanquar, R. Sociologie du tourisme et des voyages. Editions PUF, Collection « Que sais-je ? », Paris 1985.
Lanquar, R. L'économie du tourisme. PUF, Collection « Que sais-je ? », Paris 1987.
Larosse, G., et Poulin, J.P. Traité d'ingénierie hôtelière. Edition Lanore, Paris 1986.
Lesaulnier, C. Le guide des métiers « Le tourisme et l'hôtellerie », Bayard Editions. Paris 1990.
Manzione, J.G. Gestion et direction du personnel des hôtels et des restaurants, publié par Prestige de l'Hôtellerie et du Tourisme, Paris 1982

Michaud, J.L. Le tourisme face à l'environnement, Edition PUF, Paris 1983.
Perrin, D. L'hôtellerie. Editions PUF, collection « Que sais-je ?, Paris 1983.
Perrot, S. Rôle et fonctions de l'hôtellerie. Editions J.Lanore, Paris 1977
Peufaillit, P. Des hôtels et des hommes. Editions J.Lanore, Paris 1984.
Py, P. Le tourisme, un phénomène économique. La Documentation Française, Paris 1986.
Py, P., Droit du tourisme. Éditions Dalloz, Paris 1991.
Rochat, M. Gestion de la restauration : approche food & beverage. Éditions Delta & Spes, Berne, 1984.
Raboteur, J. Introduction à l'économie touristique, Editions L'Harmattan, Paris 2000.
Salhi, M. Le tourisme en Tunisie. Editions Serciced Tunis 1990.
Schwarz, J.J. Pour une approche marketing de la promotion touristique, Office du Tourisme du canton de Vaud (Suisse), Lausanne, 1986.
Sittouhome, N. Le tourisme en Tunisie. Éditions Cérès, Tunis 1994.
Stravakis. D. Le phénomène touristique international. Édition d'aujourd'hui, Paris 1979.
Theumann, B. Ouvrir un hôtel. Édité par le Centre d'Étude du Commerce et de la Distribution, Paris 1986.
Tinard, Y. Le tourisme : économie et management, Editions Ediscience International, Paris 1994.
Tocquer, G., et Zins, M. Marketing du tourisme, Editions Gaëtan Morin, Québec 1987.
Treboul, J.B. Les stratégies des entreprises de tourisme, Editions PUF, collection Que sais-je ? Paris 1998.
Vellas, F. Economie et politique du tourisme international, Editions Economica, Paris 1985.
Vellas, F. Le tourisme. Editions Economica, Paris 1992.
Wackermann, G. Le tourisme international, Éditions Armand Colin. Paris 1988.

2°/ Ouvrages sur le management, Emploi, gestion des ressources humaines et des compétences.

Aktouf, O. Le management entre tradition et renouvellement. Editions renouvellement. Éditions Gaëtan Morin, Montréal 1994.
Alaluf, M. Le temps du labeur : Formation, emploi et qualification en sociologie du travail. Éditions de l'Université de Bruxelles, Bruxelles 1986.
Arthuis, J. Les délocalisations et l'emploi. Editions d'Organisation, Paris 1993.
Barzucchetti, S. et J.F Claude. Évaluation de la formation et performance de l'entreprise, Editions Liaisons, Paris 1995.
Bass, M., et Cohen, E. Qui gouverne les groupes industriels ?, Editions Le Seuil, Paris 1981
Beaugrand, J.l.L'organisation du travail et la fonction humaine dans l'entreprise, Editions Liaisons, Paris 1995.

Bergeron, P.G. Education managériale : pour apprendre et pratiquer un nouveau métier de manager. Editions L'Harmattan Paris 1998.

Bernillon, A., et Cérutti, O. Implanter et gérer la qualité totale. Editions d'Organisation, paris 1989

Berton, F., et Douenel, G. Gestion prévisionnelle des emplois et formation, pratiques, articulation, difficultés et conditions de réussite, Editions Centre Info Publications, Paris 1990.

Besson, D., et Haddadi, S. Développer ou recruter les compétences ? Les stratégies américaines de gestions de compétences. Editions L'Harmattan, Paris 1999.

Bladier, Cyril, Marque employeur et marketing RH, Editions Dunod, Paris, 2016

Bonis, J. Le management comme direction d'acteur. Editions Centre de Librairie et d'Editions Techniques, Paris 1990.

Boyer R., et Durand, J.P. L'après fordisme. Éditions Syros, Paris 1988.

Brovelli, L., Lipietz, A., Moscovici P., et Quin, C. Quelle économie pour l'emploi ? Les Editions de l'atelier/ Editions Ouvrières, Paris 1995.

Carré, P., et Caspar, P. Traité des sciences et des techniques de la formation. Editions Dunod, Paris, 1999.

B. Cathelat, B. Socio-styles système- « Les styles de vie » : théories, méthodes, applications. Editions d'Organisation, Paris 1990.

Collins, T.M et Doormey, T.L. Les alliances stratégiques, InterEditions, Paris 1992.

Darbelet, M., et Laugine, J.M. Economie d'entreprise. Editions Foucher, Paris 1988

Dejoux, C. Les compétences au cœur de l'entreprise. Editions d'organisation, Paris 2001.

De Martel J.F., et Rémond, B., L'enjeu de la formation professionnelle. Editions Fayard, Paris, 1986

Donnadieu, G et Dubois, J. Réguler le social dans l'entreprise. Editions Liaisons, Paris 1995.

Duval, G. L'entreprise efficace à l'heure de swatch et McDonald's. Editions Syros. Paris 1998.

El Caïd, H. L'administration et le problème de l'emploi au Maroc. Editions Idéale, Casablanca 1992.

ElManoubi, K.Système éducatif emploi et industrialisation : le cas de la Tunisie, Tome I. Publications du Centre d'Etudes, de Recherches et de Publications de la Faculté de Droit et des SciencesPolitiques et Économiques. Tunis 1979.

Elouazzani, K. Coûts et rendements de l'enseignement supérieur au Maroc. Editions ESG, Casablanca 1991.

Eraly, A. La structuration de l'entreprise : la rationalité en action. Editions de l'Université de Bruxelles, Bruxelles 1987.

Farooq, G.M. Population et emploi dans les pays en voie de développement, BIT, Genève 1986.

Gambier, D., et Vernières, M., Le marché du travail. Editions Economica, Paris 1991.

Gauvin, S, Montreuil, B, Poulin D. L'entreprise réseau -Bâtir aujourd'hui l'organisation de demain- Publi-Relais, Montréal, 1994.

Gazier, B. Economie du travail et de l'emploi, Editions Dalloz, Paris 1991.

Gouillart, F.J.X. Stratégie pour une entreprise compétitive, Editions Economica, Paris 1989

Guerrero, S. Les outils des Ressources humaines. Éditions Dunod, Paris 2004.

Hauser, G., Maître, F., Masingue, B., et Vidal, F. L'investissement formation. Editions d'Organisations, Paris 1988.

Igalens, J., et Peretti, J.P. Audit des rémunérations. Editions d'Organisation, Paris 1986

Imai, M. Genba kaizen –l'art de manager avec bon sens-, traduit de l'anglais par René Piétri. Les Éditions JV & DS, PARIS 1998.

Israël, L. Cerveau droit, cerveau gauche, Editions Plon, Paris 1995.

Jablert, F. 35 fiches-outils de gestion prévisionnelle de l'emploi. Editions d'Organisation, Paris 1989.

Jedliczka, D, et Delahaye, G. Compétences et alternances. Editions Liaisons, Paris 1994.

Jolis, N. La compétence au cœur du succès de votre entreprise. Editions d'Organisation. Paris 2000.

Krebs, G. Ressources humaines : Nouvelles pratiques selon ISO 9001, Editions Afnor, Paris 2004.

Kubr, M., et Prokopenko, J. Les besoins de formation au management. BIT, Genève 1991.

Lahlou, A. Emploi et inégalité au Maroc. Editions Maghrébines, Casablanca, 1985.

Laplante, M. L'expérience touristique contemporaine. Presses de l'Université Du Québec, 1996.

Le Boterf, G. Où va la formation des cadres ? Les Editions d'Organisations, Paris 1984.

Le Boterf, G. Le schéma directeur des emplois et des ressources humaines. Editions d'Organisation, Paris, 1988.

Le Boterf, G. De la compétence, essai sur un attracteur étrange. Editions d'Organisation, Paris 1994.

Le Boterf, G. Compétence et navigation professionnelle. Editions d'Organisation, Paris 1999.

Le Boterf, G. Construire les compétences individuelles et collectives. Editions d'Organisation, Paris 2000.

Le Moigne, J.L. Les systèmes de décisions dans les organisations. Editions PUF, Paris 1974.

Le Saget, M. Le manager intuitif, Editions Dunod, Paris 1992.

Liger, P. Le marketing des ressources humaines, Editions Dunod, Paris 2004.

Lorriaux, J.P. La formation professionnelle continue : illusion lyrique ou enjeu Stratégique. Editions Economica, Paris 1990.

Martory, B. Les tableaux de bord sociaux. Éditions Nathan, Paris 1992.

Martory B., et Croset, D. Gestion des ressources humaines. Éditions Nathan, Paris 1988.

Mathis, L. Gestion prévisionnelle et valorisation des ressources humaines, Editions d'Organisation, Paris 1989.

Mezouar, A., et Semeriva, J.P., Managers et changement au Maroc. Editions CRD, Casablanca 1998.

Mintzberg, H. Le manager au quotidien. Editions d'Organisation, Paris 1993.

Poupard, R., Lichtenberger, Luttringer, Y., et Merin, C. Construire la formation professionnelle et alternance, Editions d'organisation, Paris 1995.

Ohmae, K. La triade : émergence d'une stratégie mondiale pour l'entreprise, Editions Flammarion, Paris 1985

Ohmae, K. L'entreprise sans frontières. Nouveaux impératifs stratégiques, InterEditions, Paris 1991 Pelpel, P. Les stages de formation, objectifs et stratégies pédagogiques. Editions Bordas, Paris 1989.

Porter, M.E. L'avantage concurrentiel. InterEditions, Paris 1986.

Porter, M.E. L'avantage concurrentiel des nations. InterEditions, Paris 1993.

Rachidi G. et Zriouli, M. Pour une stratégie fondée sur l'emploi et les besoins essentiels au Maroc.

Rajot, J., et Bergmann, A. Comportement organisationnel et théories des organisations. Editions Vuiber, Paris 1995.

Ravenne, C. Les nouvelles missions du management, adaptabilité et flexibilité. Les Éditions ESF- Entreprise Moderne d'Editions, Paris 1988.

Roustang, G. L'emploi, un choix de société. Éditions Syros, Paris 1987.

Sekou, L., et Blondin, L. Gestion du personnel. Editions d'Organisations, Montréal, 1986.

Segrestin, D. Les chantiers du manager, Édition Armand Colin, Paris 2004.

Strategor. Politique générale de l'entreprise. Éditions Dunod, Paris 1997.

Taïeb, J.P. Les tableaux de bord de la gestion sociale, Editions Dunod, 2004.

Taylor, F.W. Direction scientifique des entreprises. Éditions Dunod, (réédition) Paris 1957.

Uthoff, A., et Pernia, E.M. Introduction à la planification des ressources humaines dans les pays en voie de développement. BIT, Genève 1986.

Védrine, J.P. Techniques quantitatives de gestion. Editions Vuibert, Paris 1985.

Vermot-Gaud, C. Détection et gestion des potentiels. Editions Liaisons sociales, Paris, 1990.

II. COLLOQUE, ETUDES, THÈSES ET PUBLICATIONS UNIVERSITAIRES

Abdallaoui, B.

Les besoins en emplois, en qualification et en compétences dans l'hôtellerie marocaine, Thèse d'État, Université Hassan II, Faculté des Sciences Juridiques, Economiques et Sociales, Casablanca 2002.

Les besoins de qualifications en hôtellerie à travers la structure de l'emploi : étude d'un modèle de régulation. In Le tourisme au Maghreb : diversification du produit et développement local régional. Actes du 5ème colloque maroco-allemand. Publications de la Faculté des Lettres et des Sciences Humaines de Rabat, 1999.

Mondialisation et besoins de compétences cas de l'hôtellerie marocaine in Quel management face à la mondialisation, Association des Responsables de Formation et de Gestion Humaine dans les entreprises, Tunis Septembre 1998.

« Les ressources humaines et développement de la qualité totale », In La vie Économique Casablanca 28/11/97.

Les clés de la compétitivité dans le secteur du tourisme », in L'Economiste Casablanca 14/3/96.

La survie de l'hôtellerie passe par la formation », in L'Economiste, Casablanca 15/6/95

Modèles de formation de main-d'œuvre qualifiée et besoins en formation touristique et hôtelière en Afrique », in La revue l'Hôtelier N° 2 Mars 1992.

Structure de l'emploi dans l'hôtellerie marocaine, in La vie Economique, Casablanca, 1/2/91.

Les ressources humaines, élément de performance pour les entreprises hôtelières », in La vie Économique Casablanca, 9/02/1990

Le management des compétences, moteur de développement d'une industrie hôtelière au Maroc. Éditeur : Presses universitaires de Perpignan 2007

La marque employeur au cœur de la performance du secteur touristique et hôtelier, séminaire sur « Gouvernance et branding des territoires touristiques, université international d'Agadir, Agadir 26-28 mars 2018

Akesbi, A., El Aoufi, N., et Lahlou, M. Enquête sur les modes de gestion des ressources humaines in La problématique des ressources humaines. Groupe d'Etudes et Recherche sur les ressources Humaines (GERRH), Rabat 1994

Alami, F., et Ouahabi, A. La méthodologie d'élaboration et de validation des programmes de formation », in Colloque National sur la Formation Professionnelle. Rabat, 18-19/2/1991.

Alioua, K. Pour une stratégie de financement de la formation professionnelle in Colloque National sur la Formation Professionnelle, Rabat, 18-19/2/1991.

Alunni, D. Les données sociopsychologiques de l'emploi en matière de Tourisme ». Revue de l'AIEST, Vol 20, Berne, 1979.

Baretj, R. La demande touristique. Thèse de doctorat, Université Aix-en Provence, 1968.

Barrat, D. Les évolutions récentes de l'hôtellerie et de la restauration, in Les Cahiers Espaces N° 28, Paris 1992.

Baretje, R. Tourisme international et tiers monde : L'enjeu des devises in Revue Théoros, Vol.7, N° 3, Québec, Novembre 1988.

Baretje, R. Le compte extérieur du tourisme » Bulletin d'Etudes Touristiques, CHET, Aix-en-Provence 1980.

Baron, X. La gestion prévisionnelle des emplois et des compétences en entreprises » in Cahiers Français, Editions La documentation Française N° 262, Paris 1993.

Barrat, D. L'emploi et la formation dans l'hôtellerie et la restauration, in Bref, CEREQ, Paris,

Barry, Claudine. « Multigénératio-culturel : la main-d'œuvre de demain ! », RVT, ESG, UQAM 25 novembre 2010.

Barry, Claudine. « La génération Z au travail », RVT, ESG UQAM, 19 mai 2015.

Belhareth, M. Les nouvelles formes de compétence dans le contexte de la Mondialisation économique », in Actes des Conférences du 1er Salon International de la formation, ARFORGHE, Tunis, 27-30 Novembre 96

Bellal, E. Gestion des compétences et organisation qualifiantes », in Acquisition des compétences et perspective du travail humain. Actes des Deuxièmes Rencontres France-Maghreb des Associations de Gestionnaires des Ressources Humaines, Tunis, Octobre 1997.

Bejelloun A. L'optimisation des ressources humaines, levier de développement de l'entreprise touristique, Revue Internationale des Sciences de Gestion Numéro 4, Fes Juillet 2019

Bensliman, O., et Rihani, A. Tourisme marocain entre compétition internationale et action de l'Etat, Juin 1999.

Berriane, M. Tourisme national et migrations de loisirs au Maroc. Thèse d'Etat, Université de Tours 1990.

Biehn-Deladeriere, C. Le compte extérieur du tourisme : un instrument pour une Nouvelle politique du tourisme. Thèse de doctorat de 3ème cycle, CHET, Aix-en-Provence 1982.

Benachenhou, A.La crise de l'endettement, un boulet pour la croissance », in L'état du Maghreb, Editions La Découverte, Paris, 1991.

Benrida, A. Prévision de l'offre et de la demande d'emploi par type de formation : approches et limites », in Actes du Symposium National sur la

Formation des Cadres. Ministère de l'Enseignement Supérieur, de la Formation des Cadres et de la Recherche Scientifique, Rabat Mars 1996.

Benrida, A. Les perspectives de l'emploi à moyen et long terme », in Colloque National sur la Formation Professionnelle. Rabat 8-19/2/1991.

Bodeau, C. Focus sur le triptyque de la-fonction RH, trois rôles et un-paradoxe www.kurtsalmon.com

Boukhima, A. Accor s'investit dans la formation hôtelière » in L'économiste N° 389 du 30/11/98. Les ressources humaines en tourisme : le défi de la relève, RVT, ESG UQAM, 8 août 2012.

Chaoui, M. Le CNJA huit ans après », in L'économiste N° 338 du 9/7/98

Cherkaoui, N. Méthode de détermination des besoins en formation pour le secteur touristique sur le plan quantitatif ». La vie touristique N° 315. Casablanca 1987.

Cullen, T. Personnel hôtelier : une race en voie de disparition », in Les Cahiers d'Espaces N° 16, Paris 1989.

Dadoy, M. Les nouvelles compétences du tourisme » in Revue Les Cahiers d'Espaces N° 28, Paris 1992.

Deguy, M. La gestion des ressources humaines dans l'industrie hôtelière Thèse de 3ème cycle, 1982.

Dubar, C. Mutations technologiques et formation : discours, réalités, paradoxes » in Education Permanente, N° 81, Paris 1995.

Ducroquet A. et Philippe Viallon, Tourisme et Innovations : entre adaptations et (R) évolutions, Le monde du tourisme, les Editions OpenEdition N° 13, 2017

Experton, W. Tendances internationales de développement de la formation professionnelle et mode de financement, in Colloque National sur la Formation Professionnelle. Rabat 18-19/2/1991.

Fernez, S., et Tonneau, D. Productivité et emploi : une relation complexe au sein de l'entreprise, in Problèmes Economiques N° 2066, Paris, Mars 1988.

Ferrary, M., et Trepo, G. Définir et gérer les compétences stratégiques », in Audit social et compétitivité de l'entreprise, Institut International de l'Audit Social, 1ère Université de printemps de l'Audit Social, Tunisie Mai 1999.

Fissette, Stéphanie. « Attirer et fidéliser les travailleurs expérimentés : il est temps de passer à l'action », RVT, ESG UQAM, 3 avril 2015.

Freyssinet, J. La stratégie de structuration de l'emploi des grands groupes industriels », in Emploi et système productif. La Documentation Française, Paris 1979.

Galambaud, B. Les pratiques de mobilisation dans l'entreprise », in Cahiers Français, La Documentation Française, N° 262, Paris 1993.

Geiger, G. Accompagnement social des restructurations industrielles, in Actes des Conférences du 1er Salon International de la formation, Tunis, 27-30 Novembre 1996.

Guibilato, G. Industrie hôtelière : l'ère des nouveaux managers ?, in Les Cahiers d'Espaces N° 28, Paris 1992.

Hajji, A. Les accords touristiques et le développement du tourisme International au Maroc, Thèse de 3ème cycle, Université de Toulouse I, 1984

Heytens, J. L'application du franchising aux chaînes de Motels. Thèse de 3ème cycle, CHET, Aix-en-Provence, 1972.

Hillali, M. Le tourisme sur la côte méditerranéenne du Maroc, potentiel et actions gouvernementales. Thèse de 3ème cycle, Aix-Marseille III, 1985.

Hizaoui, A. La conscientisation de la société à la valorisation des ressources humaines, in Actes des Conférences du 1er Salon International de la formation, Tunis, 27-30 Novembre 1996.

Hoivick, T., et Heiberg, T. Tourisme entre le centre et la périphérie, in Revue Internationale des Sciences Sociales. Vol. XXXII. UNESCO, Paris, 1980.

Horovitz, J. La qualité pour qui ? pour quoi ? ».Revue Les Cahiers d'Espaces N° 24, Paris, Septembre 1990.

Idrissi, B. Promotion hôtelière et problématique de rentabilisation, D.E.S.A.U., INAU, 1993.

Jaïdi, L. Le marché de l'emploi ses tendances et ses mécanismes, in Colloque National sur la Formation Professionnelle. Rabat 18-19/2/1991.

Joppe, M. L'intervention de l'Etat dans le domaine du tourisme. Thèse de 3ème cycle. Université de Droit d'Economie et des Sciences d'Aix-Marseille, CHET 1983.

Juyaux, C. Une formation pour l'accueil », in Les Cahiers d'Espaces, N° 24, Paris 1991

C. Kaspar, C. Le tourisme, objet d'étude scientifique, in Revue de Tourisme N° 4, Berne 1976.

Ladner, G. Hôtellerie/restauration : pour une gestion de qualité », in Les Cahiers d'Espaces N° 20, Paris 1990.

Landsberg. S, Grould. S : Les politiques RSE en hôtellerie De la nécessité d'une politique RSE approfondie à son application concrète dans le secteur de l'hôtellerie ? Mémoire de recherche Institut de Recherche et d'études supérieures –IREST-, 2020

Lanfant, M.F. Le tourisme international sociétés locales » in Problèmes Politiques et Sociaux. La documentation française N° 423, Septembre 1983.

Lanfant, M.F. Le tourisme dans le processus d'internationalisation », in Revue Internationale des Sciences Sociales, Vol. XXXII, UNESCO, Paris, Paris, 1980.

Lanquar, R. La gestion des ressources humaines dans l'entreprise touristique. Application aux établissements hôteliers et similaires. Thèse de doctorat, Université d'Aix-Marseille, 1973

Le Duff, R., et Maisseu A, Le service ou la nouvelle révolution industrielle in Encyclopédie de gestion, Editions Economica, Paris 1989

Le Paih, L.Tourisme : un secteur transformé par le numérique, https://www.journaldunet.com/account/laurianne-le-paih-13306.

Le Réseau de veille en tourisme Chaire de tourisme : Les ressources humaines en tourisme : le défi de la relève, ESG UQAM Mars 2016

Levasseur, Maïthé. « Enjeux humains du tourisme à l'ère numérique », RVT, ESG UQAM 2 juillet 2015.

Moussadeq, F. Benhima : le tourisme marocain manque d'une doctrine, in L'économiste N° 304, Casablanca le 13/11/97.

Moussadeq, F. Un demi-million d'analphabètes en entreprise », in L'économiste N° 354, Casablanca le 12/10/98

Meignant, A. Logique de poste, logique de compétences, compétence individuelle, compétence collective », in Actes des Conférences du 1er Salon International de la formation, ARFORGHE, Tunis, 27- 30 Novembre 96

Michel, S. Conception de l'organisation et gestion des ressources humaines la Documentation Française, Cahiers Français N° 262, Paris Juillet-Septembre 1993.

Nasri, M. La formation hôtelière et touristique : objectifs-méthodes-moyens », » in Actes du séminaire de l'ARFORGHE et Institut Supérieur de Gestion de Sousse (Tunisie), Sousse 27-28/2/1997

Popovici, A. Les bas salaires sont-ils encore un atout pour l'entreprise, in Liaisons Sociales N° 54, Décembre 1990.

B. Prud'homme : Antécédents et impacts des pratiques de développement durable sur la satisfaction de la clientèle hôtelière québécoise Brigitte Prud'homme, Université du Québec, Trois Rivières, janvier 2012

Radi, R. Perspectives de développement de l'enseignement et de la formation professionnelle » Colloque National sur la Formation Professionnelle, Rabat 18-19/02/1991.

Raux, J.F. Fonction ressources humaines, regards prospectifs sur l'avenir in Revue Personnel de l'ANDCP, N° 367

Rousseau, D.G. Le facteur humain dans l'industrie du tourisme en France, Thèse de 3e cycle, Paris-Nanterre 1973

Rami, M. Tourisme et développement économique marocain. Thèse de 3ème cycle, Aix-Marseille III, 1986.

Reynaud E. et Dontenwill E. (2005), « Le rôle de l'approche par les parties prenantes dans l'initiation d'une politique de développement durable », *XVIième Conférence Internationale de Management Stratégique*, Angers, 33 pages.

Richter, C. Le compte extérieur du tourisme de la Tunisie. Thèse de 3ème cycle, Centre des Hautes Etudes Touristiques, Université d'Aix-en-Provence, 1981.

Sabbar.H. Bilan d'une politique touristique, l'exemple du Maroc. DES, Faculté des Sciences Juridiques, Economiques et Sociales, Rabat 1972.

Sabourin, V. Vers une professionnalisation et une industrialisation des activités dans le domaine du tourisme, in Théoros, Vol.17, N° 3, Québec 1998.

Salah, N. Assises pour l'emploi : Rénover la politique », in L'économiste N° 396, Casablanca le 9/12/98

Scouarnec, A. Analyse des pratiques de gestions des ressources humaines au Maroc : Le cas de l'Office Chérifien des Phosphates », in Audit social et compétitivité de l'entreprise, 1ère Université de Printemps de l'Audit Social, IAS, Tunis, mai 1999

Shamamba, A. Accor : 14 projets au Maroc », in L'économiste N° 256, Casablanca le 28/11/96.

Sicard, J.P. Évolution des qualifications et besoins de formation : perspectives pour l'an 2000 », in Problèmes Economiques N° 2221 avril 1991

Soukri, M. Les élites économiques marocaines n'ont peut être rien compris ». La Vie Économique, Casablanca le 8/1/99.

Tebbaa, M.J.E, Besoins des entreprises et profils des diplômés : quels Enseignements ? », in Actes du colloque sur « le profil des Diplômés et besoins des entreprises ». Centre de Recherche de Coopération Internationale de l'Ecole Supérieur de Gestion, Editions ESG, Casablanca, Octobre 1990.

Tedjini, P. L'éducation et la formation dans la nouvelle ère du tourisme : l'approche de l'Organisation Mondiale du Tourisme » in Actes du séminaire de l'ARFORGHE et Institut Supérieur de Gestion de Sousse (Tunisie), Sousse 27-28/2/1997.

Thurot-Gambier, G. Tourisme et communication publicitaire. Thèse, CHET, Aix-en- Provence 1981.

Toukabri, B. Mise à niveau des entreprises hôtelières et touristiques et gestion ressources humaines in Actes du séminaire de l'ARFORGHE et Institut Supérieur de Gestion de Sousse (Tunisie), Sousse 27-28/2/1997

Vibrac, V. Les gardiens du temple : les cabinets d'audit ». Revues Les Cahiers d'Espaces N° 24 Paris, Septembre 1991.

Vimont, C. Le système éducatif face aux transformations de la relation formation-emploi » dans les entreprises », in Problèmes Economiques N° 2235, Paris juillet 1991.

Weiermair, K. Changements structurels dans l'industrie du tourisme et adaptation des systèmes de formation professionnelle, in Cahiers d'Espaces, Paris, mai-juin 1995.

III. PUBLICATION DES INSTITUTIONS ET ORGANISME SPÉCIALISÉS

○ **Annales Marocaines d'Économie :**

GATT-Maroc ; enjeu et implication. N° spécial de la revue de L'Association des Economistes Marocains, Rabat, Avril 1994

⊙**Banque Mondiale :**

Rapport de la Banque Mondiale publié par le journal le Matin du Sahara, le 15 Octobre 1995.

Rapport de la banque Mondial : 1993.

○ **Bureau International du Travail** :

La normalisation internationale des statistiques du travail, Genève 1959.

Carrières de l'hôtellerie et du tourisme, Genève 1976.

L'emploi dans l'hôtellerie et la restauration, Genève 1980.

Les problèmes sociaux et l'emploi dans les hôtels, restaurants, et établissements similaires dans les pays en développement. Genève 1983.

L'adaptation de la formation des cadres et du personnel à l'évolution structurelle et technologique des hôtels, restaurants, et établissements similaires. Genève 1983.

Les problèmes sociaux et l'emploi dans les hôtels, restaurants, et établissements similaires dans les pays en voie de développement, Genève 1983.

Recommandations internationales sur les statistiques du travail, Genève 1988.

L'évaluation des emplois. Genève 1989.

Productivité et formation dans le secteur de l'hôtellerie, de la restauration et du tourisme, Genève 1989

Adéquation formation-emploi dans le secteur de l'hôtellerie et du tourisme au Maroc, Genève 1990.

Le dilemme du secteur non structuré, Genève 1991.

Les nouvelles technologies et les conditions de travail dans le secteur de l'hôtellerie, de la restauration et du tourisme, Genève 1997

○ **Centre d'Etudes et de Recherches démographiques :**

Famille au Maroc, les réseaux de solidarité familiale, Rabat 1996.

○ **Centre de Recherche et de Coopération Internationale de l'Ecole Supérieure de Gestion :**

Profils des diplômés et besoins des entreprises. Casablanca 1990.

○ **Conseil National de la Jeunesse et de l'Avenir :**

Projet : Programme d'urgence d'insertion des jeunes diplômés, première session, Rabat, Mars 1991.

Guide de création d'entreprise, Rabat Mai 1991.

Vingt et une mesures pour l'emploi des jeunes. Première session, Rabat, Mars 1991.

Programme National de Formation Insertion, Novembre 1992.

Programme d'information et d'assistance à la création d'entreprise, Juillet 1992.

Le développement de l'éducation de base. Novembre 1994.
Etre jeune au Maroc, 1994.
Formation concertée et partenariat : les vecteurs de l'insertion professionnelle. Avril 1995
Note introductive aux travaux des commissions relatifs à l'emploi des jeunes dans le monde rural, Deuxième session, Juillet 1995.
Structure d'insertion des jeunes diplômés dans le secteur privé
Rapport général sur la réalisation de la première étape du programme d'information et d'assistance à la création d'entreprise (PIACE).
○ **Centre d'Etudes et de Recherches sur les qualifications (CEREQ) :**
Les emplois et les formations dans le tourisme en France, Paris 1975.
CEREQ : Répertoire Français des emplois. Editions La Documentation Française, Paris 1992.
○ **Commissariat Au Plan** : Les Comptes satellites du tourisme, Rabat Maroc
○ **Direction de la Statistique :**
Population et emploi, Rabat 1992.
Les indicateurs sociaux, Rabat 1993.
Les Caractéristiques socio-économiques et démographiques de la population, d'après le recensement général de la population et de l'habitat de 1994, Rabat 1996.
Enquête Nationale sur la population active urbaine, Rabat 1995.
Les caractéristiques socio-économiques et démographiques de la population, Rabat 1996.
Images économiques des entreprises, Rabat 1994.
○ Conseil Economique, Social et Environnemental : Le tourisme, levier de développement durable et d'intégration : Pour une nouvelle stratégie nationale du tourisme, Rabat, n° 52/2020
○ **Forum Économique Mondial, The T&T Competitiveness Index 2017 framework**
Travel & Tourism Competitiveness Report 2017.
○ **Groupe de Recherche et d'Étude sur la Mondialisation et le Développement**
L'économie marocaine : vers quelle insertion internationale ? Revue Marocaine d'Administration Locale et de Développement (REMALD), publiée par La Faculté des Sciences Juridiques, Economiques et Sociales, N° 21, 2000
○ **Institut Européen d'Education et de politique Sociale :**
La formation aux carrières de l'industrie européenne des voyages et du tourisme. American Express 1991.
○ MENFP : Ministère de l'Education Nationale et la Formation Professionnelle
Stratégie de la formation professionnelle 2021
○ **Ministère de la Formation Professionnelle et de la Formation des Cadres :**
Étude sur le coût de la formation des cadres, Rabat 1992.

Étude du coût de la formation professionnelle dans les principales filières de la formation professionnelle.

○ **Ministère du Développement Social, de la Solidarité, de l'Emploi et de la Formation Professionnelle :**

Formation professionnelle alternée : bilan et perspectives, Rabat 1998.

Le cadre juridique instituant la formation professionnelle alternée. Rabat 1998.

La formation professionnelle alternée et la capacité d'accueil des entreprises (étude réalisée par A. Akesbi et D. El Kanabi). Rabat 1999.

Préparation du plan quinquennal 1999-2003. Commission spécialisée de la formation professionnelle. Groupe 6 : développement de la formation en cour d'emploi. Février 1999

Préparation du plan de développement économique et social 1999-2003, Proposition pour une stratégie de promotion de l'emploi. Avril 1999

○ Ministère de l'Education Nationale, de Formation Professionnelle, de l'Enseignement Supérieur et de la Recherche Scientifique : stratégie de la formation professionnelle, Rabat 2021

○ **Ministère du Tourisme :**

Le secteur touristique. Statistiques depuis 1985.

Étude du Schéma Directeur de la Formation Professionnelle, Rabat 1995.

Étude de la stratégie d'aménagement touristique, URBAPLAN, Rabat 1995.

Répertoire du Ministère du Tourisme 1998.

Statistiques sur les écoles et lauréats de la formation touristiques et hôtelière au Maroc

○ **Ministère du Travail et des Affaires sociales, Direction du Travail, de l'emploi et de la formation professionnelle de Bretagne :**

Guide méthodologique de l'alternance. Editions La Documentation Française, Paris 1997.

○ **Nations Unies : Commission Economique pour l'Afrique :**

La gestion d'hôtels et les sociétés transnationales de gestion hôtelière en Afrique de l'Ouest et du Centre., Novembre 1987.

○ **Observatoire de la Compétitivité Internationale de l'Économie Marocaine :**

Base de données, Rabat 1995.

○ **OCDE :**

Tourisme et emploi, in Politique et tourisme international dans les pays de l'OCDE 1992-1993. Paris 1995.

OCDE. « Pour des emplois de qualité dans le secteur du tourisme », Éditions OCDE, février 2015

○ **Office de la Formation Professionnelle et de la Promotion du Travail :**

Rapports annuels.

Guide des contrats spéciaux.

Les instruments de planification et de programmation de la formation professionnelle. Colloque National sur la Formation Professionnelle, Rabat 18-19/2/91.

- Organisation Internationale du Travail, Programme des activités sectorielles, Développements et défis dans le secteur de l'hôtellerie-restauration et du tourisme, 23-24 novembre 2010
- **Organisation Mondiale du Tourisme :**

Les répercussions du tourisme international sur le développement économique dans les pays en voie de développement. Genève 1978.

Les contrats de gestion dans l'hébergement, Madrid 1979.

L'emploi dans l'hôtellerie et la restauration. Genève 1980

Rapport sur le développement du tourisme international, Madrid 1982.

Tourisme et emploi : valorisation des professions touristiques. Madrid 1983.

Lignes directrices pour l'établissement des statistiques de l'emploi dans le domaine des voyages et du tourisme. Madrid 1985.

La gestion d'hôtel et les sociétés transnationales de gestion hôtelière en Afrique de l'Ouest et du centre. Madrid Novembre 1987.

Les besoins en ressources humaines et la formation du personnel qualifié pour les professions du tourisme en Afrique, Conférence des Ministres Africains du tourisme, Kinshasa Novembre 1987.

Conférence Internationale sur les Statistiques des Voyages et du Tourisme. Ottawa (Canada), Juin 1991.

La formation touristique et hôtelière au Maroc. Étude réalisée par Abdallaoui.B, Hilali M. et Moufid M. pour le compte de l'OMT, 1991

An integrated Approach to resort development, Madrid 1992

Bulletin de conjoncture touristique, Madrid 1996.

La formation des formateurs, Madrid 1996.

Rassemblement des statistiques du tourisme, Manuel technique N° 4, Avril 1996.

Tourism and new information technologies, Madrid 1996

Compendiums de statistiques du tourisme.

Human capital in the tourism industry of the 21st century, Madrid 1997

International tourisme : à global perspective, Madrid 1997.

Multilateral and bilateral sources of financing for tourism development, Madrid 1997

Quality-a challenge for tourism, Madrid 1997

What tourism managers need to know, Madrid 1997

Tourism economic report, Madrid 1998

Compte satellite du tourisme (CST) : cadre conceptuel. Madrid 1999.

Observations on international tourism, Madrid 1999

- **Revue de l'Association des Economistes Marocains : Annales Marocaines d'Economie.** Le dilemme de l'emploi au Maroc. Rabat, 1997.
- **Union Internationale des Organismes Internationaux du Tourisme :**

Étude sur les formes actuelles et potentielles de canaux de distribution. Genève 1973.

○ **Vues Économiques (Revue du CPM) :**

- Dossier : L'emploi au Maroc. Editions CPM, Casablanca 1992.

○ **Worwath and Worwath International :** Worldwide Hotel Industry, New York 1986.

○ **World Economic Forum :** The Travel & Tourism Competitiveness, Report 2017, Genève 2017

Table des matières

STRUCTURES ÉDITORIALES DU GROUPE L'HARMATTAN

L'HARMATTAN ITALIE
Via degli Artisti, 15
10124 Torino
harmattan.italia@gmail.com

L'HARMATTAN HONGRIE
Kossuth l. u. 14-16.
1053 Budapest
harmattan@harmattan.hu

L'HARMATTAN SÉNÉGAL
10 VDN SICAP AMITIE 3
BP 45034 Dakar-Fann
direction@senharmattan.com

L'HARMATTAN CAMEROUN
Tsinga/Derrière polyclinique FECAFOOT
BP 11486 Yaoundé
Jacques.koukam@harmattan.fr

L'HARMATTAN BURKINA FASO
Villa 281, secteur 23 623, rue 14.32
Ouagadougou
zagbie@outlook.fr

L'HARMATTAN GUINÉE
Almamya, rue KA 028 OKB Agency
BP 3470 Conakry
harmattanguinee@yahoo.fr

L'HARMATTAN RDC
185, avenue Nyangwe
Commune de Lingwala – Kinshasa
matangilamusadila@yahoo.fr

L'HARMATTAN CONGO
219, avenue Nelson Mandela
BP 2874 Brazzaville
deunovmikhael@gmail.com

L'HARMATTAN MALI
Immeuble Mgr Jean Marie Cissé
Aci Hamadallaye
BP 145 Bamako
syllaka@yahoo.fr

L'HARMATTAN TOGO
Djidjole – Maison Amela
face EPP BATOME
02 BP 20680 Lomé
didieramela11@gmail.com

L'HARMATTAN CÔTE D'IVOIRE
Résidence Karl – Cité des Arts
Abidjan-Cocody
03 BP 1588 Abidjan
harmattan.ivoire@gmail.com

L'HARMATTAN BÉNIN
Rue 604, (Immeuble à l'entrée
de la rue UCAO- Cite de Saint-Jean)
Cotonou
stepcorpus@gmail.com

NOS LIBRAIRIES EN FRANCE

LIBRAIRIE INTERNATIONALE
16, rue des Écoles
75005 Paris
librairie.internationale@harmattan.fr
01 40 46 79 11
www.librairieharmattan.com

LIBRAIRIE DES SAVOIRS
21, rue des Écoles
75005 Paris
librairie.sh@harmattan.fr
01 46 34 13 71
www.librairieharmattansh.com

www.ingramcontent.com/pod-product-compliance
Lightning Source LLC
LaVergne TN
LVHW011446061026
849535LV00004BA/980